企業與教育
領導原理

鄭照順　著

作者簡介

鄭 照 順

作者鄭照順博士於美國華登湖留影

學歷

◇ 國立台灣師範大學教育學系
◇ 國立高雄師範大學教育碩士、博士
◇ 國家高等考試教育行政人員及格
◇ 美國科羅拉多大學進修（領導與情緒管理）

經歷

◇ 中山大學、高雄師範大學、東華大學教育研究所等兼任助理教授
◇ 實踐大學專任助理教授
◇ 高雄市教育局督學、秘書、股長
◇ 高雄市三民國中、興仁國中校長
◇ 國立玉里高級中學校長

現任

◇ 高苑科技大學諮商輔導中心主任
◇ 高苑科技大學經營管理研究所與通識中心助理教授
◇ 世界資優教育協會（WCGT）國家代表

榮譽與著作

◇ 教育部《青少年生活壓力與輔導》著作獎助。
◇ 國科會「領導才能」、「多元智能」之研究獎助。
◇ 國科會「品格教育與職業倫理之研究」。

吳序

──優質領導人需要品格與智慧兼具

　　政府與企業都需要卓越的領導人才、管理人才，以及優秀素質的員工。其中以領導人才之培育最難。管理大師波特（Port）看到許多國家與企業的領導人，退化到只顧人際關係，而缺乏對領導的核心工作「發展策略」及「有效執行方法」的了解，因此造成國家與企業的停滯或衰退，可稱為「退化性領導」。領導人之影響深遠，因此教育界、企業界及政府的領導者均需要有專業知識與專業經驗，需要有做事能力、內省智能，能幫組織解決問題，又能幫助大家實現願景的領導人來為我們服務。

　　我與作者曾在國立玉里高中進行兩年多的「多元智能的課程與教學實驗」，對 Gardner 的「多元智能課程與教學」進行實證性研究。我們共同的心得是，需要培育有學習能力、會做事、會做人、有創意，兼具「有品格」的領導人，來領導我們的國家與社會，以期國家社會能穩定發展，提升競爭力與有卓越表現。作者在教育的工作上**有理想、有熱忱，有好的執行力**，不只在其辦學上有特色及競爭力，在教育學理上又能精進研究。例如作者曾多年參與「世界資優教育協會」（WCGT），並當選兩屆國家代表，多次發表「資優生與領導才能培育」、「領導人才培育所需的品格教育」等學術論文，對教育有學術上與實務上的奉獻熱忱。

　　作者並曾在東華大學教育研究所擔任「教育行政領導學」的教學，並有十多年的中學校長領導經驗，也在大學企管系開設「企業領

導原理」等課程，因此，本書涵蓋領導理論、領導實務的研究，並有
「績效管理」、「魅力領導」、「多元智能」的創新研究發現：如要
成爲好的領導者，需要具備「品格與多元智能」、「領導魅力」，懂
得「策略領導」、「溝通談判」技巧等，對於有意研究領導知能者、
想成爲未來卓越領導人的讀者，都是一項福音，因此本人願意爲此作
序。

世界資優教育協會主席（1997-1999）
國立台灣師範大學教育學院院長（2002-2005）

吳武典 識

2007 年 1 月

康序

——有投入才能深入；會溝通，做事才會通

　　領導的任務在審慎選擇機構目標，把現有之社會資源轉化為機構的績效，柯布朗（Kaplan, 2004）提出平衡方法，分為人才資本、組織資本、顧客資本、社會環境、法治及利潤等六大領域，因此企業領導人不必將領導的重心只放在利潤產品，更應重視服務的品質及對社會的貢獻，此種理論說明學習組織、機構人才素質、機構效率、創新的重要，學校及企業如果沒有新資訊、沒有高素質人才、領導力沒有發揮作用等，都無法提升競爭力。

　　領導的理論由傳統的「個人特質論」、「人際關係理論」、「情境理論」到近代的「轉型理論」，希望幫機構及個人增能授權，使機構更能因應國家社會的變遷。本書更介紹有較高的 EQ，可幫助領導者在失敗時看機會，更能容忍，促進組織與團體合作。作者更提出「多元智能與領導」之探索，領導者需要有「多元智能」，更能發現不同人才的優勢智能，領導者如能善用每個人的優點，則個人會有成就感，機構也大大的提升競爭力。作者更提出「品格對領導」的影響，品格是預測人類行為的指標，機構、企業要重用領導人，務必要慎選有品格的領袖來領導，領導人的品格修養，也是一個學校、企業的競爭力之基石，有了好的品格，可以幫助提升教學品質、工業產品不斷的精進與提升。本書最大的特點，即在提供許多有效的「領導策略」、「溝通與談判的技巧」，使企業或學校領導者增加領導知能，提升領導的績效。

個人與作者為多年好友，在 1980 年代，我倆常參與教育部技術職業教育之政策規劃與執行，今日有機會在花蓮相遇，作者在大學企業管理學系兼任企業領導管理課程，在教育的工作上有理想、有熱忱，有好的執行力，不只在其辦學擁有特色及競爭力，在教育學理上又精進研究。這本書理論與實務兼具，對學校、企業領導人、教育領導人，以及對行政領導、企業管理學有興趣者而言，將是一本可提升領導知能、增加溝通能力、診斷與決策、績效管理、品格修養及發展個人潛能值得閱讀的好書，特此為序。

大漢技術學院 校長　**康自立**　識

2007 年 1 月

自序

──有關懷才會開懷，有讚美才會甜美

　　個人參與教育領導之工作經驗達二十四年，曾在教育研究所教授教育行政領導，並在大學教授企業領導等課程，亦曾榮獲國家科學委員會兩次專題研究獎助──「中小學資優生領導才能課程與教學」及「高中多元智能之課程與教學」實驗。個人對於我國教育、社會、政治及教育改革之發展極為關心，我們看到我國教育改革後教育的進步，也同時看到造成不能彌補的錯誤。政府的施政亦是如此，這當然與領導目標、領導策略、執行力及績效評估有重要的相關。社會隆興更迭，也影響著國民的生活品質及子孫們的前途。

　　晚近「魅力領導理論」逐漸受到重視，一個有專業的領導人，自然會散發無比的魅力，有魅力的專業領導者，其語言、態度、行為、人際、管理及組織上受人們稱讚與著迷，魅力領導的專業特質顯現如下：

一、語言技巧上充滿幽默與樂趣

　　例如，要投入，才能深入；要讚美，才能甜美；要關懷，才能開懷；心中的世界有多大，出路就有多遠。

二、個人具備專業能力與品格魅力

　　專業能力能夠讓人信服，有研究成果與實務經驗，又具備好的品格，如「誠信」、「勤奮積極」、「負責任」、「樂觀」、「幽默感」、「感恩」、「服從」等個人的品德操守，如「受苦時不以為

苦」、「享有不一定要擁有」、「待人如己能悲憫」及「能吃虧與謙讓」等特質。

三、人際溝通的魅力

人際溝通包含語言、態度與行為的服務，人際溝通中「能主動服務」、「親切有品質」、「較高的 EQ 包容」，必贏得大家的信任。

四、組織層面的魅力

組織領導人需要有「雙贏的思維與語言」；在工作上兼重合作、競爭及激勵，善於肯定別人、鼓舞士氣；善於使用統計分析來說服別人，善於運用有效的領導策略，如 SWOT 分析、藍海策略、策略地圖、品質文化等領導方法，使員工在組織中工作有目標及學習化的理念與核心價值。

五、領導者需具備多種角色魅力

領導者要表現許多角色才能達成其專業角色：1.外交家：善於人際整合、化解衝突。2.啦啦隊長：要經常為別人鼓舞士氣，肯定他人，使人樂意追隨。3.情報家：善於研究新資訊，整合組織學習，提升決策品質，提升知識經濟的成本。4.創意家：機構要有特色才能提升競爭力，創意思考是領導者要關懷的重點，才能突破困境。5.預測家：能預測企業及機構的未來，使企業實現美好的願景。

本書的重要內容包含教育領導理論、領導原理、領導實務、魅力領導人物及多元智能的領導人物介紹，如邱吉爾、證嚴法師及比爾蓋茲之介紹。又分析企業的領導原理，包含績效管理、危機管理、顧客管理、溝通談判等管理及企業實務原理，例如品質文化、SWOT 分析、學習型組織，可應用於國家領導、社會各層面的領導。本書並提供領導人才培育的實驗研究重點及研究發現，對領導人才培育有興趣的讀者，會有一些貢獻與啟發。當然，研究工作是持續不斷的，雖盡

心盡力，但難免有疏漏之處，祈各方先進多予鞭策以求臻善。

本書一共撰寫五年之久，能夠順利出版，要感激家人的支持，尤其年邁八十的母親張自然女士，在我服務玉里高中期間，突然病逝，有著深念與愧疚。而內人王素敏女士協助校對，兒子衍偉考上國立台北藝術大學戲劇創作研究所，常分享一些劇本創作經驗，帶給我「人生如戲」的啓示。女兒文萱於國立台灣師範大學國文系畢業後，順利考上高雄市國中教師及國立台灣大學戲劇研究所，亦是我很高興的一件事情。有了家人的全力支持，及許多師長如吳武典院長、蔡典謨教授、康自立校長、唐淑華所長、林清達副校長、連志峰主任等的指導，及余玲雅董事長、廖峰正校長的提攜，和方桂玉小姐的幫忙打字等，又有心理出版社林敬堯總編輯的協助，本書才能順利出版，於此對所有提供幫助的老師、好友、家人致上最高的謝意。

鄭照順　謹識

2007 年 1 月寫於蓮心寓

目次

CONTENTS <<<

CONTENTS

CONTENTS

領導的本質、
角色與領導的藝術

摘　要

　　領導的意義，從特質論學者史托迪爾（Stogdill, 1957）及情境論學者優克（Yukl, 1998）等描述其內涵如下：1.領導是個人特質的表現；2.領導可幫助員工潛在能力的發揮；3.領導是人際溝通、問題解決的過程；4.領導是在整合資源，為組織帶來願景，把理想化為真實；5.領導者的角色，在發揮專業知能，達成組織目的。

　　教育領導（educational leadership），包含教育行政與學校領導，黃昆輝（1987）、曾燦燈（2001）、鄭燕祥（2003）等描述教育領導其內含有：1.提升教育領導的專業知識；2.能提出組織目標與願景；3.善於計畫、組織及決策；4.具有關懷與溝通技巧；5.善於激勵、增進人際關係及化解衝突；6.促進團隊合作等，及幫助組織實現目標和願景的歷程。

　　企業領導（leadership of enterprise），包含商業與事業機構的領導，司徒達賢（2003）、施振榮（2005）等描述企業領導原則及內涵有：1.領導者要有目標、策略、有效實施步驟，達成最高績效的成果；2.整合人力、物力、資源，做有效率的生產與服務；3.追求企業的最高利潤與績效；4.進行顧客管理，提供最佳的服務；5.創新學習，提升競爭的實力；6.建立品牌及發展行銷通路等。

　　教育領導引用較多的心理學、教育學知能；企業領導引用較多的管理學、策略管理知能，因此教育領導與企業領導融合研究，是一種「科際整合」的新研究途徑。

第一節
領導學的起源

　　希臘時代，柏拉圖提出治理國家需要哲學王使用智慧領導、武士保衛國土、勞工從事生產，三種人才各有專精、分工合作才能做好國家的

經營，哲學王代表具有智慧、理性、遠見者，可擔任一國的領導者；武士需要有熱忱、忠貞、堅忍者才能勝任，保衛家邦；勞工需具有體力、能工作，才不會耽誤生產糧食。亞理斯多德著有《倫理學》，要領導者能夠明辨聖賢與禽獸、勤勞與懶惰、真情與假意之智慧，領導者不以巧智欺騙人民、愚弄百姓，堅持中庸、中和之道。

中國自然主義開創者老子提出：領導的哲學要順乎自然，聖賢不死，大盜不止，鼓勵領導者心胸要如大海，才能納百川，更要虛懷若谷，才能集合眾智。

春秋戰國時代，國家社會弱肉強食，孔子著書立言，提倡倫理教育，領導者要有品德，譬如北辰，才能眾星拱之。孔子提倡君子之德如風，認為唯有具有品德的人，才能贏得民心，成為最佳領導人。

在 18 世紀工業革命以後，英國由於科技文明及政府領導優越，而於 18 至 19 世紀，擁有武力與文化優勢，占有世界四分之一的土地，而稱為「日不落國」。在 19 世紀末，東方的日本、美洲的美國也加速科技研究及政府領導效能的提升而成為世界強國，因此，國力即領導力、經濟力、科技力、文化力、人才培育的總合。其中不可缺少的是國家領導人的智慧、遠見與執行力。在 20 世紀初期，美國開始吸取各國優秀的自然科學、社會科學人才，開始致力於軍事科技、通訊、電腦、太空科技等傑出的研究發明。在社會科學方面，於哈佛大學等名校培養企業領導人才，探討企業管理原理、研究領導理論方法，因此有科學管理論、人際關係論、情境論、轉型論、全面品質管理、績效管理、學習型組織等，美國可謂開企業管理與教育領導理論之先驅。

綜合言之，東方的領導理論從老子的自然主義、孔子的倫理學出發，均以實踐哲學再發展成為領導與治世之道理。西方的領導理論，由先知者之著書論著，如柏拉圖之《共和國》、亞理斯多德的《倫理學》為領導學之起源，在 20 世紀加入行為科學、心理學、管理學等社會科學的研究，逐漸把領導學科學化，也引起企業與教育工作者的關懷與重視。

一、領導由世襲、功績走向專業

中國古代的領導者，大都以武力征服天下，而建立家族天下，國家領導者亦以世襲方式交棒，目前的私人企業經營方式，亦採相同模式。現代化的國家領導，需要有經營策略、建立典章制度、引導社會規範、培養品格與道德，使社會因文明日益進步而能學道守紀，使經濟繁榮、社會安定、重視文藝修養及國力儲備。在漢唐時代社會進步、文化興盛、經濟繁榮，足以為他國典範。18 到 19 世紀的英國，以武力縱橫天下，被稱為日不落國，以維多利亞時代為例，勢力橫跨美洲、亞洲、澳洲的領土，以武力征服他國，也展示了該國知識的力量、科技的先進及專業的素養。今日英美文化能成為世界的主流，即擁有高科技知能、高教育品質、重視專業能力及研究能力等。整個領導權由「武力領導」、「功績領導」、「世襲領導」而轉為「專業領導」。因此，治國的領導者能善用各類專業人才，發展專業文化，發展每一個人的潛能，國家才能永續進步與發展。

二、領導是決策層、管理層、執行層互助合作之歷程

一個國家或一個社會，如果靠一個人去治理，是無法有效經營的。因此優秀的領導者要具備領導的專業知能，並能吸收各類專業人才，使決策層、管理層、執行層等均能發揮其最大的潛能。優秀的領導者要激發群策群力，建立共同的使命感，社會才能永續發展。

黃昆輝（1987）曾指出，領導的歷程包含：1.計畫；2.組織；3.溝通；4.協調；5.評鑑等歷程。鄭照順（2005a）分析領導者的角色，應包含：1.規劃者；2.決策者；3.管理者；4.監督者；5.資源的整合者；6.組織動員者等，領導者是否能提出最佳發展策略、組織動員、資源整合、提升品質與整體的競爭力，是領導成效的評鑑指標之一。

領導大師波特（Port）說：許多的企業，所謂的領導，如今已退步到只是指揮大家和善相處與交易（引自彭懷真，1997b）；事實上領導

的核心工作要有「發展策略」，領導者必須提供「有效的方法」，使組織潛能持續發展。彭懷眞（1997b）提出，在我國的社會裡，多數的領導者正如波特所言，只進行「和善」和「交易」，多數的領導者沒有明顯的「策略」，也不知如何提供「原則」，今日的領導者通常把時間花費在世俗的應酬，少有「經營的策略」。

社會的民主化，政府的重要領導職位不必靠打仗取得，而是靠「選舉的策略」與「選舉技巧」取得職位與政權。選舉人才之崛起，若靠的是群眾運動，煽動情緒、挑起族群對立而從中獲益，走的是投機的「政策性賄賂」等，如此將使「專業人才」比不上「選舉人才」，社會發展的品質也逐漸世俗化、選舉化，因爲「選舉人才」不一定是「專業領導人才」。因此政府需重視各類專業領導人才、專業領導知能的培育，重視專業的領導，國力才能提升，社會才能永續發展。

第二節
領導的涵義與探究途徑

對「領導」（leadership）一詞，從字義上探究，即率先示範、啓迪、引導，以達到預期之目標。儒家思想強調領導者應以德行爲本，表現「以德感召」之風範，正如孔子說：「其身正，不令而行，其身不正，雖令不從。」Yukl（1998）對領導提出較廣的視野，指領導的涵義應包含發揮個人特質、領導行爲及協助組織目標的達成。因此領導的主要內涵有三項：**1.個人特質**：如個人的人格、能力、專長及經驗等；**2.個人的領導能力**：如溝通能力、協調能力、資源整合能力、人際關係、危機化解能力等；**3.組織目標任務的達成**：領導行爲是否能帶動群體進行目標、理想、信念、態度、行爲的成長。

Stogdill（1974）、蘇國楨（2000）、鄭照順（2002）等提出領導的涵義，可歸納如下：

一、領導是個人特質的發揮

領導必定有許多先天與後天的人格特質，這些特質足以吸引別人的追隨，並可協助組織目標與個人理想的實現，這些人格特質可以用科學方法加以分析。領導者的個人特質包含：預測能力、真知灼見、親和力、幽默感、熱心奉獻、創造力、自信心、服務熱忱、毅力、高EQ、多元智慧、高挫折容忍力、溝通力、協調力及內省能力等，優秀的領導者善於發揮自己及部屬的優點，使人盡其才。偉大的領導者常表現出「天生領袖」的特質（黃英忠，1991; Stogdill, 1957）。

二、領導是在影響員工隱藏的與外顯行為的行動能力

吳清山（2000）把領導的涵義界之為：「領導乃是團體中的領導者，在一定情境之下，試圖影響其他人的行為，以達成特定目標之歷程。」Katz（1978）提出影響成員的行動能力，可分為：1.**隱藏的行動力**：即人際關係、人際情感、人際認同的領導活動；2.**外顯行為**：包含專業的工作表現、工作經驗、工作知能的領導活動。領導的工作，不只是在使部屬順從組織機械化的工作或行為，更在強化內在的情感認同及內在情誼的聯結，如此才能由外在機械化的應付行為，轉為主動的配合，以增加彼此的信任度。

French 和 Raven（1960）指出：領導是一種影響力，能影響別人接受其領導，沒有影響力的存在，領導可以說不存在。這些影響力的本質即是廣義的權力（power），這種影響力的來源可分為：

1. **專家權**（expert power）：由個人的學術研究、專門技術、專門經驗、專門才藝等而取得權力。例如近年來的台灣教育改革，由於非專業人士的主導，造成難以收拾的殘局，中央研究院院長李遠哲於 2005 年 10 月承認教改的失敗，但已造成許多難以估計的傷害。台灣的選舉

制度與用人，許多重要職位可以不必經由專業考試任用，由於專業能力不足，也形成政不通、人不和的窘境。

2. **法定職位權**（legitimate position power）：經由組織授與決策的權力，如總統、縣市長、校長、董事長、總經理等。

3. **獎賞權**（reward power）：在工作上有傑出表現或績效優異，領導者給予物質、精神或升遷等獎賞的權力。

4. **懲罰權**（core-control power）：部屬違犯法律、紀律、公共規範，領導者可以依照法令規章給予糾正或處罰。

5. **參照權**（reference power）：領導者的專業知識、高尚的品德、優雅的氣質等，受到部屬的認同所獲得的權力。

總之，領導者要具備專業能力、形象認同，才會真正獲得別人的信賴，部屬才能追隨他的全面領導。因此優質的領導會提升部屬內在的「感情認同」及外在的「行動效能」。

三、領導是人際互動、人際溝通、人際協調及問題解決的過程

領導人必須具備熱忱，同時具備妥協能力（compation），所謂「大人物，大妥協；小人物，小妥協」。妥協包含：溝通、互動、合作與包容等活動。沒有人際互動、人際溝通、人際協調、衝突之化解，及沒有妥協與合作的活動，就不叫領導。Fiedler（1975）指出，人與人之間常存有權力不平衡，某些人可以控制他人導向目標行動時，此種力量稱為「領導」。人際溝通的目的在增加發展性、專業性，建立可行有價值的共識；建立共識是可以使每一個人有參與感、認同感，無形中增加榮譽感與成就感，此即是「互動式的領導」。權力可享受支配資源之權力，但也是一種責任與負擔，領導者擁有許多的權利，並且需面對許多分配不公的衝突，領導者常需面對危機的因應，如果能事先參與討論出一些共同規範，則可減輕問題的發生。

四、領導是充分開發人力資源、帶來願景，有能力把理想化為真實的角色

　　領導者常能重視每一個部屬的特殊才能，或協助發展各成員的能力、道德、動機，使其產生超越原先預期的表現，這種角色關係就是領導（Bass, 1993）。領導者能幫助部屬找回信心、找到意義、找到工作樂趣，授權他們去思考，使其由被動接受指揮，變成主動解決問題。消極的領導可能造成臨渴掘井，遇事手足無措的窘境。領導者的角色，在於將理想化為真實，這一艱難的歷程，需要：1.提出共同的遠景；2.利用溝通建立共識；3.在合作分享中，促進彼此的信任及成長；4.幫助組織及個人目標理想的實現（Bennis, 1999）。領導者在為組織成員及自己增加其價值，這些價值包含工作品質、知識成長、人際互動的品質、領導的形象等。也由於其表現的服務品質讓人接受與肯定，因而加重其角色的重要性；重要職位是工作品質與工作能力的代表。

五、領導是有效指導組織成員達成組織目標的能力與技巧

　　有能力領導一個組織的人，必須具備專業知識及經驗，知道機構的遠景，機構的人力、物力、環境資源條件，以及機構的優點與缺點在何處。

　　守谷雄司（方木森譯，2005）指出，領導者如同一個團體、一個球隊的教練，「如何領導部屬？」應把握三原則：

　　1. **理解原則**：教導成員了解機構的優點，逐一減少缺點，並建立有效率的規範，以提高工作效率。

　　2. **複習原則**：隨時提醒員工工作順序、輕重緩急、行為的基準點等，按部就班，如何形成有利的工作團隊，以完成小組的任務。

　　3. **動機原則**：領導者能激發他們強烈的學習動機，如此必使領導工作事半功倍。

守谷雄司（方木森譯，2005）提出，如何發展領導者的長才，以達成組織目標？必須做到以下三點：

1. **實現共通的利益**：不可放棄組織目標及個人目標。

2. **維持良好的人際關係**：是否常稱讚屬下的優點。

3. **增加影響力、鼓舞人心**：影響力即做事能力，有積極的態度，能創造業績，擁有一顆體恤的心，並富人情味。能採用增強方法激勵士氣，分享工作心得。使團隊中常有快樂、風趣及熱情的人情味。

綜合言之，領導是先天特質與後天學習成果的表現。領導權力的主要來源，來自專業權、參照權、獎賞權等；領導者要善於與人互動及溝通，並能預防危機的發生；能協助組織目標的達成，把理想化為真實；領導者並願意協助激勵員工潛能的開發，促進組織目標的實現及永續的經營。

第三節
領導的本質與重要性

領導的本質，係在探討領導者智慧的泉源、智慧能力、行動的原動力。如東方宗教家證嚴法師所言：「願有多大，力量就有多大。」印度宗教家德瑞莎修女（Teresa）所言：「使命感是我們的行動力。」領導者要開導別人追隨他時，必須要有一些特別的智慧、愛心、胸懷、遠見、願景、行動力、預測力等，使別人能心甘情願犧牲奉獻，在所不惜。這種領導的原動力、領導的善因，在協助社會人群引導向善、品格端正、追求真理、人類和平福祉、協助人類文明的進步等方面有所增進，稱為領導的目的與本質，也是領導學的核心價值。曾燦燈（2006）對領導的解釋：「領導是一種交互影響的過程，只要在團體中產生影響力，就有

領導作用。」Roberts（1997）、Meyer（1996）、Magoon（1990）、鄭照順（2003a）、鄭燕祥（2003）等指出，影響他人達成目標並非容易的一件事，要培養一位優秀的領導人更是不容易，領導人才的培育，需要發展其領導專業知能、增加領導的經驗、領導者的使命感、提升領導者的品格修養等。因此培育領導人才需要探討「領導的本質」，才能把握「領導人才的培育方針」，做好「領導人才」的培育計畫。一個負面的領導者，可能為了成己之名、成己之私、成己之慾望，而引導別人走向災難。因此領導者的本質，具有正面的重要性及預防負面的領導災害，以作為「領導人才」在培育的理論基礎。領導的本質分析如下：

一、無私無我，永恆的宇宙精神

領導者須以大自然的智慧為師，例如，宇宙的星球均能億萬年不停運行。以太陽為例，太陽以永恆的精神，發出光芒，照耀萬物，滋養萬物，不以己私，不以偏見，給予地球有生命體、無生命體同樣的光與熱，可以稱為「大愛普照人間」。我們應當學習宇宙的永恆精神、包容精神、無私精神，此也是領導者的精神風範。偉大的領導者，應保有恆常的愛心、耐心、毅力、關懷、行動力，並能應用個人的智慧、愛心、能力，去帶動人類的進步與成長。

人類歷史所記載的人物，無論是英雄、梟雄、君子、小人、哲人、商賈、販夫走卒等，均獲得太陽的光與熱而生存，但這些人對社會的功勞與過錯均逃脫不了時間的考驗。有句諺語說：「時間是歷史功過的顯影劑。」領導者對社會、人群的貢獻，禁得起時間的考驗，因偉大的領導者常具有永恆的宇宙無私精神。

二、幫助別人、關懷社會、實踐大愛的精神

「為富不仁者」如社會的蛀蟲，奪取天才之財造福自己。一個領導者需要走出自己的貪念、貪慾，能幫助別人、關懷別人、服務別人，此種善念、善行是優秀領導人的開始，今以三位偉大的人物為例：

　　印度德瑞莎修女說：「愛心是最美麗的桂冠；奉獻愛心的人最富足。」她的身影謙恭渺小，卻能在印度最貧窮、最卑微、最荒蕪的角落，以最樸素的愛，幫助無數的孤兒生活、就學。她付出對社會的關懷，其善行驗證了「具有愛心的人最富足」。

　　台灣的證嚴法師，以一位弱女子修行佛法，以活菩薩為職志，創立慈濟功德會，建立慈濟功德會的菩薩網，鼓勵人人成為活菩薩，「以大愛精神」行善天下，以「行善」來修道，充分發揮佛陀入世的精神。其創立的「慈濟志業」從事賑災與救濟貧苦無依者，建立醫院解決人間疾苦，創立教育事業、培育醫療工作團隊，成立慈濟文化事業，凝聚整命，傳播善行、善事、善念，廣植大愛的智慧與胸懷。他們遠到非洲、中南美洲、美國、印度、土耳其、加拿大、中國大陸、印尼、巴基斯坦等地協助地震、水災、風災之救助，可稱「大愛無國界」，令這個世界充滿溫暖。尤其 1999 年 9 月 21 日台灣的 7.6 級大地震時，慈濟團隊協助救助孤苦無助的災民，並募得 60 多億經費，協助 50 所中小學的重建工作，令人感動。

　　聖人史懷哲，他 31 歲到非洲旅行，看到方圓五百公里內找不到一位醫生，於是他放棄了音樂家、傳教士的工作，立志回到英國學醫去解救他們。他花了七年的時間學醫，帶了五百箱醫藥品去非洲救助一些苦難的居民，史懷哲說：「歐洲的幸福對非洲的苦難，竟絲毫都沒有幫助，那幸福必然是有缺陷的；幸福的缺陷，要靠服務他人、救助他人，才能獲得圓滿。」領導的深刻意義，就是拿出自己所擁有的與人分享，並協助他人成長。他每天忙碌 16 小時，但他以歡欣的心情工作，並不覺得勞累，甚至一直活到 95 歲。他說：「如果蠟燭很長，兩頭燒，有何不可。」每一個付出愛心與喜悅的領袖，必獲得人們的尊敬。智慧、財富、快樂、關懷等，皆可以愛心傳播出去，如能協助別人成長，社會、國家即不斷進步。

三、以長遠的眼光、高層次的智慧、豐富的經驗，引導生命智慧的延續發展

領袖人物的使命感，在以長遠的眼光、高層次的智慧、豐富的經驗，帶領整個團體的生存，教育他們成長發展，使這個團體更加幸福。如果以投機主義必帶來社會的不安，例如：

《民生報》社論：「政府執政團隊專業知識普遍不足，治國的經驗也缺乏，施政的方向未考慮民生就業問題、國際競爭力、國際合作發展，而以短淺的投機主義，造成民生凋敝，社會治安惡化，外交孤立，社會倫理喪失，每年自殺人數均超過三千人，政府的施政缺乏國家發展願景。」（〈執政方式爭論〉，2006）

以生物界爲例，每年秋末，北方的大雁率領群雁飛行數千公里，到達南方有食物、養料、安全的歇腳處，以延續子孫的生命。大雁有豐富的經驗，萬里雲煙，沒有指南針，依然不會迷失方向。同樣的，領導的本質，即在具備領導的知識、豐富的領導經驗，更要具有「遠見」，如此才不會耽誤芸芸眾生的生命與發展。

以台灣在 1995 到 2005 年期間的教育改革爲例，在教改人士缺乏專業知識的領導下，把教育體制當實驗室，把學生、老師、校長當祭品。2003 年 7 月，黃光國教授、吳武典院長等百位教育界人士疾呼「終結教改亂象，追求優質教育」，此事件，說明領導者需要有長遠的眼光、高層次的智慧、豐富的經驗之重要性（吳武典，2003）。

四、率領團隊為人服務，實現造福人類的夢想

每一個偉大的領導者，都出自於那一顆純眞、熱愛社會、奉獻人群的心與志向，以他個人的專業，如電腦、電器發明、生物研究、教育研究、心理學研究等，造福人群，爲人類實現夢想。

(一)微軟文化

以當代網路巨擘比爾蓋茲（Bill Gates）為例，比爾蓋茲 1955 年出生於美國華盛頓州西雅圖，13 歲開始學第一套電腦程式，與高中同學艾倫（Allen）及哈佛大學數學經濟天才巴莫（Ballmer）三位好友，於大學二年級時共創微軟公司（Microsoft）。比爾蓋茲希望能夠幫助企業界及個人使用電腦時，能提供最方便的「作業系統」，於 1995 年發明「Window 95」個人電腦作業系統，帶給全人類方便與幸福。他的電腦作業系統服務全球六十多個國家，員工超過 25 萬人，這一項電腦革命，使全球成為「網路社會」。

比爾蓋茲於 1999 年出版《數位神經系統》（*The Speed of Thought*）一書，書中描述他如何領導一個團隊的方法，其領導的特色如下（樂為良譯，1999）：

1. **組織智慧的團隊**：注重智慧的分享、創新、融合及統整。

2. **僱用有創造力、肯學習、肯研究的工作伙伴**：研究、學習、創造力，乃是一個企業的生命。

3. **達爾文式管理**：趕不上社會的變遷、國際的進步，企業馬上會被淘汰。他重視察覺社會變化，並且快速反應。

4. **討厭應聲蟲**：他強調要不斷找到自己的缺點，增加自己的優點。

5. **切忌浪費時間**：每一次開會均有開會目標，有目標、有共識及發展歷程或達到成就就須結束，避免開會浪費時間。

6. **勇於接受挑戰**：有挫折才能把知識、經驗再度提升到新的層次，也促使員工去探討這一挫折的根本原因所在，鼓勵員工勇於接受挑戰。

7. **為迎接挑戰，設立思考週**：每年有數週放下一切工作，全心去閱讀新的研究著作。

㈠松下文化

以松下幸之助創造的「松下文化」為例，松下幸之助小時貧苦無依，靠著為別人修理腳踏的發電機維生，後來把小發電機改裝成為「小電扇」。於二次世界大戰後，他成立松下電器公司，立志為人類製造「物超所值」的產品，他建立了松下文化目標：1.製造值得信任的產品；2.製造物超所值的電器；3.為婦女們發明方便的電器；4.每位員工都能受到領導者的鼓勵與支持；5.每天不斷增加優點，就是在減少缺點。

松下幸之助建立「優質的企業文化」，因此能生產優異的電器產品，員工不斷的創新，又能互相鼓勵支持，而實現造福人類的夢想。許多婦女因為有電鍋、電扇、冷氣、洗衣機等發明而改變了生活的方式，增加進修與休閒的時間。

領導者均有為實現造福人類夢想的特質，例如 1905 年，福特兄弟為了農人搬運東西的方便，希望為農人設計一部可以搬運東西的汽車。當時第一部機械馬達汽車只能行駛三百公尺，經過改良，1908 年時訂單已超過一千輛，福特兄弟幫助人類實現了機械化運輸的夢想。

五、為人類和平、福祉建立典範的精神

領導一個國家需要具備遠大的理想、偉大的胸懷、多元的智慧，如何帶動社會的安定、和平與福祉是一項重要的任務。有安定的社會，人民才能精進發展文化與藝術；有和平的國際關係，國家經濟才能繁榮進步；有良好的教育、經濟規劃，才能帶來人民美好的未來。治理國家要提倡全民的「核心價值」，如勤奮積極、樸實、負責任、挫折容忍、敬業樂群、誠信、熱忱、樂觀、幽默、感恩、順從等。

以 18 世紀美國第一位總統為例，華盛頓在位時奠定良好的「典章制度」，他主張國家的進步是一種接力賽，每一個人都需盡其智慧能力，為自己的一棒全力衝刺，他深信每一棒都是強棒，智慧相加，才是國家進步的動力。國家不允許一分一秒的停頓與不求進步，華盛頓的偉

大，在於謀國家的進步，建立接棒的典範。

再以 19 世紀日本明治天皇爲例，爲加速學習西方的科學與典章制度，培育人才、重用人才，把治國的專業交給有專業能力的部屬去發揮，造成日本的「明治維新」，促進了經濟、科技及國力的振興，作爲興國的典範。

台灣在 1970 年代有蔣經國總統的勤政愛民，注重國家建設、培育人才、發展經濟，造成台灣「經濟起飛」，使台灣開創空前未有的盛世。其建國之策略，關心青少年身心健康與潛能發展，成立救國團，培育人才，重簡樸生活，發展工業，加強經濟建設，使台灣國力大增，成爲興國強國的典範。

偉大的政治家不爲己私，以身示範，重勤樸以謀民生發展，重視人民的福祉，爲國家的安定和平做出最大貢獻，即是一位偉大領導者。

六、善於解決問題、危機預測及危機處理

德國諺言：「如果沒有教育的問題，就不需要教師與教育家了。」我們有一份工作，就是要設法去解決許多問題。同樣的，領導者存在的必要，即在其具有多元能力、能預知未來問題、能處理危機事件。

預測能力來自領導者的豐富知識與經驗，在問題尚未發生時，他已事先做好準備，問題尚未發生，就已經把問題解決，這是第一流的領導者。

每一種行業、每一個機構、每一個國家均有許許多多不同的問題尚待解決。知道問題的輕重緩急，知道「問題解決的技巧」，就是領導者的智慧。

領導者重要的不只是「解決問題」而已，更重要的是要有「經國的策略」，何種策略能夠幫助國力的振興？何種策略可以幫助社會的進步？領導者不能忽略主動規劃、經營及實踐的責任。

㈠危機處理的發展階段

領導的工作可能因爲對手的競爭，也可能因權力分配不公而造成危

機。因此，優秀的領導者也應該了解「危機處理」的發展階段以及因應的方法：

1. **潛在階段**：因價值、認知差異及權力分配不均產生磨擦，製造不實謠言階段。
2. **爆發階段**：正面衝突，或發生正面的攻擊行為。
3. **後遺症階段**：如果無法互相信任，將造成彼此的裂痕或組織的重組。
4. **解除階段**：經由時間試煉，彼此產生反省，建立合作氣氛，重起爐灶，浴火重生。

㈡危機的因應歷程

危機管理的智慧也是領導人物所必須具備，危機管理專家曾提出四個階段的準備：

1. **產生期**：平時做好學識充實、身心鍛鍊，發展腦力與體力並進。
2. **演習期**：模擬各種難題，考驗領導者的智慧、態度、行動、溝通能力與包容態度。
3. **因應期**：危機來臨的冷靜思考、計畫周密，按部就班，實際整合人力資源，解決困難及問題。
4. **生理與心理重建期**：個人或組織都可能受人設計、陷害而重創，領導人要能夠重新檢討一切缺失，增加優點減少缺點，再去面對新的挑戰。

第四節
教育領導的發展歷史

　　領導學在教育行政的應用很早。我國教育家劉眞、朱匯森等是最早在 1950 年代提倡「人文式」與「倫理式」教育領導的學者。

　　劉眞（1970）著有《教育行政》一書，描述教育行政的內涵，包含計畫、執行與考核的三個步驟。學校的領導者應重視倫理與人文精神的感召，學校的校園應具有人文藝術精神，以陶冶學生的品格。國立台灣師範大學於 1956 年興建「希臘式圖書館」，即由劉眞校長所規劃，教育領導包含了學校的人文氣氛、校園學風、校園倫理的建立等。

　　朱匯森曾擔任教育部長，他亦著有教育行政專書，特別重視國民的民族精神、愛國情操及國民教育的均衡發展，有「國民教育之父」之稱。朱部長開始注重教育行政的中長程計畫，如重視倫理教育、師資培育、技術職業學校、女子教育、藝術教育等，均展現其對人文、倫理與技職教育的重視。

　　黃昆輝爲國內赴美留學專攻教育行政的第一人，1970 年代返回國立台灣師範大學任教，擔任過教育研究所所長、系主任，及台北市教育局長、教育廳長，可稱爲教育領導學術與經驗俱豐的大師。在教育行政領導上，他主張「積極的倡導，主動的關懷」，他的領導風格讓所有的學生「如沐春風」。

　　黃昆輝（1987）指出：「教育行政領導，即教育行政領導者，能指引組織目標方向，發揮其影響力、組織成員，應用團體智慧，激發成員向心力，以達成組織目標之行政行爲。」

　　在 1978 到 2000 年代，新一代教育行政學者對教育行政領導的解釋

更多元。謝文全（1981）指出：「領導是藉著影響力，來引導成員努力的方向，使其同心協力達成組織目標。」

秦夢群（1999）指出：「領導是一種互動的整合行為。」包含：1.領導者的專業、經驗與抱負；2.部屬的特質，包含專業能力、性格、價值觀、個人動機等；3.工作環境的變數：人際關係、工作默契、職權是否能發揮，以及競爭壓力等；4.領導的結果與績效：包括目標之達成、員工的滿意情形、組織內的氣氛。

蘇國楨（2000）指出：「領導是人格特質的表現，透過其角色影響員工的價值觀，增進團隊意識，並強化組織成員達成組織目標的能力。」

綜合教育領導之定義，指出「教育領導」是一種專業職能，包含：1.教育領導者需要有教育的專業知識、經驗、計畫能力、策略、決策及推動能力等；2.教育領導者應具備人際溝通技巧，如主動服務、關懷、能激勵與肯定別人，並具有溝通能力、協調能耐、化解衝突及解決問題之責任感；3.教育領導者能帶動群體互動合作、實現組織目標，並協助部屬成長的歷程。

第五節
教育領導的意義與任務歷程

鄭燕祥（2003）、高基士（Kouzes, 2003；引自高子梅譯，2004）指出教育領導的意義，是指一個教育機構的領導者，根據機構的「人力結構資源」、「決策專業職責」、幫助教育機構達成「教育目標」與發揮「預期效益」的領導歷程。鄭照順（2005a）提出教育領導的任務歷程包含：1.訂定計畫與目標：教育領導要有明確的發展目的；2.整合各

項資源：充實資源以增加競爭的實力；3.找出有效的發展策略；4.建立人際支持網絡：組織缺乏人際支持難以成事；5.主動關懷與服務：以主動的服務精神提升教育領導效能；6.面對問題化解衝突：了解對方的需求化阻力爲助力；7.引導群體智慧實現組織的目標（如圖 1-1）。

　　鄭照順（2005a）、鄭燕祥（2003）等，對教育領導之新觀念採取未來取向、科技文化改變、績效責任、社區參與、市場化及追求品質與學校永續發展，因此重視「教育專業領導能力」的提升，其實施內涵如下（參見圖 1-2）：

㈠重視教育領導人才的培育

　　1. **增加教育領導的專業知識**：以領導的專業學理作爲決策之依據。
　　2. **提升優質的教育服務態度**：領導是一種倡導，也是一種優質的服務。

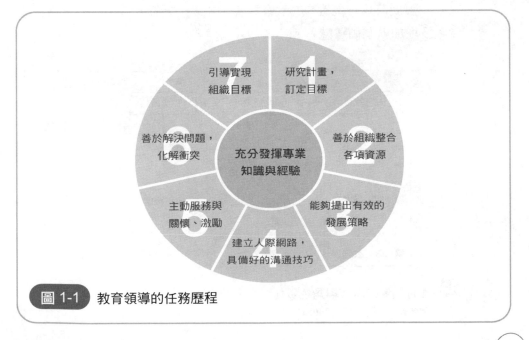

圖 1-1　教育領導的任務歷程

3. **表現教育專業領導的行為**：能規劃、善組織、會溝通，使團隊發揮最高效能。

4. **培育教育專業的領導性格**：領導的才幹，要終身學習才能達成，也就是不斷增加優點，改善缺點。

5. **增進教育領導的實務經驗**：包括(1)如何帶好整個團隊，使你的團隊在教育行政、學校行政、教學團隊各方面均有傑出的績效；(2)如何實現機構的理想與目標，並能掌握未來發展的趨勢；(3)建立學習型組織，增加人才資本、組織資本、資訊資本，以提升團隊的競爭力。

㈡體驗「教育領導」的使命

1. 了解教育領導學的基礎及發展趨勢。

2. 幫助自己在教育崗位上，能扮演好角色。

3. 協助自己角色任務的達成：校長、主任、教師不僅在完成工作，並能具備「教育的使命感」。

4. 發展成為一位優秀的教育領導人才，不斷提升專業能力、服務態度，及增加專業領導魅力。

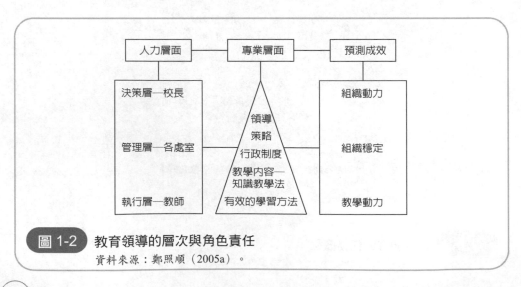

圖 1-2 教育領導的層次與角色責任

資料來源：鄭照順（2005a）。

5. 能組成一個優秀的學習型團隊，幫助機構潛能的發揮，及有卓越、創新之貢獻。

6. 能對自己的教育、團隊、教育事業做出最大的貢獻。

㈢重視各「專業層面角色」的分工與合作

學校行政是一種專業的組織，各層面的角色任務及運作情形如下：

1. **領導決策層**：為校長的職責，校長之任務與使命有：(1)做好校務「發展目標」的訂定；(2)做好「領導策略」的選擇；(3)提出關懷與激勵的辦法。

2. **管理層**：為處室主任的職責，處室主任需依據：(1)學校的規章與制度之管理；(2)檢核運作實況與紀錄；(3)執行領導者的理念與政策之推動。

3. **執行層**：為教師之職責，教師需做好下列使命：(1)班級之經營與管理；(2)教學之實施與評量；(3)學校政策之執行。

4. **學習層**：為學生之職責，學生應在下列項目，盡其最大的表現：(1)學生用功的表現；(2)知識之獲益表現；(3)品德之表現；(4)學生潛能之開發表現。

㈣重視學校各專業層面的合作

學校各專業層面的合作策略，分為平行、跨科、校際、上下以及與上級合作策略。

1. **平行合作策略**：教師共同建立教學資料庫、題型。
   (1)彼此分享教學資訊及研究成果，豐富教學內容，提升教學品質。
   (2)學生可以作為評量、學習之依據。
   (3)學生不理解，可以找相似題不斷熟練，增加學習信心。
2. **跨科合作策略**：不同科教師合作建立學習網站。
   (1)發揮不同領域教師的專業知能，促進科技整合。

(2)分享不同科的教學經驗。

(3)學生學習內容的加廣及加深。

3. **校際合作策略**：學校經營、研究心得之分享。

(1)校長間有學校經營心得分享。

(2)校際間有教學研究、圖書資訊、學生作品之分享。

4. **上下合作策略**：整合校長、主任、教師、學生、家長之意見，集眾人智慧，建立共識，增進和諧，集體發展潛能，提升競爭力與服務品質。

5. **與上級合作策略**：學校與上級關係之經營。

(1)不斷互動，請求資源協助及問題解決。

(2)不斷感恩，有助於增加好印象。

㈤學校各層面專業人員的競爭、合作與平衡觀點

組織間的進步發展，可以透過「合作策略」、「競爭策略」、「妥協策略」提升工作品質，因此教育領導者應與相關單位保持合作與競爭（如圖1-3）。

為什麼合作	為什麼競爭	如何平衡
1. 增加機會及資源 2. 增加供應需求 3. 成為助力 4. 減輕摩擦 5. 減少風險 6. 應用「成功機率」提升原理	1. 增加潛力 2. 增加創新 3. 增加個人特色 4. 激發內聚力 5. 增加對照組 6. 應用「冒險成功率」，至少有50%以上機會	1. 競爭「成本過高」要妥協 2. 為減輕負擔要合作 3. 人才、資源、資訊可統合成為「成長智慧」 4. 「不彼此消耗資源」，追求「雙贏」 5. 能展現「彼此的特色」，才能生存

圖 1-3 競爭合作平衡時機圖

資料來源：鄭照順（2005a）。

第六節
教育領導是倫理、科學及藝術

　　領導原理是一種倫理哲學、科學方法及溝通藝術，我國古代的聖人孔子提出：「道之以德，齊之以禮，有恥且格。」以道德來治國，社會必然會井然有序。西方的領導學研究者如 Simon（1960），用科學的方法剖析領導行為的成分應包含：計畫、組織、溝通、決策、預期效益及評鑑等。黃昆輝（1987）提出教育行政的歷程包含：計畫、組織、溝通、協調及評鑑等五個要素。吳清基（1989）、江文雄（1998）、鄭照順（2005a）等提出，優秀的教育領導者應具備倫理哲學、科學方法、溝通藝術的專業素養，如圖 1-4：

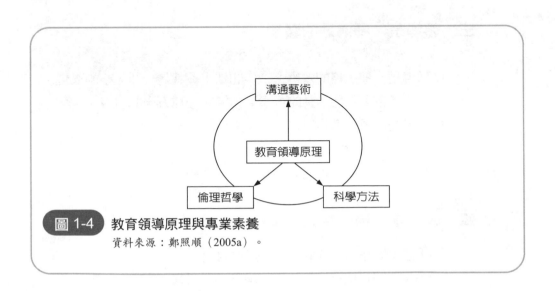

圖 1-4　教育領導原理與專業素養
資料來源：鄭照順（2005a）。

一、領導應以「道德、倫理」為基礎

領導者應有的基本專業道德、品格、肚量、挫折容忍、修養，包括：

1. 身先士卒，爲人表率。

2. 言而有信，堅守原則。

3. 有容乃大，無欲則剛。

4. 不屈不撓，任勞任怨。

二、領導應具備的科學與專業知能

1. **了解問題，善用方法解決**：能診斷出問題，能預知問題所在。

2. **知人善任，敢於授權，善於督導**：了解部屬的專業知能，並能發揮部屬的專長。

3. **了解部屬的需求，關心部屬**：能爲部屬分憂解勞，協助解決困難。

4. **借重專才，重視研究**：有了學理的研究，思想才能不斷精進。

三、領導是一種溝通的藝術

1. 領導是一種人格的效應：工作的結果，就是一種人格的表現。

2. 領導是指引團體活動的行爲：領導是一種方向的引導。

3. 領導是一種倡導作用。

4. 領導是一種說服方式。

5. 領導是一種使人順從的藝術。

四、領導是一種「待人處事、整合資源」的科學與藝術

1. 「把人帶好」，透過別人，反映自己：

(1)幫助校長提高專業能力，增進領導技術。

(2)協助教師能主動積極，提升士氣。

(3)增進學生身心健康、知識與品格成長。

2. 「**把事做好**」，做事效率合理，透過大我，呈現成果：

(1)促進團結目標，互助、關懷、合作。

(2)實現辦學的目標，並分享成就感。

3. 「**整合資源**」，提升教育品質，開創新的願景：

(1)教育行政領導在於整合資源，提升教育品質。

(2)教育行政領導在於激發潛能、開創新的願景，促使社會進步與發展。

五、教育領導是一種「心理的探索」

江文雄（1998）指出教育行政領導是一種人性心理的探索，也是一種藝術。

先了解自己，給自己期許，並要了解部屬的需求、抱怨與人性的險惡，用心去溝通、化解與維持工作的使命感。

1. **領導者要先了解自己**：了解自己的個性、興趣、專業能力、情緒智慧等，思考自己會不會「想和自己」共事；思考自己會不會找「追隨一個與自己一樣的人」當上司，了解自己的「群眾魅力」何在。

2. **了解部屬的心理需求**：了解部屬的興趣、需求、能力、專業能力、工作態度。被領導者有被賞賜、被肯定的需求；每一個員工都希望領導者能平易近人、容易溝通、察納雅言、隨時關懷協助及賞賜工作表現。

3. **了解「部屬的抱怨」**：部屬工作繁忙、情緒低落時一定有抱怨、煩躁、不滿，領導者要坦然接受、反省改善。老師的抱怨常是工作繁重、學生煩躁、沒人感激；學生的抱怨常是升學壓力重、生活乏味、校規嚴格要求的無奈。

4. **了解「人性的險惡」**：缺乏倫理、不知感恩是凶險的起點。用人難、知人難、帶人更難，領導者不得不防小人，常與同仁溝通接觸，小人才不會製造地下風暴得逞。領導者盡量不製造身邊的紅人，會讓別人

誤以為有派系之形成。領導者要知人善任，善用其專長；淘汰不才之幹部，但需有技巧；「遠小人」，小人常興風作浪，可同流不合污；「領導人要帶心」，了解部屬的心理期望，內心困惑，若能適當協助就較易帶領。

六、教育領導是一種藝術

1. **能知恩才會感恩**：知恩圖報、仁慈、心胸廣大的人，才值得永久交往，吸收為重要部屬。

2. **有用心才有創新**：在專業的長期努力下，可以找到經營管理的竅門，創造、創作之靈感才能油然而生。專業的領導人要常有創新的理念，以學務工作為例：可以採用登山來消過，以培養學生好的嗜好取代不良嗜好；以運動、讀書、才藝及服務表現來提升學生學習成就感等。

3. **有激勵才有活力**：不要忘記於公開的場合多多鼓勵學生，老師對學生的優良品格、行為、成就加以肯定，並訂出獎勵辦法，只要學生肯努力，即可達成此目標。

4. **有包容才有笑容**：領導者常能自我消遣，增加別人的自信心，可以化解彼此的衝突。譬如，稱讚某一位主任有獨特的看法，而不當場否決其意見，顯示領導者有包容力，必能促進彼此合作的順暢。

5. **有付出才能傑出**：領導者本身需不斷的付出時間、金錢、體力為大家謀更多的福祉，領導者應以團體的進步為目標，更應鼓勵獎勵付出心力的部屬，使其有成就感；同時約束不想付出的部屬知所警惕。

江文雄（1998）、鄭照順（2005a）等更提出「有投入才能深入」、「有傾聽才會動聽」、「有關懷才有開懷」、「有讚美才會甜美」、「有體驗才會體諒」、「有理念才有理想」等領導的藝術。

總之，將領導的倫理哲學、科學專業、心理需求、溝通技巧、激勵方法等加以融合，即形成一種領導的藝術。有專業，才能預知領導的效益；有費心力，才能使團隊開花結果；有感恩與讚賞，才能融合團體的情感；常與部屬分享苦樂，團體才能不斷成長。領導是吃苦的，成果卻

是甜美的。因此怕吃苦的人、想享受權力者、不求精進者等,皆不適合居於領導位置。

第七節
教育領導者的專業角色與任務

　　優秀的領導人充滿智慧、能激發熱情、幫助別人成長、化解困難、突破危機、激勵每一個人的潛能、引導大家同心協力,並實現組織的目標。這其中包含領導專業知能、情緒智商(EQ)、人際關係技巧、領導的行為示範、營造環境氣氛及美好的願景等。

　　台灣的教育環境在 1995 至 2005 年的教育改革浪潮中,起了很大的變化,過去 1950 至 1995 年期間,教育行政機關學校的「教育領導者」重視專業決策,中小學校長、老師的地位相當崇高。校長享有專業的決策權,因此比較容易發揮辦學理想。1999 年起中小學校長改為遴選制,校長領導的地位與角色起了相當大的變化。江文雄(1998)在《走過領導的關卡》一書中描述歸納如下:1.社會複雜多變,非專業的教育改革人士介入教育;2.政治團體介入教育改革;3.教師會的成立,自我過度膨脹,忽略自己的專業職責;4.各次級團體,自我意識中心,干擾教育的專業決策。

校長應扮演的專業領導角色與任務

　　學校的專業領導愈來愈難發揮,校長如何在教改時代中突破困境,發揮其專業領導的角色。DuBrin(2003)、Goleman(2001;引自張逸安譯,2002)、黑幼龍(2003)、江文雄(1998)等學者,對校長應扮演的專業角色與任務,綜合如下:

㈠「安定組織發展」的角色

維護工作環境的穩定及發展角色，校長須「先自保，次安定，再求發展」。

1. **校長先求校園安定**：用人重專業不徇私，使用經費重法定程序，採購不圖個人利益。

2. **校園安定後，再求效率與品質**：提升工作的效率，提高服務的品質。

㈡注重專業行為的示範與指導角色

待人如己，引導向上。

1. 校長能以身作則，關懷弱勢者，激勵老師，奉獻智慧、物力、心力，必帶來好的啟發。

2. 校長輔助部屬完成計畫，提供案例，協助達成任務，並予獎勵，必令部屬感動。

3. 協助增能及專業成長角色：校長鼓勵部屬看書分享，提升行政與教學的專業智能。

㈢重視專業成長，良好品格，優良形象的帶動角色

唯有提升教育專業團體專業知識，才不致影響教學品質與工作樂趣。良好的品格會帶動大家熱心奉獻、增加責任感、自我提升品質的效果。建立優良的形象，即好的態度、好的氣質，及主動、迅速、親切的服務形象。好的形象即是一個學校、一個領導者的品牌。

㈣提出經營策略，並幫助行政人員、師生發展最高潛能之促進角色

學校的經營難免會有困境，需整合各種資源及行動去突破。行政工作如果缺乏效率，代表組織功能的失調或退化，這對組織將會帶來負面

影響。行政人員的效率需要激勵、關懷與輔導。組織教師教學社群、小組研究，鼓勵分享，以豐富其教學內涵。學生有怠惰或不良行為，應設法協助改變，以增強他的優勢智慧，使學生獲得學習自信心與成就感。

㈤教育領導經驗的研究與分享角色

領導者沒有策略的規劃，機構就找不到好的出路；沒有競爭的對象，自己就很難再成長；沒有各層的同步發展，學校不可能推動全面進步。譬如「決策層」重視規劃、「行政層」重視制度管理、「教學層」重視教學方法與效率，「學生層」重視讀書時間的投入及體力的鍛鍊；四者合作，學校才能精進與快速進步。幽默的分享、樂趣的分享，均是一種致命的吸引力。行政人員遭遇困難時，**EQ**的訓練特別重要，欲度過心情低潮的困境，可善用「音樂治療」，如欣賞大提琴演奏聖桑的〈天鵝〉、自然音樂〈太平洋組曲〉、韋瓦第的〈四季〉長笛演奏等，來化解心中的苦悶與哀怨。或是採用「自然療法」擴展自己的視野，如打球、爬山、旅遊等，也是治療心情低落、提升體能的好方法。

㈥建立良好的人際關係與溝通角色

教育領導者需具有良好的溝通能力，才能建立共識、增進情感、促進合作，增進人際感情，才容易推動事務、達成目標。領導者宜從微笑、關懷及了解對方興趣與需求開始，再進入互助合作階段。

㈦增加團體情緒智慧的角色，幫助集體工作成功

領導人應鼓勵團體間互相包容、同心協力發揮大愛，才能永續發展。體力、心智、EQ等應並進發展，才能使團體更成功。訓練挫折容忍力與壓力因應技巧，使個人及團體的身心受到最少的傷害，以化解壓力危機。促進集體工作成功的方法包括：培養工作默契、注重休閒活動、提升團隊的身心健康、增進學習能力及協助部屬有工作成就感等。

㈧追求高品質、高效率的角色

領導者有長遠的眼光，才能造福這個社會。領導者能追求高品質的工作表現、製作出優質的產品，必然會提升整體社會的水準，對社會做出貢獻。領導者務必做好策略選擇，以提升整體的競爭力。領導者能夠識才，適才適所，重視適性的角色功能發揮，領導者需自我了解「只有三分力，不去做十分事」的工作。領導者就自己的缺失，不斷自我反省，自我改善，才能居於完美的地位。領導者的重責大任是：帶給人民過更美好的生活。

領導者的生涯規劃，所需發展的重要工作是：1.辛勤的工作，準備好接下來要做好的知能；2.不斷的學習，不斷提升專業新知，才不會做錯誤的決策；3.磨練領導的情緒智慧，能包容異己，更能等待與引導對方的成長；4.懂得應用創新的策略，使組織及個人更有競爭力；5.遵守對組織的承諾，嚴格的自律及成為部屬之典範。

㈨不斷自我激勵、自我充實的角色

優質的領導者需能不斷的「自我激勵」，領導者的工作是艱辛的，因此需要不斷的自我激勵，其方法是：

1. **每年預備基金作為自我激勵**：如旅遊、增添設備等。

2. **善用最佳時刻，做最重要的工作**：如思考、工作、進修、寫作等。

3. **定下一生最值得努力的計畫**：每天從小目標去實踐，每年對自己有新期望。

4. **尋求他人協助**：善用專業資源。

5. **讓生活事物井然有序**：書本、公務均井然有序。

6. **每月做出成果報告**：每月整理達成的工作目標，檢討哪些是有效的方法、哪些是無效的行為。

7. **均衡自己的生活**：工作、休閒、人際活動要均衡。

8. **組成激勵團隊**：積極結交一些熱誠、熱情的朋友，他們的熱忱可以影響你的成就。

9. **向成功者學習**：閱讀各界成功領導者的生涯傳記。

10.**經營好工作環境**：以增加環境生產力。

11.**選用好的工具**：工欲善其事，必先利其器。

12.**協助別人進步**：把經驗與別人分享，也可以增加自信。

13.**找到一個有興趣的主題**：探究、學習、分享及服務。

14.**持之以恆地鍛鍊體力**：運動可幫助血液循環、神經系統的均衡、腦力保養及增加創新活力。

15.**學習如何把事情做得更好**：找尋增加知識與技術的方法。例如廣泛閱讀、參加研討會，或與有見識的人深談，讓自己能接觸新的觀念（彭蒙惠，2004）。

第八節
領導知能之發展與有效的領導

領導才能不是天生的，需要長期培育以及長期的參與經驗才容易形成，DuBrin（2003）提出領導知能的「學習模式」如下述。

一、領導知能的「學習模式」

領導的知識、技能均可經由長期培育的過程而獲得，DuBrin（2003）、黑幼龍（2004）等提出以下領導知能的「學習模式」：

㈠吸收領導的概念知識及行為指導方針

如何確立領導的目標、如何促進部屬的互動學習、如何提升工作表

現的品質，應有一系列的專業知能與工作流程。首先對以下「領導的內涵」，應有基本的了解。

　　1. 了解自己的特質：哪些是你的優點？是否樂意與人分享？你的專業能力何在？能不能幫助組織進步？是否能受到大家的信任？

　　2. 了解部屬外顯及隱密的行為與工作態度：激勵其潛能的正向發展。

　　3. 自己是否能通溝目標、信念及協助問題的解決。

　　4. 自己是否能整合各種資源，為組織帶來願景，並把理想化為真實。

　　5. 自己是否具備有效地指導成員達成組織目標的知能與技巧。

㈡成功領導案例的描述與討論

　　提供成功的領導典範，以獲得成功的概念資訊。在初期階段了解別人的優點，提供組織發展的新策略，找到可行的成功策略，也可協助自己專業知能的進步。

㈢體驗與分享領導經驗

　　透過領導角色的擔任，自我評估、自我反應，達成組織目標的情況，並分享擔任領導者的工作心得。領導者如果能適時修改「領導的取向、態度」，提供更親切、更有效率、更專業、更主動的服務，必對整個組織帶來直接的進步。領導者經歷的甘苦，也需讓部屬有所了解：一個決策可能帶來的後果是如何？如果我們採用這樣的決定，參與決定者要共同負責任。領導者對於主觀很強、滿不講理的部屬，要以寬容、等待其成熟的心情去對待，以較高的情緒智慧去處理、包容，可採取「重要順序式」、「角色互換」的溝通，使對方體驗自己的處境。

㈣領導技巧的應用

　　領導技巧的基礎，始於「人際關係的正向互動」，黑幼龍（2004）提出以下人際關係的法則，做好人際關係，將有助增進領導技巧：

1. **不批評、不責備、不抱怨**：增加容忍力與包容心，批評如同釘釘子；責備如同在傷口灑鹽巴，增加容忍力，降低情緒發作。

2. **真誠的讚賞與感恩**：常使別人力量提升，感恩使自己產生慈悲的力量。

3. **了解別人的需要**：引導別人的渴望，我可以為我的學校奉獻什麼？引發他人合作、共同求知的渴望，關心對方切身的問題，提供一些協助及關心。

4. **真心的關懷，懂得付諸行動**：從對方的興趣談起，轉達喜悅、苦惱的分享，將心比心。真切的關心，如同暮春三月，可以讓百花盛放。

5. **笑臉較易贏得友誼**：航空公司的經營成敗，決定在服務人員的真誠微笑。笑臉代表內在熱情，熱忱可以把距離拉近。

6. **如何結交朋友，首先談他感興趣的事**：把話題帶到生活、事業、休閒的樂；談談人生的趣事，分擔朋友的苦難，才能真正成為朋友。與孩子不能天天講道理，多談談孩子感興趣的話題。重視他人的經驗與心得，提升其自信心，分享彼此的智慧，友誼才能增進。

二、有效的領導與無效的領導

成功的領導者會有較好的溝通能力、服務熱忱、激勵方法，容易贏得尊敬及信任。只注重追求權力、地位，專業不足，必然會帶給組織無窮的禍害，欲擔任領導者，不可不慎。無效的領導，會影響組織發展，甚至遺害子孫；有效的領導，在於建立組織的信譽、形象，使整個團隊受尊敬，可以發揮卓越績效。Roebuck（1999；引自李成嶽譯，2001）提出「有效的領導」之基本技巧如下：

㈠慎重用人與學習授權

找到最合適的人，去做最適當的事，而領導者可站在督導的角色；假使部屬不了解領導者的領導方向，充分授權可能帶來負面效果。

㈡溝通組織發展目標與實施步驟

確立組織年度及長遠之發展目標，將目標落實到發展的策略與實施的步驟，並整合投入以人力、資源，並提出預期達成的目標。

㈢激勵達成目標者

對每一位努力達成目標者給予特別的肯定與表揚；同樣的，對於敷衍了事者給予適當的指導。

Roebuck（李成嶽譯，2001）提出「優質的領導」與「劣質的領導」之觀點；羅伯特（2004）提出「高生產力與低生產力」之領導看法，曾仕強（2004）提出優質的領導者在於「優質的溝通力」，無效能的領導在於「劣質的溝通」；邱連治（2003）提出「好的溝通」與「壞的溝通」決定了領導的後果。茲將上述看法分析比較如表 1-1、1-2：

表 1-1　優質領導與劣質領導之比較

優質的領導	劣質的領導
1. 團隊知道組織的目標，發展方向，知道如何發展特色。	1. 大家不知道組織目標何在，不知如何提升競爭力。
2. 團隊成員能夠互相支援，達成目標，且得到激勵。	2. 團隊互相推卸責任，也得不到適當的獎勵肯定。
3. 團隊在有需要時，樂意投入更多的時間、心力與智慧。	3. 成員我行我素，浪費時間、資源，更浪費在爭辯、分化上；不能承受更多的工作責任與壓力。
4. 團隊著眼於卓越、完美，而不是只在把事情做完。	4. 團隊只在應付工作，而沒有追求品質。
5. 個別任務，會選派最適合的人擔任。	5. 沒人想提升專業技巧，也沒有能力因應新的狀況。

資料來源：Roebuck（引自李成嶽譯，2001）、鄭照順（2005a）。

表 1-2	優秀的領導者，均是優秀的溝通者

優秀的溝通者	不良的溝通者
1. **建立好的關係**：能夠與人互相信任，比較能有話直說。	1. **未能與人為善**：與人關係不好，彼此比較容易互相猜疑。
2. **說出妥當的話**：用意在使人聽得進去，對人際關係有助益。	2. **說實在的話，不容易被接受**：有意欺騙，又缺乏真誠。
3. **常能三思，語中盡量不傷害人**：說話不能說死，決策留有迴轉空間。	3. **心直口快，常成烈士**：先開口常惹禍，未能肯定對方者，反而攻擊對方者，常得到失敗。
4. **成功的溝通者，常能說明事物、表達感情、建立關係、進行企圖。**	4. **冒險進行企圖**：彼此沒感情、沒關係，無法獲得他人的支持。
5. **讓對方聽得進去**：第一句話留有彈性，如：請教你的看法如何？	5. **讓對方沒有心理準備**：而採取反抗的態度。
6. **善於化解溝而不通的情境**：找人協助轉達、有把握才說、摸清楚對方的用意，善用緩兵之計，交給小組研究。	6. **不善化解「溝而不通」的情境**：堅持己見。
7. **懂得把握溝通的時機**：交情深、場合對、有誠意、給對方面子。	7. **未能把握溝通的時機、場合**：沒誠意、不給面子。
8. **善於注意舉動、暗示、評估採取行動的後果。**	8. **忽略對方表情、暗示、不顧後果的行為。**
9. **由情切入，容易溝通。**	9. **開門見山說理，易引起攻擊。**
10. **溝通目的，包含使對方產生相同反應、使對方接受**：適時調整，以增加彼此的接受度。	10. **上位不善於溝通者**：好勝人、恥聞過、愛辯解、顯聰明、厲威嚴、逞剛愎；**下位不善於溝通者**：諂媚、畏懼。

資料來源：曾仕強（2004）。

第九節
企業領導導論

　　21 世紀進入科技整合時代，例如手機的發明是「科技創新」的結果，手機之應用是「人際溝通之需」，手機之美觀是「藝術之顯現」，手機工業之發展則靠「商業行銷」。手機的發明與運用，包含太空科技、資訊傳輸技術、電子科技、商業行銷、藝術設計、教育研究、人才培育等。

　　知識經濟時代，教育與企業領導均重視知識的整合與創新，才能不斷的提升其競爭力，鄭照順（2005a）、卓火土（2006）等提出「企業領導」與「教育領導」有許多共同點，包含：1.願景；2.永續經營；3.社會責任；4.誠信治理；5.目標訂立；6.經營策略；7.執行力；8.創新；9.人才培養；10.開放的溝通環境；11.建立有效制度與流程；12.持續學習；13.品質管理；14.標準化；15.持續改進；16.外在變化因素；17.危機管理與處理；18.知識管理；19.經營文化；20.培育優質品格；21.培養溝通能力等。因此教育領導與企業領導的學理與經驗，可以互相彌補彼此的不足。教育領導引用較多的心理學、教育學知能；企業領導引用較多的管理學、策略管理知能，因此教育領導與企業領導融合研究，是一種「科際整合」的新研究途徑。

　　多數企業的發展，以研發、生產、行銷、服務為主要內涵，共同追逐的目標是較高的利潤與永續的經營。企業領導的原理原則，多數由問題解決中發現，而逐漸形成領導與管理的理論基礎。美國哈佛商學院於1900 年代，著重在培養商業領導與管理人才，逐漸從實務中發現理論的基礎，而建立企業領導的類型。

　　司徒達賢（2003）、鄭照順（2005a）等提出企業領導的基礎包含如下述：企業領導者應了解「企業的目標與價值」、如何「營造機構文化」、「要增能、增加視野，進行團隊學習」、有「專業的決策，並做決策效益評估」、增加「人才、資訊資本與創價流程」、重視「有形與無形資產的經營」等。

一、應了解企業的目標與價值

　　領導者先能確立企業發展的遠程、中程、近程目標，和企業存在的價值及意義，才能提出組織發展策略、實施步驟及欲達成的效益。有些企業以公司的利潤為績效指標，Kaplan（2002；引自陳正平譯，2004）提出平衡計分的績效評估；施振榮（2005）提出微笑曲線績效目標。

二、整合資源及營造機構文化

　　了解環境現況與限制，將有限的資源整合出高效率的服務或生產動力。另一方面，組織的期待、員工的期待及領導者的期待常有差異，領導者必須加以整合，使三者可以滿足，最後能夠達成組織目標。豐田企業 1990 年提出企業資源整合計畫（Enterprise Resource Planning, EPR），找出「5 個 S」即「整理、條理化、整潔、標準化、維持」。「維持」需靠教育、訓練與獎勵，這些使「豐田模式」形成一種文化，即解決問題及持續改善。

三、幫助增能、增加視野、進行團隊學習

　　對環境中的人才資源、物質資源、社會資源、大家的企圖心要有所掌握，如此才能依據共同「企圖心」推展到新的境界。事實上人力、設備、環境也可能不如理想，如何給予增能、增加視野，進行團隊學習、團隊解決問題、改善不佳的業務，可成立「問題解決小組」、「學習小組」，去做個人智能不足的互補，有助於改善機構體質不佳的狀況。比爾蓋茲認為機構最主要的競爭力是人才，先聘用好的人才，找出缺點，

不斷超越，機構才能提高競爭力（黎冷，2003）。Senge（2000）提出集體學習、解決問題，找出共同願景，組織競爭力才能不斷提升。

四、建立專業的決策，並作決策效益評估

　　理想與定位都會產生無比的動力，理想也可轉換為「行動哲學」。郭台銘指出：為金錢工作，會感覺疲憊；為理想工作，可以克服風寒；為興趣而工作，永不厭倦（許龍君，2006）。黃夏成（2006）指出：有理想不去做，永遠是停留在認知階段。譬如適當的飲食、運動、睡眠、心情對健康有益，不去做，還是停留在空想而已。麥當勞經營的理念是高品質、微笑與快速服務、整潔環境、個別化服務，如提供兒童玩具等，使人人獲得滿意的服務。決策的過程有專業的決策、參與的決策、尚未成熟的決策。每一項決策成效，應有明確的「決策效益評估」，才能提升企業的競爭力及員工的滿足感。

五、增加人才、資訊資本與創價流程

　　企業的發展在把人才資本、資訊資本、組織資本、社會資源等系統，應用整合、創新、精緻、附加價值等，以創出新的產品、新的服務、新的學習績效、新的形象。這一切都包含效率、品質、態度、產量、產質等績效評估指標。沒有價值的創造，企業就沒有競爭力。高績效的團隊才能有優質的創價結果，優質的團隊包含：1.明確的目標；2.共同努力的決心；3.善加運用資源；4.開放的氣氛；5.檢視過程，不斷檢討改進；6.經驗分享：分享成功與失敗的經驗；7.突破困難。人才個性決定工作成果，資訊研究決定未來，集體成長決定競爭力。

六、重視有形與無形資產的經營

　　在國際知名企業的領導者，如豐田、松下、台塑、微軟、Swatch等，他們之所以有高度的競爭力，其無形資產的經營，是有形資產發展的基礎。豐田企業的經營理念在：1.為社會做出最大的貢獻；2.為客戶

創造出最高的價值爲信念；3.負責努力決定自己的命運；4.建立品質文化；5.透過不斷省思、改善，以變成一個學習型組織。台塑企業王永慶指出：企業成功的主要因素是無形資產的動力，有形生產才會增產。其包含：追根究底、務本精神、刻苦勤勞、實力與經驗、切身感與顧客互利等，才能使企業永續經營（許龍君，2006）。微軟公司負責人比爾蓋茲認爲企業致勝的關鍵在：1.無形的腦力與創造力；2.工作團隊的分類與密切合作，他把企業分爲專業經理、技術經理、企劃行銷經理，有技術的研發、專業的整合，並有評估市場的經營者，企業才能立於不敗之地（黎冷，2003）。他常約見「有創意的主管」，他的領導優點在於人才聘用、技術研發及人才管理方面，他懂得人性化管理，員工可以選擇最有創意的時段到公司上班及休假。員工也可以參加公司的股份申請與分紅。微軟的產業改變人類的工作、生活、通訊、思維方式，同時創造電腦的文化價值，這無形的電腦文化，使人類交流自由、思想創造更加開闊。

黃夏成（2006）提出品格教育是一種企業與學校教育的無形資產，譬如：1.教導感恩，可以幫助減少抱怨，增進人際關係；2.教導守時，可以減少拖延；3.教導誠信，可以減少偷工減料或作弊；4.教導尊重，可以減少衝突、攻擊事件；5.教導樂觀，可以增加挫折容忍力；6.教導幽默，可以化解個人的生活苦悶等；7.教導勤奮積極，可以增加企業的生產力。品格是一種無形的資產，它可以增進有形資產的生產效力、人際和諧及社會進步。

Swatch 手錶創於 1983 年，由海耶克所創，其經營理念爲：1.公司唯一不變的法則就是「改變」；2.採用高科技的設計，戴 Swatch 手錶可以潛水，可以播放音樂；3.手錶可以像穿衣服一樣改變形式，成爲時尚；4.給人們選擇自由，並依節日發行紀念錶，把手錶與時代脈動結合，代表年輕、新鮮、刺激、活力，使手錶邁入新的想像。無形的創意、文化、價值、品格雖是無形資產，但都是有形產業的最根本生產動力。（黃秀媛譯，2005）

綜合言之，企業領導的基礎建立於企業目標、企業文化、創新價值、專業決策、團隊學習等。

領導者的特質與優質領導

摘　要

優秀的領導者，必須具備一些「迷人的特質」，譬如：可信賴的、熱忱與誠懇的、情緒穩定、具高挫容忍力、具有敏感性、同理心、受攻擊能迅速復原、有好的溝通技巧、有創意、樂觀、幽默感等特質。

領導者亦必須具備「專業的領導特質」，譬如：能建立清楚的願景、能給部屬專業的協助與指導、能協助部屬增加能力、具有關懷支持的行為、能傾聽部屬的聲音、對部屬的表現給予正面的回饋、能帶領團隊創造出高成就，並能協助團隊不斷的學習及成長等。

「優質的領導」是指領導人有好的品格、專業知能做基礎，有好的領導與態度行為、領導人的氣質，能提升組織競爭優勢，並協助組織不斷成長等特質均需具備，才能成為一位優質的領導人。優質的領導人均有理想、策略與方法，且所提之目標是具體可行的。

領導者的「心理動機」，會影響到領導的作用與成效。譬如，領導者如具有「先天下之憂而憂」的胸懷，則社會不只可以免於災難，更能呈現安定與繁榮景象。「貪權的領導者」，只求成就自己的慾望，操作民眾對立，成就自己，卻帶來社會災難。「關懷社會進步和諧的領導者」，常能犧牲自己的時間、精神與財富，以求能夠造福人群，建立祥和的社會。「卓越領導者」能夠提高社會競爭力，並促進社會健康；「拙劣的領導者」，則帶來社會的對立、動盪與不安，並帶來國家、社會的退步。

第一節

領導者的特質

領導的特質不是天生具有，DuBrin（2003）指出：「領導的特質有部分是天生的，領導認知與經驗是可教育的，而領導的專業態度與能

力，卻需長期的培養。」

　　研究領導特質的學者，如Stogdill（1974）認爲領導才能是天生的，領導者具有特別的外貌、語言能力、機智、創意、幽默、發問能力、溝通能力、服務熱忱、互動技巧等。

　　DuBrin（2003）、張錦貴（2003a）、鄭照順（2005a）、曾燦燈（2006）等提出優秀的領導、有效的領導者應具備一些特別的特質，DuBrin等觀察優秀的領導者，分析其人格特質有下列特徵：

　　1. **自信**（self-confidence）：有生活與工作的目標，知道自己的長處與短處，可以發揮自己的長處爲團體做出貢獻，他的自信來自個人的專業與經驗。

　　2. **可以信賴**（trustworthiness）：其道德品格是卓越的，接受別人的委託，均能盡心盡力，具有誠信、勤奮、熱忱、負責、順從、尊重、感恩等好的品格特質，其人格、行爲令人信服。

　　3. **優勢的才能**（dominance）：能夠以自己的優勢才能經驗去引導別人成長，有特殊的知識、經驗、技能，可以成爲別人的學習對象。樂意把知能、經驗、資訊、快樂等與人分享，並把別人引導到積極進步的方向。

　　4. **外向性**（extroversion）：優秀的領導者具有主動與人溝通、積極的工作態度、服務的熱忱及無比的活力；有活動力，能與人建立進一步的人際關係。

　　5. **坦率**（assertiveness）：誠懇坦率容易排除人際間的溝通障礙，坦率包含讓對方多認識、了解自己特點，坦白自己的缺點，誠實的行銷自己，自然可激發彼此深度的了解。領導的基礎建立在「人際關係」上，也在「情理的包容」之中，才易引導別人追隨。

　　6. **情緒的穩定**（emotional stability）：領導者要先善於管理自己的情緒、善於紓解自己的壓力情緒，才能擁有較佳的創造力與工作潛力。情緒智慧還包含了解別人的情緒、善於化解情緒衝突、具有較高的挫折容忍力，以及懂得如何與人建立關係，在共享快樂、分享痛苦的時刻，

最容易贏得友誼，及建立深刻的人際關係。

7. **熱忱**（enthusiasm）：優秀的領導者，能主動的助人、主動的關懷、主動的協助別人解決問題，無論在知識、經驗、情緒等方面均願與人分享。有較興奮的表情、較主動的關懷、較甜美的語言等，均可讓對方感受到誠意與熱情。

8. **幽默感**（sense of humor）：幽默感來自機智、自嘲、趣味，引發理性與感情的共鳴。幽默感實際包含有：包容創意、認知創意、感情創意、影射創意、比較性創意等，譬如「出賣青春」，簡稱「賣春」；阿美族的節慶，學生寫著「瘋年祭」。譬如到國外要吃烤雞翅不知如何講，學生用比手劃腳的。優秀的領導者在語言上常具有「敏銳的比較能力」、「敏銳的自嘲能力」、「敏銳的結合力」、「敏銳的融合力」、「敏銳的轉化能力」等，因此提升語言的多重意義與趣味性。譬如，有人背叛了領導者，領導者有智慧的思考，不是憤怒、憂鬱、生氣，而自嘲這些人真的「沒福氣」才容納不了我這位優秀的領導人。幽默感常使彼此化解對立，而達到心靈的平和與喜悅。

9. **溫暖**（warmth）：「一句鼓勵三暖多，一句惡言三月寒」，溫暖的語言、溫暖的行動將如「暮春三月，百花盛放」。溫暖的心如同朝陽，如同甘露，優秀的領導者常散發出溫暖，給對方適時的關心與照顧；一個優秀的領導者，具備有「百萬顆愛心與真情」，關心部屬，願意與部屬共同度過苦難與成長。譬如在校園中對犯過的學生，樂意協助他們改過遷善、品格的陶冶、解決困難及身心成長。

10. **高挫折容忍力**（high tolerance for frustration）：一個機構因為有許多問題要解決，所以才需要一位優秀的領導人。在遭遇許多問題時，他具有超人的體力、較高的智慧、較有效的方法、知道輕重緩急，協助機構或個人解決問題。擔任領導者必然遭遇的問題較多，困難也較多，問題與困難都不是一時可以解決，因此需具備較高的挫折容忍力，等待時機去化解誤解及困難，才能整合團隊合作的力量。

11. **自我了解及客觀性**（self awareness and objectivity）：領導者先要

了解自己的專長、興趣、性格、缺點、形象等,尤其要能夠知己、知人,「己所欲施於人」,藉自己的優點引導別人的進步。在做各項決策時,更需要有客觀的比較資料,才能做出客觀有效的決策;有了客觀的資訊,也可以充分了解自己的長處與短處。領導者能自我內省,改善自己,才能不斷的成長。領導者具有國際觀的視野,能參與各種學術與研究發展,才不會自閉與自大。「自我了解」是透過比較、研究、參與、回饋中獲得。唯有從自我了解中,才能尊重別人的專業,使自己更謙和與精進。

12.**任務取向的人格特徵**(task-related personality traits):任何一個組織的存在必然有其使命、責任與功能,才有存在的價值。領導人必須有強烈的使命感與責任感,才能使組織發揮其功能。任何一位優秀的領導人,必須要有決心去完成必要的使命,並領導大家克服困難,達成組織目標。

13.**主動的進取心**(initiative):領導者需要有主動求知與研究的精神,並把獲得的知識、經驗及研究成果與部屬分享,並能領導整個團隊建立學習型組織,把知識轉成智慧。知識經濟時代已經來臨,一個行政領導者較有研究精神,必定是追隨者的福氣。領導者也不可以拚命往前跑,而忽略他的部屬有沒有跟上來,部屬稍有進步即應好好鼓勵與肯定。

14.**敏感性與同理心**(sensitivity and empathy):優秀的領導者,必能敏銳感受到社會與國際發展的趨勢,以及組織可能遭遇到的危機與困難,而能夠帶領大家努力去做好準備,以等待好的機會來臨,好好施展其才華,並表現出團隊的合作力量。優秀的領導者,更可以在危機尚未來臨前,即先解決尚未發生的問題。領導者要有預測問題發生的能力,預測能力是培育優秀領導人才困難的一環,可以從研究、關懷、考察、比較、反省、實踐經驗中去獲得「先知的智慧」,有了先知的智慧,更需要去關心體諒部屬的困難、協助引導他們成長。領導者具有同理心,懂得「兼顧情理的溝通」,必然可以得到部屬的擁戴。

15.**彈性和適應性**（flexibility and adaptability）：聰明的登山者、領航員都必須了解山的特性、海洋的路徑；「山不轉人轉」，人需要去適應山上氣候、溫度、地形的變化，做出最周全的準備。黃文華、李雪瑩（2006）指出，登山的秘訣，包含設備、知識經驗、冷靜及勤鍛鍊，才能征服高峰。在氣候不佳時就需要許多彈性的抉擇，去做好預防及解決困難。優秀的領導者需要有許多「彈性的發展策略」作為因應，以調適新環境的變化。領導者其決策思考、語言表達，均需要有彈性的空間，才不會使自己及整個團隊陷入牛角尖之中，保有彈性思考，也使個人發展、組織發展可以得到活力。

16.**內控性**（internal locus of control）：領導者最重要的智能，是要具備「內省能力」。領導者有反省自己缺點的能力，才能不斷的精進與發展，這種「自律道德」、「自律性成長能力」，是領導者最高品格的表現。「自我鞭策」的動力特別強的領導者，常能造就出偉大的學術與研究成就；其個人如果有服務的熱忱，樂意與人分享，則可以帶領一個團隊不斷的精進。因此領導的智能成長，常是從自我修鍊，並幫助團隊進步，提升每個人的潛能及實現團體成就。

17.**膽識**（courage）：保守的人物永遠沒辦法成為第一流的領導者，因為他們滿足於過去的完美，不再去面對新的資訊發展、新的挑戰，因此只能保持安定，卻不一定能求進步。要突破現狀需要有勇氣與決心，優秀領導者因為具備豐富的學識及經驗，故常能勇於創新及發展。

18.**迅速復元之能力**（resiliency）：領導人因為是眾所矚目的目標，其言論、行為常會受到惡意的批評與攻擊，領導者需要主動去溝通化解；當然自己的傷害也需要自行治療，他需具備較高的智慧、情緒管理、心理治療、音樂治療、自然治療、生理體能、社會支持系統等能力，以迅速復元受到傷害的心靈、體能、情緒、意志等，並能使壓力、傷害轉化成為進步、成長的力量。

19.**親和力**（cordial and friendliness）：優秀的領導者平易近人又具有無比的魅力，這源自於他對工作的投入、能激勵他人、肯定他人，並

具備「多元的智慧」，樂於與人分享，自然散發出親和的魅力。只付出，不問回饋，只問耕耘，不問收穫，且有一種「迷人的笑容」，就會產生無比的親和力。

20.樂於助人（pleasure in helping people）：成為領導者前，先知道如何去配合他人，給他人最高的榮耀、最大的滿足。了解人們心理的需要，成為他們心目中最重要的人，即是偉大領導形象的開始。「配合性」是領導人成功的第一步，這樣才能贏得別人的「信任與支持」，因為你最了解部屬的需要，有「以助人為樂」的氣度、有「服務的熱忱」，一定可以得到大家的支持與信任。

第二節
優質領導人的特徵

DuBrin（2003）、彭懷真（1997b）、鄭照順（2005a）等指出，優質的領導，是指領導人要有好的品格、專業知能領導態度與行為。優質的領導人，能提升組織競爭優勢，並可協助組織不斷的成長。Roberts（1997）及Carpenter（1996）等提出成功領導人才之培育的方式包含三種教育內容：

1. **培育領導者應有的專業知能**：需要長期培育專業規劃能力、決策能力、溝通能力、執行力、吸收成功領導者的經驗等。

2. **培育領導者應有的態度、行為**：能表現主動、服務、效率、品質、親切等態度。

3. **培育具備領導者好的品格與氣質**：包含品格、誠信、外貌、機智、親和力、幽默、樂觀、挫折容忍力、禮貌等。

不佳的領導案例之一：如 1995 到 2004 年十年期間，我國教育改革

的領導與擘畫，由多數外行人來擔任教育改革委員，而導致教育改革的失敗。其失敗原因包含：熱忱足夠，但教育專業知識不足；充滿理想與實踐心切，但執行能力不足；未做好準備就貿然全面實施。黃光國、吳武典（2003）等提出呼籲：「終止教改亂象，追求優質教育」，希望未來的教育領導方向是：檢討十年教改，終結政策亂象；透明教育決策，尊重教育專業；照顧弱勢學生，擁護社會正義；追求優質教育，提升學習樂趣。

　　不佳的領導案例之二：彭懷眞（2004）對 2004 總統選舉後，政府的用人與決策領導方式，提出批判——「越重要的事情，越是糊塗；越重要的職位，越沒有品質」。政府領導行為，如果不以品格、專業知能做基礎，將無法贏得全民的信任，及提升國家競爭力。教育決策關係著全國的教育品質與人才培育，我們需要專業的教育決策，及有計畫性的培育人才，以增進教育的發展。政府體制更需要有完善的文官制度，才能提升專業服務品質及提高國家競爭力。

一、優質領導者的特徵

　　Hoy 和 Miskel（2003）提出優質的領導者其在專業領導的行為上表現有下列特徵：

　　1. **建立清楚、有啟示的願景**：領導者能具體說明要達成的目標理想與效益，如品質化、適性化、藝術化、科技化、實用化、國際化等願景。

　　2. **提供清楚的指導，提出有效的方法與策略**：要達成目標，可以善用各種策略，如SWOT策略、績效策略、微笑策略等，以及能協助部屬解決困難、幫助潛能發展、增加成就感、化解工作壓力等，提供有效的成就工具，使工作順利達成目標。

　　3. **賦予部屬能力**：領導者需適時幫助部屬提升專業知識與能力，可以採用「學習型組織」，不斷分享知識及成功經驗，以增加部屬的專業知能。

4. **有關懷及支持的行為**：領導者要有愛與關懷的行為，使部屬得到工作上的支持與勉勵。

5. **注意傾聽部屬的心聲**：領導者要善於傾聽部屬的心聲，並能整合不同的聲音，幫助建立對團體有利的共識。

6. **引導部屬的動機，激發使其產生改變**：激賞及感恩會使人改變，鼓勵部屬會產生自我成長的動機。

7. **對部屬的表現，提供回饋**：正確的給予正面回饋與鼓勵，不正確的行為表現應善加引導。

8. **發展各種專業的團隊**：發展專業團隊以克服各種困境，並創造新的高峰成就。例如：協助成立網站工作團隊、校園建設團隊、品格教育團隊、愛心團隊、登山團隊等，以增進團隊的工作能力與士氣。

9. **協助整個團隊不斷的學習**：唯有不斷增加部屬新的知識、新的經驗，才能增廣其視野、包容力及欣賞力，其專業品質才能不斷提升。

二、成功領導者的特徵

DuBrin（2003）、鄭照順（2005a）等指出成功的企業，一定需要有專業睿智的領導者，能夠靈敏的提升競爭優勢、協助組織不斷的成長，並能創造整個組織的利益，解決機構的困境。成功的專業領導者具有下列特徵：

㈠能成功的帶來附加價值

以生產而言，能夠製造出物超所值的產品；以行政功能而言，能夠帶來更多的方便、效率、主動服務與親切感；以人際關係而言，能真誠的待人，能夠提供個人資源與人分享，造成物超所值的感受。在營利組織方面，能引導出較高的生產力；在非營利組織方面，能提供更精緻、高品質的服務，並能提升整體國家的競爭力。

㈡持續的卓越表現與精進

　　一個公司的領導要禁得起市場需求的考驗，以及相關企業的競爭壓力。優秀的領導者常在提升組織的專業素質、組織的資源整合、組織的心得分享與再造，如果能夠提升組織整體的專業知能、決策效率、工作效率以及資源的整合等，必可使每位員工有更卓越的表現。每一位受教育者榮獲更多的榮譽感，受到更多的肯定與精進，在受教育者素質提升的同時，組織必能展現卓越的進步。

㈢樂意傳授領導的能力──分享理念及成功的方法

　　何謂理念？是指一個組織的目標、經營策略、預期效益。何謂價值？是在決策過程有重要性的順序、服務的順序、研究的順序。每一個人感覺出品格教育的順序，如誠實、勤奮、服務、負責等，是生命競爭的基礎。何謂情緒智慧？對部屬高品質要求時，需要給予更多的支持與勉勵，領導人的活力會影響整體組織人員的包容、衝勁、工作意志及挫折容忍力等。

　　領導人可以傳授的能力很多，包含理念、價值、情緒智慧及經驗等。傳授領導的能力、經驗，更是一個機構核心競爭能力之所在。成功的企業，領導者經常有效地培養員工的領導知能，分享成功及失敗的經驗。

㈣具備高挫折容忍力並能為機構解困

　　DuBrin（2003）、鄭照順（2003a）等提出，領導者必須要能吃別人所不能吃的苦、承受別人所不能承受的壓力、挑戰別人可能半途而廢的任務，能協助維護整個團體成員的身心健康，又樂意慷慨解囊與人分享成果。國內外有許多傑出的領袖，均有此種特質，譬如前總統蔣經國先生，崇尚吃苦、節儉、勤政愛民及福國利民的政策；王永慶先生，崇尚勤勞樸實、吃苦耐勞、勤練身體、績效管理等。日本企業家松下幸之

助，注重從苦難中磨練心志、勤於思考，從困難中找到方法。松下幸之助採用「水壩式」領導哲學，主張平時就要儲備實力與體能。他指出：金錢是一種潤滑劑，人不能成為金錢的奴隸；人需要不斷反省才能精進；身體是事業的本錢，有健康才有充沛的體力來領導別人進步；事業發展是一種信仰，必定有高峰低谷，不必懼怕波折起伏；細心愛才，恰當用才，好運就會到來。

三、不斷提升專業領導能力

Nahavandi（2003）指出：專業領導能力是多元因素的整合，專業領導能力會受到個人特質、人格特質、領導智慧、領導經驗及個人價值觀的影響，茲就其分析及圖形描述如圖 2-1：

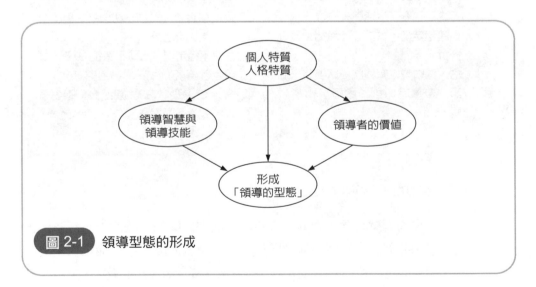

圖 2-1 領導型態的形成

㈠個人特質

受遺傳及環境影響，包含外貌、聲音、自尊心、教育水準、家庭背景、成長環境等。

㈡人格特質

包含五種配對的人格特質，如表 2-1。

表 2-1　正面人格與負面人格特質比較	
正面人格特質	**負面人格特質**
1. **良知型**：內心有公理、正義、可靠、有責任感、具條理性、有計畫。 2. **外向型**：喜歡社交活動，有好的溝通能力，活躍，有好的人際關係。 3. **經驗分享型**：寬闊的胸懷，樂於將資訊、快樂、生活與人分享。 4. **情緒穩定型**：善於管理情緒，具高挫折容忍力。 5. **令人愉快型**：有禮貌、好儀表、溫順、做事有原則、處理事情能周圓。	1. **缺乏道德型**：不顧公理正義，不擇手段，善辯、善變，沒有社會責任感，沒有倫理觀念。 2. **內向型**：不喜歡與人交往，孤獨冷漠，不善於溝通，善於心計。 3. **獨自享有型**：獨享一切榮譽，見不得別人比自己好。 4. **情緒不穩定型**：情緒不穩定、易怒，缺乏包容、容忍力，易製造對立。 5. **令人苦惱型**：常愁眉苦臉，不合作，做事呆板沒彈性。

㈢領導的智慧與領導技巧

　　領導的智慧包含：智力、人際溝通能力、問題解決能力、較高的情緒智慧，能與別人維持積極的關係，能夠自我激勵，心境能夠自由的控制。領導的專門技術包含：1.領導的專業知識；2.成功的互動技巧；3.計畫組織決策能力；4.人際衝突問題解決技巧；5.創意的領導能力；6.有遠見的競爭策略；7.了解問題的解決策略、步驟及預期效益；8.善於建立學習型的組織，引導集體的進步及成長。Bass（1993）及 Nahavandi（2003）提出領導的能力包含「領導的智慧」及「領導的專門技術」，如表 2-2：

表 2-2	領導的智慧及領導的專門技術

領導的智慧（Bass, 1993）	領導的專門技術（Nahavandi, 2003）
1. 智力。 2. 情緒管理能力。 3. 人際合作能力。 4. 自我激勵能力。 5. 多元的智慧。	1. 知道目標、願景與預測能力。 2. 知道發展的策略及競爭優勢。 3. 嫻熟人際關係技巧。 4. 能夠創意的領導，化解困境。 5. 幫助部屬增能，強化組織進步。 6. 成功的互動技巧，能不斷激勵部屬達成目標。 7. 有創意領導的特質：如有毅力去面對障礙、自願去承接責任、願意分享經驗及接受新方法、具有寬容及彈性特質。

　　綜合言之，領導的工作是一種專業的工作，領導的思考與運作層面，包含以下三項：

　　1. **專業方面知能的思考與決策**：工作過程所需的知識、方法、工具及策略技術、目標規劃。

　　2. **人際溝通與協商的運作技巧**：如何與人建立關係、衝突管理、磋商技巧、人力物力統整及分享技術。

　　3. **實務與經驗上的運用技巧**：問題解決、決策方法、創意思考、決策後的實踐步驟、成果的評鑑、情緒管理與激勵。成功的領導者要能有效的建立人際關係、做好成功的溝通與磋商共識、引導整個組織達到目標。領導者更應該了解內外環境的變化，規劃出發展策略及提出解決問題的策略與步驟。

領導人的滿足與挫折感因素

　　領導者享有較高的權力、聲望、資源與收入，相對的負有較多的責任、任務與使命，也帶給自己較多困難問題，需花很多時間、智慧去解決。

一、領導者的滿足來源

　　DuBrin（2003）主張：欲成為領導人物，先了解領導人物的滿足來源及挫折感，有了這些認知的理解，有了心理準備，才可能成為一位優秀的領導者。領導者有下列「滿足與激勵因素」：

　　1. **擁有權力與聲望**：領導者以其專業能力、專業道德、專業貢獻而獲得聲望。領導者因位居資源的分配中心，因此也容易獲得權力與聲望及影響力。

　　2. **有幫助別人的機會**：俗云：「位於公門好修行。」政府掌握一些財政與權力，因此要幫助別人解決困難的機會較多，領導者只要能細心體察民瘼，常可以帶給別人重大的幫助。

　　3. **享有較高的收入與可運用的資源**：領導者因為年資深、位階高，有特別費，又有較好的辦公室及協助的助理，所能運用的資源較豐，因此可以評定其收入待遇通常比一般人高；又因具有指揮權，周遭人力、物力及資源容易接近與運用，相對的待遇與福利較高。

　　4. **享有較高的地位與尊重**：領導者常為多數人解決問題，因此容易獲得群體的敬重。當職位與專業能力相結合時，代表高職位與專業地位相結合，其專業地位自然受到尊敬。

　　5. **容易獲得經驗與回饋**：成為領導者能夠獲得的獎勵與回饋將會增

加。在生涯發展中，快速的增加專業經驗、獲得大眾的回饋，這些經驗性、參與性的機會，都是一種重要的獎勵。

6. **較易獲得內部新訊息**：可獲得較多的內部訊息，譬如公司的發展計畫或是新的政策取向，領導者可以迅速的接觸，使自己有較敏銳的判斷能力。

7. **較有機會去控制各種資源及發揮影響力**：領導者較有機會控制各種資源去完成公共建設、造福群眾，也可獲得一些成就感與滿足感。領導者掌控了財政與人力資源，因此可以改善環境、營造機構文化、提高競爭力、生產力等，也無形中造福了環境中的你我。

二、領導者挫折與不滿足的來源

領導者因為要面對一個機構的人力、物力分配、升遷、問題解決，因此常過時工作、壓力也比別人高，困擾的事也較多。

1. **超時的服務並沒有報酬**：領導者通常需花比員工更多的時間去進行規劃、協調及公共關係的建立，每天工作時間達 12 小時以上，但這些額外時間都是沒有待遇的。領導者通常兼任機構的公關代表、問題解決的代表等，是需要投入更多的時間、精力與耐性。

2. **常需面對兩難的問題**：領導者常遭遇到人事安排、事件解決的問題或重大決策等，這些問題均牽涉到兩難問題（dilemmas）。譬如：(1)新的職位應該由甲或乙擔任？(2)應採用效率評估或品質、魅力評估？(3)如何了解政策的短期效果及長期影響？(4)應重視紀律訓練或創造力之培育？(5)應促進組織的集體成長或控制性的發展？

3. **有責無權難以發揮專業能力**：領導者有責任把公司經營好，做出好的產品，但是領導者如果無權力與資源去改善環境設備、提升人的素質、調配人力，以及沒有獎懲權時，就很難去實現理想，當然政策目標就會落空。1999 年教育改革後，國立高中校長、地方國中小校長常感受到「有責無權」、「委曲求全」、「權責不分」的痛苦，教育領導制度如不重新設計，將會帶來台灣教育競爭力的衰退（鄭照順，2005a）。

4. **體驗孤單的生活**：領導者常成為孤單者，因為員工負面的感情通常在背後發洩，也因此會把領導者視為不同的伙伴，領導者常被孤立成為一個人的團隊。因此領導者要參加社團性的非正式組織，才能避免被孤立。

5. **常遭遇升遷的糾紛**：人員效率的管理與人事升遷，常出現黑函的散播，這些黑函都帶著個人的意圖與嫉妒，領導者如果能夠公開公平處理，倒可化解人事的糾紛。

6. **常遭遇派系利益糾葛**：政治團體中有許許多多的派系與利益，造成權力與決策的分贓，領導者得善用手腕去化解這些糾葛的權力，公正處理以免帶來禍害。

7. **常面對不同價值觀的衝突**：領導者經常會遭遇到衝突事件的處理，在公益與私人權益有衝突時，該如何去反省改善？在師生衝突事件中，如何去化解彼此的糾紛，而獲得彼此的諒解？在行政決策中如何釐清員工期待與領導者的喜好？領導者要等待成熟及達成共識才做，或者在多數人參與研究後做出決定？遇到見解層次不同時，領導者應勇於表示「理想」與「現實」之追求會有不同的效益。譬如，教師可能拿顯微鏡在看問題，校長可能是拿望遠鏡在看問題，兩種角色不同，對事情的看法常有差異。

第四節
領導的風格與優質領導

Goleman（張逸安譯，2002）分析領導者的風格極為複雜，但可以從領導者的認知、動機、性格、情緒等去做分析，這四種因素的交會融合，稱之為領導風格（leader style），探討領導風格，有助於了解領導

者的領導特色及領導的魅力因素。領導者如何成為「優質的領導者」？
因為他有「願景」、有好的「領導策略」，並且具有「執行力」，而能
因應時機、環境、人員素質，做出最佳的領導行為、態度，使人信任與
願意追隨。

領導的六種風格

Goleman（張逸安譯，2002）指出，領導人由知識、動機、情緒、
溝通能力、協調能力等形成「領導風格」。領導人員常不自覺的運用
一、兩種，並且可以依情勢所需去應用多種風格。妥善應用不同的領導
風格於不同的對象，才能激發出各種領導的魅力。

㈠「願景式」的領導風格

願景式的領導風格，常帶給機構與部屬新的目標與努力方向，願景
可以提升機構競爭力，其特色如下：

1. 讓人了解未來的夢想，感覺自己在「追求夢想」，並且帶動團體
共同向夢想邁進。2.「願景」為組織的精神指標：提升情緒智慧，「自
我激勵」。3. 領導有「清晰的方向」：了解別人「對自己的期許」，建
立「團隊的責任感與使命感」。4. 願景與使命感，可以提升成為高品質
服務與「機構特色」、「工作效率」。5. 願景式領導人「善於分享資
訊」：是集體邁向成功的秘訣，有同理心的領導人，能夠對員工的處境
感同身受。6. 使用時效：在企業飄搖轉型時刻，願景式更容易奏效。7.
願景式領導的一群專家的經驗都比領導人豐富時，這種領導風格就會失
效，其論點可能被批評浮誇不實，與實務不搭調，別人會給予冷嘲熱
諷。

㈡「教練式」領導風格

常採用教導與激勵，物質與精神激勵並用時是一種優質領導。其特
色如下：

　　1. 領導者常能提升「自我察覺力」、「同理心」：不斷的自我提升專業能力，及用心去激勵部屬，發展其生涯潛能。2. 如何指導部屬「發展生涯潛能」及工作目標：找到其渴望、夢想、認同與長期目標結合。3. 給予部屬授權，使其面對任務的挑戰：常鼓勵挑戰艱鉅的任務。4. 教練式領導可以容忍部屬一時的失敗，並且給予精神支持，畢竟自己也是「從失敗中」走過來的。5. 善於把握成功時機：熱情激勵，教練成功的時機，常把握當下時刻，樂意與員工建立深入的感情，傳達眞心的關切，不是把他們當成完成任務的工具。並且積極的對話，使員工聽到績效回應，使他們的工作表現能滿足自己的渴望。當員工「能力受肯定時」，才能產生激發的效果。提供發展策略，發現員工的目的與價值，並協助擴展其能力。具備同理心，代表領導人需用心傾聽，肯定員工價值，保持一定的互動。領導人給予關注，可提高績效及完成使命。6. 教練式領導風格的限制：員工「能力無法受肯定」，則尊嚴、能力、表現都會受損。領導人若對員工「缺乏交情與敏感度」，在協助員工時，教練會變得孤立無援。

㈢「親和式」的領導風格

　　善用累積情感資本，但不容易創出高成就，其領導的特色如下：

　　1. 注重人們的價值觀及情感，重心不放在完成任務與目標，重點在照顧員工的情緒需求。領導者努力使大家快樂，創造出和諧的氣氛。2. 領導者運用特別的時機，努力促進和諧，提高士氣或修復感情裂痕。3. 善用累積情感資本，利於壓力來臨時，提取情感儲蓄使用。4. 親和式領導，平時注重培養友善、潤滑的人際關係，擴大與部屬的聯繫管道。5. 擴大同理心，使自己有能力感受他人感情、需求及觀點。6. 領導人關注的焦點是全人，而不是某人該完成的任務。7. 領導者有強大的同理心，其領導風格就能夠提振士氣，使員工面對重複性的任務仍能振作前進。8. 親和式領導者能將價值觀差異性大、發生衝突的員工，一起納入工作團隊中，並且能包容價值及行爲差異。9. 親和式領導風格的限制：只褒

不貶，無法更正錯誤的行為。員工認為公司允許平庸，很少能提出建設性意見。10. 親和式領導的突破性應用：把親和式領導與願景式領導融合運用，可以發揮出專業的團隊動力，因為領導的目標是理性的，達成的方法是感性的。

㈣「民主式」領導風格

透過參與及獲得承諾，常與頂尖員工對話找出錯誤，是民主式領導的特質，其特色如下：

1. 尊重人們的想法，透過參與及獲得承諾。2. 民主式領導者在情緒管理上表現特別強，例如重視團結由和諧開始，常能找到平衡點；善於衝突管理，常能輕鬆的化解衝突，並樂見集體的共識，沒有共識時，均裁示緩辦或研究其價值性後辦理。民主式領導者善用專業的影響力，用有經驗、有能力的人來主持專業工作，或由共識中找到合適的人去做合適的事。3. 能善用同理心去了解個人與部屬間的差異。領導人如果沒有能力調適接納各式各樣的人，則可能會誤判情勢。4. 如果可以公開檢討，沒有問題是不能解決的，領導者必須要開放心胸，無論好消息、壞消息都可以排入會議中去檢討。5. 民主式領導重要案例（Goleman, 2002）：(1)案例一：一所天主教學校財務困難，需要解散，透過家長會、行政會、社區會議，得到集體共識，學校的關閉沒有引起反彈。(2)案例二：IBM 在 1993 年公司瀕臨關閉，IBM 老闆運用民主方式，資深同事建議必須刪減九十億支出，裁員上千名，而成功化解公司生存危機。(3)案例三：澳洲銀行總裁 Morgan，一個月花二十天與頂尖員工對話，想知道實情，如何提升競爭力，他能重視壞的消息，使公司可以起死回生。6. 民主式領導應用時機：未來決策需要共同負責任時，可以善用它；未來決策不明時，需要增加智慧廣度時可以善用它；領導者有願景，需要大家支持時，可以善用它。

㈤「前導式」領導風格

容易偏向重工作、缺乏人情溫暖，其領導特色為：

1.前導式的領導者，設定目標、績效的高標準，並且身體力行，領導人一心一意要把工作做得更好、更快、更高品質、更有效率、更有親切感等。2.對人人有同樣的要求，會迅速挑出表現較差的人，施以高標準要求，不符期望就自己動手做。3.員工需不斷自我激勵，提升自我能力，才不會趕不上領導者的腳步。4.前導式領導有效的時機：團隊能力一流，充滿衝勁，這種風格可以產生出色成果；增進部屬工作能力，是前導式領導者的學習方法，以提高自己及部屬的績效；高成就標準之達成，需靠內在的強勁需求，以達成自訂的目標；積極準備好把握機會或創造機會，以實現個人及組織目標。5.前導式領導可能的危機：缺乏同理心，將會造成部屬的沮喪；缺乏自我覺察力，將會忽視自己的缺點；不相信別人，無法授權，吝於稱讚，而容易指責；常忽視合作能力及工作士氣，因此很難成大器。

㈥「命令式」領導風格

一股寒風枝葉落，缺乏生機，其領導特色為：

1.不想解釋背後的理由，要求部屬照我的吩咐去做，不願放下權力，任何情況均會緊密控制及監督。2.績效回饋，都是員工的缺失，不讚賞員工的良好表現。3.常以冷酷無情的方式來帶領團隊，人人工作情緒低落。4.員工感覺不到工作的成就感，不太想投入，因為領導者經常都給予冷酷的臉色。5.命令式領導有效的時機：面對緊急危難時，領導者可不必考慮臉色，做出命令，來控管一切資源；對新進人員進行基本紀律訓練時是必要的；在正確的時間、用正確方式，向有犯錯誤的人發脾氣。6.命令式領導可能的危機：在領導過程出現情緒失控的語言，如憤怒、厭惡、輕視，可能造成毀滅性的情緒感染；領導人如果只有職位權力，而缺乏其他影響力，組織可能如同悲慘的世界。

　　領導風格應用的時機，其領導的權力與領導者的 EQ 能力綜合分析如表 2-3。

　　綜合言之，領導風格的自我檢視，針對機構特質、適當的時機、適當的人使用正確的領導風格，可以發展出優質的領導及產生領導的魅力。其中包含個人的專業知能、領導者的經驗、領導者的 EQ，以及對人員素質、發展需要的了解，並選擇最有效的領導風格，就會魅力無窮。

第五節
魅力領導是優質領導的特徵

　　葉微微（2003）提出品格修養與專業能力，是個人永續經營成功的基石。鄭照順、蘇振泰（2006）指出好的品格包含「勤奮積極、誠信、幽默、感恩、順從、負責任」等，它是個人內在的優質修養與成功的動力。一個人如果只經營「術」，講求近利，不擇手段，凡事尋求便捷、時效，只在乎「眼前的贏虧」，忽略人格、道德、厚道與真誠，這樣的領導者，雖可能帶來自己的利益，卻造成社會的禍害。

　　葉微微（2003）提出生命的三種重要價值：1.面對生命的「態度」價值；2.是經營生命的「經驗」價值；3.分享生命的「創造」價值。她提出思維如何左右命運：「種下思想，收穫行動；種下行動，收穫習慣；種下習慣，收穫品格；種下品格，收穫命運。」

一、魅力領導的特質

　　葉微微（2003）、鄭照順（2003a）等指出魅力領導包含下列特質：1.有靈感的天才；2.意圖、本領、不平凡的決心；3.積極引人注目的個人

表 2-3　領導風格的應用時機，及其產生的魅力之處

領導風格	領導重點與時機	EQ 能力	領導魅力
1.願景式	1.讓團體有目標、有夢想。 2.建立集體願景及使命感。 3.共同目標符合個人最大利益。	1.自我激勵。 2.同理心去感受大家的想法。	領導者有專業知識、經驗，有目標時，會吸引人去追隨。
2.教練式	1.能指導部屬發展生涯能力。 2.能幫助工作能力的提升。	1.有自我覺察力。 2.同理心。	領導者樂意幫助別人成長，分享經驗，使人樂意追隨。
3.親和式	1.重視個人價值觀及情感分享。 2.努力增進和諧及累積情感資本，修補感情裂痕。	1.有人際溝通能力。 2.能夠潤滑人際。 3.有高度同理心。	領導者能感受別人感情、需求、觀點，常給予支持、撫慰、同情。
4.民主式	1.透過參與獲得承諾與支持。 2.了解彼此的差異，找到交集，尊重歧異。	1.合作力。 2.同理每人的差異。 3.心胸開放。	領導者能增加智慧廣度，共同承擔責任，得到多數人支持。領導者常能吸收頂尖幹部的意見。
5.前導式	1.設定高標準，身體力行，一心一意達成目標。 2.對人人要求速度、效率一致，迅速找出工作偷懶者。	1.缺乏同理心。 2.缺乏自我覺察能力。 3.不相信別人。 4.不重視合作力。	1.工作團隊能力強者，亦展現領導魅力。 2.有部屬能力太差時，常有情緒衝突。
6.命令式	1.只管下命令，不想事前、事中多溝通。 2.績效檢討，少說個人優點、特色，專門找缺點，人人情緒低落。	1.缺乏同理心。 2.缺乏自我的情緒管理與壓力紓解方法。	領導者常有不好的表情、壓力情緒，過度急躁，常失去領導的魅力。

特質，許多人想被他領導；4.能夠建立關係及幫助產生互動；5.能夠給人激勵，並且產生溝通作用；6.會使人敬畏、尊敬及熱愛他。

　　DuBrin（2003）指出魅力領導的特質包含下列：1.魅力領導者一定有一些突出的特質；2.魅力領導者是有夢想的，他會提出一些令人振奮的願景及引導組織達成的方法；3.魅力領導者常有「巧妙的溝通技巧」，他常用多采多姿的語言比喻；4.魅力領導者能夠讓團體成員感覺有能力達成組織的計畫目標；5.魅力領導者經常有活潑及活力的特質，有豐富及溫暖的表情；6.魅力領導者常有浪漫式的冒險精神，渴望完成別人未能達成的任務。DuBrin（2003）進一步指出魅力領導的培養方法：1.增強溝通技巧；2.自我行銷；3.做較多的創意；4.經由實際練習及自我訓練，提升「結構性與趣味性」的表達能力。

　　鄭照順（2003a）提出增進個人魅力的基本類型分析如下表 2-4：

表 2-4　魅力的基本類型與魅力的內涵

魅力的基本類型	魅力的內涵
1. 儀表類型	身材、穿著、打扮、微笑。
2. 肢體類型	表情、健身、靈活。
3. 態度類型	禮貌、整潔、親切、友善、幽默。
4. 工作態度類型	投入、積極勤奮、誠信、親和力、負責任。
5. 專業理念類型	有理想、核心價值、有願景、有策略。
6. 專業能力類型	有執行力、能創新、專業的診斷與問題解決。

二、魅力領導者的魅力多層面分析

　　DuBrin（2003）指出魅力領導者的魅力，有多層面的魅力因素，包含下述「個人層面」、「人際關係」、「管理層面」及「組織層面」魅力因素：

(一)個人層面的魅力

具有品格、專業能力的魅力。

1. **建立好的品格、習慣**：成就自己影響他人，協助別人不斷提升。

2. **發展專業能力，成為一位專業領導人**：其能力受肯定，有助於解決各項問題。

3. **確實了解組織目標、生存發展策略**：能幫助組織找到成功的發展方法。

4. **建立組織的核心價值**：使組織參與者有使命感，能自我不斷提升。

(二)人際關係的魅力

善於增加「人際資本」，「以客為尊」。

1. **主動親切的服務與關懷**：具備心理關懷及行動力。

2. **尊重多數人的期望，能調和異見**：具備認知價值體驗能力。

3. **深切體會別人的情緒、感情層面並善於積極轉化**：具有高 EQ 的能力。

4. **人際衝突中的調和者**：言行一致，其承諾受人信任。

(三)管理層面的魅力

善於趣味表達，能調和異見，善於促進合作。

1. **具有好的溝通能力**：具備言之有理、言之風趣、善於問問題，能說出謙虛的話、道歉的話。語言中「充滿人情味」、「關心的話」與「讚賞的話」。譬如：能邀到你參加，是我一輩子的榮幸。

2. **善於調和異見**：具備民主化素養，在問題的決定前，先拋出一些看法，等待時機成熟，有共識才採取行動，避免產生反彈聲浪。「民主式領導」又稱為沒有效率的領導，如果能夠充分授權，增加部屬的專業

能力，鼓勵多方意見調和，則有助於團體的同心協力。

　　3.善於提升合作的吸引力：有好的人際關係基礎，有助於增加合作的默契，領導者善於平時培養默契，如參與球隊、登山隊、各種重要慶典，及協助解決問題等，以增加彼此的合作默契。合作的吸引力之基礎是尊重與分享，可以彼此增進「人際資本」與「資訊資本」。

㈣組織領導的魅力

　　建立核心價值與使命感，並找出彼此的交集，善用雙贏、競爭與合作的領導魅力。

　　1.**具備雙贏的語言及思維**：機構的領導要把個人的成長方向與組織發展相結合，領導者在工作任務完成與感情上的支持鼓勵都要兼具。

　　2.**競爭與合作兼用**：機構要生存，要與相同的單位競爭發展自己的特色，但也不排斥在各種領域上的互相合作，學習彼此的優點，彌補自己的不足。

　　3.**增加統合力，使效果加倍**：每一個人重視的焦點不同，有些人重視事情、有些人重視感受、有些人樂於合作、有些人善於獨身，領導者善於應用每一個人的特性，加強「統合力」，以增加領導的成效。領導的魅力所在，在於成為群體中每一個人的交集，才能運作出有效的組織。

　　4.**善用領導的策略**：領導者善於建立使命感、機構目標、核心價值、增進潛力成長、成功關鍵能力的培育、機構的SWOT優勢分析（即機會、優勢、劣勢、威脅分析）、短、中、長程計畫、優勢策略方法等。領導人有策略，管理人有制度，教師教學有方法，學生主動學習樂意精進，才能提升實力。

三、領導者的態度、專業能力與魅力

　　個人的天生特質如身高、聲音、體重與領導能力無絕對的相關。但是，個人的態度、專業、溝通能力、行為、品格將與領導的成功與失敗有重要相關。Roebuck（李成嶽譯，2001）指出「失敗的領導者」的主

要特徵有：1.態度、語言、行為具有威脅性，令人反感；2.態度、語言、行為均表現很自大；3.品格、能力、效率等不能讓人信賴；4.過度的自我中心，缺乏包容異見的雅量；5.缺乏工作計畫、執行步驟，工作缺乏品質或成效；6.沒有能力去了解部屬的專業及委派任務。

　　DuBrin（2003）指出領導者的「權力動機」、領導的價值觀，也影響領導的成敗。領導人的特質包含：人格特質、個人的權力動機、個人能力，形成領導的型態，個人的權力動機將影響領導的後果。失敗的領導者之「權力動機」有下列特徵：1.高的自我成就動機，但忽視團體成就的營造，例如菲律賓前總統馬可仕；2.高度的控制資源，資源只有少數人獨享，例如印尼前總統蘇哈托；3.花很多時間去改造別人的思想及行為，追求單一思考，而忽略群體創意的成就；4.重視個人權力慾望，忽視群體權益：追求個人的最高享受及成就，忽視國家目標的達成、人民生計的發展，利用國家資源經營選票及回饋選舉功臣；5.重視個人成功的策略，忽視社會專業的工作倫理：勤奮按部就班工作不被鼓勵，只鼓勵一些投機者，造成穩固的工作倫理、專業倫理面臨崩解之危機；6.領導者的權力，沒有用在協助全民合作、社會道德與倫理的發揚，只用在對個人權力的維護上。

　　DuBrin（2003）針對領導的特質進行一項人格測驗，以了解領導者的人格特質，並協助如何去規劃出領導能力訓練、團隊能力的建立之有效課程。領導人格特質量表分為四個層面（如表 2-5）：

　　1.感受＋思考者（ST）。

　　2.直觀＋思考者（IT）。

　　3.感受＋感情者（SF）。

　　4.直觀＋感情者（IF）。

　　每一個人用不同的方法處理問題，因此「決策型態」也有不同，此種假設之用途，用不同的「領導型態」去處理不同的任務，及面對不同的部屬，才能發展出領導的魅力及效果。

　　MBTI「領導人格特質量表」描述不同的「認知」、「思考」、「感

表 2-5　MBTI「領導的人格特質類型」

一、感受及思考型（ST）：制度型魅力	二、直觀及思考型（IT）：創造型魅力
1. 建立規則管制標準。 2. 注重事實、數據。 3. 注重效率及效能。 4. 行動極為快速。 5. 給予具體的報酬。 6. 個性保守，不喜歡創新。	1. 能提出進步發展的策略。 2. 了解部屬間的關係。 3. 能掌握客觀及可能的發展性。 4. 能做出創新及進步的決策。 5. 善於思考及問題解決。
三、感受及感情型（SF）：外交魅力	四、直觀及感情型（IF）：幽默魅力
1. 善於增進「人際資本」重視外交。 2. 善於排除困難。 3. 能夠了解並欣賞別人的優點。 4. 容易與人相處。 5. 善於系統工作，提出具體構想。	1. 善於趣味性溝通。 2. 具備人際魅力及熱忱。 3. 樂於改變，喜歡彈性思考。 4. 與他人有好的關係，易成為多方爭取的合作伙伴。 5. 主動尋找社會脈動及善與人接觸。

情」、「直觀」均可以產生不同的領導特質與領導魅力。

　　1.善於「建立制度」的魅力領導人：此種領導人尊重制度，嚴守紀律，不允許個人或別人去踰越法規與制度。工作上極為認真投入，但因為過度的死守制度，因此也擔心制度的改變、制度的被破壞，領導團隊自然是按部就班缺乏創意，但他卻是優秀的幕僚領導人。

　　2.善於「規劃創造」的領導魅力：具有遠見、創意的國家領導人，均表現著無比的工作熱忱與服務精神，他善於國政規劃、治國方案又腳踏實地，必然帶動國家、社會的快速進步。

　　3.善於「人際關係」的領導魅力：重視人際資本的累積，因此常關

心別人，主動幫助他人，善於感受別人的感情與情緒，善與人維持密切的友誼關係。此類型其社會關係層面日漸增加，如果有政治意圖，將成為民意代表，也能夠成為一個單位的公關領導人。他肯花時間、精神、金錢去陪伴他人，易與人相處，不背後批評人，也不會得罪他人；但太注重人際關係，而鮮少有大的作為，同時也被稱為「好好先生型」的領導人。各單位之外交官，均需要有此種特質，才容易突破外交困境。

4.善於「趣味性溝通」的領導魅力：有助建立彼此的心理交集，他們善於調侃自己、幽默別人，善用幽默語言，如口頭外交、實作外交，來展現魅力領導的才華。

綜合言之，一個機構想要進步發展，需要能規劃及有創意的魅力領導人；一個機構彼此很冷漠時，需要趣味性的溝通領導人；人際關係型的領導人，可促進彼此感性的融合，他們樂於分享及合作，可以擴張彼此的資源及合作的力量；機構要穩定發展，需要制度型的領導人，重視組織及社會紀律，使組織在常軌上運行。

四、國內教育界魅力領導人

國內教育學者與作者有較多年的相處，從個人長久相處之觀察與體驗，發現有吳武典教授、陳英豪教授、蔡典謨教授、高強華教授等四位教授具有「魅力領導人」的特質，茲描述如下：

㈠吳武典教授

曾任國立台灣師範大學教育學院院長（2002-2005），為美國肯達基大學心理學博士，並曾任第十二屆世界資優教育協會（WCGT）主席。其領導的特質有：1.高度的自省能力：不斷反省追求完美，內省智慧強。2.用詞經典，善於愉快溝通：對促進兩岸學術交流有莫大貢獻，其名言「政治放兩邊，學術擺中間」，可見其幽默與風趣。3.適度的熱忱與關懷：對任何學術問題，他都百般熱忱及主動協助，令人深受感動。不會擺身段，具備高度同理心，以理性做事，以感情待人。4.富親和力、包

容力，受到國際學術界的信任：不斷的付出關懷協助，信任感、親和力是其最高度的領導魅力。

㈡陳英豪教授

曾任台灣省教育廳廳長（1993-1997），美國北科羅拉多大學教育心理學博士，曾擔任高雄師範大學教育研究所所長。其領導特質為：1.非常關懷學生，樂意與學生分享學術及生活，常邀學生到他家喝茶，重視師生關係的耕耘。2.樂於把書借給學生參考，分享新書資訊，生活上亦樂於與學生分享，極具親和力。3.樂意提拔學生、照顧學生、協助學生、關懷學生。4.為人幽默、風趣，上課更善於利用有趣的「新聞標題」展現高度的溝通技巧。5.其領導魅力在於高親和力、幽默式的溝通、主動親切的服務態度。6.良好的人際關係技巧，善與人分享知識、資訊、生活等。

㈢蔡典謨教授

現任國立高雄師範大學特殊教育系教授，兼高雄師大附中校長，美國康乃狄克大學哲學博士，並當選 2007 年世界資優教育協會主席。其領導特質為：1.熱心奉獻專業，推動國內、國外資優教育。2.專精於創造力與創造方法的研究，蒐集各國的陀螺，展示人類的創意。3.具有服務熱忱，善於解決問題，用心關懷他人，耕耘人際關係，因此也不斷建立人際資本。4.有高度的自省力及人際智慧，也是一位幽默、風趣的教育領導人。

㈣高強華教授

現任慈濟大學傳播學院院長，曾任國立台灣師範大學教務長、實習處主任。其領導特質為：1.對教育的社會責任，及關心青少年的身心健康，充滿著責任感與使命感。2.主動關懷他的學生、朋友，主動行銷他的教育理念、生命智慧，讓人感受那股推動教育的熱忱與魅力。3.他是

一位熱忱、充滿活力又樂善好施的教育領袖，天生具有魅力領導人的特質。4.樂於與人分享教育新知，著有《青少年文化》、《班級經營》、《紅樓深情》、《教育人的理性與行動》、《多元智能教育的實施》等書，並主動贈送給用心耕耘教育的伙伴閱讀。

綜合言之，魅力領袖必有其專業的魅力，即精湛的學術素養，以及兼備主動服務貢獻的熱忱，並散發出親和力、包容力、幽默感等吸引力。

創意的問題解決
與領導

摘　要

創意經營，即一個人有創新的思考與行為，可結合在許多生產活動上，創意的領導者是把一些新的思維、方法與態度帶入實體的觀念及事物，領導者不依據現今的問題解決方式，他能創造一些可能的未來願景。譬如領導者可以用改善環境、改善方法，去提升學習的效率。

創造思考的歷程模式包含五個步驟：1.問題解決的機會或問題再認知；2.投入醞釀期；3.潛伏期；4.洞察期，又稱為豁朗期；5.驗證及應用期。

創意領導人的特質包含：具有知識性的創意、創造的智慧能力、創意的人格因素；喜歡與人互動，以及喜歡面對困境的能力等。增進「創意領導能力」的步驟包含：進行「增加創造力」的練習：留意創造力的機會；尋求解答時，用多種官能知覺；維持熱忱的態度；說出心得並引導使用者；參與演出「商業危機、教育危機」；扮演探險家、藝術家、批判者、律師的角色等。創造領導的系統思考方法包含：1.心智繪圖法；2.曼陀羅思考法；3.緊湊創新組合法；4.創造思考習慣分析法等。

教育與企業領導者可採用的創意領導策略包括：1.多元智能的發展策略；2.藍海創新發展策略；3.品格教育創新策略；4.績效管理創新策略；5.知識管理與資訊創新策略；6.體驗與了解多元文化，以增進包容、互助合作策略；7.創新學校文化帶動學校進步等策略。

第一節
創意的人格特質與歷程

　　創造力是人類文明向前邁進的動力，是需要培養、鼓勵與醞釀，創造力的潛能與人格特質也有許多相關。陳龍安（2000）、蔡典謨（2003）等指出有下列人格特質者，通常是創造力高的人：1.表現強烈的好奇心，常問東問西，問個不停；2.意見多，常有主見或獨特的想法，不怕跟別人不同 ；3.勇於表達自己的想法或感覺；4.喜歡冒險；5.想像力豐富；6.善於思考及推理 ；7.具有幽默感；8.審美感較佳；9.追求新奇、獨特、喜歡創造等。創造力是個人特質、教學因素、環境因素與思考歷程的總體表現，創造力是教育與企業進步的重要因素與資產。

　　創意的經營領導，提供創新的經營方式與提升服務品質，以全世界為市場的直銷商亞馬遜網路書店（Amazon.com ），進入亞馬遜網站，我們可以從書名、作者、主題去尋找相關的書，消費者通常在五天內可以收到書。網路購書者可以選擇暢銷書，或經由亞馬遜網站的系統協助選擇。當訂單被接受後，就會通知出版商，配銷商也會獲得通知，把書寄出。高效率的服務使消費者享受一種購書的快樂。

　　「創意經營」即一個人有創新的思考與行為，把它與教育或企業結合，就會產生許多新成果或新的生產活動、新的產品、新的產業，或新的特色與競爭力。

　　「創意的領導」把一些新的思維、方法與態度帶入實體的觀念及事物，領導者不依據現今的問題解決方式，而能創造一些可能的未來願景。譬如領導者可以用在學校教育上，來改善環境、改善方法、改善教學態度等，就可進而提升學習效率與行政的績效。

　　領導者要變得更有創意，需要了解創造力的發展步驟。了解創造力，特別要去考慮工作環境、工作方法及思考類型的關聯。Weinberg等提出組織的創造力，就是一種價值的創造（creation of a value），包括新的產品、新的服務、新的觀念、新的程序、個別化的工作歷程等。創造思考的歷程模式包含五個步驟：

　　1. 問題解決的機會或問題再認知。

　　2. 投入醞釀期（immersion）：個別的投入問題的核心，個人蒐集資料，回想找出關聯，提出夢想而不加以批評。

　　3. 潛伏期（incubation）：個人蒐集一些資料存在心中一段時間，它並沒有出現在問題解決上，半意識的保持這些資訊；當這些資訊被慢熬到沸點，它將轉變成為有意義的模式（pattern）。

　　4. 洞察期（insight）：又稱為豁朗期，問題的克服與解決方法快速的進入個人意識與邏輯中，可能在睡覺時刻、洗澡時候，或跑步中突然找到答案。

　　5. 驗證及應用期（verification and application）：個人開始去驗證創意解決的價值，驗證的程序包含支持的證據、邏輯系統、新方法及實施成果。

第二節
創意領導特質

　　創意的領導類型，他們喜歡於各種工作中投入自己的創意智慧。創意的領導者，喜歡挑戰情境性的問題，也喜歡引導他們去尋求改善，名嘴張錦貴（2003b）所說：「改一個念頭，諸事結果大不同。」證嚴法師的靜言：「知足、感恩、包容、善解」被稱為四神湯，如用於人際衝

突、工作挫折的心理調節，常能消除自我的障礙與煩惱。具有創意的領導者常思考：「一定有一種最好的方法。」如能改善環境、改善方法、改善態度、改善行為、改變心態等，結果就會不同。

總之，有創意的人「心智是有彈性的」，這有助於他們採用「新方法」去解決問題。DuBrin（2003）、鄭照順（2003a）提出創意領導常具有四種特質：

一、具有知識性的創意

創意的問題解決者，常具有較豐富的知識、經驗與長期的研究，豐富的知識可以組合新的觀念。有知識的人可以從失敗中找到珍貴的經驗，沒知識的人把失敗看作是一種處罰與抱怨。豐富的學識研究，可以幫助一個人預知未來，及做出較專業的判斷。創意的問題解決，不能缺乏專業的研究、長久的努力及長期經驗。創意也是一種知識、經驗的累積成果。比爾蓋茲的 Windows 系統是許多知識的累積，因其創新解決文書作業的諸多問題，而受到全球的普遍使用。「知識性的創意」及「創意的智慧」也是一種無形的財富。

二、創造性的智慧能力

有創意的想法部分是天賦，大部分是經由觀察、學習、分享、討論、合作創作而形成。它可以用來「解決問題」，可以帶來「幸福感」，也可以達成「高峰經驗」。

智慧的能力包含一般智力及創造能力，有創意的人能夠很流暢的在短時間以創意去解決問題。微軟公司僱用管理者經常要選拔有頂尖智慧能力的人，其公司選才的標準，包含心理測驗、學校成績及過去的研究成果。微軟公司並採用專業的面試，來測量其管理人才的智慧能力。

有創意的人經常在他的生活中維持年輕的好奇心，好奇心的核心不僅僅在他的專業領域，他對於許多領域的知能感興趣，並熱中於探討令人困惑的難題。有創意的人常有敏銳的情感及易感應的知覺，他們常表

現出許多智慧的特質，如：1.具備擴散性的思考能力；2.對一個問題常能提出多種解決方法；3.具有幽默性、樂觀性的創意思考等。案例一：校長甄試時，當你具備專業理念知識、專業經驗，如果又有創意的問題解決方法則可以居優勢。案例二：校長甄試口試時，許多兩難的問題如能夠以人、物、資源的整合，提出自己的專業診斷及創意的解決方法，即可占優勢。案例三：校務發展計畫在訂定目標，計畫策略，又有近、中、遠程發展步驟，並提出預期效益，即表現出一種創意方案。

三、創意的人格因素

有創意的人通常具有有幽默、積極、毅力、獨特、能忍受孤獨等人格特質。有創意的人，常能化解危機，以幽默、積極態度的去看待人生，幽默與創意思考的人，往往受人歡迎。情緒及其他非智力的因素，也會影響創意的問題解決，有創意的領導人，傾向有積極的自我形象，並非盲目的自信；有創意的人能夠去因應別人的批評，他能忍受因發展新觀念被孤立，也樂於與人分享創作心得。但通常創意的工作，需要單獨且專注的長期投入創意思考與成果的分享，使其產生一種創造的成就感。

有創意的人經常是異於傳統的信仰，他也不需要多數團體的承認。有創意的人會興奮地尋找問題解決的藍圖，勤奮是一種動能，他更能以堅持的態度去驗證及應用創造力的成果。有創造力的人常能夠享受對曖昧、混沌、趣味、幽默、自嘲的處理歷程。

DuBrin（2003）提出有創意的科學家之人格特徵，常具備執著的毅力（persistence）、好奇心（curiosity）、精力充沛（energy）及率直（intellectual honesty）等，這些人格特質形成創造力的重要部分。

四、喜歡與人互動並有從容面對困境的能力

有創意的人常不是來自內向、孤立或被討厭的人。很多成為領導人物的原因是，他喜歡與人互動，他樂於傾聽、關懷及懂得感恩等。但多

數有創意的人，大都來自困頓的家庭環境，家庭中有經濟困難、爭吵或父母離異的情形。他們成為有創意的人，因為環境激發出他們一些解決問題的創造力。

人格特質對創造力有影響，可以建立一種行為的公式：

$$B = F (P \times E)$$

其中 B ＝行為，P ＝人格特質，E ＝環境，F ＝常數。某些人格特質可以幫助一個領導者變得更有創意。當然要有合適的環境，或在面對艱困的難題要解決時，更容易引發出創造的行為。

第三節
創意思考的概念及提升創意思考的系統方法

DuBrin（2003）指出傳統思考的觀念，即參照傳統的標準及方式去解決問題，這種解決問題的方式就成為一種模式。譬如，傳統思考認為要增加營收，應從零售的推銷開始。創新的思考經營，如邊境書店（Border Book Store）則認為增加周邊的服務，如由增加音樂 CD、咖啡、連鎖店、會員價開始。亞馬遜網路書店更以創新思考來經營，沒有時間、地點的限制，加上每本書均列有書名及銷售排名，並對會員給予優惠價格，此項銷售方式即是突破傳統的創意思考之表現。

一、創意思考的基本概念

克服傳統思考進入創意思考是重要的，在「形成創意思考的歷程上」有一些特質。DuBrin（2003）提出六種創意思考的主要概念：

㈠要能夠走出盒子外的創意思考

在一個盒子內、一個城市、一個國家內常無法突破問題的解決方式。遇到瓶頸，如能走出自己的生活圈，到其他城市、其他國家參訪，則常會有創意的思考。古云：「他山之石，可以攻錯。」有國際視野的領導者，常能走出盒子外，展現創意的思考及創新的領導方法。

㈡要能夠有創意的走出種類的規範

傳統的思考認為女孩子比較適合照顧小孩，比較善於做家事，男人比較適合從事冒險性工作，如果能夠突破角色定位，採取角色扮演，那就是一種創意思考。

㈢要培養創意，需要發展新的典範

新的典範即是一種新的工作模式或工作架構。譬如領導者採用品質管理、績效管理、知識管理、學習型組織等，即是一種工作典範，如此可形成集體創意，這種典範如果有益於整個組織的活力及進步，即是一種創意的思考。

㈣創造力需要克服傳統的心智設定

傳統心智模式常採用一種習慣性協定，即人死亡或重傷可獲得安家費。近幾年來的保險，有一些創意性的改變，例如參與汽車保險的公司提供衛星導航服務，以減少車禍的發生；參與愛滋病患者保險的公司，教導被保險者許多衛生常識及提供醫療的服務。

㈤具創意的人能改變傳統的心智

傳統的心智模式是一種生活習慣，如日出而作，日入而息，而 7-11 超商則採取 24 小時服務，使人改變生活習慣和消費方式，因其提供迅速、便捷、親切的服務，使傳統的雜貨店應聲倒閉。

㈥有創意的人以水平思考取代垂直思考

　　水平思考的特質是分析的、邏輯性及歷程性的成果，水平思考也是類似「批判思考」者，他期待一種最好的問題解決方法。水平思考者能比較他人之優點及缺點，發現許多種不同的問題解決方法。垂直思考者可能只考慮自身利潤結果，而水平思考者可能會考慮把品質、效率、信賴、學習創新、研發、顧客滿意等列入研究項目（參見圖3-1）。

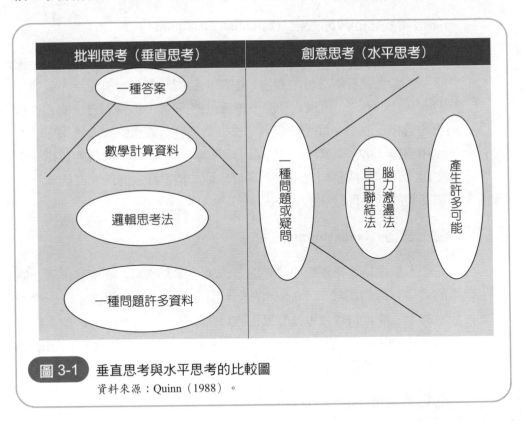

圖 3-1　**垂直思考與水平思考的比較圖**
資料來源：Quinn（1988）。

二、提高創造力的系統方法

　　提升創意的問題解決方法，主要可以從系統化的從事「腦力激盪」開始，獎勵、誘發許多人提出創意。許多機構認為提出創意的建議是一個單位的重要職責。領導者如果具有創意的問題解決技巧，他可以幫助團體成員間的互動，也提供一些創意成果的分享。以下有十種提高創意領導的方法：

㈠驗證新觀念的預期效果（establish idea quotas）

　　領導者經由提升「實證新觀念數量」，來提高創造發明的能力。雖然很多的觀念沒有辦法付之實施，但有少數的好觀念會再浮現。愛迪生（Thomas Edison）這個名字幾乎是創造力的同義，他常對自己的工作提出新的目標及觀念，每十天或半年去證明這些新觀念的努力成果，他的一生中獲得 1,093 種專利。「一種合理的觀念」就是一種新的目標，愛迪生說：「需要為發明之母。」需要也是一種很好創意的刺激因素；沒有被驗證的觀念即是空的。

㈡腦力激盪（brain storming）

　　腦力激盪是改善創造力最好的方法，一個有趣的人物常會帶來一些新的或是有用的創意。「6-5-3 法」，即六個人在五分鐘內，在一張卡片上寫下三種新的觀念，五分鐘後將這些卡傳到另外一組，再加上新的觀念，直到卡片回到原組為止。每一個人皆可對他的觀念加以繼續發展，類似「故事接龍」，可以延續擴大發展的情節。

㈢心智繪圖法（mind maping）

　　「心智繪圖法」是一種整合思想、訊息、歸類與邏輯思考的方法，也是一種觀念圖像化的思考策略（Buzan, 2001）此方法主要採用「歸類性圖誌、圖形、線條、文字、數字、顏色」等，將意念和訊息快速應用

上述各種方式摘要下來，並製成一幅心智繪圖。這樣的心智繪圖，在結構上具備「開放性」及「系統性」的特點，讓使用者能自由地激發「擴散思考」，發揮其聯想力，又有層次的將各類想法組織起來，從而發揮「全腦思考」的多元化潛能。

㈣曼陀羅思考法（mandala）

根據日本學者今泉浩晃的定義，曼陀羅一詞為佛教思考工具之一，出自梵語Mandala，乃Manda+la之合成字，Manda意謂著本質、心髓、醍醐味，la 等於成就、所有。二字合成則意謂著「擁有本質、心髓者」、「已完成之事」、「開悟之境」等。所以曼陀羅便指聚合眾多事物形成中心，以此中心衍生某種意義世界的結構時，就能由有限的事物產生力量，以此創造無限事物，成為本質、心髓、完美且充滿能量的世界。從以上對曼陀羅的描述可以歸納出三個意義：1.曼陀羅是擁有宇宙精髓及本質的成就；2.曼陀羅是佛教密宗轉識成智的思考工具；3.曼陀羅是潛藏的智慧圖形，可從有限衍生到無限。曼陀羅是個網狀組織所造成的世界，其視野可以延伸到四面八方，脫離以往的束縛，而涵蓋一切空間，自然形成一個「視覺世界」。曼陀羅結構可分兩大部分，一是萬物匯集的中心點，一是由中心點向四方散發的動能。曼陀羅能夠分析頭腦，甚至可以滲入體內，遍達神經脈動，於其中將人的睿智推至極限。「曼陀羅思考」的思考特色為它是三度空間的立體思考，使記憶深刻（許素甘，2005）。

曼陀羅的記憶法，其核心概念為：1.分為九個方格提供視覺思考；2.主題寫於中心方格；3.與主題有關的體系，分別計入周圍的八個方格。所謂曼陀羅記憶法是一種技能，就像籃球運動的投籃技巧，必須不斷的演練才能使技術純熟，所以曼陀羅記憶法的教學，除了施以基本做法，還須與其他課程搭配教

姓名	年齡	經歷
願望	自我介紹	喜好
其他	家人	專長

曼陀羅思考法

學。可做思考訓練、整理筆記或寫報告，在不斷的「迴轉」學習中，學生自然能掌握要領。以下分三階段說明：

1. **示範引導**：面對小學生的教學，一開始先別談理論，可用最實際的例子，如自我介紹，老師先示範，再由學生自願上台發表；或應用曼陀羅的格式配合其他課程的設計，如傾聽與回饋、小記者招待會，讓學生在模仿中習作。在這個階段的活動中，學生必須建立兩個重要概念：任何事情可朝「八個方向」、「多個方向」或角度去思考。

2. **任何知識都有其結構、通則與概念**：探索人體結構時，把人體的運作功能分為八大系統去建構認知，再深入分析每一個系統的功能、保健、新知、疾病等，有助於圖像認知與記憶。

消化系統	呼吸系統	排泄系統
肌肉	**人體探秘**	循環系統
內分泌系統	骨骼	神經系統

曼陀羅思考法

器官名稱	構造	功能
保健	**消化系統**	疾病
其他	新知	感想

曼陀羅思考法

3. **依據圖形建構三層次的脈絡學習**：例如人際關懷，上層關係有父母、師長、長輩；中層有朋友、兄弟姊妹；下層有孩子、學生、晚輩。對於人際互動有清楚的層次。亦可分為過去是下層，現在是中層，未來是上層，其中一階段之努力，就會造成下一層面的變化，「曼陀羅」可以發展成為一種邏輯思考圖像記憶。

㈤創造思考習慣分析法

大前研一觀察所有的創造者都有一些特殊的習慣（謝育容譯，2006）。事業要創新首先要把所有的接觸機會，變成「事業的思考訓練」，譬如：微軟公司總裁比爾蓋茲認為「速度」可以成為資產，「速

度」可以改變一切："Fast is big, big is slow, fast is everything." ；耐吉（NIKE）公司為何會成功？他開發符合運動員需求的鞋子，而且符合創新「功能性」與「流行感」，造型不斷創新及功能不斷的增加；奇異公司（GE）總裁威爾許（Jack Welch）採用「產業、全新做法」，對虧損部門員工優厚離職，積極聘用「創新部門的人才」，將製作部門移到印度生產，使生產力成長五倍。因此，產業創新如能採用技術創新、管理創新、生產創新、時間績效創新、廣告行銷創新、知識管理創新、虛擬網路合作及具有創新思考習慣等，就可創造出豐富的知識經濟。

㈥緊湊創新組合法（SCAMPER）

蔡典謨教授（2002）提出緊湊創新組合的方法。領導者如果想要在人事布局、機構創新文化、態度氣氛轉變有所創意，可以採用緊湊組合法。

1. **取代法**（Substitute）：若要創造新產品可以採用材料取代法；人員布局可以說要培訓每人有兩種專長，而採取「優質才能取代法」，發揮每一個人的優點特長有助於創新。

2. **組合**（Combine）：以二種以上的物質加以組合即是一種創新。善用每一個人的專長加以組合一個「任務團隊」即是一種創造團隊。

3. **調整**（Adjust）：將一種物質做部分功能的調整，即是一種創新；行政與教學如果多做一些討論與分享，可以創造更豐富、更周延、更有趣的思考空間。

4. **修改**（Modify）：改變用途，改變大小，則會產生一種新的物質。

5. **做其他用途**（Put on other use）：把一種物質改變為其他用途，例如把廢料轉成藝術品、把校園資源轉為社區資源，亦可產生多種功能。

6. **刪除**（Eliminate）：把複雜的生活改為簡樸的生活，也是一種創新；提倡簡樸生活，就有更豐富的時間去反省與充實精神生活。

7. 重新排列（Rearrangement）：每種物質如果重新排列，可能會創出新的物質。

㈦寵物抱怨技巧（the pet-peeve technique）

此為一種重要的品質領導技術，可以幫助組織改善及提升服務品質，寵物抱怨技巧即應用腦力激盪的技巧，經由所有的人對這項服務提出所有的抱怨，團體成員發展一系列的抱怨表，從任何人的意見中，抱怨的來源來自內在員工、外在顧客及支持者，需應用回饋系統來改善其缺點，作為團體努力的目標。

㈧強力聯結的技巧（the forced-association technique）

例如任務目標的達成可以實現個人及團體目標，亦可以針對問題結合智慧庫、科技、方法等去達成目標。例如要完成一篇研究，可能受限於資訊人力、時間之不足，則需要集體創作去達成目標；當代的手機，把照相、衛星定位、錄音功能等強力整合，創造出多元功能的手機，使其經濟效用增加數倍，也增加產品的魅力。

㈨離開主題的方法（the excursion method）

在自由浪漫的氣氛中去增加創意思考，迪士尼公司常把人的夢想製作出實體，再創造一些兒童的玩具，便激發一些心智與心理的放鬆感。例如，你到迪士尼樂園去玩，可體驗外太空、叢林、拓荒及與玩偶的對話，可激發出一些夢境似的創意，應用到真實生活中，也創造出許多活力。在遭遇生活困境時，若能離開工作地，自我放鬆一下，則可發揮許多創意。

㈩創造力訓練的評量（evaluation of creativity training）

進行創造力訓練成果的評量，有助於選擇「有用的訊息」，有效的「創造力訓練方法」，應該被繼續研究，例如環境、氣氛與文化等因

素。創造力的培育可以幫助一個人工作的革新、更具有生命力、更具活力，及更具發展潛力等。創造力的培養，更需要社會環境的支持，才能持續的創新發展。

第四節
提升創意領導能力的自助技巧

　　較富創意的問題解決方法有上百種，但這些方法的主要目標是「增加心智的彈性化」。DuBrin（2003）提出八種主要的策略和技術，可以幫助「創意的問題解決」（如表 3-1），創意的問題解決從「彈性思考」、找尋「創意機會」開始。

一、增加創造力的練習

　　培養創造思考的活動，就是鼓勵「彈性的思考」。你可以從創造一個「幽默笑話」開始，或提出一個有趣的話題開始。當我們在欣賞一張照片時，我們可以描述一個生動的主題，以引人注意或產生吸引力。當我們在玩串連字時，也可以整合出有趣的聯想與創意，多提出一些問題，讓人聯想也是一種創意教學。

二、留意創造的機會

　　有能力去發現「創造的機會」，這種發現式創造能力，是創意領導人的特質。「機會的尋找」與「創意的領導能力」相聯結，因為創意的領導者，可以建立一個顧客所需要的組織，一個創意領導者能夠發現機會，帶給組織形成結構性的改變，並帶來集體的進步。學校的創新經營，可以從改進「教學品質」、「研究品質」、「創意行銷」、「教學

表 3-1　提升創意的領導能力的自助技巧

增進創意的領導能力的方法	對不同環境、方法、對象，了解其心意，及給予創意的回應
1. 進行「增加創造力」的練習。	思考不同的觀點，老師、學生、行政人員角色，其反應可能不同：開明型與保守型，對創造力接受程度也不同，但需採取「開明、開放、接納、包容、幽默」的態度。
2. 留意創造力的機會。	給予別人肯定，並提供意見給對方參考，或請對方補充。
3. 尋求解答時，用多種官能知覺。	用認知、態度、行為等去體驗可行性。
4. 維持熱忱的態度。	採取主動、積極、創新思考。
5. 說出個人創造的心得，並介紹及引導別人去使用。	心得分享及整合他人意見，及接受批判與化解阻力。
6. 參與處理「商業危機」。	遭遇危機情境時如何化解？採取樂觀、積極的態度去面對危機。
7. 維護及使用小手冊或電腦檔案。	建立資訊、支持網絡。
8. 扮演探險家、藝術家、批判者、律師的角色。	試探各種角色之立場，深刻「體諒別人的立場」才不會自我挫折。

環境」、「學校文化」、「品格教育融入班級經營」等著手。

三、尋找問題解決時使用多種感官去知覺

　　保持心智的彈性，才會有更多的創意，為了能有更多種的問題解決方法，應該運用更多的感官去解決問題。五種知覺器官包含用眼、聞、聽、嚐、觸等器官，去體察其中的差異。例如，一個人回答問題時除了口頭陳述外，尚有眼神、表情、動作上協調與不協調之表現。有創意的

人，可以把一種知識從各種感官的反應中展現出來，譬如創意的幽默、展現微笑、愉快的眼神、臉頰、嘴角等。

四、維持創意與熱忱的態度

創造力是需要長久投入精力、熱忱，才能培育而成；具有高度熱忱，才能培育出高度的創意與想像力。要維持高度研究與創意熱忱的動力需要：1.個人對研究主題要有高度的興趣；2.個人要有高度的情緒智商（EQ），遇到阻礙不會退縮；3.有慧眼識英雄的良師，能不斷的給予關懷與激勵。領導者要面對問題提出「創意解決」的方法，他需要在想像與判斷去「化解衝突」，追求和諧、「開創新局」，另開闢發展空間，對「情境、條件、機會、發展性」需要進行一些分析與衡量，再做判斷與決策。比爾蓋茲唸哈佛大學二年級時，他有高度的創意熱誠，認爲創意機會不可失，因此放棄就學機會，創立微軟公司。他始終採取「創意與熱誠」的領導風格。

五、發表創意心得並引導別人去使用

有些領導者常提供一些突破性的觀念，但一位領導者更需要引導顧客或員工，去了解你的產品及服務內容，也應引導顧客、員工經常提供意見來改善產品，以符合使用者的需要。如果能得到使用者的修正意見，那創意可以源源不絕。有發明能力的領導者，經常要去解說、互動，因此創意領導的願景，使人更能了解也更能獲得支持。

六、參與處理「商業危機」

大多數的迷宮方格和遊戲可以提升創造力。特別有效的一種活動，是團體成員將商業劇本改爲一種「商業危機」（Business Jeopardy）劇本。例如，一條船上只能留五個人，你是船夫，參加的人員有軍人、科學家、網路專家、大力士、男孩、女孩、偵探、醫生、老師、律師、技術員、心理學家，那你會先救哪些人？另一個遊戲是每一個成員必須回

答任何問題，聯想「有錯誤的問題」，例如，咖啡的另一個名字叫什麼？網際網路另一個名字叫什麼？在溫暖的刺激活動後，可以刺激提升「創造思考」及「放鬆心情」，給予團體扮演一個「救援商業危機」的活動。

七、維持和使用小手冊或電腦檔案

領導者最大的困難是如何運用創意的觀念，來改善遭遇的困境或問題，所以你必須保持「隨時記錄你的想法」的習慣，將一種創意信託給大腦的記憶系統，但可能因為每天忙碌的工作而忘記。一項重要的建議是，不妨將你「每天的計畫」記錄下來，分為朦朧的狀態、創意的觀念，可引導你去突破你的生涯發展。你可以把點滴的想法記在小手冊、黑板或電腦檔案中，每天激勵自己邁向新的境界、新的目標。譬如，把一些創意想法、新的目標寫在家中的白板上，許多創意都有可能成為生涯中的大發明。DuBrin（2003）提醒容易忘記的人，應於辦公室及家中，保有一本記錄創意的小手冊或電腦檔案。

八、扮演探險家、藝術家、批判者及律師的角色

你如果想在工作上提升創意能力，需要在你的思考上採取四種角色：

1. 成為探險家聽取不同領域的觀念，將有助於創新你的團體。譬如，電話公司可以聽取售貨員及製造者的專業意見；登山的探險家，可以蒐集各種爬山的經驗，並加以改善。

2. 透過藝術家可以展現你的想像力：經由藝術家的想法，可以幫助行動電話業者製作更藝術性的手機、廣告設計，以提升文化層面的創意。

3. 發展新的創意，須禁得起批判者提供新的批評意見之考驗，批判者可以提出你的弱點。

4. 當你的創意目標達成，就可在商業行銷領域實施你的創意，則你

必須考慮專利的法律保障、創意的專業稅款等。法律上的專業權利可使創意不被抄襲，獲得利潤上的保障，對發明家畢生的心血之維護是很重要的。

第五節

創意思考的環境與工作氣氛

　　建立創意思考的環境氣氛是培養創造力的養分，領導者需要發展創意，以改進生產品質，達到更滿意的成果。建立一種氣候可以幫助達成創意的問題解決，也是效率領導的一種需求，其重要的步驟是：

　　1. **建立願景與任務**：願景的描述是一種引導大家參與的氣氛。

　　2. **提供可自由創造的氣氛及能鼓勵自由思考**：組織成員有機會從創意的建議中獲得獎勵，外來的獎勵及內在的動機均很重要，尤其能夠享受自我實現的樂趣。

　　3. **激發好奇心與創意的問題解決方法**：追求新意、新知的研究環境是需要的，鼓勵團體成員分享探索的快樂。問題的解決方式有嚴謹的科學方法、法律方法及包容方法，創意的領導人可以激發團體成員整合多種方法達到創意的問題解決。

　　4. **提供較多的自由時間、自由意志**：創意的出現經常是在精神放鬆的時刻，很多人的創意出現在旅遊、爬山、泡溫泉、健行的時刻，在去除精神與心理壓力之刻，大腦會比較有時間做新的整合。休閒時間對自由創作者是重要的，創造活動通常是不經過「理性思考」的過程。幽默、創意通常需要「感性」、「創意」、「多元意義」的整合，所以創造力需多種感官、多種意涵、完全自由的意志，才能充分發揮。

　　總之，要增加創意的問題解決，領導者需要建立一個開放與積極的

氣候，並確認每個人了解組織的願景，共同為組織的願景發揮創意。領導者應能夠傾聽多數人的意見，並不斷鼓勵其發揮創見，暫停負面的評價與判斷。

第六節
創意思考的教育方法：創意教學實務練習

　　創意的培養需要一些引導的技巧，包含：要有創意的環境、鼓勵的氣氛、問題解決、策劃方案、現況改造、增加意義、打動別人的心、多元整合、詮釋新意境、多方向思考、腦力激盪、小組創作、水平競爭思考、團體問題創意解決等引導技巧，以下提供「創意教學」的主題與單元，可以幫助學生提升學生思考能力（陳龍安，2003；蔡典謨，2003；鄭照順，2003a）。

【單元一】溫馨的分享時光

　　1. 影片的分享：描述其「創意」的特點，不談冗長的劇情。
　　2. 談談最喜歡的「人物」、「對話」、「故事」、「歌曲」、「幽默」，詮譯給自己及別人產生「創意」之感動。例如：
　　　(1)孔子「三十而立，四十而不惑，五十而知天命，六十而耳順，七十而從心所欲不踰矩。」由師生詮釋其「新意義」。
　　　(2)「愛情擺中間」，政治擺兩邊。
　　　(3)「學術放中間」，政治放兩邊。
　　3. 自己蒐集的東西，分享其「創意」。
　　4. 談想感謝、想讚美的人。

5. 談旅行中很動人、很新奇的事。

【單元二】增進創造力的 A 計畫、B 計畫，心得分享與創意的機緣

1. 提出增進創造力的計畫。
2. 針對最具創造力的經驗，加以歷程分析，說明所獲得的效益。
3. 訪問有創造力、有魅力的人物，並作心得報告。
4. 寫下創意生活札記，類似週記、日記、上課心得、幽默笑話等。
5. 把握創造的機緣：創意是有連續反應，稍縱即逝；當培育好心情，心情愉悅時「創意」最流暢，應立即寫下來；每天把握「最佳創意時間」；創作也是重要的智慧開發方法；嘗試鼓勵自己的創意、常自我放鬆、旅行學習或放空自己等，可以使創意源源不斷。

【單元三】頭大時間

1. 投入一個難解的問題，以藝術、創意、幽默及技巧去解決。
2. 設計一個能讓「動物賺錢」的計畫。
3. 設計一個新店家，並列出行銷計畫，如「愛心小茶鋪」等。

【單元四】創意的活動練習──「團體動力」創意練習

1. 各組創作出一首不一樣的隊歌、隊旗、隊呼。
2. 面對事件的創意表現與問題解決。
3. 給一個主題，創意的即席演講。
4. 開創一種「新的榮譽榜」。
5. 創造出一種新的方法：用於工作上，對人、對事、對物。
6. 鼓勵一種「合作研究」的創意氣氛。

【單元五】創造一種創意的環境氣氛

1. 提出創意的關懷，認知、態度及行為之表現。
2. 創意的時間，如 tea time 時如何營造氣氛。

3. 開發新的環境布置，如景觀、步道、休憩設計等。

4. 創造一種幽默氣氛，製造幽默的互動。

5. 保留「分享快樂的時間」：分享快樂、幽默及生活情趣等。

【單元六】增加幽默的「心理互動」，增進「心理交集」

1. 「同理心」能打動別人的心：關懷才能開懷。

2. 「知恩的人，才能感恩」：感恩、關懷可以提升心靈的交融。

3. **巧妙的互動關懷**：例如問「你住哪裡？」，若回答「我住在你心裡！」，會產生共鳴作用。

4. **巧妙的互動融合**：例如問「你是哪裡人？」，回答「我是你的人！」，會產生共鳴作用。

5. **增加自省力**：「自省力強」，才能成為好的創意領導者；只顧批評別人，不知反省自己，已跟不上時代了。

6. **培養幽默感的方法**：善用雙關語、多重意義、新的趣味、多重知覺、自我調侃、自我解嘲等。例如：女朋友走了，下一個會更好；警察攔下開罰單，是要繳過路費吧；騎腳踏車上學，半途腳踏車壞了，結果被腳踏車騎在肩上。

【單元七】身體動作形象廣告——動作、姿勢創新法

1. 討論一種產品，如何設計創意廣告。

2. 只能以「身體姿勢創作」進行廣告。

3. 日本的《超級變變變》節目，即是一種「人體造景」創意比賽。

4. 卓別林幽默，即是採取「肢體動作幽默」創造魅力。

5. 漫畫亦是一種「圖像創作幽默」。

【單元八】吸星大法——認知再次定義創新法

對事物再定義：從認知去做「定義創新」，往往會有意想不到的成果。例如：

1. 賣饅頭的新定義：為了供應早餐、為了解決人們吃的問題、為增進人們的健康。

2. 學習語文：為了背誦、為了互動溝通、為了作曲、為了創作、為了出書立著。

【單元九】濟濟多士──多種新組合

1. 音樂＋輔導＝音樂治療。

2. 化妝＋遊行＋音樂＋動作＝啦啦隊。

3. 茶水＋美女＝察言觀色。

4. 石頭＋畫＝璞石畫。

5. 英語研習＋品格陶冶＝品格領袖。

6. 旅行＋潛能開發＝多元智能。

7. 品格教育＝人格＋道德＋潛能發展。

【單元十】降魔六掌──六門思考法

思考是可以被教導的，六種帽子代表不同的思考方式。

1. **白帽**：代表客觀思考，能分出黑白、善惡、勤勞懶惰。

2. **黃帽**：代表正向樂觀思考，凡事往樂觀正向思考及幽默思考。

3. **藍帽**：代表冷靜思考，注重理性不加入感情與情緒，注重生命長遠思考。

4. **綠帽**：代表綠意平和，活力思考，注重大地的生機，生命的滋潤。

5. **紅帽**：代表熱情反應，包容力量，危險激動；代表生命的活力、衝勁與工作熱忱。

6. **黑帽**：代表負面思考、悲觀思考，生命中走到黑暗期。冰冷無情的社會，你將會如何行動。

【單元十一】逆向思考

1. 由結果去回溯「終點」、「過程」及「起點」之差異。
2. 改變其中的任何一點可能造成不同結果。
3. 當時如果改變人員、組織、增加時間、增加資源可能會得到什麼後果。

【單元十二】腦力激盪——創造力培養的方法

1. 任何觀念均可接受。
2. 過程中不對任何觀念作評斷。
3. 先求量，再求質。
4. 鼓勵把觀念作正面與負面的思考。
5. 鼓勵在舊觀念上再衍生新觀念。

【單元十三】水平思考法

1. **產生興趣的方法**：先了解，其次要不斷練習、產生新技巧，再去創新應用。
2. **排除垂直思考**：採取「多元取向」、「多角度思考法」。
3. **採取「回轉法」**：時間回到過去小孩時光時，你會如何學習，以增加個人的潛能。
4. **採取「均衡分配法」**：人類平等沒有區別。
5. **重新找出支配性、關鍵性、兩極化、界限、假設**：重新假設、找到爭論點、找到平衡點與支持力量。
6. **走出束縛**：重新定位、重新定義、重新思考。
7. **尋找替代方案。**

【單元十四】小組創作法

請提出哪一種領導人物最有魅力，並共同提出「傑出領導人的特徵」、製作「傑出領導人物的繪圖」，並對「傑出領導人」的意義作解釋。

【單元十五】幽默的創作

幽默即是一種「認知、情意、態度、慧見」的創作，幽默是人類智慧的彩虹。

1. 「茱」英文：別想在「好來烏」（Hollywood）混（美國的電影城演員、導演都必有英文溝通能力）。

2. 點唱〈夕陽伴我歸〉：死人採木瓜（台語發音）。

3. 一隻狗、一隻貓、一隻羊到超商 7-11 消費，哪一種動物不會被趕出門：羊（24 小時不打烊）。

4. 「出賣青春」：賣春。

5. 一日三大笑，醫生死翹翹。

6. 阿珍念經「All money pay me home」：佛咒（所有錢到我家）。

【單元十六】創意活動與設計

1. **創意自傳**：
   (1)增加印象。
   (2)建立秘密共鳴檔。

2. **影片欣賞**：如《玩具總動員》。
   (1)童年回憶。
   (2)想像力延伸。
   (3)地位被取代的嫉妒心理。

3. **智慧的分享時刻**
   (1)最喜歡的話、故事、歌曲如〈星星知我心〉、〈感謝你的愛〉。
   (2)最近聽的一場演講、最近看的電影、一本書或展覽。
   (3)自己蒐集的作品。
   (4)覺得很感動的事。
   (5)覺得很新奇的事。
   (6)想感謝、讚美的人。

【單元十七】創意經驗分析、分享法

1. 增進自己創意的計畫。
2. 最具創意的經驗、歷程分析。
3. 訪問創意人、演講人的心路歷程。
4. 創意生活札記：上課心得。
5. 藝術的創作：集體的創作及解釋。
6. 將報紙、毛線、鐵絲組合成一作品。
7. 畫出理想的「我」，或「偉大的領袖」。
8. 將紙杯、盤子、筷子創作成新的產品及廣告。

【單元十八】問題解決、生活中的創意——頭大時間

1. 每人寫出一個「團體的問題」投入信箱。
2. 大家抽一張紙條「創意回答」：以藝術、技巧、幽默者為佳。
3. 想出「不遲到」、「解決不交作業」的方法。
4. 為辦理「班遊」提出演講稿。
5. 想出能讓「一個動物賺錢」的方法。
6. 找出教室中「教學方法」、「學習方法」的共通性：如何創新運用，以幫助提升「學習效果」、「學習績效」、「師生關係」等，期能創造新的「教學方法」與「學習方法」。

【單元十九】智能的運用、整合、改變與創新練習

1. 成功的智能包含：
   (1)分析的智能：能夠分析所學的知識，才容易記憶與思考。
   (2)應用的智能：能了解原理，並能運用原理去解決問題，例如醫生或心理治療師提出處方。
   (3)創新的智能：善於研究、創造力，以創造新的知識、新的發明增進人類文明的進步。

2. 緊湊創新組合法：經常用於商品、商機的創新。

(1)取代法：創造新產品可以採用「材料取代法」。

(2)組合：以兩種以上的物質加以組合即是一種創新。

(3)調整：將一種物質做「部分功能的調整」，即是一種創新。

(4)修改：「改變用途」、「改變大小」、「精緻設計」、增加「簡易流程圖」，則會產生一種新的物質、新特色與新競爭力。

(5)做其他用途：把一種物質「改變爲其他用途」，如用人時「另派新職」。

(6)刪除：把複雜的生活改爲「簡樸的生活」，也是一種創新。

(7)重新排列：每種物質如果重新排列，可能會創出新的物質，如主管新到任時，部屬「全部重新派任新職」。

第七節
教育與企業領導者創造思考的策略

　　教育領導的創造思考，在幫助對教育工作的規劃、宣導及實施，提出一個較實質的思考、較多元的潛能發展，以及較整合性的發展方向。因此教育領導可借用心理學的研究架構、管理學的策略，進行科際整合、方法整合、人員整合，使教育能有更多采多姿的發展。

一、教育的創新思考策略

　　教育與企業的發展如果能採用創新的思考策略，可以打破傳統的僵局。教育的創新思考策略，可以採用下列幾種：

㈠多元智能的發展策略

傳統教學與考試，均採用紙筆測驗，而且限於數學、邏輯、語文、記憶科目，教師的教學受到聯考的競爭壓力，很少能跳脫「講光超」、「考試」、「再考試」的巢臼。若能改為多元智能評量，如大學聯考由考生自由選三科參加評量，將可使教育的方式大大的改觀，而且每一個學生均會樂於學習。

㈡藍海創新發展策略

金偉燦和莫伯尼 2005 年提出藍海的企業策略（黃秀媛譯，2005），即注重創意的整合、資源的整合，以拓展被限制的邊界；要拓展邊界先要打破藩籬。教育領導的「藍海策略」在整合創造的智慧，培育創造人才；教科書由國編本延伸到國際教科用書，教學由教室延伸到問題解決，考試由紙筆測驗到專題報告。教育不只在延續傳遞文化，更在創造文化，增加生命活力；教育領導的「藍海策略」更重視社會永續的生存發展，除知識教學外，更重要的是人品與社會倫理，擴張教育對終生潛能的發展。

㈢品格教育創新策略

今日的學校教育在大學畢業前，只在教「做事的知識」，遺憾的是，很少去教「做人的知識」。高希均教授（2002）提出：「台灣目前所缺乏的不是人才，而是人品。」品格教育是當今教育所忽視的一環。學校教育如果提倡人倫、品格、職業道德等，將使社會更安定、更重視職業道德、校園更溫馨；人類的文明價值如果不增加人品，社會文明很快會被摧毀。品格教育可融入學校教學單元中，可以教導勤奮、誠信、公正、樂觀、幽默、感恩、包容等品格，使個人生活更自在、自然、自信，人際更包容與和諧。

㈣績效管理創新策略

Kaplan（2004）提出策略地圖，指出新的競爭策略包含四大資本，即「人才資本、資訊資本、組織資本、社會資本」。人才即決定了競爭力，資訊的推廣可提升競爭力，組織是影響服務效率與品質的生產實體。社會的制度、資源、人脈、法規、投資障礙，都會影響整體國家的競爭力。Kaplan（2004）更提出「績效管理的四個指標：1.生產與利潤；2.學習力；3.研究創新力；4.組織力」。未來的機構績效，不能光從利潤去評估績效，而要從服務效率、服務品質、服務態度、人事的學習、創新發展、機構特色等方向來評估整體機構的競爭潛力；機構沒特色、沒創新、沒品質，其功能可能會逐漸消失，機構也會無法生存或消失。

㈤知識管理與資訊創新策略

Thurow（2001）指出，21 世紀將進入知識經濟時代，因此知識創新、知識與資訊科技的結合，是提升競爭力的重要利器。Senge（2004）提出學習型組織是提升組織生產力、競爭力的重要方法，有了團體成員的共同學習、共同分享，並建立學習分享網站，將使資訊更豐富，學習可加速，因此將有助於提升工作與決策品質，也可提高競爭力。知識管理的目的，在整理資訊，使成為智慧，再提升智慧為可用的「生產方法」、「生產工具」或「決策依據」，知識管理加上知識的創新，可以提升新興的產業，如電子商務、網路註冊、電子成績單、電子報，使教育競爭力不斷提升。

㈥體驗與了解多元文化，以增進包容、互助合作策略

多元文化之意義，是指各種族具有不同的藝術、語言、文字、生活方式、思想、哲學、人生觀等比較容易表現的特色，在藝術、文字、思想、穿著、飲食方面可以表現許多不同的特色，如果整理比較就更容易

互相了解、互相欣賞及進一步的理解與合作。多元文化的課程及國際化的課程，有助於擴展視野，增加文化的創意，可以促進族群的融和。對於台灣與中國大陸文化之了解，也是一種多元文化的體驗，有了深刻的體驗、了解，才能產生尊重、包容、互助與合作，因此兩岸教育文化之交流有其深刻意義。

㈦創新「學校文化」帶動整個學校進步策略

「校園文化」包含倫理、品格、藝術、守時、盡責、樂觀、幽默、分享、公正、效率、感恩、勤奮好學、勤學奉獻等，一個良好、深入人心的學校文化，會使學校的領導比較容易順利，也是一個學校管理步入正軌、提升競爭力的標誌。威爾許自 1981 到 2001 年擔任美國奇異公司總裁，他建立奇異公司的文化與思想，把悠久的工業帝國轉變成為「有朝氣與活力」，善於創新中求勝，成為無限潛能的企業楷模。奇異公司的「企業文化」包含：1.減少不必要的事，做真正該做的事；2.不斷超越目標，超越自我；3.解決問題：要思考過去、現在及未來發展；4.更精簡、更迅捷、更自信：「只有速度」才能讓企業繼續生存下去；精簡的生活是為了實現迅捷；自信來自對自己實力的了解；有體力、有智慧、有品格，才能產生自信，否則將會遲疑，不敢冒險前進。

二、教育創新思考策略的應用實例

鄭照順（2006c）以一所高中的經營經驗，說明如何用「創新思考的領導策略」於校務發展上：

㈠以知識管理及資訊科技融入教育

行政人員建立學習型組織，建立「讀書心得」網站、出版「教育與教學新知」專輯，促進互動學習，鼓勵各科教學研究會將考試試題公布於網站，供全校學生練習。

㈡成立多元智慧及愛心社團，推動「多元智能」課程實驗

　　為創新課程設計，特別組成多元智慧社團，鼓勵有興趣的教師參加課程實驗，開發學生的多元智能，發展多元評量，並辦理全國性研討會，分享全國。

㈢辦理多元文化藝術展，以了解少數民族藝術特色

　　辦理台灣原住民與大陸少數民族藝術展，以增加對少數民族的了解，豐富藝術的內涵。校園成立藝術陳列館，展示歷年學生之優秀作品，以發展學校的特色，鋪造藝術大道、編印藝術專輯，並於 2004 年 8 月參訪大陸雲南少數民族學院進行藝術、教育之交流，參訪少數民族藝術之作品，了解其文化內涵，豐富了文化與藝術生活之內涵。

㈣擴大與大學、國際教育交流，增廣視野

　　與中國大陸浙江澄潭中學簽訂教育交流協定，增進兩岸教育的了解及交流。並參加國際性學術組織與國際教育學者加強學術交流，又與台灣師範大學、高雄師範大學、東華大學進行課程實驗，促使學理與實務結合，提升教育品質及創新教學。

㈤推展品格學校與品格社區計畫

　　利用暑假辦理「品格領導與英語營」，把「品格教育融入班級經營」，對品格有缺失的學生給予特別改善課程，協助彌補缺失，提升各種潛能。於 2006 年進行資優生與品行有缺失學生之課程實驗，以幫助提升其內在的競爭動力及達成完美的人格，增進其人生的完美及形成品格社區。

㈥建立優質校園文化

　　校園文化之創新應考慮品格、態度與行為層面。品格教育的主題，

包含勤奮、誠信、負責任、幽默、順從、感恩、尊重、自律、挫折容忍等。在態度方面，則是眞誠、熱忱、親切、有禮、責任心、敬業、樂業、健康快樂等。在行為層面，包含主動服務、主動關懷、奉獻的行為。學校全體師生能認同的校園文化，由鄭照順（2002）提出「勤學奉獻」的校訓，經行政會議、校務會議討論決議後實施。老師勤於學習知識才能豐富；學生勤於學習才能精於學業；老師能熱心奉獻，當然就能表現敬業；學生能感恩奉獻，就可以培養大愛的胸懷；社會要滋潤成長，個人先要兼備智慧與品格，才能臻於至善。

　　企業界的競爭，逐漸由地區化到全球化，許許多多的企業正不斷的抬頭，也有許多企業逐漸的下沉。企業界的創意領導人林金源（2006）成立百略醫學企業，發明數位體溫計，走品牌與健康服務路線，緊緊抓住每一個人的「健康需求」，進行產業發展，他的產業善用「藍海策略」中的「創造知識」、「提升通路」、「減少成本」、「消除惡性競爭」等四個因子，因此能大大的提升其企業競爭力。

三、企業創新思考策略的應用實例

　　「創意思考在企業之應用」架構，林金源（2006）指出應包含：

　　1. **創造**：知識面的競爭力，品質、品牌、品味、資訊分享等。

　　2. **提升**：通路面的競爭力，增加行銷通路資源整合、專利保護、內部生產速度。

　　3. **降低**：生產成本面，找到人力成本低的地區生產。

　　4. **消除**：生產「客製化」，鎖定「消費群」，減少惡性競爭。

　　5. **達成「創新價值」**：提升新的競爭力。

㈠百略醫學的藍海策略

　　創意的領導人致力於提升企業的競爭力，其成功的秘笈在於把握創新、快速、品質、多樣、去除缺點、增加優點而走紅天下，可參考圖3-2之案例：

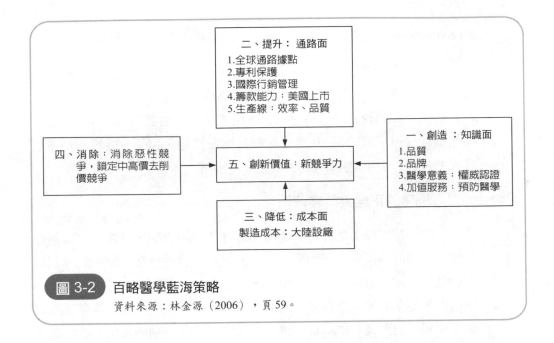

圖 3-2　百略醫學藍海策略

資料來源：林金源（2006），頁 59。

㈡柯達以高品質彩印攻占日本市場

1970 年代柯達（Kodak）膠卷占有全球 90% 的市場。到 1980 年代，富士軟片以低價在日本奪回 80% 的市場，1985 年柯達不斷精研品質及提高價值，又奪回 50% 的市場；柯達了解日本重質不重價，又使其企業逐日上升。隨著數位相機興起，取代傳統膠卷，而柯達的沖印水準仍令人稱道。

㈢麥當勞以快速、品質的特質贏得全世界速食界的寶座

麥當勞的興起與工業社會的快速節奏息息相關，法國人一向重視美食、情調、氣氛、音樂等四大美食環境，由於工業社會步調加速，於 1980 年代麥當勞才攻入法國的社會，到 1985 年已達千家麥當勞，其精心為兒童設計的兒童餐附贈玩具也贏得兒童的芳心，業績持續攀升。

㈣Swatch 手錶超薄、多樣、多彩，價廉贏得青少年芳心

　　瑞士錶揚名世界約一個世紀的光陰，1978 年日本精工（Seiko）就發明超薄及廉價的手錶，使瑞士手錶的業績一直低落，瑞士 Eta 公司總裁托馬克（Tomark）決心要超越日本精工手錶，取名為 Swatch 手錶，採用價廉（每只錶約在 30 美元之間）、多樣化、超薄，而贏回許多顧客，並成為青少年追求時尚的指標。

㈤了解細菌的正面與負面效用

　　法國一位工作人員好奇牛奶為何放在空氣中會酸，於是用顯微鏡仔細觀察，因而發現有細菌加入分解，於是採用真空包裝，使牛奶可以保存長久及增加銷售時間。近年優酪乳、養樂多之暢銷來自「細菌之正面應用」，細菌分解後之乳酸，有助於消化系統及吸收，因此開啟乳業之黃金年華。巴斯德（Pasteur）研究霍亂菌時，發現剛培養出來的細菌，如果馬上注射到雞身上，雞立刻死去；但有一次注射「過時的細菌」雞卻沒死，因此發現細菌培養一段時間會產生「抗菌效果」，而發明了「抗菌疫苗」。

㈥鮭魚頭變為鮮美佳餚

　　日本人是一個講究吃的民族，大都市裡許多人只會吃魚排，而把鮭魚頭丟棄。日本銀座食品公司董事長新保平治，他把鮮魚頭泡入酒與醋，再加入白糖、檸檬汁及辣椒，去掉腥味，人人吃了無不津津樂道。這一道菜因而成了搶手貨，並成為禮品，使該公司業績日升。

㈦創意的廁所、創意的商機

　　日本北海道有一家商店的廁所設有鋼琴演奏廳，許多遊客慕名而來，顧客因好奇停留，因而使其生意興隆；麥當勞努力使其廁所達到五星級標準，馬上受到顧客的好評與肯定。一些優質的廁所，更設有音

樂、香水、烘乾機、衛生紙、血壓計、小便化驗等,「創新超值」的服務形象,就是帶動品質創新的起步。日本企業的禮貌、社區重視整潔、衛生等,也爲日本提升觀光吸引力與競爭力,國力是國民整體好習慣、品格、公德心等的整體表現。

第八節
教育的創意領導者案例

　　鄭照順(2002)於東華大學教育研究所教授「教育行政領導」,上課討論「創意領導」的心得分享,有研究生陳恩茂提出案例一、萬芸芸提出案例二,茲敘述如下:

創意與領導──案例一

題目一:請舉一個校園創意領導的具體事蹟。

創意解答:

　　現代學校建築的排水管已趨向改採「明管的設計」方式,其目的是便於日後維修又不會影響樑柱的抗震性,但外露式的水管,需兼顧實用及美觀的要求。

題目二:多雨地區的學校,走廊常是學生逗留的地方,如何增加走廊的休憩功能?

創意解答:

　　將排水管以不鏽鋼外加烤漆,設計成圓弧型燈柱,燈罩採仿水晶材質,具折射功能,中間橫桿可用來懸掛重要活動的宣傳旗幟,不僅美觀實用,又不失典雅特色。充分利用走廊兩柱之間窗台下方,設置白水泥磨石子長椅,可供學生課餘時間談笑聊天聯誼,亦可作為「師生座談」的絕佳場所。

題目三：請分析創意領導人的特質，及分析其成功的主要因素。

創意解答：

　(一)特質

　　1.敏銳的觀察力。

　　2.具備欣賞他人作品的耐性。

　　3.追根究底的研究心態，深入了解設計者的原始構想。

　　4.具有審美觀，美學素養。

　(二)成功的要素

　　1.不斷的吸收新知。

　　2.豁達大度，不吝與人分享心得並接受批評。

　　3.活動力強，經常參與各類型活動或展覽，以激發個人創意。

題目四：俗云：「人生有夢、有理想」才會活得有目標、有意義。

(一)您個人未來最想「創作的事、物」是什麼？（描述自己的構想、未來完成的方法、預期的結果。）

(二)您認為培養創意較有效的方法有哪些？

創意解答：

　(一)個人未來最想做的事：

　　就是希望把目前服務的學校，改建成校內外人士都非常喜歡來休憩、運動與學習的場所。預期的做法為：

　　1.公開競圖。

　　2.連續三年，每年爭取五百萬經費，依次完成老舊校舍拆除、庭園及步道工程、戶外表演與集合場、球場及花木移植等工程。

　(二)培養創意較有效的方法有：

　　1.「聞道有先後，術業有專攻」，要有虛心求教的心態，多向專業人士請益。

　　2.養成細心觀察的學習習慣，用心揣摩原創者的構思歷程。

　　3.腦力激盪，多與工作伙伴分享彼此的看法與心得。

　　4.多看、多聽、多思考。

創意與領導──案例二

題目：請舉一個校園創意領導的具體事蹟，並敘述其創意想法、做法及成果。

創意解答：

教學、行政創意領導的具體事蹟：以玉里高中鄭校長照順為例。

㈠資訊融入教學與行政：整合網站，分享資訊。

㈡英文創新學習：辦理英語夏令營及教師國外進修。

㈢成立愛心聯隊：發展教師體能，成立「登山隊」、舉辦「球類及卡拉OK」活動。

㈣辦理學術演講，發展多元智慧的教學實驗：肯定教師及同學的潛能。

㈤出版學術研究、教學研究、班級經營、讀書心得專輯：創造教育文化研究的新頁。

㈥重視環境美化、綠化的集體創作，共同研究藝術大道的內涵：鼓勵學生才藝表演、才藝創作、藝術創作。

㈦敘述創意的「想法」：鄭校長想將本校發展成為一個「優質學校」，改變學校過去傳統做法，以創新觀念領導學校校務行政及教學；希望本校能成為我國第一所多元智能高中。

領導的理論——
中西重要理論

摘　要

　　中西學者對領導的研究途徑不同，東方的領導學理，傾向從實踐哲學，再歸納成為領導的理論，可以從老子的自然主義、孔子的倫理學去獲得驗證。西方的領導理論，由先知者之著書論述，如柏拉圖之《共和國》、亞理斯多德的《倫理學》為領導學之起源，由抽象思考再轉為實踐方法。在 20 世紀期間，加入行為科學、心理學管理等的科學研究，逐漸把領導學科學化，也啟發企業與教育工作者的重視。

　　近一個世紀西方領導的研究取向，大約可以分為五個時期：1.特質導向研究時期；2.行為導向研究時期；3.情境領導研究時期；4.轉型領導時期；5.藍海策略領導研究時期。

　　近年來受到企業界、教育界重視的「新型的領導理論」包括：魅力領導、混沌領導、轉型領導、模範領導、領導階梯論、領導 5C 特質論等六種新的領導知能，強調領導者要有願景，重視變革，向舊習慣挑戰，促使他人行動，鼓舞人心，運用符號、重視品格，鼓勵部屬，提升工作效率到更高的層次，表現比組織期望好，不但共同完成目標，並幫助組織提升競爭力，達到永續發展。

第一節

領導的研究途徑

　　領導理論研究，如果以東方的中國及西方國家來區分，就有很大的不同。東方的領導以儒家的儒學「倫理」、「道德」為核心，以人本精神、文化精神、濟世精神、倫理來領導部屬與人民。中國古代的思想家以儒家、道家、法家的治世思想對社會影響最大，但以儒家影響最深遠。

一、東方的領導學理

儒家以「倫理學」為中心思想，倡導「天、地、君、親、師」，即啓發「天道與人道合一」的領導倫理與次序。孔子又倡導「德不孤，必有鄰」，這是一種「品德、人格」的領導方針。

道家以「自然哲學」為中心思想，老子倡導「無為，而無不為」的領導哲學，以自然精神、宇宙精神、包容精神去思考可大可久的領導方向。雖然無為，但心存無私、無欲、無我之宇宙精神，則可包容化解人類私利的衝突，道家著重「自然的秩序化」、「自然的順從」、「順勢而為」，使衝突化為無形。

法家採取「法、術、勢」的領導哲學，把人性的消極面、醜陋面看得很悲觀，故提倡「法、術、勢」，強調人類是被動、偷懶的，如果不以規範、法條、懲處，無法使人人步上正軌。

領導理論的建立有其背景因素、人性與環境的變數，茲歸納東方中國古代的領導理論重點如表 4-1。

表 4-1 東方的領導學理與領導取向

派別	代表人	領導思想與主張
儒家	孔子、孟子	主張「天、地、君、親、師」、「才德兼備」、「德不孤，必有鄰」、「仁義禮智」之「倫理、道德、人格領導」。朝向「人性化、倫理化、制度化、專業化」領導。
道家	老子	主張「無為，而無不為」之自然領導。朝向「忍讓、不爭、包容的領導」。「不爭以消除爭論、大智若愚以消解巧智、包容以化解對應」。
法家	商鞅	主張「法、術、勢」之權術領導。朝向策略、權術、壓制的領導。抗辯以獲得利益、衝突以掌握機會、權勢以獲得優勢。
佛家	證嚴	主張「慈悲喜捨，大愛無礙」之大愛領導。採取入世修行，朝向服務、奉獻的領導。

資料來源：鄭照順（2005）。

二、西方的領導學理

領導的研究在西方國家以「行為科學」的方法進行系統化的研究，以近一個世紀領導的研究取向而言，大約可以分為五個時期（如表4-2）。

㈠特質導向研究（trait approach）時期

約從 1900 到 1940 年間，其研究特色乃針對領導人物的個人屬性、人格特質做科學性的調查分析。

表 4-2 西方的領導學理與研究趨勢

時期	領導理論、研究發展途徑（學術基礎）	研究重點
1940 年以前	特質論的研究途徑，受行為心理學影響。	領導能力是天生的（人的特質與智慧是天生的，有不同層次）。
1940 至 1960 年	行為理論，領導行為型態的研究途徑，受行為心理學影響。	領導行為、人際關係等與領導效率、效能有關聯（行為是可觀察、統計、分析的）。
1960 至 1980 年	情境理論，權變領導理論的研究途徑，受溝通理論、心理互動理論影響。	領導者需了解個人專長、人際關係、工作任務、部屬的心理取向、環境因素、互動途徑等，有效的領導受情境的影響。
1980 至 2000 年	專業型魅力及創新轉型理論時期，受科際整合、人本心理學及學習型組織影響。	增強：1.增加個人組織的優點；2.建立共同願景、人際支持性、個人與組織目標兼顧、資源整合、使領導更成熟與成功；3.激勵鼓舞；4.相互學習領導；5.創新策略；6 增加魅力。
2005 年至今	藍海策略領導，受績效管理理論之影響。	領導者要注重智慧科技之創新、創新顧客群、降低生產成本、去除繁瑣的溝通作業程序。

資料來源：1.Nahavandi, A.（2003）。
　　　　　2.黃秀媛譯（2005）。

㈡行為導向研究（behavior approach）時期

約自二次世界大戰 1940 到 1960 年代，其研究重點在探討領導者所表現的外在行為，做科學的觀察記錄。

㈢情境領導研究（situational approach）時期

1960 至 1980 年代，開始將領導的情境變項列入研究的重點，此種情境因素，包含領導者與被領導者的特徵、價值觀、認知差距、任務性質，以及群體結構特性等。

㈣轉型領導（transformation leadership approach）時期

1980 至 2000 年，此時期較重視強化個人、組織的優點，而逐步減少個人及組織的缺點。重視集體需求，以建構共同發展的願景，幫助個體潛能發展及團體目標的實現。

㈤藍海策略（blue ocean strategy）領導時期

2005 年至今，此種領導策略強調邊界擴張採取知識創新、科技創新，以提升競爭力；擴大市場邊界、創造新的消費群；降低製造成本，消去繁雜指揮作業，採用標準流程；善用「提升、擴大、降低、消去」的領導策略。

三、特質導向時期

特質論研究的熱潮時期在 1900 到 1940 年代間，此時期特質論研究的項目，包含研究的基本假設、研究方法、研究目的與架構，領導人格特質、領導技能、領導能力相關因素、社會與專業特性及個人特質的評述等。

(一)研究基本假設

此派有兩項基本的假設，其一為：成功的領導者必有一些屬於被追隨者的人格特質，也就是說某一些人天生具有適合扮演「領導者角色」的人格特質；其二為：有利於領導者的人格特質，可以用科學的方法加以發現或分析，以作為選擇及培訓領導人才的依據。

(二)研究的方法

1. **觀察法**：觀察領導者的身高、體重、聲音、表情、口才、機智、主動、態度、熱情等在團體中互動的行為。

2. **比較法**：將不同的領導人物進行比較，分析哪一種領導者具有較優勢的領導智慧、溝通能力、領導魅力。

3. **調查法**：以問卷、提名、社會測量排定等級，分析領導特質的重要因素。

4. **文獻分析法**：從相關的研究文獻、傳記找出領導者與追隨者間的特質差異（蘇國楨，2000）。

(三)研究的目的與研究架構

特質論旨在研究成功領導者的特徵或人格特質，以區別成功領導者與較不成功領導者的差別，區別領導者與非領導者之特質。在研究架構上，自變項是以領導者的特質及技能為主；依變項則是以領導的效能為指標。

(四)領導的特質、領導技能與學習

Stogdill（1974）研究 1900 到 1974 年間的領導特質文獻，發現領導者相關的特質有下列六類：

1. **特殊智能**：包含智力商數、機智能力、語言之靈活運用能力、獨創能力、判斷能力及預測能力，有影響他人的能力，能依據目標、運用

組織人力、物力及探索資源等。

2. **成熟與成就**：包含學識廣博程度、專業成就、知識經驗的成熟、處世態度、運動成就等，能忍受挫折及延宕滿足等。

3. **參與力**：包括積極與主動參與、主動發問、溝通能力、善於社交，具備合作力、適應力、幽默感等。

4. **責任感**：包含可靠性、創造力、工作的毅力、進取心、精進力、積極的責任感、解決問題、獨創性等。

5. **地位**：包含社經地位、受歡迎的程度等。

6. **情境掌握**：了解部屬心理需求層次、溝通技巧，了解部屬需求與興趣，了解目標達成的程度，清楚自我與部屬間的認知差距。

Stogdill 的研究有下列發現：1.上述六種領導特質，除了「特殊智能」之外，均可經由學習而獲得成長。2.與領導才能最有相關的特質為創造力、聲望、社交能力、判斷力、進取心、求勝心、幽默感及合作力等。3.年齡、身高、體重與領導才能相關甚低。4.領導者所需的技巧與特質，大多與其所處的情境需求來做決定（黃昆輝，1987）。

Stogdill 亦指出「領導技能」的方向，包括創造能力、交際能力、表達能力、概念能力、團體任務知識、行政溝通、協調、問題解決能力、說服力和社會技巧等。

㈤領導特質論的發展與評述

隨著社會的變遷及資訊產業的興起，領導者特質的研究亦有了新的發展取向，由傳統人格特質、生理特質、人智特質的探討，朝向領導者魅力的研究，迄今尚在不斷持續發展。

席酉民、井潤田（1998），對特質論的評述如下：

1. 特質論開啓人類對領導人物的外貌、言語、機智、幽默、發問力、溝通力等相關魅力，做了一項科學的分析、歸納，對領導學的建立有相當重要的基礎貢獻，對個人領導特質的研究發展，也有很大的發展空間及應用價值。

2. 特質論的研究，缺乏對領導者與被領導者間的「特質差異」加以研究，領導者對不同的對象可能用不同方式的領導方法，此項領域有待開發。

3. 領導特質論，尚未考慮領導的情境因素，領導的情境，隨社會變遷、政治民主化、社會多元化之趨勢，需做多元、統整及開放的溝通，去整合建立共識，單靠個人魅力恐無法領導新的群體。

4. 領導者的成功與否，領導的效能如何，有時很難從一個面向、一項績效、一個時間點去評量。成功的領導者，其影響力很難做客觀的評分，領導效能的評量是否能客觀化，值得進一步探討。

四、行為導向研究時期

從 1900 至 1940 年間，領導特質理論的研究，只探究領導效能的一部分變數，在 1940 年代又逢行為主義興起，行為主義的研究方法，開始被應用於領導行為的研究。領導行為的研究興起於 1940 到 1960 年代，但其研究方法延續到 21 世紀尚不衰退。由於古典的領導哲學理念，加上人格特質，使得研究的難度提高，因此，研究者開始觀察領導者的外顯行為，對領導的現象做客觀與量化的探討，並將領導的行為做多層面的屬性歸納及分析。茲就行為研究論的基本假設、研究方法、研究目的與架構，領導行為的個人與組織特質，個人行為及組織目標如何兼容發展，及領導行為的評述等描述如下：

㈠研究的基本假設

有效的領導行為，必會透過某些特定的領導方式，促使部屬認同、合作及願意去追隨（陳慶瑞，1995）。

㈡研究方法

行為理論主張採用觀察法、實驗法、調查法與統計分析，或個別的晤談。晚近許多領導課程的實驗，領導知能的研究大都採用行為科學的研究方法，作為研究發現及推論的依據；以實驗法來建立理論或驗證理

論；以調查法來了解領導行為與效能之相關性；用觀察法由研究者在自然情境中，依自己的研究架構來做領導行為與領導效益之記錄。

㈢研究的目的與架構

領導行為的研究目的，在研究領導者領導的行為形成、行為層面、增強行為的因素、消弱不良行為的規範等。「自變項」為領導行為；把人類的生理性動機、心理性動機、精神層次的動機及消弱規定，列為「中介變項」，領導行為在操弄這些變項；「依變項」為個人及組織發揮最好的行為表現。

㈣行為論的主要研究典範

以 1938 年愛荷華大學心理學者 K. Lewin、R. Lippit 和 R. K. White 的民主式、權威式、放任式領導研究為代表；1967 年密西根大學教授 Kahn 和 Katz 的員工導向和生產導向為領導的研究層面。以及俄亥俄大學企業研究所教授 Hemphill 和 Coons 將領導行為分為倡導（initiating structure）及關懷（consideration）兩個向度進行研究等較為著名。相關的研究陸續發展中，茲就領導行為的重要研究典範介紹如圖 4-1：

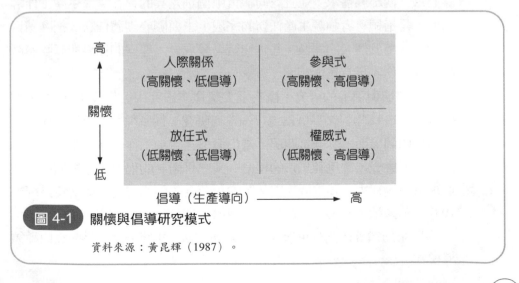

圖 4-1 關懷與倡導研究模式

資料來源：黃昆輝（1987）。

1. **民主領導、權威領導、放任式領導的研究**：最早期對領導行為的研究，以愛荷華大學 Lewin、Lippit 和 White 對領導行為的研究，於 1939 年，提出三種不同的領導行為類型。

(1)獨裁式（authority）：所有政策均由領導者決定；

(2)民主式（democratic）：政策的形成經由討論建立共識，由領導者引導決定；

(3)放任式（laissez-faire）：工作的個人有完全決定權，領導者不參與。

Lippit 和 White 曾進行實驗，發現：(1)權威式的領導，員工士氣低落，工作品質較好；(2)民主式的領導，員工較主動參與，工作品質也較高；(3)放任式的領導，工作量與質均較低（Yukl, 1998）。黃昆輝（1987）研究發現，目標為促進工作績效，採用權威領導較佳，若為促進工作滿意，採用民主式領導較合適。

2. **員工導向與工作導向研究**：1967 年，密西根大學 Kahn 及 Katz 以員工導向（employee-oriented）和工作、生產導向（production-oriented）作為領導研究的兩個構面。員工導向，是指領導者強調人際關係，關心每一個部屬需求，並且認同職員中個別差異的存在；「生產工作導向」，是指領導者強調生產任務的完成，主要關心團體任務，把團體目標的達成優於個人的關懷。其研究結果發現員工導向的領導與高團體產能、高工作滿足有正面相關。

3. **關懷與倡導的研究**：俄亥俄大學企業研究中心教授 Hemphill 和 Coons 於 1942 年對領導行為進行一系列研究，從多種領導行為構面中，歸納為兩個構面，其一是關懷：是指領導在各項工作間能夠相互信賴，關心部屬感覺，尊重其想法的程度。其二是體制的倡導，是指領導者在追求目標過程中，界定個人與部屬的角色及工作內容的程度（黃昆輝，1987；蘇國楨，2000）。此種領導建構出四個層面，如表 4-3。

4. **系列領導研究分析模式**：Likert 於 1961 年將領導行為分為四種領導模式。

(1)系統一模式：採集權領導，剝削方式；

(2)系統二模式：採集權領導，仁慈方式；

(3)系統三模式：採民主方式、諮商領導方式，注重員工的心理，治法觀引導；

(4)系統四模式：採用民主參與式領導，在決策過程、權力的分享上均充分讓員工參與，此項領導以高度的員工意願爲核心（蘇國楨，2000；Yukl, 1998）。

表 4-3　系統領導行為分析模式

領導智慧 特徵	系統一 集權領導	系統二 集權仁慈式	系統三 民主諮商式	系統四 民主參與式
領導行為 模式	剝削式集權領導	仁慈式集權教育	諮商式民主領導	參與式民主領導
對部屬的 信任	無信心；不信賴	少許信心	有信心， 對決策有控制	完全信任
工作自由度	不能自由談	較少自由	較多自由	完全自由
建議採納 情形	很少採用	有時採用	經常採用	總是採納

資料來源：Yukl（1998）。

第二節
魅力領導的內涵

新型的領導包括：魅力領導、混沌領導、轉型領導、模範領導、領

導力階層論、領導新特質論（5C特質）等六種新的領導知能。強調領導者要有願景，重視變革，向舊習慣挑戰，促使他人行動，鼓舞人心，運用符號，重視品格，鼓勵部屬，提升工作報酬到更高的層次，表現比組織期望好，不但共同完成目標，並幫助組織提升競爭力達到永續發展。

一、魅力領導的意義

魅力，希臘文的字義是「有靈感的天才」。魅力是領導者的一種獨特的品質，他有意圖、本領、不平凡的決心。魅力的共同性論題，具有積極引人注目的個人品質，許多人想被他領導。魅力領導的關鍵要素，在領導者能夠協助建立之關係及幫助產生互動。魅力的代替物，能夠給人激勵並且產生溝通作用，會使人敬畏、尊敬及熱愛他（DuBrin, 2003）。

二、魅力的主要效果

領導者有一種獨特品質，如智慧、激勵、遠見、包容、謙和、關懷與熱忱等，使人樂意追隨。魅力領導使人從外表到內心產生一種吸引力。House（1971）提出「魅力領導理論」，並提出魅力的效果有九項：1.團體成員信任領導者信念的正確性；2.類似的團體成員信賴那些領導者；3.毫無疑問的接受領導者；4.受領導者感染，啟發心智、品格、勤奮及熱情等；5.心甘情願的服從領導者；6.確認與領導者成功的競爭；7.團體成員情緒熱中於任務的達成；8.團體成員提升追求的目標；9.預感團體成員將對任務實現有貢獻。

魅力領導理論，House（1971）指出包含三個層面的影響：

1.**參照的本領、能力、特質**：即領導者的能力可以影響其他人，也是領導者令人羨慕的特質。

2.**專業人員的知能**：領導者具有專業的知識、技術及能力。

3.**工作相關的效果**：例如情感因素增加、目標的提升、能力的提升，奉獻熱忱增加；魅力領導是鼓勵團體成員成為工作的投入者，工作的投

入也是生活滿意的因素。對管理者有較高的滿意，領導者的「魅力」也較高；「工作魅力」則是指強調對工作單位的承諾。

綜合言之，個人的特質如熱情、服務、謙和、肯定別人的本領、專業知能、工作投入對成為一位有抱負的魅力領導者是必要的。

三、魅力領導的類型

魅力的解釋傾向有效率的、欣然包容的特徵，DuBrin（2003）將領導魅力分為五種類型：

㈠社會魅力型（socialized charismatic）

他所計畫及追求的目標是實現團體成員的需求，以及提供智慧性的刺激給團體，其追隨者屬於自治、可授權及有責任感的。

㈡人格魅力型（personalized charismatic）

個人很少監控別人的行為，最好的服務是善用「個人的人格特質與興趣」，個人魅力是應用個人的興趣與專長的目的構成人格特質，他以人格特質影響成員達成目標，其追隨者屬於順從、柔順及依賴的。

㈢辦公室特質魅力型（office-holder charismatic）

以公務的勤奮投入為個人特質，經由勤奮的投入吸引主管的信任，把握職位特質，發揮到最高附加價值，成為人人信任的得力助手。

㈣品格魅力（character charismatic）

這類領導者受到尊敬的地位，因為他具備優秀的品格，諸如勤奮、積極、誠信、負責任、感恩、尊敬、幽默等，他優異的品格，使人願意追隨他。一個人是否發揮影響力要看他是否有好的品格。

㈤預測性魅力（divine charismatic）

預測的魅力是他富有好的天資及慈悲的風範，他具有好的研究能力、神秘性及預測能力，以個人魅力去幫助他人度過危機。

四、魅力領導的特質

魅力領導者一定有一些突出的特質，這些特質經常被應用於轉型領導（詳見本章第三節），因為魅力是轉型領導的一個關鍵性的要素。轉型領導者將會帶給組織產生積極與重要的改變。魅力領導者是有夢想的人，他會提出一些令人興奮的想像，並引導組織達成目標的方法，提出一些前瞻性的願景。魅力領導者常有巧妙的溝通技巧，他常用多采多姿的語言比喻。

魅力領導者能夠讓團體成員感覺有能力，且能制定出讓團體成員有能力成功達成的計畫目標，並獎勵他們完成更吃力的作業。

魅力領導者往往具有活潑及行動取向的特質，有豐富的表情及溫暖的表情。魅力領導者常有浪漫式的冒險精神，渴望完成別人未能達成的任務，也常去挑戰習俗及獨特的穿著。

五、魅力領導者的溝通方式

魅力領導者常用活潑、有想像力及有禮貌的方式來溝通他的願景、目標及管理方式，常與成員創造一個「舒適的溝通氣氛」。他對別人及其制度有興趣，且常引發別人提出較寬廣的視野、注重危機議題。魅力領導者常用的溝通方式是：

1. **鼓舞士氣**：肯定員工的努力，使能熱忱地投入，提升工作品質。

2. **以案例或隱喻說明**：他樂意分享成功的經驗，常能幽默地化解人際間的衝突，帶來組織的快樂和諧與進步。

3. **選擇適合聽眾的積極語言**：儘管公司在減薪，仍然對其表現給予精神激勵：工作減薪是在保障大家的工作，等到公司盈餘時，再回補大家的損失（DuBrin, 2003）。

六、發展魅力的方法

DuBrin（2003）、鄭照順（2005）等提出，一個人要發展他的魅力，必須發展一些魅力的特徵、特質及行為。魅力是可以被培育及發展的，譬如：

1. **增強溝通技巧**：嘴甜、腰軟、肢美、微笑、勤快。

2. **做較多的探險、創新與心得分享**：多些創意，鼓勵其創意與用心。

3. **主動服務與自我行銷**：主動服務及溝通，表現自己的優點特質讓人了解。

4. **較多的感性表達**：經由實際練習及自我訓練可以提升其魅力。

5. **為別人創造願景**：如果能幫助別人創造願景，這是成為有魅力的人的重要因素，有願景的人將為組織創造一個美好的未來，這個單位將被帶領得更有「活力」及「實力」。這個願景的設計將可提升現實與理想的品質。

6. **具有熱心、樂觀及充滿活力的特質**：有魅力的人是具備熱心、樂觀及活力的行為典型，這種行為特質表現在整個上班時間，甚至其他地方。

7. **維持精力充沛，少有掛念，不能太忙**：DuBrin（1998）提出要維持魅力的特質，他建議：(1)要有充分的休息：白天也要小睡 15 分鐘，以保持最佳活力。(2)每天不要太忙、太疲勞：沒有自我原諒的藉口，如此心理的情緒將可控制。(3)保持健康，提升活力，對體能培養的重視：注重健康的飲食、充分的睡眠、好的休息環境等，以提升身體的活力，才能散發出魅力。(4)刪減你的工作表：一旦沒有未成的工作在你的心中掛念，或可減輕你的精力。

8. **持續性的敏銳與通曉事理**：魅力與精力充沛有密切的關係，傑出的領導者比較能敏察和體會部屬的貢獻，他能敏銳的控制減少組織的損失，及提出受益的指導方法。

9. **能夠公正無偏**：魅力領導者是特別有效率的，領導者對人是公正的，他寧願直接表示意見而不願不說，好讓組織成員知道他的立場。魅力領導者給人明確的意見，並能做資源人力整合。

10.**把態度呈現在臉上**：雖然魅力領導者定位在積極、溫暖、人道主義上，如果態度轉變可能用在你的支持者而受批評，但堅強的態度如果有意義是有吸引力的。領導者的態度轉變時，需說明其意義，使支持者能體諒。

11.**戲劇性的目的及獨特的特徵**：魅力領導是一種概念構想的混合體，在積極性的重要意義上是一個主要的貢獻者。戲劇性、獨特性的枝幹來自一些因素的結合。這些因素可以形成活力、自我成長及善於創新。

七、魅力領導人的案例

鄭照順（2003b）於東華大學教育研究所與研究生共同研討分享如何成為魅力領導人，有陳恩茂、萬芸芸、陳進德、楊志祥、吳心茹等五位研究生舉出五個魅力領導人的案例，他們均有一些值得學習的魅力特質。

案例一：魅力領導人——郭台銘

題目一：請舉出魅力的領導人一至三人的姓名，並請描述其魅力的特徵，及長期觀察的現象。

題目二：分析其致命的「吸引力」為何？這位魅力領導人物對我的影響或啟示？如何為自己的魅力妝扮？如服裝、髮型、表情、態度、表達、工作態度等。

（一）魅力領導人：郭台銘
（二）魅力特徵：

　1. 超強的企圖心：郭台銘強烈希望鴻海成為世界一流的企業，揭櫫長期穩定、科技、發展、國際化的明確願景；以即時上市、即時量產、即時變現，為公司經

營的三大主軸。由於成本優勢、布局完整、作風穩健，使鴻海成為外資持股比例最高的上市公司。

2. 行為異於常人：(1) 他是台灣出生的外省第二代子弟，1974 年以 30 萬元創業，2002 年時，公司市值 3,000 億元；(2) 律己甚嚴，克勤克儉，身先士卒，說到的自己先做到，每天工作超過 15 小時，創業期間，為了見客戶一面，可以在門外淋雨罰站 4 小時；赴美爭取訂單，滯留五天，僅獲接見五分鐘。

3. 堅持理想：(1) 由於強勢的領導作風，樹立了嚴謹的企業文化，使公司經營團隊的高效率聞名於產業界；(2) 以千萬年薪尋找光電訊人才，不惜鉅資購買高單價的精密設備（每部上億元台幣）。

4. 自信：他說：「我的信心源自於努力與經驗，所謂信心是無論景氣再壞，都要相信自己的能力。」強調對員工、顧客、投資者，以及策略伙伴絕對的信賴觀念。

5. 被視為改革者：注重人才培育，不遺餘力地耕耘、栽培國際化的經營幹才。能夠帶一群科技人，迅速擴張全球版圖的執行能力。自我要求「要作就作世界級的」，以一地設計、三地製造，以及全球交貨這三大策略展開爭霸全球的布局。

（三）帶給我的啓示：

1. 郭台銘曾說：「我不是兇，而是保持企業中分辨是非對錯的工作價值觀，每個幹部都要有負責任的工作態度。」他賞罰分明，是為了防止公司內產生和稀泥的攪和文化；目前的學校組織，由於校園民主化的盛行，行政人才難覓，要想建立像鴻海企業的高效率工作團隊，對校長來說，實在是一件高難度的挑戰。

2. 成功的領導者，必須要有好學的精神，時時充實自己的專業知能，要有敏銳的趨勢判讀能力，為組織將來的發展預作布局；另外還要有強健的體力和高人一等的挫折忍受力。

（四）如何為自己的魅力妝扮？

1. 領導者的服裝選擇以穩重大方、勤於換洗、定期整燙為原則。

2. 養成良好的個人衛生習慣，隨時保持容光煥發；即使身心疲累，在同仁面前仍要表現出精力旺盛、神采奕奕的樣子。

3. 在師生面前表達意見或宣示政策前，如時間允許，要先想好再說出口；與對方意見相左時，秉持理性溝通，避免因衝突而導致僵局。

4. 應對進退，注意小節，經常面帶微笑，培養「樂在工作」的組織氣氛。

資料來源：陳恩茂（2003）。

案例二：魅力領導人——證嚴法師

題目一：請舉出魅力的領導人一人的姓名，並請描述其魅力的特徵，及長期觀察的現象。

題目二：分析其致命的「吸引力」為何？如何為自己的魅力妝扮？

(一) 魅力領導人：證嚴法師
(二) 魅力特徵：

1. 自信：1966 年三位修女對證嚴說：「我們在社會上建教堂，蓋醫院、養老院，你們佛教有嗎？」修女的話觸動了他的靈機，加強了他的信念，決定把佛教徒的力量組織起來。從救人開始，恬靜莊嚴的臉龐，平行直視的眼光，透露著穩健、和煦與堅毅，以「慈、悲、喜、捨」的大願，發起救苦救難的大行；1966 年從 30 位信徒，經過 36 年發展成四百多萬會員，在東台灣創建了千秋萬世的濟人志業。

2. 理想：1966 年皈依；1967 年購地開墾濟貧；1972 年租屋號召醫療單位定時義診；1986 年利用善款蓋成醫院；1989 年設立慈濟護專；1994 年成立醫學院；胼手胝足，力邀天下善士，同耕一方福田，同造愛的世界，堅持自己的信念，以「千手千眼觀世音，救苦救難活菩薩」，領悟以出世的精神來做入世的工作。「誠正信實」是慈濟的基本精神；「教富濟貧」是慈濟工作的宗旨；「佛道是理，慈濟是事」，形成「一步八腳印」志業網。

3. 主動出擊：

(1)推動教育：辦學校，照顧東部學生。

(2)蓋醫院：宜蘭、花蓮、台東、屏東、美國均設有慈濟醫院。

(3)救援工作：援助全球四十多個國家，發展為全球性的慈善非營利組織。

(4)救災工作：「賀伯」颱風、「集集大地震」，發動全體志工，協助災區災後的重建工作及受災戶的心理輔導。

(5)文化志業：設醫學獎學金，出版慈濟刊物、書籍，讓慈濟志業走入每一個人的心中，希望人人能修福，開啟智慧。

(6)骨髓捐贈：尊重生命，成立「骨髓庫」幫助需要幫助之人。

(三) 帶給我的啟示：

1. 證嚴法師的領導風格是領導者與組織成員之間，透過種種「分享的方式」，

來激發與建立共同願景；當組織成員有「共同願景」的時候，才能創造彼此一體的感覺，強化組織成員的凝聚力，進而釋放能量，創造高效率的工作團隊。

2. 他不僅是一位最佳的「社會教育家」，更是一位稱職的「社會企業家」，以有限的資源，企圖解決源源不斷的社會問題。

（四）如何為自己的魅力妝扮？（以女性主管為例）

1. 衣著端莊平整，質料不能太差，顏色及款式須配合季節場合與身材，髮型不宜花俏，更不宜過分染髮。

2. 與同仁互動時，言行舉止莊重自然，態度誠懇，不矯揉造作，交談溝通時，應避免用情緒化的字眼和語氣。

3. 了解自己的工作職責與權限，不推諉卸責，隨時關心部屬工作進度，適時給予支援。

4. 凡事豫則立，時時做好準備工作，迎接下一回合的挑戰。

（五）魅力領導特質分析（或培養方法）：

1. 語言的魅力：企業家的思辨，認為領導者應成為戰略家、革新者、決策者。對過去、現在、未來的事情，均能處理得當。外交家的口才，能言善辯，以持續不斷的演講，鍥而不捨的精神，宣導助人濟世理念。

2. 態度的魅力：建立良好人際關係，明確的判斷，有很強的自知之明，發揮個人潛力，影響別人。面對挫折的挑戰，能夠妥善處理突發事件，有高度的挫折容忍力。

3. 行動的魅力：安排好自己的事務──不以工作繁忙為藉口，合理支配時間。自我行銷──以身作則，為了推動理念與想法，台灣及全世界走透透，沒有人不認識證嚴法師。

4. 預測性的魅力：「慈悲為懷」為了實現理想及信念，不畏艱辛和困苦，與同道者克服困難，分享喜悅，達成任務。「廣結善緣」結識有緣人，以一顆善良、助人的心，為社會服務。一步一腳印，一步一鄉里，積少成多，聚沙成塔，讓世人以一顆自願服務的心，追隨證嚴法師，幫助他人度過危機。

5. 創造性的魅力：創造理想、規劃願景──運用社會情感和組織成員的承諾感，與組織成員建立共同的願景。

資料來源：萬芸芸（2003）。

案例三：魅力領導人——宋楚瑜

題目一：列舉具有魅力領導能力一人姓名，並描述其魅力特徵及長期觀察（觀察法）心得。

題目二：1.分析魅力領導人的致命吸引力為何？ 2.你認為如何培養領導魅力？

（一）魅力領導人：宋楚瑜

（二）魅力特徵：

　　1. 自信：知識淵博，歷練豐富。從事各項職位，充分展現信心，有目標。

　　2. 可信賴感：從事公職盡心盡力為民服務，堅持完成民眾託付。

　　3. 堅持理想：由於有展現理念，知識淵博，充分了解身處時代中所肩負使命，故能堅持為國為民之理想。

　　4. 行動異於常人：從事公職，即推展行動管理，講求效率，融入基層了解民間疾苦，親身實踐力行，推展走動式管理，劍及履及行動，推展政務。

　　5. 被視為改革者：推展政務工作，確實掌握社會與時代脈動，推展走動式管理，工作執行劍及履及，成效頗佳，深獲民眾稱許。深入基層，了解民瘼，突破各種法律障礙，有效解決問題。

　　6. 注重人才培育，充分授權，培育具有國際觀的人才。

（三）致命吸引力：

　　宋氏親民愛民的心懷，關心民瘼及解決問題的能力深具領袖魅力。

（四）帶給我的啟示：

　　1. 宋楚瑜的領導風格與處理事務的能力，關懷民眾疾苦與對部屬關懷照顧，勵行簡樸政風，對國家時代承擔使命。掌握走動式的行動管理哲學，有效地解決問題，深入民眾需求，「民之所欲，為政者常在吾心」的胸懷，更有「天道酬勤」的服務熱忱，這些領導魅力乃是吾人所折服也。

　　2. 宋楚瑜能力好、魅力高、口才佳、行動快，如有很好的時運可以發揮其長才，應是國家之福；但，才能好魅力高亦容易樹立政敵，這是魅力領袖值得警惕的一課。

資料來源：陳進德（2003）。

案例四：魅力領導人——郝柏村

題目一：列舉具有魅力領導能力一至三人姓名，並描述其魅力特徵及長期觀察
　　　　（觀察法）心得。

題目二：1.分析魅力領導人的致命吸引力為何？（分析法）2.你認為如何培養
　　　　領導魅力？

（一）魅力領導人：郝柏村
（二）魅力特徵：

　　1. 以身作則：建立部隊軍士官 Follow me 的觀念，並要求中校以上軍官需具
備三千公尺跑步及游泳一百公尺的能力，並自己親自帶頭示範。

　　2. 知人善用：建立重要職缺及各級主管遴選制度，對於不適任者絕不鄉愿，
適時淘汰。對基層部隊瞭若指掌，勤走基層。

　　3. 照顧部屬：對於軍人待遇積極爭取，使無後顧之憂。並嚴禁體罰凌虐、老
兵欺負新兵及不當管教。

　　4. 明瞭責任：對於各項專案工作，全力以赴，並訂立績效考核標準，賞罰分
明（例如：擔任總長時掃除逃兵工作、擔任行政院長時社會治安維護工作）。

　　5. 充滿自信：個人學識淵博，學經歷完整，具有實戰經驗。因此在下定決心
時，果斷且充滿自信。

（三）如何為自己個人魅力裝扮：

　　1. 魅力領導人絕對需要較高的EQ：對各種情緒、心境能夠節制與控制。建立
良好的人際關係，並與他人能維持積極的關係。

　　2. 具有特殊專長，對自己應負責之事務，主動積極參與，並發揮創造力解決
問題。

　　3. 培養領導魅力：養成閱讀習慣吸收新知；積極爭取歷練行政職務、加入社
團，培養如何維持良好人際關係；訓練語言靈活運用能力並培養幽默感。

　　4. 儀態要端莊、穿著要合宜、儀容常梳理、笑容要可掬、穿戴要得體、進退
要有禮，如果個人行為均能遵守上列原則，必能為個人魅力加分。

資料來源：楊志祥（2003）。

案例五：魅力領導人——黃勝雄

題目一：列舉具有魅力領導能力一人姓名，並描述其魅力特徵及長期觀察（觀察法）心得。

題目二：1.分析魅力領導人的致命吸引力為何？ 2.你認為如何培養領導魅力？

（一）魅力領導人：黃勝雄
（二）魅力特徵：

1. 醫術成就：八年前在美國匹茲堡大學任教、醫病。黃勝雄是享譽美國的腦神經外科權威，是白宮的座上客，也曾是雷根總統隨行的指定醫師，被認為是腦神經外科醫生的他，一年要服務五千位病人、動三百六十個手術，他的年薪超過百萬美金，住家占地四甲。

2. 對醫療的用心及投入：他對病人的敬重與盡力，提升了門諾醫院的醫療品質，提供好品質且人性化的醫院。

3. 關懷社會：黃院長也很關心其他教會醫院及整體台灣的醫療發展。在台東基督教醫院最需要的時候，他促成門諾醫院協助經營東基，幫助東基順利轉型過渡。他也在玉里河東地區辦理巡迴醫療，擴大為偏遠地區的民眾服務。

4. 謙和、很有親和力的長者：從美國國會議員、台灣的總統、企業家、專家學者、媒體記者一致公認。門諾醫院這四年來，每月舉辦一次文化講座或音樂會。

5. 我覺得從他正直的為人、關愛同工、服事病人、關懷社會的人生與實踐中學習良多，他的善行令我們佩服，如他自己所說：「我有大房子、很好的車，物質上的東西我都有，但生命真正的意義不在物質，我是回台灣買靈魂的。」

（三）分析領導人的吸引力：

1.醫術高明；2.關愛病人、同仁；3.關懷社會；4.具親和力。

（四）如何培養領導魅力？

1.秀出對工作的積極投入；2.穿出領導人的樣子；3.建立偉大的目標；4.確實朝目標前進；5.暗地苦練讓表現爐火純青；6.以迂迴戰術讓屬下心悅誠服。7.設身處地關懷別人；8.培養幽默感；9.塑造專業形象；10.理性與感性兼具；11.採取主動，打破人與人之間的隔膜。

第三節
轉型領導

Burns（1978）提出轉型領導（transformational leadership）的概念，注重組織危機意識、組織願景、部屬的需求與動機、有效的策略等，作為轉換組織潛能與進步的力量。

一、轉型領導的意義

Bass（1985）提出轉型領導的意義，及領導者運用「領導策略」激發部屬，提升工作動機，提升部屬高層次的工作滿足，並對組織付出超乎組織期望的努力，轉型領導者對部屬的信心水準給予期望與更高的成就感。Bass（1985）認為從下列三種方法可以提升工作期望：1.提升其工作成果的重要性，並增進其知識、技巧及道德意識；2.鼓勵成員為了團隊、社會、國家，使其行為超越個人利益；3.改變部屬的需求，以及擴張成員的高層次願景與價值、品質、意義的需求。

二、轉型領導的特質

Yukl（1998）提出轉型領導者期望執行下列事項：
1. 建立危機意識，界定變革的需求。
2. 創造新願景及對願景的必要承諾。
3. 強調未來目標，建立可達成的目標。
4. 鼓勵追隨者追求高層次目標。
5. 改變組織以容納「新願景」，而非在原來願景下工作。
6. 把跟隨者轉為未來領導者，為自己的專業負責，領導者成為變革

的代言人，最後將組織順利轉型。

Bass（1993）提出轉型領導的特質，包含：1.領導者能刺激成員以新觀點來檢視他們的工作；2.使成員意識工作結果的重要性，領導者能協助發展成員的能力和潛能，以達到更高層次的需求；3.領導者能激發成員具有團隊願景；4.引導成員以團隊合作為前提，並超越本身利益需求，以利組織的發展。

Bryman（1992）以表列方式說明「轉型領導」的特質（如表4-4）。

表 4-4　轉型領導者所強調的主題

較不強調	強調的重點
1. 計畫	1. 願景與使命
2. 分配責任	2. 傳達願景
3. 控制及問題解決	3. 引起動機及激發鼓舞
4. 例行事項和均衡	4. 創造變革和革新
5. 權力維持	5. 賦予成員自主力
6. 創造順從	6. 創造承諾
7. 強調契約責任	7. 自動與創新，創高峰成就感
8. 重視理性，減少領導者對成員的依附	8. 對成員感興趣及鼓勵合作發展
9. 適應環境文化	9. 對環境創新、前瞻作法

三、領導人的八大發展階段

哈佛大學教授 Kotter（邱如美譯，2002）提出由於經濟、社會、科技、教育等的改變動力，引出全球化、需求化、品質化、創新發展動力永不會停止。這些全球化的競爭，各機構要生存發展，要適應社會需求，並符合「競爭優勢」、「快速服務」、「專業行銷」之原則，使企

業之產品被認識、被肯定、被信任,才能永續發展。Kotter 提出企業轉型失敗的原因(邱如美譯,2002):

1. **缺乏危機意識**:主管們安於穩定不變的工作環境,缺乏危機感,因此未能累積競爭力。

2. **缺乏變革的團隊**:反對勢力群起攻之,爲了獲得短期利益,組織變革團隊是重要的,組成變革團隊,需要有「變革代理人」來支援與化解不願變的阻力。

3. **低估願景的重要性**:促成企業轉型,最重要的是建立一個「可預見的願景」。

4. **變更願景未作充分溝通**:企業要有充分願景,才能抓住員工的心。

5. **坐視問題叢生**:決策層、管理層及執行層所衍生的問題要能立即有效的協助,才不會使問題叢生。

6. **欠缺近程戰果**:一種新的變革,需要對每一個執行階段提出肯定去支持與獎勵,以提升變革的信心。

7. **太早宣布勝利**:變革可能是三年,也可能是五年,如果太早宣布勝利,可能使得保守反對者解甲歸田,又回到舊制。

8. **扎根不實**:革新需要深植行爲規範及共同價值,否則很容易在變革壓力解除後,跟著退化。

Kotter 提出「轉型領導」的八個步驟,如表 4-5。

四、轉型領導四個領導的行爲層面

Bass(1993)認爲轉型領導應包含「四個領導的行爲」層面。

1. **魅力與使命感的影響**:領導者之願景和使命感,能贏得部屬人員的尊敬、信賴與信心。領導者認眞的態度,個人的幽默、才華、表達深受倚重。

2. **激勵部屬創造願景**:領導者以振興人心的語言來激勵從屬人員,鼓勵部屬創造願景,帶動部屬實現願景,向部屬傳達熱情活力。領導者

表 4-5 企業轉型領導的八個階段

1.建立危機意識	考察市場和競爭情勢 找出並討論危機、潛在危機或重要機會
	⇩
2.成立領導團隊	組成一個夠力的工作小組負責領導變革 促使小組成員團隊合作
	⇩
3.提出願景	創造願景協助引導變革行動 擬訂達成願景的相關策略
	⇩
4.溝通願景	運用各種可能的管道，持續傳播新願景及相關策略 領導團隊以身作則改變員工行為
	⇩
5.授權員工參與	鏟除障礙 修改破壞變革願景的體制或結構 鼓勵冒險和創新的想法、活動、行動
	⇩
6.創造近程戰果	規劃明顯的績效改善或「戰果」 創造上述的戰果
	⇩
7.鞏固戰果並再接再厲	運用上升的公信力，改變所有不能搭配和不符合轉型願景的系統、結構和政策 聘僱、拔擢或培養能夠達成變革願景的員工 以新方案、新主題和變革代理人為變革流程注入新活力
	⇩
8.讓新作法深植企業文化中	創造客戶導向和生產力導向形成的表現改善，更多、更優秀的領導，以及更有效的管理 明確指出新作為和組織成功間的關聯 訂定辦法，確保領導人的培養和接班動作

資料來源：邱如美譯（2002）。

的期望、獎勵、激發，引導出積極向願景邁進的動力。

3. **啓發才智提升智能**：領導者鼓勵成員參與創新發展、小組合作、學習型組織，去激發新的思考、新的潛能、新的貢獻。發展部屬理性與感性，有利創新合作任務的完成。

4. **個別關懷**：領導者能對部屬個別關懷，使每一個成員覺得自己很受重視，自己做出很大的貢獻。領導者常與個體做較深入的互動，使他感受溫暖、親切而培養出工作上的默契與支持。傾聽部屬的聲音及心得分享。

五、轉型領導應把握的六個層面

蔡進雄（2001）提出校長「轉型領導」應把握的六個層面：

1. **校長能預見的未來發展**：提出前瞻性的遠景，並將遠景與老師分享，並激勵群體努力達成遠景。

2. **魅力影響**：校長具有親和力、自信心、幽默的智慧、良好的行為典範，與成員互動之間會散發出他的影響力，做事有制度、有責任心，令人內心佩服，願意追隨他的腳步。領導者能謙和、肯學習、願與人分享、能不斷激勵部屬又有幽默感，魅力必然不斷提升。

3. **激勵鼓舞部屬**：校長能對老師深具信心，不斷的鼓舞，並鼓勵優秀的典範，使老師能見賢思齊，如此老師工作上會有成就感，工作品質會不斷的提升。

4. **啓發才智**：校長以自由、民主的參與決策方式，鼓勵教師思考問題，主動發掘別人的優點，做出經驗的分享，校長也不斷的進修，吸收新知，鼓勵教師與學生的多元智能。

5. **個別關懷**：校長能夠主動參與教師的各項活動，傾聽教師的心聲，表達適度的關心，並提供教師個別的協助。校長如能主動與老師生活心得分享，建立私下情誼，大家工作必然會更加愉快。

6. **應用創新策略**：校長針對大家關心的教學、升學、宣導、科系轉型、學生出路、學校發展，能夠善用資訊科技、學習型組織、愛心聯

隊、興趣社團、優點轟炸等方式，來提升整體的生產力與生產品質，創新發展，必可帶來團隊無比的活力與泉源。校長可以不斷去開發人力、資源的泉源。

鄭照順（2005a）針對校長如何採用轉型領導，以提升學校效能，提出以下建議：1.校長宜多吸收轉型領導理念，並具體實施運用。2.校長應採轉型領導，以塑造學校文化，提升學校效能，轉成支持型文化、創新性文化。3.校長應洞悉學校文化內涵及特性，建立多元文化的類型。4.校長與同仁建立學校成就的指標，作為辦學的重點，例如主動、效率、親切及品質。5.校長宜關切女性教師的職業生活適應。6.校長宜與未兼行政職務的老師主動互動，增加關懷及激勵。7.校長宜公開表揚優良老師使成為教師典範。

六、轉型理論在教育與企業領導之應用

綜合言之，轉型理論在教育與企業領導之應用方法為：

1. 提出收支失衡危機、招生危機、競爭力的危機等：包括如何增加營收；如何減少浪費；如何發展學校特色、教學品質，增加學生來源。

2. 成立專業團隊：肯定每一個人的才能，發揮每個人的專業，組織一個專業的規劃團隊，給予這些團隊實權，才能聘用管理專才，領導專業人才進行績效計畫及管理。如採用「歷程評鑑模式」、「策略地圖」，進行人才資本、組織資本、顧客資本、資訊資本的管理，以提升決策與競爭能力。

3. 提出願景：訂定新的目標、願景，並提出達成的策略及近、中、遠程的目標，使願景及實施步驟、聘用人員、使用資源、預期效益相結合。

4. 溝通願景：把未來願景、執行方法、工作心態、工作付出做一些規範，鼓勵集體努力達成。譬如各單位合作申請一個研究計畫，以增加「學術創新」，提升「學術研究品質」，也增加評鑑之成績。

5. 授權員工參與：每一單位預定達成之目標及方法，需要員工直接

參與、溝通。

　　6. **創造近程戰果**：每一年有一些特色、創新應給予獎勵。

　　7. **鞏固戰果**：提出新方案、新主題、變革代理人等注入機構的新活力。

　　8. **新作法深植企業文化中**：創造顧客導向、服務導向，加入企業文化之中，把企業文化帶入領導人才的培育課程。

第四節

模範領導

　　Kouzes 和 Posner（2002；引自高子梅譯，2004）是卓越領導學院教授與企業經營大師，提出「領導潛能的開發，就是自我潛能的開發」。對於每一個人而言，迎接領導統御的挑戰，就是個人的挑戰，也是每一個人的挑戰。「我的每一天被人領導，但也在不同的崗位上去領導別人。」譬如，你當一位高中校長，在領導一個學校，但也受教育部長所領導。在領導上有專精研究，就可以成為這個領域的領導者，並能提出有效的領導策略。

　　Kouzes 和 Posner 調查數十個優秀的企業領導者，分析其領導經驗及成功經驗的心得，是能把握「領導的機會」，擔任「開路先鋒」的角色，帶領他們的組織去攀爬新的高峰。雖然面臨文化、環境各不同，領導者能出於「自願」，「不計工作辛勞」及面對「可能風險」，與擁護者一起攀越頂峰，得付出智慧、心力、意志、體力的代價，其獲益是自我成長與機構成長的果實，不能以金錢去衡量，但成就感是無法估計的。

　　Kouzes 和 Posner（2002；引自高子梅譯，2004）提出「模範領導」的五大實務要領：

一、以身作則

透過直接參與和作為贏得別人的尊重，取得領導權。模範領導者的最佳經驗是：奮鬥不懈、堅定不移、能力卓越及注意小節；肯花時間與大家在一起，樂於與同事並肩作戰，用生動的故事說明自己的價值觀；當大家無所適從時，適時安撫人心，還能直指問題，喚醒人們思索其價值與意義。要成為他人的榜樣要能掌握自己的方向、原則及看法，領導者要堅守自己的信念，才能說清楚自己的價值觀。模範領導人的最大影響力，是能身先士卒，帶動團隊的積極向上，永不鬆懈，並能不斷鼓舞跟隨者的士氣。

二、喚起共同願景

模範領導者會點燃群眾的夢想、希望、抱負、願景，任何一個夢想、願景、抱負被激起，就會產生「超乎想像」的戰力，使組織的成員齊一邁向願景；其動力由外在的目標吸引，而產生積極性、創造性的成就感。任何一種夢想、願景可以引發為「內在的自動力」；領導者不能獨斷，要知道成員的動機、價值觀、抱負，將成員的抱負、價值觀、動機與共同的願景相結合。

三、向舊習挑戰

尋找機會去創新、成長及改進。模範領導者的特質有三：主動挑戰困難、主動去面對問題，以及找到創新的策略及改革的方法。每位領導者都是尋找創意去創新、發展及改進。偉大領導者的最大貢獻是肯定和支持好的點子，領導者很了解任何創新改革都不免經歷試驗、風險和失敗，但他仍會執意去做，採取漸近式的步驟，或做局部試驗來降低風險，逐步累積各種小贏成果，進行寧靜革命；有了小贏結果，可以建立更大的信心。領導的歷程是一種學習，面臨困難時，其學習效果會更好，難題出現會造就傑出的領導者。

四、促使他人行動

　　視部屬為強大的、受重視、有能力及忠誠的。偉大的夢想，不能靠一個人來完成，必須成立任務小組，給予信任，授權主動去開發研究。這些行動，需要與目標任務相結合。模範領導者的特質是：「促使他人展開行動，促進任務上的合作、感情上的互信，這種團隊合作比鬆散的部屬還有用。」領導者必須設法讓部屬覺得是「強大的」、「受重視的」、「有能力的」、「忠誠的」，要把權力下放。模範領導者會強化每一個人的能力，讓他們自己做承諾，有更多資訊、更多自主權時，會比較願意努力去追求較高的成就。

五、鼓舞人心

　　在漫長的任務中，人們會筋疲力竭，經歷挫敗、幻想破滅，領導者要不斷的鼓舞人心，帶領擁護者繼續前進。領導的重要任務在「真心關懷」、「誇張的讚美」、「獨特的肯定」，使其恢復信心，熱情快樂的工作下去。鼓舞也是一門很嚴肅的功課，領導者要公開的來連結績效與獎勵。領導者要明確的指出其是提升「服務品質」、「工作創新」、「災變復原」、「創新服務」的得獎獎項，誠懇的表揚活動，才能建立集體認同感及自我肯定感。

六、跨文化的共同特質

　　最受歡迎的領導特點是誠信、前瞻性、能力、鼓勵等特質。Kouzes和Posner（高子梅譯，2004）調查美國、日本、加拿大、澳洲、新加坡等國發現，最受歡迎的領導特點包括：

　　1. **誠信**：領導者能誠懇相處，為人所信賴，是個人生命、智慧可以寄託的對象。

　　2. **具前瞻性**：領導者有方向感、有未來願景，帶給組織成員美麗、健康、幸福的未來希望，在工作中個人與組織目標之潛能均可以得到發揮。

　　3. **有勝任能力**：領導者是有能力、有效率的，知識、經驗與成功是

息息相關的。經驗是指曾參與情境性、功能性與產業性的活動,而產生專業的知識。領導者有能力幫助別人發揮最高的潛能。

4. 善於鼓勵:領導者最重要的外在特質要熱情洋溢、精力充沛,對未來充滿樂觀。領導者能讓工作本身覺得有意義,並能「改善工作本質」。強調「鼓勵的領導」,使我們對未來充滿希望。任何一個不確定的時代,「樂觀、希望」都是獲勝的關鍵。領導者的熱情、激情、希望是領導致勝的要素。

第五節
領導新特質(5C)論

史坦力(Charles Stanley)是美國青年的領袖及牧者的導師,史坦力常勉勵年輕領袖要在長處專注努力,而將不足之處留給別人去發揮。他能憑著他的專業能力(competence)、勇氣(courage)、明確(clarity)、教導(coaching)及品格(character)五項特質成為數萬人社會志工的領袖。領袖如果擁有高尚的品格、完全的道德操守,這樣的領袖不是我們所樂意全心追隨的嗎?

史坦力指出要成為新時代的領袖,需要五種主要特質(杜宏毅、林大萌譯,2004):

一、找出自己的核心能力

能力之產生來自自己的認真學習與熱心服務;能者多勞,我要成為領袖必然是「多勞者」,多勞者可以使自己能力快速成長。找出自己擅長的事,如溝通能力、管理能力、研究能力、幽默能力、語文能力、數理分析能力、藝術能力、音樂修養、創造力、應用力及統合能力。每一

個人找出一、兩種自己擅長的專業，這些事和任務，可以發揮自己最高的潛能、熱忱與成就至極致。做擅長的事即在享受人生，優秀的領導者把不擅長的事，授權別人去挑起「任務」，都會使團隊發光發亮。史坦力（杜宏毅、林大萌譯，2004）認為自己擅長溝通、幽默、策劃等三項能力，就在策略之後，他鼓勵許多志工及部門領袖去分擔任務，他只是在指導做「正確的事」，要使人人有高度的成就感。史坦力提出如何找出自己核心能力的方法（杜宏毅、林大萌譯，2004）：

1. 哪些事情對你而言是輕而易舉，對別人而言是望之卻步的？

2. 在哪些領域大家都認為非你莫屬？

3. 你最喜歡的工作是計畫、溝通、組織、協調、執行或問題解決？

4. 哪些事情不是你的專長，你想授權出去的？

5. 做哪些事會得到大家的認同與讚美？

6. 你喜歡在「什麼環境」下工作？在哪些環境你會「避免」在那裡？

7. 哪些事他人會詢求你做「忠告」？

8. 如果你專心把時間、精力放在一、兩項事務上，結果會如何？

9. 我的「核心能力」與「職位」，有哪些不匹配？

10.我的「熱情」、「用心」與「核心能力」，有哪些不協調之處？

11.依照你的長處、興趣、天賦、弱點，你想要負責哪些事務？(1)管理、業務、行銷；(2)你喜歡與人接觸或數學統計；(3)你喜歡什麼好的工作狀態？獨立、自主或合作性？

12.偉大的領袖要知道「什麼時候去聽別人的指揮」。

13.為增加「團隊最大價值」，你的工作中有哪些需要改善？

二、有勇氣建築夢想

亦即創新發展，面對現實之勇氣。新世代的領導特質，需要有勇氣去建築夢想，也要有面對現實的勇氣。面對現實之定律包含：

1. 不可誇大其辭。

2. 不可裝腔作勢。

3. 不可視而不見。

4. 不可打壓忠言逆耳之人。

5. 不可躲在矯飾的數字之後。

6. 別忽略建設性的批評。

7. 別封閉自己。

面對現實之後，我們要寫出「什麼事能做」、「什麼事該做」，我們有勇氣去克服困難，就不會被困難所克服。「勇氣用於個人」：有勇氣作夢，才會有資金，才會有行動，才會有營運時刻。優秀的領導者是「創造機會」及「把握機會」的使者；「勇氣用於機構」：一個機構想有大的進步，要有勇氣創新發展，有創新的願景，有好組織團隊、有好的策略，使機構增加特色及提升競爭力，領導者需要有勇氣去推動、溝通及承擔後果。

三、明確的願景決策、標準與發展策略

中山工商陳國清校長的「未來領導特質」特別明確，從一個學校只有 45 個學生發展到 9,900 位學生（1978 至 2006 年間），其指揮的系統非常明確：綠燈指標為流失率 0%；黃燈現象為一個班級有一到三位同學離校，要分析原因，立即改善及補救；紅燈階段即超過四人以上離校，就要學校提出有效的輔導、補助措施。

陳國清校長在為團隊提出「增能計畫」，每學年由一個處室提出一個企管專題，如「追求服務卓越」、「突破障礙」、「美化環境、美化心靈」，由專業人士、處室提出研究心得，供全校分享研討並提出結論，全年追蹤管理的「重點技術」，使問題均能明確解決。

史坦力（杜宏毅、林大萌譯，2004）提出「狀況不明，也要明確果決」（uncertainty demands clarity），方向感明確，可以激發部屬信心、情緒，而產生新的希望、新的力量。優秀的領導者能在有限資訊下，維持思路清晰，步履穩健，準確的發展方向，才有帶動團隊向前進的力量。

「成功總是隨著許多不確定而來」，領導的目的，不是只有面對不確定的因素，而是能夠駕馭它。把不確定的機會，轉換為成功的機會，要靠專業、機智、溝通及行動，才能到達成功的地步。有了計畫、方向，需要不斷的重估計畫，適時修正，如果不做適時修正，很難達到目標。

　　史坦力提出要成為一個「有效率領導者」，需要明確的願景、明確的決策、明確的行事風格、明確的面對你所不知道的事，明確承認決策的錯誤是否有困難？明確的指出他們要做什麼？我要如何融入？對團隊而言，明確的願景、決策、行事風格，都可匯集團隊的士氣與動力。

四、教練指導

　　史坦力（杜宏毅、林大萌譯，2004）指出教練指導使領導者走得更遠更快（coaching enables a leader to go further and faster），每一位運動員均需要一位好的教練，因為每一個人看不到自己在運動場上的缺點，需要教練指出缺點，不斷修改缺點，並激勵士氣。每一位領導者在領導一個學校、一個企業，往往會朝著自己興趣、自己專長的項目去發展，而忽略多數人的期待。有好的教練指導，可以鼓舞士氣，肯定努力的成就，更可以發現其缺失及多數人的期待，以修正領導的方向及領導的範圍。

　　史坦力指出「教練」是幫助評估現在，使我們對未來能更有效率的運作；「諮商人」是在分析過去的問題，使現在運作更有效率；「教練」的重要角色在把握何時來練習，如何掌握有效的方法，在「時間」、「方法」均採取主動的策略，使領導人運動員的潛能更容易發揮。教練之工是觀察、指導及激勵，好的教練在幫助你充分發揮潛能。史坦力更鼓勵自己試著當「教練」，學習去「付出」，學習如何「領受」共同努力的成果。

五、品格

　　史坦力（杜宏毅、林大萌譯，2004）指出：「品格決定領導者的作為與成就。」（Character determines the leader's legacy）品格就是一個人

的優美人格特質與道德情操，那些品格的核心項目包含：勤奮積極、誠信、負責任、感恩、順從、幽默、尊重、自律、挫折、容忍力、操守、謙遜、口德等。

　　卡內基說：「品格是一種榮譽，也是一種動力。」品格之功能，是一種向善的力量，是選擇對的事，做善的事，對團體利益優於個人利益，也是一種社會公益、社會責任、社會是非的代名詞。領導者必須要有「好的德行」，選擇「正確的方向」建立國家社會的「綱紀」，而不是為了逃避責任而放棄品德與責任；領導者用對人、做對事，建立好的制度，建立好的行為典範等都會使人懷念。

　　品格素質與「道德權柄」，具有相同的地位，是「隱形的地位」與「隱形的職稱」，也是隱形的受人敬重的地位。「道德權柄」要建立在你的信念、行動、信仰及作為之上，所有的作為都是「名副其實」，就能獲得這個道德權柄，而言行一致，會讓領導者有說服力。沒有良好品格的人，無法對我們產生正面影響力，人們能夠對領導者「買帳」，才會進一步接受他所提出的願景。

　　總之，品格是新世代領導人必須具備的專業修養，它會影響你選正確的方向，做正確的事，並使人願意追隨你。個人的品格可以幫助選擇正確、積極、有意義、幽默的人生方向。領導者與個人均有好的品格，就可以成功的建造品格學校、品格社區與品格國家，大家想追求的「大同世界」，即「品格世界」。社會中將充滿溫馨、愛心、關懷、快樂、幽默、責任心、使命感與成就感。

第六節
領導力的階層論

　　Maxwell（徐愛婷譯，2006）提出「領導力的階層論」，他從領導者對被領導者的影響力，來區分「領導影響力」的階層，如圖4-2。

五、尊敬層：領導者樹立良好行為、品格、態度典範，使人忠誠樂意犧牲，樂意看到別人成長，你的視野在追求永恆的核心價值。

四、人的成長層：協助追隨者成長專業、經驗，使成為良師益友，人的忠誠、愛戴、景仰提升到最高層。

三、成果層：當生產、營收、績效均增加，需求也達成，目標也被肯定，大家都能感受成果。

二、關係層：建立彼此多層的認同關係，開始會主動去「關心」對方的事務，領導力因「有意義」而茁壯，工作是「有樂趣的」。

一、權利層：人民因為你有權力，可以分配資源而跟隨你。你的影響力不會擴展到工作職務以外的範圍。

圖 4-2　Maxwell 的領導力階層論

資料來源：徐愛婷譯（2006）。

　　Maxwell 的「領導力階層論」，使人了解獲得權力與地位只是領導的起步；領導人要讓彼此建立「有意義」的關係，幫助追隨者找到工作的方法與樂趣；領導者需要有「能力」、有「關係」、有「品格」，才能建立誠信。信任是領導力的基礎，品格是潛能的基礎，沒有人能跨越品格的局限，領導者的高品格修養，就會像一座燈塔，永遠照亮人生的正確方向。從 Maxwell 的「領導力階層論」，可以發現成功領導者必須具備的特質，要有「好的品格」，才能永遠受人尊敬；要有胸懷培育部屬，增加經驗、智慧，使成為良師益友之關係；要有能力協助企業、學校獲得最佳的成長，留下美好的成果，也才會讓人永遠懷念與景仰。其他的技巧，包括如何建立工作上的意義、工作上的樂觀、領導者是一個關懷者、協助者的關係等，如此才能在領導的路途順利與完美。

第七節
混沌理論與領導

一、前言

　　宇宙中的自然現象、個人的心理動向、靈感的觸發、人際間的互動等，都潛藏著一種秩序、差異及創新的活力因子，這些宇宙的現象，也可以用來解釋教育行政領導、校園領導的動力現象。領導者如何去找到這些物理、心理、靈感的活力、秩序與動力，將可幫助一所學校儲備善能，消除散亂的能量，更可以借力使力，創造教育領導上的進步動力。陳木金（2002）提出領導應能夠改善心智、自我超越，系統思考、共創願景，必可建構一所有用心的行政團隊、有愛心的教師團隊、能關心的家長團隊、有活力的學生團隊及帶給社會有信心的優質學校。

二、混沌現象與教育行政領導

　　Hayles（1990）指出學校領導應將工作複雜、現行多變的行政事務模式化，在分析結構的潛發脈絡，建立混沌系統。Griffiths（1991）指出混沌理論（chaos theory）可以運用在學校的領導上，此種理論可統整學校領導的各種領導智慧與技術。混沌理論的主要特徵敘述如下：

㈠蝴蝶效應（butterfly effect）

　　Griffiths（1991）提出蝴蝶效應：「如同巴西一隻蝴蝶展翅拍動，對空氣的擾動可能觸發美國德州的暴風雨。」Benson 和 Hunter（1992）提出，大自然的混沌系統可能超乎人類所能預測和控制，我們應該從生

命中豐富的細微差異與混沌相處，並跳出刻板模式的限制。蔡進雄（2000），提出不同的環境、刺激也有不同的影響，某些環境中些微的小插曲，對學校組織發展、學生發展、教師專業成長也可能造成極大的影響。蝴蝶效應的啓示爲：

1. 領導者對「扇動的翅膀」要有敏感性，扇動翅膀的可能是一個人，也可能是一群人，要隨時接納、主動服務、減少自己的缺點，增加自己的優點。

2. 領導者對於「扇動的人」要主動溝通，勤接近可以傾聽其心聲，藉以找到滅火的媒介，以減少製造「風暴」。

3. 扇動之因，如是對人、事、物的不滿，與外界政治團體結合時，可能已積怨甚深，領導者要熄滅動力就很難。

4. 領導者千萬不可製造派系及紅人，如形成另外一派疏遠派，非紅人者就是學校的一群蝴蝶，其力道不可忽視。

5. 領導者千萬勿製造「對立」，起始點應爲全體員工的福祉，在公正、公平、親和、溝通下，應較不易引燃對應與衝突。

㈡混亂起源（onset of turbulence）

學校中的混亂現象，如員工間互相猜疑、師生互相對立、班級四分五裂等，進入一種混亂、無秩序、無規則的動亂情境中，使領導者自尊心受損，被領導者也無所適從。Friedrich（1988）指出領導者如果處於「混亂的起源」，應該採取「虛心反省」，參考過去成功的處理經驗，找出解決方法，檢討自己的價值觀、位置觀與他人的差異，先接受對方的建議，相信必可將無秩序的混亂引入一種新秩序。

領導對混亂起源的啓示爲：

1. 混亂之時刻：應該檢討的是自己，虛心的提出改進自己的言語、態度及行爲。

2. 檢討自己的價值觀是否與對方相衝突：盡量以包容的方式來溝通，對一個事件的不同看法，交由全體去判斷。個人要有理想，但不要

堅持己見，很多事情要等待時機。

3. 評估自己的溝通風格：如果是單向、封閉的專制風格，應加以檢討。應尊重教師專業系統、行政參與決策系統、多元開放系統、服從多數尊重少數，以民主程序原則去做決策，如此可以減少亂源。

4. 減少亂源，能使學校運作步伐齊一，快速向前邁進。

㈢驅散結構（dissipative structure）

驅散結構是指組織外的小組織或小團體，此一結構到達一定人數時會產生一定的影響力及活動，而影響學校的動力系統及方向。此驅散結構的發展是非線性的進行。Curtis（1990）提出波動理論（fluctuation theory），指出領導應深入體察學校組織波動所衍生的問題。驅散結構論對教育領導的啓示爲：

1. 組織的外圍組織應密切關懷其所發展的動力，應用密切接觸及互動，便產生「正向關懷」。

2. 領導者如能均衡的關懷各種外圍組織，正面導向健康方向，如此易造成好的形象及波動。

3. 次系統可以彌補正式組織的僵化互動，它是友誼、親密關係、良好氣氛的溫床，優秀的領導者應善用它，如成立登山社、讀書會、旅遊團等，以社團之認同參與，可以化解僵化的關係。

㈣隨機震撼（random shock）

學校經常會有不能預測的重大事件發生，如果彼此的信任度夠堅強，通常不會爲「隨機重大事件」所動搖。如果平時有好的交情，遇外事件，可能是一個小傷痕而已，但如彼此不相尊敬時，則可能會動搖整個組織體系，造成彼此的猜疑與傷害。

校園隨機的遇外事件，包含運動器材、學生衝突、飲食中毒、師生戀、游泳意外、同事互相誣告、同事價值觀的衝突、新聞記者的採訪、危機事件的處理等之預防、因應與善後。隨機震撼的啓示爲：

1. 領導者應有先見之明：包含遇外事件的預防、因應及善後。

2. 領導者應有最好的 EQ：當領導者最需要有耐心、耐性去處理人的溝通、人的誤解、人的號召、人的凝聚力等，如能逐步建立許多驅散性機構，平時建立私誼，則有助於領導危機的因應。

3. 隨機震撼並不可怕，怕的是在平日樹敵，而形成蝴蝶效應，一發不可收拾。

㈤奇異吸子（strange attractor）

奇異吸子是存在混沌系統中規律秩序的線索，奇異吸子是從某些元素、力量、特質中浮現出來，成為中心的組成部分，並環繞事件及領導的組織運轉，這些特質、力量、元素也是形成「學校文化氣候」的一部分。有較多的快樂吸子，就可以感染更多的正面力量。奇異吸子的啟示為：

1. 領導者應主動去發現有奇異吸子的人物，若加整合，以增加學校領導的助力。

2. 領導者也可藉有「奇異吸子」的人物去推動校務改革，幫助學校領導的成功。

3. 尋求一些有「奇異吸子」的合作者，扮演促動改革的表面領導者，形成一種變革的吸力系統。

4. 領導者如果能夠掌握因應「奇異吸子」的動能，必可啟動學校進步的動力，提升校務發展的品質與效能（陳木金，2002）。

㈥迴路遞移（recursive symmetries）

宇宙的運行有一定的時間規律與節奏，因此地球的氣候有春、夏、秋、冬的規律，也有颱風的季節。地球上的生生滅滅天天都在發生，領導者如果能夠追蹤時間的變化，找到努力的起點，追蹤到耕耘的成果，這中間投了多少「努力的因子」。

從數學函數的關係來看，成果＝努力＋時間。迴路遞移的重要啟示

如下：

　　1. 在時間及內容的規劃上，這一年領導者應把握的重點是什麼？人際關係的增進、教學成效的努力、學習成效的檢驗、生活教育的精進、教師專業的成長等。

　　2. 領導者常想改變「迴路系統」，創新作法由下層提出較佳，領導者如果收到不一樣的看法時，應該整合「專業智慧」去修正原來的計畫，接受眾議，比獨斷獨行來得好。

　　3. 歷史、文化、穩定的保守系統，都存在著缺乏活力的生態，領導者如果貿然改變生態也不適宜。

　　4. 領導者應評估「驅動」與「抗拒」的力量，增加驅動力，可以啟動學校的動力系統。

㈦回饋機制（feedback mechanisms）

　　在學校系統中投入多少心力、多少資源、多少關懷，在教學效果、生活教養、團隊士氣上就會顯現多少成果，語云：「多少耕耘，就有多少收穫。」譬如英文的實力、優良的班風、優良的校風、好的人際互動等，都是長期耕耘的成果。反之，學校中的衝突事件、意外事件、生活的散漫、教學成效不彰等，也是成果回饋的一種現象。回饋機制的啟示如下：

　　1. 行政領導者要敏於觀察、激勵、溝通、引導成長，做出長遠的努力與規劃，在長遠的規劃、勤奮的努力下，必然可產生一些正面的回饋。

　　2. 行政領導者也需要從負面的「反應」中，去探討事件肇始的根本原因，例如溝通不足、缺乏尊重、氣候未形成、時機不成熟等，也可能形成一些負面反應。

　　3. 領導者善於「投入」、「互動歷程」：留意「奇異吸子」、「驅散結構」、「蝴蝶效應」、「迴路變化」、「隨機因應」等，則可順利獲得較佳的「回饋」。

吳清山（2004）研究發現，「領導知能」與「專業能力」為校長所必備之基本知能，陳木金（2002）也提出領導者必須能運用理想、直覺、熱情及決心四個原則去推動領導的動力，找出行政軌跡與秩序，講求主動、效率及創新的精神，如圖4-3。

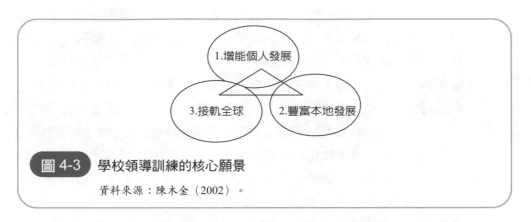

圖 4-3 學校領導訓練的核心願景

資料來源：陳木金（2002）。

　　1. **增能個人發展方面**：個人學習技能、自我能力的發展，互為學習領導，專業提升、知識管理的應用，增加多元智能的學習，增加體能、人際智能、學習方法等。

　　2. **豐富本地發展方面**：找出「吸力系統」擴大發展，檢查溝通系統、鼓勵參與激發出成功的典範，了解解除平衡狀態的冒險後果，找回豐富本地發展的方向。

　　3. **接軌全球化發展方面**：全球化的基礎建立在世界先進國的文化、語言、旅遊、學習、人物往來的接觸。常用的方法有：參觀考察、旅行深度訪問、出國留學、短期進修、參加國際會議、閱讀國外學術著作。身處 21 世紀，倘若不了解國際化的發展趨勢，將會遠遠地被排斥於競爭的行列之外。學校領導者可以從外語學習、外語夏令營、國外學術會議、國外學術著作、閱讀分享等活動及研究著手，所謂知己知彼，能吸收他國的優點，才能提升自己的潛力與競爭力，國際接軌能力的培育是領導者的優勢，也是國家競爭力的優勢。

綜合言之，領導的理論發明均包含時代的困境、時代的新需求性、社會的新變遷、國際的新變化、社會科學的新發明等，領導者總是能夠為突破困境，找出有效的策略、激發出團隊的力量，增加團體的成就與競爭力而有所貢獻。㈠「轉型領導」的啟示：缺乏危機意識、缺乏變革團隊、低估教學的重要性、忽略根植企業文化，將使組織停滯不前，而導致缺乏生機與競爭力；㈡「模範領導」給我們的啟示：領導的重要任務在「真心關懷」、「誇張的讚美」、「獨特的肯定」，使成員恢復信心，熱情快樂的工作下去；㈢「魅力領導」的關鍵要素在於：領導者能夠協建關係及幫助產生互動。魅力的代替物，能夠給人激勵並且產生溝通作用；魅力的代替物，將使人敬畏、尊敬及熱愛他；㈣「新特質 5C 論」之啟示：領導要找出自己專長的事，不專長的要授權出去，勇於築夢，有明確的願景，樂意付出興設成果，並重視品格的動力與榮譽；㈤「混沌領導」之啟示：領導者要能體察組織中的混亂因子，關心散亂的小組織以免造成亂源，又能正向協助吸引動力的激發，使正向專業成長的因子成為組織成長的力量，並重視國際資訊的交流以增進專業成長與組織發展。

CHAPTER 5

計畫與決策技巧

摘　要

領導者的基本能力包含：計畫、溝通、決策及評估等能力。「計畫」即是一切行動的起點，而「計畫」也是一個單位或機構發展的藍圖，有了周詳的藍圖才能向成功的大道邁進。計畫的特性包含：目標性、未來性、程序性、合作性及績效性等。而決策的過程特性包含：參與性、抉擇性、預測性、時機性及整合性等。本章介紹如何有效的做決策，首先需要確定目標，其次建立抉擇的標準，再次選擇最佳的行動途徑，並付諸行動及績效評估。同時並提出數個案例：包含教育、企業、國防教育等之發展計畫，作為繼續研究發展的基礎。

第一節
計畫與決策的緣起

一、計畫的緣起

俗云：「有計畫不忙，有預算不窮，有組織不亂，有實踐不敗。」意謂個人生活有了時間安排、工作量規劃、工作順序的安排計畫，生活就不莽撞；個人的收支有規劃，就不會透支；做事有人力、資源、順序的整合就不慌亂。有周詳的計畫並且能力行與實踐才能立於不敗之地，以生涯計畫為例，在於將個人的目標、時間、金錢、體力、腦力做最好的計畫與發展。

企業是一個功能性組織，更需要有發展計畫，包含：目標、組織、資源、策略、實施步驟、績效評估等，才能發揮出最高的效能。

計畫之種類有生涯計畫、學校計畫、企業計畫、經濟計畫、國防計畫、教育計畫等。計畫的基本內涵必須包含：

1. **目標**：以學生為例，有「潛能發展」、「預防性」及「問題解決」等目標，為達到每個目標，其使用的努力策略、實施方法均有所不同。

2. **組織**：需要有高效率及合作的團隊，才能達成目標。

3. **資源的支援**：任務需要有人員、環境、設備、薪資、獎勵的支援，才能有效的運作。

4. **策略**：策略是達到目標的方法或捷徑，這些策略在於充分發揮人、物、環境、時機優勢。

5. **實施期間及步驟**：計畫一定要有近程（一至三年）、中程（四至六年）、遠程（七至九年）的發展重點，才能把資源與工作階段目標相結合。

6. **制定績效評估的標準**：任何一個任務，如果沒有「績效評估」，就難以了解計畫是否達成目標及發揮績效的程度。

二、決策（decision making）的緣起

計畫是否能有效推動與「決策權」有重大的相關，「決策權力」包含：權力、資源、技術等，你是否擁有上述三項影響力，就可以了解自己的決策權限。決策的選擇還包含：專業知能、專業經驗、時機、資源、效率、績效等之評估。過度的消耗資源、體力，也是一種「負債性的決策」。決策的技術有「成功機率」、「價值判斷」、「合作學習機會」、「獲得利潤」、「成就感」等。決策技術已成為一種重要的管理科學技術。商業決策講求成本與利潤，Kaplan（高子梅、何霖譯，2006）的平衡計分法，把它擴展為「財務面」、「顧客面」、「內部流程方面」及「學習成長與資訊面」等，因此決策面考慮的不只是單一指標。施振榮（2004b）也提出「微笑曲線」的新決策管理技術，任何包含「研發的速度」、「內部流程效率」、「行銷通路與品牌」等三種決策不能失衡。王如哲（2002）、鄭照順（2006a）等提出學校決策不能忽略「知識管理」、「學習型組織」、「學校文化」、「學校績效標準」、「危機意識」、「轉型領導」等概念加入學校決策技術系統。鄭照順（2006a）指出當今的

高中、國中、國小學校長擁有的專業「決策權」很少，但卻要負完全的責任，例如人事聘用、經費支配、人事考核、獎懲權，幾乎由學校的次系統組織所主導，校長任期滿後的連任、調任權亦由教育的遴選委員會所主導，因此校長無權有責，無法施展專業，是當今教育領導的重大危機。

Barker（陳重亨譯，2006）進行「決策的內涵」研究，指出「決策思考」的內涵包含：

1. 考慮過去、現在、未來的相關決定會造成的影響。

2. 考慮相關人員的觀點、目標、經驗、企圖與情緒等。

3. 考慮決策之類型，是可預見的、相對比較或例行性的。

4. 緊急的考慮決定容易疏漏，因為沒時間思考及諮詢，是否留有調整機會。

Barker（陳重亨譯，2006）提出「決策思維的模式」，指出很多主管希望能預見「確切不移」的證據，以便做出完美的決策；但很少決策是依靠「邏輯推理」就能做出完美的決策。大島清（2006）對「感知能力」進行研究之後，用「左腦」或「右腦」的說法就愈來愈受注目。鄭照順（2005b）研究「心智地圖」時，發現善用夢中思考、長途旅行、戶外登山等，是開發空間智能最好的方法，最容易觸動右腦的空間思考潛能。空間思考加上「愉悅情緒」，再加上「自然的能量」，就會使「決策思考」、「創造思考」更通暢。左腦擅長於數理的分析、閱讀的理解，優質的左腦能量，有助於幫助語言、邏輯、數學及決策分析；而右腦擅長創造、韻律節奏、第六感、聯想力、整合力等，均與創造潛能有關聯，因此好的決策需要邏輯分析，更需要空間的創意思考。完美的決策者需要善用右腦的洞察力、靈感、創意、圖像來展示，使決策藍圖更容易說服別人。

綜合言之，決策之特質：

1. 決策是一種目標與價值目的的選擇。

2. 決策也是一種由過去、現在到未來願景的行動。

3. 決策權力有三種主要來源：權力、資源、技術。

4. 決策從「計畫藍圖」到「夢想實現」的具體行動關鍵。

5. 優質的決策需要「專精的策略思考」，才能實現完美的未來。

第二節
計畫的意義

　　人類的文化發展、科技發明、企業經營、教育事業、經濟繁榮、社會等進步，係經過周全的計畫與長期努力才形成；反之，如果未經過計畫及長期的努力，而自然形成或自然成功的機率是很小。譬如一個天賦優異的學生，如果沒有系統的教育與學習計畫或自學計畫，是很難會有高成就的。今日社會變遷加速，21 世紀進入「知識經濟時代」，Thurow（2001）提出：「在 21 世紀，如果不做知識創新、科技與資訊整合、科技創新、顧客取向及全球化布局，是很難在國際化、全球化的時代有競爭力的。」因此為因應社會快速的變遷，在個人的生涯發展、企業的競爭力、學校的發展優勢、國家長遠發展等，均需做有系統的發展計畫；在行政運作方面，需要有周密的計畫，作為執行的依據，若無計畫則難以進行團隊組織、整合資源、提出策略，及進行績效評估。訂定計畫之首要工作，在擬定「組織目標」，組織目標將成為計畫的指導方針。

　　以下是幾位中外學者對計畫所界定之意義：Roethlisberger（1979）提出：「計畫是事先決定要做什麼，以及如何進行的藍本，它包含選定目標、制定策略、發展方案與執行程序，藉以達成目標。」

　　Dunham（1989）提出：「計畫乃是建立目標和發展達成目標的方法之歷程。」

　　行政院研考會（1986）將計畫的內容界定為：「計畫是建立特定目標，或解決某項特定問題，經由理性的分析思考，考慮其因果及未來成

效的預測，去發展因應未來的具體行動策略，包含明確的工作項目，實施步驟及時間安排，能具體明確化才稱爲計畫。」

林文達（1980）認爲：「計畫是達成既定目標的行動策略，此種策略是以目標導向，運用規劃的技術及發展的方法去發展行動方案，以達成目標。」因此計畫可以說，包括認定「政策的決定」，以及達成「政策目標」的連續性歷程。

謝文全（1999）認爲，計畫應包含愼思，即採用理性及科學化方法計畫過程包含：1.「參與性」：讓人有參與計畫之發展，才容易建立共識，才能使計畫有效實施；2.計畫內容具有「發展性」，預備方案以因應社會變遷之需；3.計畫「書面化」有助於宣導溝通，有助於評鑑、成效評估。

黃昆輝（1987）認爲，教育計畫旨在爲教育發展提出一套決定，爲未來教育的實施做好準備。因此計畫也是決定行爲的一部分。教育計畫的特性是科學性、系統性及繼續性的過程。包含發展目標、教育現況、教育發展策略、教育經費籌措、實施步驟及效益評價等。

第三節
計畫的特性

計畫是個人生涯發展、學校發展、增進企業競爭力、提高國家競爭力的重要行爲，計畫提供個人與團體一個指導性目標、發展策略、實施步驟及效益評估等，因此計畫的特性包含下列：

一、目標性

每一個個人需要有方向感、目標、意義性、價值判斷，有些人追求

名利，有些人追求健康快樂，有些人追求平安，這是個人的人生方向，也是一種生活目標、個人生命的價值，以及安身立命的基礎。一個學校需要有目標的指引，需要行政的效率，需要實現一種教育信念，如「以學生為中心，以教學為先，重視資源分享，重視企業經營效率、注重學習型組織、重視知識的創新」，如圖 5-1 即說明了「核心價值」、「目標」引導計畫與教學的方向。這些學校的發展目標，即是辦學的目標及師生共同努力的方向，以提升學校的辦學品質。

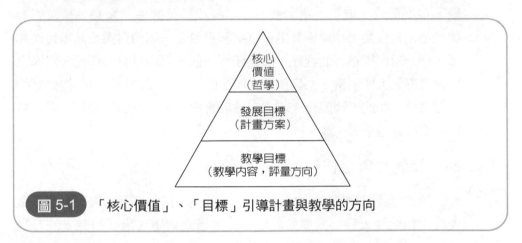

圖 5-1　「核心價值」、「目標」引導計畫與教學的方向

二、未來性

　　計畫是勾勒未來目標發展的藍圖，及達成目標的發展策略，計畫的特性是有「潛能發展取向」、「預防取向」、「問題解決取向」。例如個人的「生涯計畫」，自己可以：1.**依據「生理潛能」**：跑步、耐力、體力去做生命力的考驗及生涯的規劃；2.**依據「認知能力、學習能力、興趣、性向」**：發展自己的學術、行政、事業、工作專長；3.**根據「休閒、專業興趣」**：從休閒生活中建立人際關係，培養社會人脈，發展健康的身心。從個人的「生涯發展計畫」來看，全都是在認識自己，了解自己潛能，並在實現未來的夢想。在企業、教育、國家政策上，領導者

需要考慮自己的人力、資源對國家、教育與企業發展的幫助。如果領導者缺乏專業、經驗、熱忱、資源及缺乏時間投入，則一切計畫將不可行。

三、程序性

計畫的內容必然包含一連串的執行步驟，如人員組織、計畫分工、執行時間、所需經費、效益評估等。在計畫的過程需要「科學化、理性化、合作化」的思維下，提出一套簡單有效的執行步驟。譬如學校的校慶，為展示教學成果、運動成果、才藝成果及師生、家長、校友的參與，必須有一套工作準備計畫，這項計畫包含一個總目標及分項目標和每一個分項目標進行的程序，因此任何一個計畫均具有程序性。以國家培育國際級人才為例，必須要培育優良的師資、完善的教材，提供好的學習環境，如此，國際化人才才容易培育成功，國家的國際化，更可幫助政府提升競爭力。

四、整體性與合作性

計畫有共同的目標、功能、利益、效益，這一個計畫需要一群專業人員、相關性人員共同參與擬定，在動員之刻應考慮「智慧上的互補性」、「行動上的支援性」、「推動時的支持性」，計畫的訂定需要整體性、發展性、階段性考量。因此計畫必須兼具合作性、支援性、支持性及整體性考慮等特性。

五、抉擇性與績效性

周全的發展計畫應包含有相關的腹案，任何一個計畫均難保萬無一失，可能因為政治、經濟、社會、人為、天災因素而影響其方案的執行，因而未來的個人生涯、學校發展、企業競爭、國家發展等都將面臨許多變數及抉擇。當然，好的國家發展策略如果以政治人物的利益為先、政黨利益為考慮，可能會毀了國家的發展生機。Simon（1950）曾提出「理性的抉擇理論」可以幫助決策者做好抉擇。計畫的內容必須包

含「績效的評估」，如此計畫才有預期效益目標，可以作為評鑑的依據，整個計畫才不會空洞。任何計畫之執行必須要有階段性，譬如一年做一次自行評鑑檢討，以確定計畫執行的效果，並提出缺失如何改進。

綜合言之，計畫之特質及特性包含：

1. **內容的思考**：由一群組織成員共同參與的發展藍圖。

2. **整合時間與利益的思考**：近程利益、互相利益、遠程利益、大眾利益、機構特色與競爭力。

3. **平衡性思考**：Kaplan 提出財務、顧客、組織、學習成長的綜效策略，使計畫思維增加為「四個層面」與「多元價值」之思考。

4. **歷程性之思考**：計畫、組織、資源、決策、績效評估等五種特質為計畫的基本要素。

5. **計畫之特性**：包含目標性、未來性、程序性、整體性、抉擇性及績效等等。

第四節
計畫的原則

計畫應用的範圍可包含個人、學校、機構、企業及國家建設層面，以學校行政計畫為例，在於確定學校發展的目標，選擇合理的方案，並能整合人力、物力及各項資源以達成學校發展的目標。因此在擬訂計畫時，必須講究計畫原則，以期能夠合理運用，並有效的達成學校目標。一個完善的計畫應注意下列原則（鄭彩鳳，1999；鄭照順，2005b）：

一、在目標的選擇方面

㈠計畫依據哲學目的訂定

哲學是一種價值意義、理想的追尋方向，教育需要哲學的導引，譬

如從「文化教育學」的觀點，展現對人類文化材、藝術材、精神科學、教育愛的重視；從「實驗主義教育」的觀點，注重教育即生活，教育即科學的實驗室、教育即不斷改造的歷程；從「人本主義的哲學」的觀點，尊重人性的尊嚴與價值，注重人的知性、情性與創造力。教育的目標、信念是一個學校引導的方向，譬如以學生為中心、教學為第一、資源共享、企業化經營、學習組織、全球化布局、品質管理等策略，均是一種教育哲學的選擇。

㈡計畫依據教育價值、企業價值去抉擇

學校教育的發展千頭萬緒，有教學、行政、美化環境、生活教育、藝術教育、職業陶冶、特殊學生才能的培育、學習的診斷、親職教育、科學教育、音樂教育、國際文化交流等。學校的校長、行政人員、教師、家長需共同研商學校教育的重點發展方向：有些學校強調「升學率」，有些學校重視「生活教育」，有些學校發展各項才藝，有些學校重視特殊學生充實課程的實驗。個人生涯目標也是多元的，有些人追求名利雙收，有些人追求健康與快樂，有些人追求平平安安，有些人追求要有老本、老健、老友、老趣的圓滿人生。企業經營或企業創造者，必須要有值得終身努力的目標，例如松下企業以「造福婦女能過著幸福的生活」為目標，豐田汽車以「帶給行者最優質的服務」為目標。

二、在研究方法的選擇方面

㈠選用社會科學研究方法

社會科學的研究方法包含問卷、觀察、訪問、調查、個案研究、診斷等方法，從研究的結果，去找出具體的解決方法，並提出建議及處方。這些可行的方案，可以列入一個學校的發展計畫之根據或緣由。以青少年生活壓力之研究為例，找出青少年因應壓力的方法，如得到家庭、學校的支持可以減少其身心的傷害，因此計畫的內容應包含預防方

法，結合腦神經科學的研究，使教育方法更多元、更能有效的培育學生的多元潛能。

㈡選用自然科學的研究方法及研究成果

宗教哲學為人詬病之處在於缺乏實證根據。如果神能自保，那地震發生地的廟宇不可能有損害；然而台灣 1999 年 9 月 21 日集集大地震，就有三百多間廟宇被震毀，人員死亡三千多人；但宗教的價值，在於能安定人心，幫助人們找到心靈的寄託，及接受人的傾訴、祈禱與懺悔。自然科學的方法，是其具有實驗的證據，也可以反覆的操作，譬如天文、海洋科學的研究，幫助人類找到地球的定位，使航空、航海者不致迷失了方向，並且使人了解四季氣候的變化，能適時的工作與耕種。教育計畫應兼顧科學方法與人文教育的方法來建立人才的培育計畫，如物理科學、化學、天文、生物、健康教育、體育、環境保育等均採用了自然科學的方法。自然科學在培養理性的判斷；但人性教育又需要人文的教育內容才使人具有人文氣息，如音樂、藝術、文學，亦可列入教育計畫的內涵。

㈢研究方法應具備周延性

教育計畫的方法必須周延，須根據各種調查、觀察、訪問的結果，做出客觀的分析，使能全盤兼顧，切不可憑主觀的印象而閉門造車。因此，做計畫之前需要周延的蒐集資料，進行資料之分析判斷，能把「社會科學研究成果」加上「自然科學研究的成果」加以統整，提出可行的計畫方案。

三、在參與及溝通方式的選擇方面

㈠民主參與原則

以學校計畫的性質而言，是一種團體性的計畫，團體性的計畫需要

考慮教師、家長、行政人員、政策發展動向、學生的學習效果等，因為關係學校整體未來發展及整體大眾的責任，所以計畫的訂定需要各方代表的參與以集思廣益。如能藉由會議、研究小組、公聽會等方式使人充分了解，藉以認同及支持，可以滿足個人的心理需求、尊重感，促進組織成員的和諧，也可促進組織的進步；其他抉擇方式，可採用專家計畫、代表性的策略計畫，或民主專業判斷計畫等參與模式。

㈡雙向溝通原則

計畫的制定階段或執行過程，如能適當的溝通與宣導，是促進計畫有效實施的策略。經由雙向溝通，可以化解歧見，宣導可促進群體對整個計畫的了解、支持及達成一致性的行動。宣導溝通的方式很多，有正式的會議、報導及非正式組織的溝通。

㈢溝通障礙化解原則

計畫的執行有時會傷害部分人的傳統與既得利益，如果不能適切的溝通化解，可能會帶來組織計畫的阻力。蔡培村（2001）提出計畫的執行衝突處理有四種模式：1.**我輸你贏模式**：資源只有一個，當資源再分配時，可能帶來一些受損，造成我輸你贏，此為爭奪的結果；2.**我贏你輸模式**：當一方努力學習對方的智慧時，積極的努力可以贏得新的主導權或產品優勢；3.**雙輸局面**：雙方互不相讓，可能造成互相傷害、兩敗俱傷之結果；4.**雙贏模式**：計畫的執行有阻礙的發生是難免，若能找出共同的理想、共同的利益、共同的興趣，互相謙讓、達成互助合作，則可達成雙贏的局面。鄭照順（2005a），提出「面子與裡子溝通模式」，當比賽只有一個獎時，得獎的樂意把成果與大家分享，就是面子與裡子的共享溝通模式。

四、內容兼顧邏輯性、創意性、彈性方面

㈠一貫性與一致性

　　學校依其條件、師生家長的特質所做之整體發展規劃，並依據其歷史傳統特色，再去研究及提出長期的人才培育計畫。在近程、中程及長程發展計畫上，必須呈現一貫的歷史性、發展性、整合性。任何一位校長，如中斷了學校發展一貫性，就是歷史上的缺憾，在學校執行一項發展計畫或教學成果展，各處室必須展現其一致的步調，才能表現出積極與進步。人員的專業需要尊重，有益的意見需要採納，千萬不能獨裁，有功勞要把榮耀歸功於大家。

㈡具體性與可行性

　　領導者如果有許多想法要部屬去猜測，或者因人設事，待遇不同，指揮不按程序，必然會遭到部屬的反感。因此研提計畫、指示、範例，均要明確有具體的文字紀錄、書面作業，並且需考慮人力、物力、時間、經驗、環境、時機的恰當性，提出具體可行的方案，並追蹤執行成效。領導者、參與計畫者如果沒有專業的知識與經驗，往往會隨波逐流，缺乏遠見，缺乏判斷力，無法提供學理依據、具體方法、發展策略，因此其計畫的可行性就值得懷疑，其執行的後果更難以預測。

㈢前瞻性與創新性

　　學校行政發展計畫人員需要有長遠的眼光、理想與洞見。不能頭痛醫頭，把發燒都視為感冒；要能洞察事件的因果關係，深切去探討學校長遠發展的基礎，是應該建立在師資素質、學校設備環境、人際關係、升學率、才藝教育、特殊教育、生活教育等方面。一方面做好現況的工作，一方面為長遠發展做計畫。任何工作均可以創新思考方法去獲取更高的趣味，創新其價值與意義，創新教育的價值。好的需傳承，不好的

需要更新，今日的教育改革者往往「為改革而改革」，實際上就失去了教育的意義。

㈣彈性與變通原則

學校教育的設立是今日兒童必須走的道路，但有些人不適合到學校受教育，是否有替代方案？若學生不適應學校的課程與課表，是否有替代方案？學校幾乎把「逃學的學生」以違反校規處理，而不去探索其背景因素是什麼，可能是課業問題、交友問題、身體問題、情緒問題等。2002 年 4 月 26 日，德國被學校開除的 19 歲學生，持槍殺死 14 位老師、兩名女學生及一名女警，起因於這名學生被學校退學之後，校方未給予適當的輔導及彈性的變通方案，在情緒無處發洩之後，返回學校找老師出氣（〈德國高中校園〉，2002）。因為學校隨時可能遭遇突如其來的社會事件、文化衝擊、學生意外事件、經濟不景氣、政治事件，學校的任何計畫應具備完善的「心理輔導措施」，「彈性的因應方式」給予特殊的學生申訴管道，提供「變通的方案」，使計畫能具備機動性、彈性及變通性。此外，計畫之執行是一項動態歷程，當計畫逐一付諸實施時，應做階段的檢討、修正及改進。

第五節
訂定計畫的方法

計畫的訂定應做「背景分析」、「問題了解」，找出合適的目標，建立有效的組織，提出執行的步驟，評估預期的效益等。吳清山（2000）、鄭照順（2005a）等提出：

一、訂定計畫的步驟

㈠問題背景分析

1. 描述當前機構的特性。
2. 對學校當前遭遇的問題，做出系統的說明。
3. 提出學校未來的需求，提出優先順序說明。

㈡確定發展目標

1. 目標即是機構努力的目的。
2. 標的是由「目標」轉化成「具體」可操作的實體。
3. 目標需有教育價值，並值得大家追尋。
4. 目標是組織成員的共識。

㈢尋求計畫人員組織與經費資源

1. 計畫的內容，不能缺乏人員組織及專業的分工。
2. 計畫的內容，也不能缺乏經費的支援。

㈣設定計畫評估的準則

1. 計畫是否可以幫助問題的解決。
2. 計畫是否具體可行。
3. 計畫是否周延。
4. 計畫是否有人力、物力、社會資源配合。

㈤蒐集資料

1. 蒐集上級、教育政策、首長的意圖。
2. 整理家長、學生、教師的期望。

(六)研擬各種可行方案

　　1. 應用小組討論、創意思考。
　　2. 應用腦力激盪法、公聽會等。

(七)選擇最佳方案與備案

　　1. 每一計畫能夠實現目標的程度，使用的人力、物力、時間之效用與效率程度。
　　2. 在情境變化時，如政策轉變、資源不足、時機不佳之時的備選方案。

二、訂定計畫的原則與作業方式

(一)參與計畫的人員方面

　　1. 邀請相關受影響人員參加。
　　2. 邀請專家參與指導。

(二)計畫的組織與考察評量方面

　　1. 計畫是一種人力的整合與分配。
　　2. 計畫如無時效管制，即無效率可言。
　　3. 計畫也需要諮詢單位的指導。

(三)計畫的設計方法

　　1. 可邀請專家、學者等有經驗者提供成功的案例。
　　2. 亦可以集思廣益自己創作。

(四)計畫的作為

　　1. 可採取「由下而上」的作業方式。

2. 亦可採取「由上而下」的作業方式。

㈤計畫的作業方式

1. **直線式的計畫**：依照社區、社會、教育、政治、經濟穩定的發展情況，來計畫招生、入學、課程設計、聘請師資、辦理獎勵等。

2. **變動式的計畫**：社會、政治、經濟、政策不明確、不穩定，各項計畫均保留彈性，保持機動性，以因應外界的需求。

3. **階段式計畫**：計畫有近、中、長程計畫，每一階段計畫有不同的發展特性，但計畫是延續性的。

4. **滾動式（回饋式）計畫**：每一年的新計畫，均需修正過去的缺失，訂定新發展計畫，並克服新的困境，朝向總體目標前進。

第六節
做決策的需要

一、社會變遷需要策略因應

由於社會變遷加速，在政治方面，如同物換星移般，不同朝代，不同政策，人民在心理調適尚未完成之際，可能不斷「有新的政策」實施。譬如 1990 年東、西德完成和平統一；1991 年蘇聯分成 15 個獨立國協；2000 年台灣完成第一次政黨輪替執政，台灣人民的傳統認知價值觀，也受到新人新政的衝擊，需要一段時間的調適。在資訊科技方面，2000 年正式步入「知識經濟時代」，知識經濟的重要特徵包含：「知識的創新」、「資訊科技的應用」、「科技的創新」、「顧客取向管理」、「全球化布局」等五項特徵，由於科技不斷創新，如果不做長期的策略規劃與專業決策，將很難生存及發展。在教育的改革浪潮中，教

育改革派不斷更新制度、課程及用人制度，台灣從 1995 到 2005 年間，實施教育改革政策以來，已充分翻修了舊有的教育制度，提出的教育改革項目包含：「大學多元入學方案」、「基本學力測驗」、「中小學校長遴選」、「九年一貫課程」、「教師評鑑」、「校務評鑑」、「學校自主」、「成立教師會、教評會、家長會參與校務決策」、「多元師資培育」、「小學資訊教育、英語教學列入必修」、「國中授課時間由 50 分減為 45 分」、「師資培育中小學合流」等，這些教育的革命性變革，是來自專家決策、少數教育人士的決策，或受到政治意識型態的影響，值得進一步深入研究「教育決策的合理性」，及其「深遠的影響」。

二、生涯抉擇難以預測與決策

每個人在生涯發展歷程中，每天、每月、每年都可能需要面對生命發展的意義，對生命的價值、生命的未來，做出優質的決定。譬如在生活起居方面，決定幾時入睡、幾時起床；上街決定採購何種食物日用品；上學決定念哪一類科系、哪一間學校；結婚對象決定選擇哪一類型為終身伴侶；生涯中工作抉擇，想從事哪一行的工作等。Gellat（1990）提出「生涯抉擇」的方向有以下幾種：

1. **可預測性的抉擇**：選擇一種工作可預測其能穩定溫飽的。

2. **有意義的抉擇**：選擇一種個人認為的意義，符合個人理想、生命意義的工作。

3. **有價值的抉擇**：每一個人認同價值觀不同，有些認為金錢第一，有些認為藝術創作為先，有些認為自由空間較重要等。

4. **具有綜合性的抉擇**：根據上述三種的綜合性去做個人的生涯抉擇等。

5. **優質的抉擇**：例如以好的嗜好取代不好的嗜好，結交好友，遠離有害之友。

6. **在決定策略上**：又可分為「能力與專業的預期表現」、「安全性的保障考慮」、「最壞的打算結果」等。如果「決策難以預期」，最好

符合個人能力、次好符合安全性、最壞一無所有，但皆可學得經驗，要有心理準備，許多社會變遷因素、權力結構的改變，都使計畫之進行難以預期。

第七節

決策的意義與性質

一、決策的意義

決策（decision making）的意義，包含：

1. **個人對生活目標、生涯發展的選擇**：在做生涯發展與工作抉擇時，即是一種決策行為。這些決策行為包含對自我的了解，即個人興趣、能力、專長、性向、價值取向、意義取向，以及外在動態的社會資訊等，而採取一種較合宜的、切合自己自身意義、利益、價值、潛能發展的目標性、行動性、方法性的選擇。

2. **團體或組織為實現其組織目標、解決問題、提升工作效率與品質，而提出目標、方法、行動性的選擇**：以班級經營為例，導師為提升讀書風氣，必須提出有效的策略，選擇目標、選擇策略而付出行動。學校的經營，校長擬定校務發展目標及解決校務問題，共同研商解決策略，發展可行方案而做出最佳的選擇。

3. **最佳決策可能具有預測性、效用性、專業性的價值目的**：近年「決策支援系統」（decision support system）、「專家系統」（expert system）、「人工智慧」（artificial intelligence）等資訊系統受到重視，也說明有充分的研究資訊、足夠的專業知識、豐富的實務經驗及對社會發展趨勢有充分了解，才能做出較佳的決策。更重要的國家決策、團體決策及個人決策，均會影響未來的發展後果，是故決策的行為不可不慎。

二、學校決策的特性

學校行政決定乃是學校行政人員或教師，爲了達成教育目標及解決教育問題，依其權責而提出解決方法及行動方案，所做最佳選擇的歷程。

㈠學校行政決策的本質

針對學校目標、教育問題提出若干方案，而做出最佳的選擇。

㈡學校行政決定的目的

在於解決教育實際問題、達成教育目標，或落實教育政策。

㈢學校行政決定的方法

包含專業決定、實務經驗的決定、小組研究的決定、全體成員參與的決定、投票決定、代表審查決定、考試決定、綜合性的決定，或等待時機成熟再決定。

三、個人生涯決策的特性

個人在求學生涯、工作選擇均需面對個人志趣、工作待遇、工作潛力發展、社會需求等因素，做出一些決定，這些決定一方面在幫助個人潛能發展，一方面也在爲社會做出貢獻，把個人需求與社會需求相結合，是一種最佳的「個人決定活動」。

㈠個人生涯發展決定的本質

對個人興趣、性向、專長、能力的了解，進行職業生涯決定時，如能把「專長、興趣與工作」相結合是一種較佳的選擇；但也有人依其「意義取向」、「價值取向」、「成功機率」、「後果效益」、「潛在發展機會」作爲決定的依據。因此，個人生涯決定的性質有：

1. **獨特性**：依個人價值取向。
2. **社會性**：有時需配合社會發展需求去選擇科系。
3. **綜合性**：依其結果性、期望性來推論現在應該走什麼路。

㈡個人生涯發展決定的目的

　　個人生涯目的就比團體、機構來得複雜，有的人熱中政治，有人熱中經濟、文化、藝術、宗教、教育等。但個人目標有層次性，例如：1.造福人類；2.謀個人名利雙收；3.追求健康快樂；4.追求平平安安；5.追求生活的溫飽等。依照這些目標，個人可以依據決定的方法、策略來幫助實現。

㈢個人生涯發展決定的方法

　　包括專家協助提供意見、個人蒐集資料分析、請教長輩或有經驗的人、小組研究提供意見、個人的體驗決定等。

四、決策的主要特性

　　從團體組織決定或個人決定的意義，進一步對決定的性質做分析，可以包含下列特性（吳清基，2001；廖春文，1995；鄭照順，2003a）：

㈠整合性

　　學校行政、教育行政組織均有其傳統的組織結構、任務及法令依據，進行重要決策尤其需要具有學理性、法令性及資訊系統和效益評估。個人生涯發展的策略，也有其階段性任務，以及包含個人專長、個人興趣、個人志向、工作激勵與保健因素，這也形成個人生涯決定需有意義性、價值性、整合性。

㈡時機性

　　每一次的政治體制輪替，均會有不同的政治目標、政治訴求，因為

這代表勝選者背後支持者的心聲，也代表領導人的專業信念，這些執政黨員的信念，就會形成一個施政理念及風格。學校教育政策必然會受到當朝信念的影響，外在經濟的興隆與蕭條，也會影響教育事業的發展，學校行政決策層面，需把教育政策、經濟條件列入決策的重要依據，才能順利推動校務行政。

㈢參與性

凡是組織性的決定常會影響組織內外許多人的權利與義務，而所做的決定又需要透過組織成員通力合作，才能達成預定的目標。經由成員的參與，可以化解成員的抗拒心理，並提升士氣。

㈣預測性

個人生涯決定或是組織的決策，均需要進行「預期效益」的評估，這些預期的效益必須以個體潛能及團體成長潛力的發展為依歸，何種人物來做參與預測性的評估呢？首先應找專業的人員參與，其次找有實務經驗者共同加入討論，才能避開風險及準確性的預測。預測性可以採用「科學推測」、「經濟效益推測」、「社會趨勢推測」、「綜合價值性推測」等，才能使生活計畫、組織計畫隨時有發展之路。

㈤抉擇性

個人生涯發展途徑，可依照自己的興趣、性向、能力、專長、意義取向、價值取向、人生哲學等方向去做決定，在許多機會中，如「好的待遇」、「安定性」、「冒險性」，每人可依其個人價值觀來做決定，因此可見決定行為具有「個人價值判斷」的作用。在組織的決定方面，因為組織份子極為複雜，每一個人有其「價值觀」、「專業背景」、「組織需求」，因此要取得一致性的抉擇並不太容易。因此在做決定前，應先討論一些抉擇的原則、標準或價值規範，在許多可行的方案中做出最多項益處的抉擇。在選用人才的抉擇方面，也是朝向對知識目標

的達成最有幫助的人才為優先考慮。抉擇性需要「價值標準化、具體化」、「切合組織目標需求」、「切合個人需求」等科學評量，才能對個人生涯或組織發展做出最佳的抉擇。

㈥適應性

進化論學者達爾文說：「物競天擇，適者生存。」宇宙或地球萬物能夠生存下來的，不是最孔武有力的恐龍，也不是最聰明者，而是最有適應力、最有忍耐力、最能因應社會變遷的物種。因此，個人生涯決定、組織的決定，需要因應社會動能的訊息，對社會變遷的困境做出「最佳的調適策略」，才能保證在社會變遷、困境出現時不被淘汰。決定時需要考慮「個體與組織」面對未來挑戰的適應力之準備，因此做個人決定或組織決策，需要加入因應社會變遷的「適應性」考慮，因應困境的「心理準備」等決定，所以決定行為包含了「適應性」才能更周全。

第八節
決策的理論基礎

決策應用的範圍極為廣泛，也極為實用，但也有其學理依據，才使決策由「普通知能」提升為「專業技術」的層面。

一、決策應用的層面與追求目標

決策應用層面	決策的目標、功能及內容
(一)個人生活目標與生活方式	1.名利雙收：力爭上游、專業成就、人際合作。 2.健康快樂：健康管理、休閒管理、幽默哲學。 3.平平安安：危機管理、清心寡欲、自然哲學。
(二)教育組織與發展	1.提高行政效率：效率管理、人員訓練、績效管理。 2.提高教育品質：師資培育、激勵士氣、經驗分享。 3.危機之因應：危機管理、因應之決策、儲備資源。 4.綜合策略：重視效率、品質、品牌、形象、特色、個別化附加價值等。
(三)企業追求生存與提高競爭力	1.高生產力：高素質、高效率、高關懷、組織文化。 2.知識經濟：知識管理與運用、知識創新、資訊科技應用、科技創新、顧客取向、全球化布局。 3.提升競爭優勢：品質、形象、創新、顧客資本、效率化、親切化、時間改變、主動行銷、獎勵、附加價值等。
(四)生涯的發展與規劃	1.發現自己的生理、心理、多元智能、EQ、創造力、興趣等。 2.由專業能力與興趣去做生活的抉擇。 3.增加個人生涯潛能的方法：有「自我超越」、「心智改變」、「小組合作」、「合作學習」、「終身學習，意志鍛鍊」、「增加記憶能力」、「增加 EQ 能力」、「品格學習」、「學習幽默」等決策策略。 4.生涯抉擇模式：有預測模式、意義模式、價值模式、綜合模式。 5.決策模式：包含能力、志趣、實現機會、成功機率、最壞的打算等策略。
(五)社團活動計畫模式	包含下列：1.活動名稱；2.活動的目標；3.活動內容；4.參加的人數；5.活動的組織；6.活動的時間、地點；7.經費來源；8.活動日程表，包含各組負責人；9.預期效益；10.成果報告與成果檢討。

二、決策判斷需要學理依據

好的決策可能對個人產生正向積極的影響，好的決策也為一個團體、一個組織、一個國家帶來新的希望、新的發展潛力。決策是科學的、心理的、經濟的、哲學價值的抉擇，也是管理科學、資訊科技、知識經濟時代最重要的思考、行動的起點。茲就其可能牽涉的學理基礎，陳述如下（參見表 5-1）：

表 5-1 決策的學理基礎

決策的學理基礎	影響決策判斷的主要概念
㈠管理學	1.產品品質；2.過程績效；3.科技的應用；4.領導方式；5.人際關係；6.人力素質；7.制度化；8.表格化；9.預測性；10.人力資本；11.資訊資本；12.組織資本；13.學習創新；14.持續改善；15.道德與品格。
㈡經濟學	1.效益分析；2.生產力；3.機會成本；4.績效責任；5.預期效益。
㈢心理學	1.人性化；2.同理心；3.潛能發展；4.多元智能；5.優質學習環境；6.創造力培育；7.心理環境。
㈣社會學	1.次文化特性；2.多元文化；3.多元價值；4.整合家庭、學校、社會之教育效果；5.社會衝突平衡點；6.危機的因應方法；7.社會文化引導；8.社會流動分析。
㈤哲學	1. 價值的抉擇；2.意義的選擇；3.各項思潮影響教育理論；4.價值性、意義性的賦予；5.知識經濟、知識創新、顧客資本等的影響。
㈥政治學	1.公共服務形象；2.主動服務熱忱；3.取得政權；4.贏得民心；5.國家經營與發展；6.厚植國力與競爭力；7.改造社會以私利為取向，則社會沉淪；8.改造社會以厚植國力，則社會繁榮；9.重用專才、文化與品格提升，使國力向上提升。
㈦知識經濟趨勢	1.資訊資本；2.人才資本；3.顧客資本；4.知識管理；5.決策知庫；6.知識創新；7.科技創新；8.組織資本。

㈠管理學

追求效益與品質均是提升企業、教育事業競爭力的途徑。「教育品質」的提升，可以使「人才品質」直接提升。產業界提升品質的方法，從降低成本改善設備、提升工作效率、增進學習團隊、績效責任，到提升服務形象，以及提升競爭力與永續發展。「教育事業品質」的提升，在於師資素質的提升、工作智慧的分享、教學的創新研究、建立優良的班風與校風，以形成「學校的特質、品牌、形象與品味」，可以取代傳統華麗的校舍、設備管理的不善、經費的訴求。只要能有效把握管理學的精華，一樣可以提升教育決策的品質與成效。

㈡經濟學

經濟學中最重視「邊際效益」、「附加價值」、「自創品牌」、「建立行銷管道」、「學習與顧客談戀愛——關懷」、「危機的因應——品質、財務、市場、管理、個人學習力」、「建立完善制度」、「顧客管理」、「學習型組織」、「網路行銷」、「國際競爭實力——維持核心能力」、「富彈性——具備變革能力」、「整合優勢、掌握機會、改善弱點、化解威脅」等。經濟學最新發展趨勢，逐漸與管理學相結合，但基本的重要概念包含：

1. **成本效益分析**（cost-benefit analysis）：每一種投資均希望獲得好的收益報酬，此目的在預測投資報酬。

2. **投入與產出「生產效率化」的重視**：投入較多的教育經費是否會有更多的「教育生產力」（productivity），在了解投入要素與產生水準之間的比值。吳清基（1990）指出，教育人員多用一點心思，多講究一點技巧，則產生的效果一定獲得改善。

3. **教育機會成本**（educational opportunity cost）：這個基本觀念強調，任何一個教育機會的獲得，必須付出適度的成本代價，要獲得一邊的好處，必須犧牲另一方面的好處，要追求高品質的教育產生，也要付出相當的代價。

4. **績效責任的重視**：教育品質的提升應從增加附加價值著手，做個「高附加價值」的人，則對社會貢獻多；決策選擇人才，以「附加價值高者」為優先。在行政歷程中，充分的授權更可提升「行政效率」，但需要與「績效責任」一併實施，從授權中去提升工作績效。

(三)心理學

領導者必須考慮到機構的競爭力，因此採用團體動力、團體學習、團體合作策略，而較難處理的是他人心裡的感受，他人是否願意誠心接受、誠心支持。人本心理學者指出「先敬重他人，才能得到他人的回敬」，因此：1.主動關懷；2.態度的真誠；3.同理心的感受；4.笑臉迎人等，是善意的開始，才能化解冷酷的科層文化。因此決定論亦需要考慮決策、溝通的心理氣氛。人本心理學者更重視「人的尊重」、「人的鼓勵」，使每一個人的潛能獲得充分實現；認知記憶的學者也指出有效的編序、儲存，並進入圖像記憶，有助於增進學習能力。總之，領導者不可輕忽「心理溝通氣氛的培養」、「人際感情的建立」，缺乏人際激勵與關懷的命令，往往不易發揮最高的領導效果。

(四)社會學

每一個群體均有其次文化特徵，主管常自嘆「秀才遇到兵」，代表你不了解他們的文化，「遇到兵就要講兵話」。家庭教育、學校教育、社會教育三位如果一體，社會才能更進步，但是有些學生家庭教育功能、經濟功能失調，學校教育如果輕忽「親職失調」，這一群失怙的青少年，就會更難以適應學校的生活，甚至自暴自棄。再者社會是一個大染缸，某些社會人士為謀利，會不擇手段的吸引青少年到不良場所，青少年是否具有「危機意識」、「引誘抗拒力」，這時刻學校與家庭扮演一個重要的角色。張春興教授指出：「唯有家庭教育密切與學校教育相配合」，學校成果才易顯現。社會的變遷呈現一些重要特徵，包括：1.**多元的文化價值**：決策者應重視多元文化的保存與尊重；2.**社會的有機**

與衝突：社會的衝突是一種社會的現象，但可減少發生，爲維護社會的有機連帶成果，任何毀滅性的行爲或言論應被禁止。決策者應找到彼此的「共識」、「互依生存」之焦點，才能使社會更蓬勃發展。台灣近六年來幾乎走向滅絕的道路，由於許多政治人物缺乏「道德與人品」，採取政治投機行爲，政客爲獲取政權，不惜開出行賄之政策，造成台灣近年國政衰敗，民不聊生的結果（高希均，2004）。

㈤哲學

哲學本身即是一種思考邏輯、思想分析、意義的詮釋、價值的澄清、價值的選擇、經驗的累積、智慧的精華、文化的材料，從古典柏拉圖、亞理斯多德的哲學法來看，哲學還包含方法學，即「演繹法」、「歸納法」、「設證法」、「經驗法」、「實驗法」、「精神實證法」等。台灣近年來因民主政治思潮澎湃，各政黨分立，各政治人才爲求表現，有語不驚人死不休的景象，紛紛提出一些害人害己的政策，致使民窮財盡，國力不振，社會失去發展的凝聚力。這些人邏輯上的自圓其說，唯有透過哲學分析才能明辨眞僞，因此哲學的價值在幫助決策者，做出「邏輯分析」、「價值意義的抉擇」、「文化精華的維護」、「人類永續生存」的思考，擔任決策者不能沒有哲學信念。最近發展的「幽默哲學」，可以幫助個人從悲傷、無望中看到希望、喜悅，即是一種「心智改變模式」。在失落的時刻去冥想一些快樂的事，可使人精神振作。偉大的決策者需要有幽默哲學、價值哲學、澄清哲學、文化哲學的素養。

㈥政治學

政治學的發展從集權政治、菁英政治，逐漸走向全民政治。政治學的本質在做國家組織整體的設計及發展，其目的不外乎國家的長治久安及增進人民的幸福生活爲依歸。台灣由於快速民主化之後，許多投機的政客從中挑撥人民之間的感情，也造成政局的不安。高希均（2004）對近年政治的觀察發現，當朝政治人物若以「光作秀，不做事」、「以黨

利重於全民利益」、「個人當選第一考慮的決策」，這個國家將會被瓦解。政治決策者應重視政治理想、幫助國富民強、重視人才整合，以提升國家競爭力等。1956 年劉眞接任台灣師範大學校長時，爲要專心辦學，於是他主動辭去立法委員之職務，以專業辦學，造福人民。我國政府中興時代，蔣經國先生於 1970 到 1978 年執政期間「勤政愛民，重用專業」而使社會繁榮與進步。歷史上的大政治家都會以人民生計及政治制度需建立用人專業化、經營長遠化、注重服務效率爲考慮，政府的好壞從經濟繁榮、就業機會、人才培育、用人專業等措施便可知其用心。

㈦知識經濟的趨勢

知識經濟的主要特徵爲：知識創新、資訊研究與服務結合、科技創新、顧客資本、人才資本、組織資本、策略聯盟，以及全球化等（Thurow, 2001）。微軟公司的成功，可以證明決策者不可閉門造車，必須走在資訊的前端，獲得知識創新的成果，善用資訊科技去服務人員，又懂得改善人際關係，利用正確態度方法結合啓發支持的力量，才能做出最好的服務。知識經濟的時代將會帶給機構或組織一些重大的變革，很多公文執行網路化、E-mail 化，可以提升工作效率及工作品質。網路革命將有可能把「辦公室」移向「家庭化」，辦公方式也由固定的辦公時間轉而爲提供全天候的收件與服務。

第九節
決策理論分析

決策理論的發展，有利於對決策的科學歷程、決策的應用方式、決策優勢機會評估、決策類型及方式等有較清楚的認識，以利於參與決策，或作爲培養決策技巧之參考。

一、Simon 的決策論

㈠蒐集情報活動

在調查影響決策的各種因素，如個人能力因素、組織需求因素、環境需求因素、社會變遷因素、政治因素，以統合其有力的變素，增加決策的效能。

㈡設計活動

利用蒐集的資訊，而歸納出許多不同的解決問題策略，譬如考選人才，可依照組織的未來發展，提出一些用人的方案，也可提出一些預備方案，有了目標與發展方案，或可做整體的設計，包含人力、設備、資源之投入與抉擇。

㈢選擇活動

依據設計的策略，比較各種策略的優缺點，做出價值性的判斷，以幫助組織的進步與發展，此刻可預測各種方案的可能結果，而做出最佳的決策。

二、Hoy 與 Miskel 的決策環理論

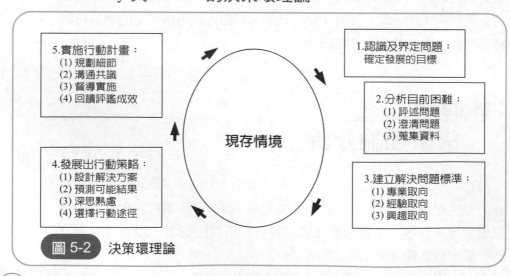

圖 5-2 決策環理論

三、應用性決策的類型

吳清山（2004）、鄭照順（2003a）等將決策的應用類型提出下列四種方式，一個機構應可以依其專業性、權責性機構決策，以提升決策的效率。

(一)例行性決策

生活中的個人生活起居屬於個人自主權範圍，應授權自行決定。組織中如涉及申請表、一般性問題的解答，均可充分授權承辦人決定，或直接上網告知，以節省決策的時間。知識管理的「網路解答」、「網路輔導」，均是單位增加服務效率的決策行為。

(二)專業性的決定

在專業人員中包含醫師、會計師、工程師、律師、輔導教師、校長、主任等，專業人員的專業知識與經驗由於別人很難取代，所以遭遇專業性的問題需由專業人員決定，才能實際解決問題。教師、學生遭遇問題，可以由專業人員研究後再做決策。

(三)調整性、變革性、創新的決策

機構或個人在面對社會的變遷，包含科技、政治、法令、經濟、國外組織等社會動因的加入，使得個人生涯規劃、組織發展必須做出調整，或採取變革、創新的策略，以因應新的衝擊。此刻的決策方式可能會設計許多方案去面對。

1. **穩定經濟支出方案**：個人常會偏好公家單位的工作；組織也有節省開支、減少用人的做法，以適應經濟的蕭條。

2. **政局穩定方案**：機構人事調整過大，又缺乏專業時，容易造成局勢的不穩定，新手大都會安排當副手，以副手角色去學習新的角色。

3. **創新的決策**：包含領導者的風格、價值觀，希望帶給組織新的活力與生機，創新的決策需經過多次溝通，比較能夠產生共識，在推行新

的決策時，實施阻力也較小。

㈣策略性的決策

策略性的決策可採用長遠預測模式、統合模式、價值取向模式等方式，由於是屬於策略性，是故解釋較費周章，依照決策者的智慧、經驗，加上同好的人士，才能形成長遠競爭策略，因此任用首長需要具有專業能力、經驗及權力，才能發展出策略性決策。此為決策行為的最高層次，即是一種洞見、未來觀的決策智慧，如何從資優生中去培養策略性的決策智慧，是領導才能培育課程應重視的課題。

四、制定決策歷程的內外因素分析

㈠個人社會期望法

由杜拉克（劉志遠譯，2005）提出，決策需要考慮社會期望，並能實現自我期望目標（如圖5-3）。

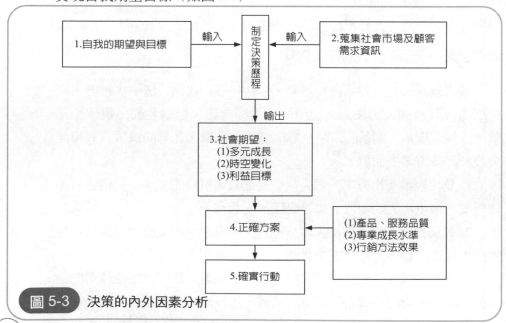

圖 5-3　決策的內外因素分析

㈡目標設定法

由杜拉克（劉志遠譯，2005）提出，決策需要先考慮追求目標，再尋找方案，並預測風險及預測成果（如圖 5-4）。

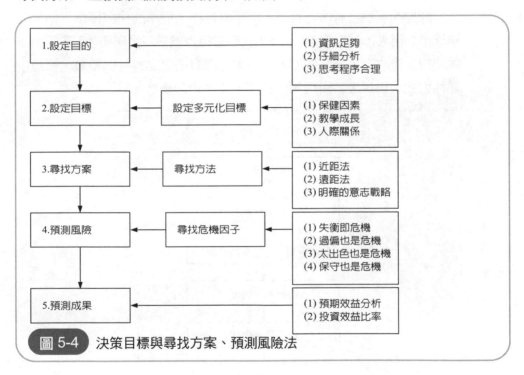

圖 5-4 決策目標與尋找方案、預測風險法

五、Estler 的四類決策

㈠參與式的決策（participatory decision making）

民主時代對於團體或組織的共同事務，為集思廣益、為謀共同的福祉、為建立組織的制度化，常採用參與式的決策。經由集體或小組長期的研究而產生共識，以能順利推動集體的行動或計畫方案，常用參與式決策。過去菁英時代的決策，常授權專家決策，今日民意高漲，欲有效

推動團體事務，達成集體共識，主管之想法常需要透過一階段的溝通，待時機成熟，才共同決策，較不會產生推動阻力。

㈡理性式的決策（rational decision making）

問題的解決已有法定程序，明確的目標，標準的抉擇標準，例如公務機構之用人：1.專長需符合；2.條件需符合機構用人所需；3.可經由筆試或口試來決定人選。例如，教師之排課有固定之科目與時數，需經由理性方式來排課，善用均衡性決策，才不會起衝突。

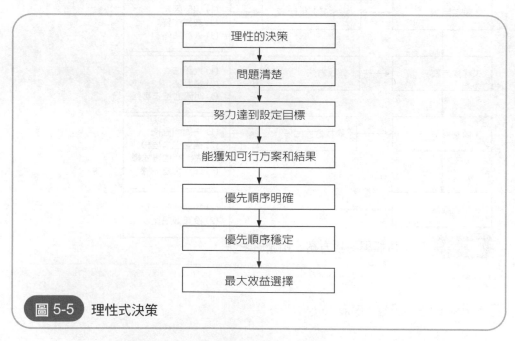

理性的決策

問題清楚

努力達到設定目標

能獲知可行方案和結果

優先順序明確

優先順序穩定

最大效益選擇

圖 5-5　理性式決策

㈢政治式的決策（political decision making）

政治性組織均有背後的利益團體和選票支持壓力，是故政治性的決策常採用協商方式、利益交換方式、表決方式、折衝方式等，所以決策大都是妥協的結果，雖不滿意但還可接受。因為黨派常以選票利益為考慮，不顧國家根本，這是政治決策常出現的危機。

㈣無政府式的決策（organized-anarchy decision making）

我國教育改革的結果，校長採用遴選制，使校長失去人事任用權、財政權，剩下的只是「有責無權」、「委曲求全」、「承擔風險」的學校領導代表人。此時期學校的行政人員約二到四年就撐不住，形成專業決策力的虛弱無助。不必負政策責任的人有人事決策權，此種組織體系亦造成無政府狀態，遇有緊急事故，難以發揮「策略性決策」的功能。無政府狀態也顯示一個機構缺乏辦事與應變的能力，更是缺乏「制度與準則」，許多問題解決決策，均是臨時拼湊的決策方式。常見到新政府的內閣改組，是臨時的拼湊，缺乏有效的培育領導人才之計畫，同樣的，高中校長之遴選委員，也是臨時拼湊而成的。

六、SWOT 決策模式

團體或組織在確立願景（vision）和任務目標（mission objective）之後，爲了組織的未來發展，在形成決策之際必須對學校所處的環境進行分析與評估，通常採用 SWOT 分析再進行決策，茲說明如下。

㈠優勢（strengths）分析

學校的優勢包含地區、教師素質、教師服務、熱忱的程度、學生的素質、家長的支持、社區的資源、學校的特色、身爲校長可以整合之教師資源、社會資源、家長資源，共謀學校的進步。學校如果資源甚少，亦可激發教師士氣，以誠心帶眞心，自我激發出優勢與特色。偏遠地區原爲弱勢，因爲找到凝聚力，也可以把它的弱勢轉爲優勢化的特色，例如慈濟功德會激發全球大愛的力量，而形成競爭優勢。

㈡弱勢（weakness）分析

郊區學校常因教師流動率高，教師結構不健全，無法發揮穩定的行政力量。市區的老學校派系林立，教師保守不想改變，也形成行政進步

的阻力，此二種均是學校競爭的劣勢。如何把老師的心留下來，是偏遠地區行政人員需努力的地方；如何增加同事的情誼，是都市地區有待努力的課題。

㈢機會（opportunity）分析

無論個人或組織的發展機會均是有限，生涯中如果空有才能沒有碰上好的就業機會，也無法大展身手；如果沒遇上好的長官也沒機會表現。機構與機構間的競爭非常激烈，需要先有周密的計畫，遇上上級給予資源上的協助，加以民間力量、自治力量的整合，才可以提升品質與競爭力。好的領導者是不停的準備以等待好的機會大展身手。

㈣威脅（threats）分析

在工業化、資訊化的社會，專業能力與競爭的速度就決定了勝負，個人如果專業不足，專業不具優勢，又起步太晚，都可能有被淘汰的威脅。在快速競爭顧客取向的大社會環境裡，學校辦學品質的好壞會影響一個學校的競爭力。學校如果不具備特色、不注重教學品質、服務品質，這個學校的生存也會受到威脅。「威脅的因素」產生在於自己與周遭環境競爭者的比較。學校領導人物如果較主動、熱忱，能採取預測經營競爭策略，組織比較不易被淘汰，因為能夠分析出「威脅因素」者，較有敏捷度去預防受威脅，也可以提升自己的競爭力。

第十節
學校行政決策的模式

Simon（1960）、王如哲（1998）、林鎮坤（2001）、Fahey（1983）、

Cohen（1993）、Simon（1960）等提出下列學校行政決策常見的模式。

一、理性決策模式

1. 即建立學校發展的多層面目標。
2. 預估完成的順序及可能性。
3. 提出社會資源價值系統支援的程度。
4. 制妥一套完整的選擇方案。（曹俊漢，1990；王如哲，1998）

二、有限理性決策模式

1. 行政決策受個人「知識不周全」、「能力不足」、「實踐力不足」等因素影響，故不可能達成完全的理性。

2. 行政決定也會受到時間因素、空間環境的影響：現在的決定，會影響下一階段的決定或改變。現在決定錯誤了，下一階段應做修訂，如果能夠超越「有限理性」，人們可以免受災難。

3. 預期效益有許多的變素：如人員的離開、團體工作默契的不足，時空、政權的轉移等，都會改變預期的效果，這些「中間變素」將影響決策的合理性。（Simon, 1960）

三、組織過程模式

1. 決策的形成，是透過組織成員的參與、組織的運作而形成。
2. 參與決策的歷程，是此模式強調的重點。
3. 高層主管強調的重點，常會影響決策的結果。
4. 組織面對社會變遷的適應，也會影響決策。（曹俊漢，1990；王如哲，1998）

四、政治決策模式

1. 決策的行為模式，可能來自一種利益的均衡狀態。
2. 來自不同利益、權力團體主導權利方向：包含成員多少、財富多

寡、組織能力強弱、領導的高低、團體內部凝聚力、決策的效率、內部凝聚力，而形成決策的主導方向。

3. 地位的大小、問題接觸的深淺、個人目標、利益問題、時間限制、行動通道、利益團體的關切等，都可能產生影響力。（Fahey, 1983）

五、垃圾筒決策模式

1. 垃圾筒（garbage can）決策模式：是將解決學校的問題和決策人員置於垃圾筒的容器中，彼此隨機碰撞引出決策的結果，決策過程缺乏目標、設計與過程，可能任意的發問與任意的表決，不考慮學校發展的遠景與理想。

2. 垃圾筒決策模式，「人的因素」造成不確定與違背理性的決策：組織目標的曖昧，組織規範模糊，形成組織無秩序性。

3. 垃圾筒決策模式的特質

(1)偏好選擇或選擇模糊：即決策過程充滿著非理性，例如：1999 年台灣的教育改革者認為九年一貫好就貿然實施，並未考慮師資結構、師資培訓、教學能力等，就做成決策。

(2)不明確的因果關係，或不需專業能力的行政作為：舉凡相信有人不必受教育專業訓練，仍然可以把教育領導好的，以嘗試錯誤的決策去領導行政，常以曖昧的集體決議，又常以決策小組來為自己不確定的決策辯護。

(3)參與人員的流動性：學校組織決策參與的人員常因調動而自然更迭，因此參與決策的人員常常變動，也會造成決策的不穩定性。（Cohen, 1993；林鎮坤，2001）

第十一節
計畫、決策實務

　　所有計畫與決策理論必須落實「具體的計畫方案」才算是完成了階段性的任務。常見的有個人生涯發展、社團活動、研習計畫、校務計畫、全國性教育計畫等，其計畫的主要綱要常包含下列：

一、個人「生涯規畫」

　　個人「生涯規畫」的主要內容包含下列：

　　1. 個人自我的了解：生理潛能、心理動機、興趣、性向、EQ能力、學習能力、創造力、腦力潛能、智庫群等。

　　2. 分析自己的興趣、性向、人格及適合的工作。

　　3. 個人的生涯目標：例如大學教授、輔導老師、行政人員、行銷人員、創業家、醫師、企業家、議員、業務員、勞工、藝術家、宗教家、社會關懷等。

　　4. 提升競爭力的方法有哪些？「健康」、「教育」、「創意品質」、「品格」、「人際資源、資訊、分享」、「權力」、「生活知能」、「專業知能」、「謀職技巧」（高明薇，2006）。

　　5. 個人的學習計畫。

　　6. 個人選擇的「工作性質」與「發展計畫」。

　　7. 個人的「人際關係計畫」。

　　8. 個人未來近程、中程、遠程的發展目標與步驟。

　　9. 個人「自我增強潛力」的方法：自我超越、小組分享、多元潛能開發、身心健康增強等。

10. 所需經費。

11. 預期效益。

計畫目標、經營管理與實踐方法如圖 5-6 所示。

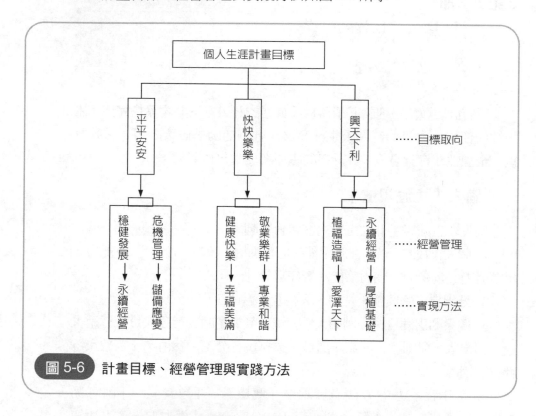

圖 5-6 計畫目標、經營管理與實踐方法

二、社團活動的計畫

以英語社團為例：

1. 社團目標。

2. 參加社團的份子與資格。

3. 社團組織。

4. 社團年度計畫活動內容：負責人、經費預算等。

5. 社團預期效益。

6. 工作檢討。

三、研習活動計畫

以參加「國外英語與科學營」為例：

1. 研習目標。

2. 參加人員資格：先前的英語訓練。

3. 研習活動組織。

4. 研習活動內容、課程設計、師資、地點。

5. 研習經費。

6. 研習活動的住宿事宜：接待家庭資料。

7. 研習活動預期效益。

8. 研習成果報告與檢討會。

四、中小學「校務發展計畫」綱要

㈠依據。

㈡計畫目標、總目標、階段目標

1. 近程階段。

2. 中程階段。

3. 遠程階段。

㈢計畫實施策略。

㈣計畫項目：一般行政、教務、訓導、總務、輔導、人事、會計。

㈤計畫目次的進度表：實施要項、進度、經費預估。

㈥計畫的經費。

㈦計畫之執行與考核。

五、學校「設校計畫」綱要

㈠設校目標：培育人才、適性教育、學校社區化。

㈡校地環境分析：校地概況、自然環境、社區環境。

㈢有關法令與限制

1. 該校的法令依據。

2. 法令上限制。

㈣規劃構想：規劃理念、規劃內容。

1. 預估規模。

2. 配置計畫。

3. 整體計畫。

4. 空間計畫。

5. 造型計畫。

6. 景觀計畫。

㈤經費預算。

㈥完工及使用時間。

㈦預期效益。

六、國防教育計畫綱要

以美國 1958 年國防教育計畫為例：

㈠計畫目標：針對國防上各重要領域的需要，改善教育素質。

㈡計畫策略：由聯邦補助經費。

1. 發掘兒童之才能。

2. 改進教育方法與工具，培育及吸收資優人才。

3. 開發科技知能，提高國際競爭力。

㈢計畫項目

1. 設大學生獎學金、助學貸款。

2. 設研究生獎學金。

3. 加強中學自然科學、數學及外國語教學。

4. 培養中級技術人才。

㈣計畫經費

1. 第一至四年：每年二億美元。

2. 第五至八年：每年三億美元。

㈤預期效益

1. 太空科技領先各國。

2. 建立優質的科學研究環境。

3. 吸引各國資優人才加入科技研究，提升國家科技生產力。

七、企劃書必備的格式

企劃書的格式應包含 5W、2H，其運用範圍很廣泛，可用於教育、休閒、企業的各項計畫之擬定。

1. Why（**為何而辦**）：辦活動的「目的」起源。

2. When（**何時**）：活動的「時間」與管理及備案。

3. Where（**地點**）：活動的「地點」及備案。

4. Who（**人員**）：活動的主辦人員及「活動對象」。

5. What（**內容為何**）：活動的「內容設計」日程表。

6. How（**如何**）：如何有效「執行」活動。

7. How much（**多少**）：活動「經費」的預算。

8. 活動的預期成效及成果展示。

八、創業「經營計畫書」

㈠「經營計畫書」是籌措創業資金的敲門磚

1. 擬寫一份成功的經營計畫書，相信是所有創業家的最大挑戰。經營計畫書不但是創業的藍圖，同時也是創業家向外籌資的重要依據。

2. 所謂經營計畫書，可視同於求職時的學歷、經歷、專長；一份品質與內容均有所欠缺的經營計畫書，常使得創業家想求見投資家一面的機會都沒有。

3. 一般人很難寫出一份夠水平的經營計畫書。而創業者又大多是技術背景出身，較欠缺市場行銷與管理經驗，因此往往難以提出令人滿意

的經營計畫書。

㈡經營計畫書應有的功能與重點

一份理想的經營計畫書必須具備下述四種功能：

1. **縮短決策時間**：一份理想的經營計畫書要能夠提供投資者評估時所需的資訊，使其能自眾多創業家所提出的經營計畫書中，進行有效率的篩選分析，迅速挑選出適合的投資案。

2. **清楚告知投資者有關經營與發展的過程與結果**：經營計畫書必須明確指出公司內部競爭優劣勢與外部機會威脅、可能遭遇到的問題，以及預期的經營結果。

3. **提供投資者詳細的投資報酬分析**：投資者最關心的是可獲得多少的投資報酬，以及如何回收投資資金，是投資者所迫切需要的。

4. **如何保證這份經營計畫書能被有效的執行**：以及如何回收投資資金，有效執行的關鍵在於經營團隊的組成。如果創業家能延攬經驗豐富的經理人加入經營團隊，對於投資者而言將是一項有利的保證。

㈢經營計畫書擬寫的原則

經營計畫書必須包含七點原則：

1. 呈現「**競爭優勢**」與「**投資利基**」：經營計畫不僅要將資料完整陳列出來，更重要的是整份計畫書要呈現出具體的競爭優勢。

2. 呈現「**經營能力**」：要盡量展現經營團隊的事業經營能力與豐富的經驗背景，並顯示對於該產業、市場、產品、技術，以及未來營運策略已有完全的準備。

3. **市場導向**：要認知利潤是來自於「市場的需求」，沒有依據明確的市場需求分析，所撰寫的經營計畫書將會是空泛的。

4. **一致**：整份經營計畫書前後基本假設或預估要相互呼應，也就是前後邏輯合理。例如財務預估必須要根據市場分析與技術分析所得的結果，方能進行各種報表的規劃。

5. **實際**：一切數字要盡量客觀、實際，切勿憑主觀意願的估計。通常創業家容易高估市場潛量或報酬，而低估經營成本。

6. **明確**：要明確指出企業的市場機會與競爭威脅，並盡量以具體資料佐證，同時分析可能的解決方法。

7. **完整**：事業經營的各功能要項，盡量提供投資者評估所需的各項資訊，並附上其他參考體的佐證資料。

㈣經營計畫書應有的內容架構

提出一個經營計畫書應有的內涵，提供創業家作為撰寫一份高品質經營計畫書的參考架構。

1. **經營計畫概要**：這部分主要說明資金需求的目的，並摘要說明整份計畫書的重點，目的是為吸引投資者進一步評估的興趣。主要的內容如下：

(1)公司名稱與經營團隊介紹。

(2)申請融資的金額、形式、股權比例及價格。

(3)資金需求的時機與運用方式。

(4)未來融資需求及時機。

(5)總計畫成本與預算資本額。

(6)整份計畫書重點摘要。

(7)投資者可望獲得的投資報酬。

2. **公司簡介**：

(1)公司成立時間、形式與創立者。

(2)公司股東結構，包括股東背景資料、股權結構。

(3)公司發展簡史。

(4)公司業務範圍。

3. **組織與管理**：

(1)經營管理團隊學經歷背景資料、專長與經營理念。

(2)說明擁有的成功經營經驗與優勢的組織管理能力。

(3)企業的組織結構，以及未來組織結構的可能演變。

(4)人力資源發展計畫，包括各功能部門人才需求計畫、公司薪資結構、員工分紅與認股權力、招募培訓人才的計畫等。

4. **產品與產業：**

(1)產業環境與發展歷史。

(2)產品的發展階段（包括創意、原型、量產）、開發過程，是否已具有專利。

(3)產品的功能、特性、附加價值，以及具有的競爭優勢。

(4)公司產品與其他競爭性產品的優劣勢比較。

5. **市場分析：**

(1)明確界定產品的目標市場，包括銷售物件與銷售區域。

(2)過去、現在及未來的市場需求與市場成長潛力。

(3)過去、現在及未來的市場價格發展趨勢。

(4)說明過去、現在及未來的公司銷售量、市場成長情形、市場占有率變化情形。

(5)說明市場上主要的競爭者，包括競爭者的市場占有率、銷售量、排名，彼此的優劣勢與績效，以及因應的競爭策略（包括價格、品質或創新等）。

(6)說明其他替代性產品的情形，以及未來因新技術發明，而威脅到現有產品的可能性與後果，並提出因應對策。

6. **行銷計畫：**

(1)說明現在與未來五年的行銷策略，包括銷售與促銷的方式、銷售網路的分布、產品訂價策略，以及不同銷售量水準下的訂價方法。

(2)說明銷售計畫與廣告的各項成本。

7. **技術與研究發展：**

(1)說明產品研發與生產所需的技術來源，技術與生產團隊的專長與特質。

　　(2)說明技術特性與應用此技術所開發出來的產品，技術研究所具有的競爭優勢與利基，以及技術未來的發展趨勢。

　　(3)說明企業的技術發展戰術，包括短、中期計畫，技術部門的資源管理方式，以及持續保持優勢的策略。

　　(4)說明未來研究發展計畫，包括研究方向、資金需求與預期成果。

8. **生產製造計畫**：

　　(1)說明建廠計畫，包括廠房地點、設計，以及所需時間與成本。

　　(2)說明製造流程與生產方法。

　　(3)說明物料需求結構，原料、零元件來源與成本管理。

　　(4)說明品質管制方法，包括良品率的假設。

　　(5)說明委託外製與外包管理情形。

　　(6)製造設備的需求，包括設備廠商與規格功能要求。

　　(7)生產計畫，包括自製率、開工率、人力需求等。

9. **財務計畫與投資報酬分析**：

　　(1)公司過去財務狀況，包括過去五年期間的資產負債表、損益表的比較。

　　(2)提供融資後五年財務預估。

　　(3)上述財務預估應包含有：資產負債表、損益表、現金流量表、銷貨收入與銷貨成本預估表。

　　(4)提供未來五年損益平衡分析、投資報酬率預估。

　　(5)說明未來融資計畫，包括融資時機、金額與用途。

10.**風險評估**：此部分乃在列出可能的風險因素，並估計其嚴重性發生的機率，且提出解決方法。

11.**結論**：此部分乃在綜合前面的分析與計畫，說明企業整體競爭優勢，並指出整個經營計畫的利基所在。尤其強調投資案可預期的遠大市場前景，以及對於投資者可能產出的顯著回報。

12.**證明資料**：

(1)附上能夠證實前述各項計畫的資料。

(2)附上創業家詳細經歷與自傳。

㈤結論

　　有人說完成一份成功的事業經營計畫書，即等於已獲得創業所需的半數資金的保證。但是撰寫一份五十至一百頁厚的經營計畫書，內容詳細包括事業各功能的短、中、長期發展計畫、企業內外部環境分析、研擬競爭策略，還要進行大量的市場調查分析，這對於創業家確實是一項專業的工作。

　　一份完整規劃的經營計畫書，正代表創業家對創業成功的強烈企圖與充分準備，也代表創業家資金提供者的負責態度。創新與創業行為將是驅動「知識經濟」增長的最關鍵要素。

九、高中「品格教育實驗」課程設計計畫

㈠目標

1. 建立品格教育的校園文化。
2. 發展品格教育的課程。
3. 推展品格教育融入班級經營。

㈡推動委員

1. 召集人：鄭照順校長。
2. 校外委員：蘇振泰醫師、陳建宏醫師、張瑞賢牧師、許雅蘋老師，唐有毅校長、卓火土董事長、盧克文處長、慈濟功德會委員、花蓮全人更新協會委員。
3. 處室主任：教務、學務、總務、實習、輔導、圖書館等主任、主任教官、生輔組長。
4. 全校導師。

㈢品格課程發展小組、課程主題及設計人

品格課程	設計人	品格課程	設計人
1.勤奮積極	鄭照順校長	9.愛與關懷	蘇振泰醫師
2.挫折容忍	張保中組長	10.誠信	蘇振泰醫師
3.自律	楊志祥主任教官	11.順服	許雅蘋老師
4.負責任	萬芸芸主任	12.條理與精確	黃文華老師
5.公民責任	石順裕主任	13.決心	萬芸芸主任
6.樂觀幽默	潘天銘主任	14.包容	證嚴法師
7.感恩	陳建宏醫師	15.善解	證嚴法師
8.尊重他人	樓麗梅主任	16.專注、預測力	鄭照順校長

㈣**課程研發時間**

1. 課程研發：95 年 2 月 13 日到 3 月 22 日完成。

2. 申請品格融入班級經營：計畫 3 月 31 日提出。

㈤**參加學生**

全班參與、品格模範生、品格上需關懷的學生。

㈥**課程之實施及獎勵**

1. 校外實驗課程：預定 4 月 18 日、23 日實施，學生完成課程合格者發給研習證書，輔導委員給予獎勵。

2. 班級品格融入教學：「品格審查評量表」每週一張，至少四至八週，辦理成果分享研討會，成績卓越者，導師及學生各記小功乙次。

資料來源：鄭照順（2006e）。

十、品格課程案例

「感恩」的課程設計架構

㈠主題：感恩。

㈡設計者：鄭照順校長。

㈢內容：包含主題意義、教學方法及學習單。

甲、感恩的內涵

1. 感恩的意義

希臘文感恩（cucharistor）的意義，是「記得恩惠」；中國諺語：「飲水思源」，一花草一世界、一滴水一滴資源。世界有了恩慈，可以百木興盛，可以使人間充滿溫馨；人際「能知恩，才能感恩」，知恩則不抱怨、不後悔；每一種好處的獲得是溫潤，每一種苦難、責備、抱怨又是一種學習成長的機會。證嚴法師說出生命的四種湯：「感恩、包容、知足、善解」，感恩可以提升人際之間的平等，致謝、敬重使人際情感不斷提升，因為心中「有了別人，別人心中才會有了自己」。

2. 感恩的重要性與益處

青少年常想到自己所沒有的，很少想到自己擁有的，如能安心上學，有飯吃、有居所、有好的老師、有好的學校環境；但青少年常「抱怨」吃不好、老師不好、學校不好、同學不好，這一切使他生活陷入「痛苦深淵」。如果能轉變觀念，「感謝父母的支持、老師的教誨、同學之關懷、學校之關心」，心理馬上增加包容力。

【感恩的益處之一】：能感恩則「心地馬上寬闊、心中立刻出現慈悲、心中馬上消除怒氣」。

【感恩的益處之二】：懂得感恩的人比較：(1)謙和；(2)不狂妄；(3)不驕縱；(4)有較佳的人際關係；(5)使人產生敬愛。

乙、品格活動學習單：品格學習心得

1.從「感恩」的講解，我學到什麼？

　(1)要對誰感恩？

2. 要如何感恩？感恩的方法有哪些？

3. 具備「感恩」的品格，會得到哪些益處？

　(1)「人際關係」會變得如何？

　(2)個人的「品格、個性」會變得如何？

　(3)有感恩的「班級、家庭、社會」會變得如何？

十一、玉里高中 95 年「品格教育融入班級經營」申請表

1. 班級		2. 導師姓名	
3. 人數		4. 協助幹部	
5. 班級特徵	□ 安靜、缺乏活力 □ 過動、無法專注 □ 浮躁、不穩定	6. 希望發展特色	□ 品格教育 □ 生活教育 □ 學科成績

一、班級希望提升的品格目標：

□1.勤奮積極　□2.負責任　□3.尊敬　□4.感恩　□5.誠信　□6.愛心
□7.樂觀幽默　□8.公民責任　□9.自律　□10.挫折容忍　□11.守時
□12.順從　□13.專注學習　□14.節約　□15.包容善解　□16.知足感恩

二、目前班級品格較弱之處：

□1.缺乏主動自發　□2.偶爾常發生衝突　□3.常遲到、缺課　□4.不尊重師長
□5.不遵守校規　□6.破壞公物　□7.不誠實　□8.缺乏挫折容忍度
□9.缺乏樂觀幽默　□10.其他缺點＿＿＿＿＿＿＿

三、本班品格上的優點：

＿＿＿＿＿＿＿＿＿＿＿＿＿＿＿＿＿＿＿＿＿＿＿＿＿
＿＿＿＿＿＿＿＿＿＿＿＿＿＿＿＿＿＿＿＿＿＿＿＿＿

四、本班的品格教育實施步驟：實施時間（至少 4 至 8 週）

1.了解「品格」的重要性：
2.建立班級「品格項目」：□第一優先　□第二優先　□第三優先　□第四優先
3.品格教育內容：□自己研發　□課程小組提供　□其他＿＿＿＿
4.時間：　年　　月　　日至　　年　　月　　日
　　□於導師時間實施　□上課中融入教學

五、品格進步評量表：

如何評量品格進步情形：

5	4	3	2	1	自評表
優	良	中	差	劣	

六、檢討與建議及需要學校支援項目

十二、品格的班級經營——品格教育的方法

一、品格清單

1. 班級品格的長處：＿＿＿＿＿＿＿＿＿＿＿＿＿＿＿＿＿
2. 班級品格的弱點：＿＿＿＿＿＿＿＿＿＿＿＿＿＿＿＿＿
3. 需要給予的品格：＿＿＿＿＿＿＿＿＿＿＿＿＿＿＿＿＿
4. 哪些優先改善：＿＿＿＿＿＿＿＿＿＿＿＿＿＿＿＿＿＿
5. 增強班級的長處：＿＿＿＿＿＿＿＿＿＿＿＿＿＿＿＿＿

二、班級如何教品格教育的步驟

1. 開班會：討論品格的意義、重要性、益處。
2. 哪些品格要優先來做：對學業、事業、人際有幫助。
3. 決議事項：決定品格教育目標。
4. 海報提醒：班級佈置、勉語、信條。
5. 分享計畫。
6. 幫助品格有缺陷的同學。
7. 肯定品格優異同學。
8. 尋找「實施」方法。
9. 分享所得美處。

三、品格的教學方法：基本條件，導師要認真重視；學生不會不認真與重視。

1. 下定決心。
2. 用心觀察。
3. 感同身受。
4. 力行與激勵。
5. 正確讚美：讚美品格非成就。
6. 記錄其「增加的好習慣」、「好行為」：對好的行為及習慣公開肯定。

四、成功的品格班級

1. 目前狀況。
2. 嚮往的目標。
3. 現況改善：願意付出代價。
4. 「成功的品格班級」：已達成班級的品格目標。

五、學生行為與品格之關係

1. 早到：守時。
2. 微笑：喜樂、樂觀。
3. 遵守校規：順從。
4. 完成作業：負責。
5. 愛整潔：井然有序。
6. 改善缺點：決心。
7. 化解衝突：感恩、包容、挫折與容忍。
8. 不貪求：知足。
9. 人際合作：愛心、助人。
10. 名列前茅：勤奮積極。
11. 秩序井然：自律。
12. 愛心信任：責任感、誠信。
13. 社區繁榮進步：公民責任。
14. 上課打瞌睡：不尊重、沒責任感。

十三、花蓮南區台灣原住民族及大陸少數民族藝術展

壹、計畫依據

　　一、花蓮縣教育會 92 年度第一次理監事會議決議辦理。

　　二、92 年度全國原住民學校校長會議建議案：「請行政院原住民委員會重視原住民藝術人才之培育及認識各國少數民族藝術發展趨勢。」行政院原住民委員會答覆：「將會贊助對於少數民族藝術之展示活動之辦理。」

　　三、93 年度「大陸少數民族藝術考察報告」建議事項。

貳、計畫目的

　　一、培育原住民藝術人才，發展原住民藝術特色。

　　二、籌辦少數民族藝術展，以發展花蓮南區成為原住民藝術的重鎮，及展現原住民文化的特色。

　　三、協助花蓮南區各原住民重點學校，發展「一校一種藝術特色」。

　　四、希望發揚「花蓮南區的原住民特色」，使原住民藝術特色，能成為國家的重要「藝術資產及國家觀光資源」。

參、指導及主辦單位

　　一、指導單位：行政院原住民委員會、教育部中部辦公室。

　　二、主辦單位：花蓮縣玉里鎮教育會、國立玉里高中。

　　三、協辦單位：花蓮縣光復鄉、豐濱鄉、玉里鎮、富里鄉、卓溪鄉等 20 所中小學。

肆、展出時間：93 年 11 月 11 日至 19 日

伍、展示主題及內容

　　一、原住民及少數民族的「生活文化史料」展。

　　二、原住民及少數民族的「藝術書籍」展。

　　三、原住民及少數民族的「文化史木刻」展

　　四、原住民及少數民族的「應用木刻」展。

　　五、原住民及少數民族的「民族服飾」展。

　　六、原住民及少數民族的「應用蠟染」展。

　　七、原住民及少數民族的「金屬雕刻」展。

　　八、原住民及少數民族的「樂器及應用」展。

　　九、原住民及少數民族的「陶版畫」展。

十、原住民及少數民族的「璞石畫」展。

十一、兩岸少數民族文化考察資料展、考察報告、DVD 播放、座談會。

十二、原住民及少數民族的藝術學術研討會：請東華大學吳天泰教授主講、原住民委員會派人蒞臨指導。

陸、經費預算

獎助項目	內容	會計
1.業務費	行政管理及場地佈置	10,000
	印製展覽簡介 100 本，獎狀、獎牌製作 500×20	20,000
		10,000
2.演講費及交通費	2×1,600×3	9,600
3.參展單位之補助	3,000×2	6,000
4.獎勵金及傑出作品之獎勵	10,000×11	110,000
		30,000
5.成果報告印製	200 本×200	40,000
6.雜支──會場佈置		14,400
		合計：250,000

柒、預期效益

一、增進各界對原住民藝術保存重視。

二、鼓勵各校積極培育原住民族藝術人才。

三、有系統的整理原住民藝術作品，以「充實藝術教育資源」，並成為國家重要的觀光資源。

四、以原住民藝術特色，充實人類的精神文化生活。

五、透過國際少數民族藝術特色的比較，以激發研究創新的動機。

資料來源：鄭照順（2003）。

十四、校園規劃的前瞻性思考——友善校園

壹、前言

　　一個現代化校園的指標，不是在於校門的光鮮與校舍建材的昂貴，而是在「教育理念」是否領先，教育部推動「2005-2008教育施政主軸」執行計畫中，以「友善」為主題，是一個頗具前瞻性且觀念領先的作法。

　　然而，我們的校園是不是一個友善的校園？該如何擴大使用對象，應是面對傳統「封閉圍籬空間」觀念的突破。校園環境已不只是國家資產，更是社會、社區、居民的共同資產，營造人性化、藝術化、社區化、生態化的友善校園環境，是現今學校經營理念的轉變，也是突破傳統思維藩籬，更落實家庭、學校、社會一體的完全教育。玉里高中在鄭照順校長的規劃下，由總務主任龔金堆提出計畫草案如下述。

貳、目標

　　一、建立多元價值、互相尊重關懷的校園文化。
　　二、建立校園溫馨和諧、安全快樂的校園環境，使學生快樂學習成長。
　　三、建立民主法治的多元普世價值、安全、適性發展的優質校園環境。
　　四、營造多元終身學習環境空間，提供完善的人力、物力資源。
　　五、建立多元開放的校園環境，營造與社區和諧互助的校園氣氛。
　　六、規劃健康人性化的環境設施，奠定生態教育基礎的校園永續發展。

參、具體措施

一、友善的校園

　　校園要具備友善性，必須包含「無障礙空間」，開放校園中的「圖書館」、「游泳池」、「操場」、「庭園」供社區人士方便使用，增加彼此的互動，也幫助社區提升生活與環境的品質。

二、生態教育的永續校園

【生態的校園】

　　當人們過度追求發展的社會，也開始反思文明所帶來的災難，該如何讓環境得以永續發展，對於自然環境的態度轉變為：盡量避免不必要的破壞或加入過度人工化的設施，更積極的方面則是：創造比較合乎生態的環境以利生物多樣性發

展。生態的觀點反映在校園規劃方面，簡單來說是對於自然界生物的尊重，維持一個接近自然的生態環境，建築物須嚴守建築的各項規範，戶外空間提高地面透水性，校園盆栽採多樣性規劃，大地工程使用生態工法等，這些都是最進步的環境規劃理念，並且已經有技術的支援。

【永續校園改造方案】

(一)鳥類生態景觀園區（野營地）。

(二)野營地（鳥類生態園區）旁生態水道。

(三)大門入口，人車分道綠色計畫。

(四)人工湖溼地生態景觀設計規劃。

(五)太陽能光電之示範教學與利用。

(六)透水性鋪面。

(七)資源回收環境保護及落葉有機堆肥（片片落葉都是寶）。

三、防災安全的校園環境

【防災的校園】

位於人口密度偏高的校園，同時擁有附近地區十分缺少的資源──校園開放空間與教室。1999 年 921 地震的經驗告訴我們，校園需要建立防災體系，各大樓消防設備的設置維護，只是消極的防微杜漸，如何建立整個校園與鄰近地區的整體防災體系，才是最有效的良策。例如，當災害來臨時，校園師生如何進行疏散？校園空間如何收容校區附近受災民眾？緊急用水、食物儲存空間、事先的規劃與緊急使用時的管理機制等，定期的沙盤推演以及檢討更新，都是必要的。本校亦將與社區結合，配合公所、警局、消防、各級學校聯合防災演訓，制定校園災害防治與管理機制，結合校園危安事件通報系統，以期先制防災，多備少害，進而達到維護校園安全，降低學生意外傷亡事件及提供社區避難之所。

四、知識經濟的校園

【知識產業的公園】

在知識經濟的年代，校園是高知識密集的地區，也是具高經濟產值的地方，知識的生產不是一個複製與再生產的過程，而是需要不斷創造與突破。藉著網路科技，透過虛擬空間，人們可以取得大量的資訊，但是創造性的想法或靈感的來源，卻都是在真實的空間內完成，人們必須不時脫離自己特定的專業討論圈，與身邊的人接觸而得到創造的養分。面對知識經濟的挑戰，校園必須扮演一個「公園」的角色，它不只是一個欣賞珍奇植物與精緻庭園造景的公園，而是提供許多

人漫步、沉思、相遇、對話、討論、吃三明治的大眾公園。沒有圍牆的校園,原本就具備公園的特質,未來學校將規劃成玉里之「中央公園」。

五、多元開放的學習空間

學校是社區的資產、是居民學習進修的進路,是以學校舉辦各項研習活動,或支援社區舉辦之各類研習,提供設施及場地。推廣圖書館教育志工及如何利用,鼓勵社區民眾閱讀及善加運用;並開放學校環境,提供運動場地設施,供社區民眾散步、休閒運動之用,落實教育資源共享。

肆、結語

校園規劃的理念隨著每個時代的價值觀而改變,過去校園較封閉,疏於與社區密切結合,未來社區校園可以為網路社會、科技產業結合成知識園區等。今天如何讓我們的校園成為友善校園,是一個觀念先於技術與經費的課題,本校未來規劃校園將以此理念為基礎,營造人文、藝術、生態、健康、安全溫馨的校園環境,提供開放優質的社區學習場所。

資料來源:鄭照順(2006d)。

十五、國立玉里高級中學圖書館經營計畫

壹、計畫目標

一、圖書館方面

1. 成為教學資源中心。
2. 成為自學研究中心。
3. 成為品格陶冶與知性休閒中心。
4. 學習最新科技及媒體中心。
5. 培養終身學習知能中心。
6. 有效宣導圖書館利用教育。
7. 達成圖書館之資訊化、全球化。

二、讀者方面

1. 培養讀者具有獨立檢索資訊的能力。

2. 培養讀者利用圖書館的習慣及信心。

3. 增加讀者利用圖書館資源的實際經驗。

4. 增加讀者利用圖書館的主動性與獨立性。

5. 培養讀者能充分利用圖書館資源以達事半功倍之效。

6. 促使讀者能進而適時善用當地及全國的圖書館系統資源。

7. 奠定讀者自我教育的基礎。

8. 培養讀者判斷圖書資料優劣的能力。

9. 養成讀者能善用各種不同媒體的能力。

10.培養讀者閱讀的休閒習慣。

貳、經營策略

一、館內經營策略

1. 簡化讀者借閱手續：利用現有識別證、學生證之條碼輸入電腦，完成借閱手續。

2. 提供方便、人性化的圖資檢索系統，可隨時查閱館內藏書及個人借閱紀錄。

3. 提供良好的借閱動態路線：調整 1 至 4 樓樓層配置，提供良好的借閱圖資動線。

4. 提供方便完整的教學資源：課程相關書籍依高中、職課程各學科分櫃陳列。

5. 確實購入師生所需之新書購置：成立選書小組，由各科教師組成共同選書。

6. 定時淘汰舊書。

7. 建立完整的圖書網站：包含教學資源網站、圖書最新資訊以及新書討論區等。

8. 成立圖書館義工隊：協助圖書館舉辦各種活動宣導事宜，及館內各項諮詢服務。

9. 設立自助影印區：利用儲值影印卡，供讀者自行影印，方便讀者取得所需的參考資料。

10.編製圖書館導引手冊：讓讀者可以輕鬆了解，如何使用圖書館各項資源。

11.成立個人視聽室：方便讀者參考媒體資料，並學習最新科技。

12.設立音樂欣賞區：提供舒適的閱讀休閒環境。

二、對外經營策略

(一)引起讀者的動機：

1. 定期出版圖書館簡訊。

2. 網站及公布欄張貼最新書籍簡介。

3. 定時舉辦新書資訊有獎徵答。

4. 於圖書館網站設立討論區。

(二)導引讀者進入圖書館：

1. 每學期初辦理「認識圖書館」活動。

2. 期考下午辦理「電影欣賞」。

3. 每學期辦理「新書展示」及「舊書交換活動」。

4. 學期中每個月舉辦進入圖書館集點換書卡活動。

5. 每學期末舉辦「圖書成長系列展示」活動。

(三)養成讀者主動進入圖書館的習慣：

1. 辦理「圖書說讀心得」比賽。

2. 與各學科圈合辦「主題式蒐集資料」比賽。

參、發展步驟

　　分成四大階段，每階段完成時間約半年（需學校經費配合），每學期末配合圖書館成長系列活動展示成果，與全校師生共同檢討改進。

第一階段

1. 建立完整單向圖書館網站。

2. 完成資訊化借閱系統與圖資檢索系統。

3. 調整 1 至 4 樓樓層空間配置。

4. 出版圖書館簡訊。

5. 推展圖書館利用教育。

6. 成立選書小組。

7. 完成圖書館書籍、媒體分類建檔工作。

第二階段

1. 完成雙向（含討論區）圖書館網站。

2. 整合圖書借閱系統與圖資檢索系統。

3. 設立音樂欣賞區。

4. 組成圖書館義工隊，達到主動服務的目的。

第三階段

1.成立媒體資訊中心。

2.設立個人視聽區。

3.完成圖書館簡介影片及簡易圖書使用手冊。

第四階段

1.設立教學資源網站。

2.加強宣導使校內師生認識圖書館,並進而充分利用圖書館。

肆、發展特色

一、教學資源中心

1. 建立教學資源網站。

2. 成立選書小組:由各科代表參加,除一般及休閒書籍外,每學期採購各科所需參考書籍及教學媒體。

3. 教學相關書籍按各科課程分櫃陳列。

二、自學研究中心

提供安靜舒適的個人座位,供師生自學、研讀。

三、休閒娛樂中心

提供個人視聽座、音樂欣賞座,並定時舉辦音樂欣賞、電影欣賞。

四、科技及媒體中心

利用個人視聽室,提供讀者使用各種最新科技及媒體。

五、教師研究中心

提供教師研究專區,供教師編寫教案、講義及各科教學研究用。

六、學生第二教室

加強圖書利用教育,辦理各項活動讓學生親近圖書館,並進而熟悉使用圖書館各項資源。

七、藝術展示中心

鄭校長照順希望辦學藝術化,於重要慶典,圖書館舉辦辦理藝術成果展,並能提升圖書館的閱讀環境品質。

伍、預期效益

一、讓學生習慣進入圖書館,使圖書館成為學生第二教室:配合各科教學內容,集點活動,有獎徵答,學生自修室、研討室。

二、達到有效推展圖書館利用教育的目的:定時出版圖書館館訊、舉辦各項

活動、圖書館館介、圖書館使用手冊等方式。

三、達到教學資源中心的目的：成立教學資源網站，推展圖書館利用教育，讓圖書館成為教學資源中心。

四、讓圖書館成為師生休閒娛樂中心的目的：成立音樂欣賞區、個人視聽區、大型視聽室，並定時舉辦電影欣賞等活動。

五、達到學習最新科技中心的目的：組成義工服務隊，教導讀者使用各種資訊、媒體，讓讀者可以學到最新科技技術。

六、達到教師研究中心目的：提供教師研究，教學資源中心，方便教師編寫講義或自我進修。

七、達到圖書館資訊化的目的：利用電腦連線簡化借閱手續，提供清楚的圖資檢索系統，可線上查閱書籍借閱現況。

八、達到圖書館全球化的目的：設立雙向圖書館網站，不僅可利用網站與全國圖書館結合，且可於網站上相互討論、研究。

九、成功的做人做事要訣：成功十要素（曾仕強，2001b）

1.一表人才	基礎	做
2.二套西裝		
3.三杯酒量	本錢、互動原則	人
4.四圈麻將		
5.五方交遊		原
6.六出祈山	條件、方法	
7.七術打馬		則
8.八口吹牛		
9.九分努力	做事	做事原則、修養
10.十分忍耐		

資料來源：謝明淑（2003）。

十六、高苑科大諮輔中心「網站規劃」及「年度計畫」

校　　長：廖校長　峰正
指導者：黃學務長　文琛
起草人：鄭照順主任　　　　　輔導家族：

一、諮商輔導中心「入口網站名稱」
　　1.輔導成員、業務及專長。
　　2.預防性輔導。
　　3.危機與因應。
　　4.潛能發展：自然、音樂、藝術、治療、品格領袖社團。
　　5.活動訊息。
　　6.教學資源中心。
　　7.網路預約與輔導。
二、近程目標（1至3年）
　　1. 有效因應：困擾問題與因應策略。
　　2. 預防性：增加「資源」、「能量」、「人際網路」。
　　3. 發展性：多元智能、品格教育、社區服務之成長經驗。
　　4. 績效性：主動、效率、品質、親切、健康、快樂之提升。
　　5. 學習資源：學術性、心理研討會、個案研討會。
　　6. 環境輔導化：增設「敬思園地」（中英文版）、「心靈小品」、「活動
　　　 訊息」。
三、95至97學年發展「特色」與「新任務」
　　1.95年發展：「專業成長」、「潛能發展」、「危機因應」。
　　2.96年發展：「音樂治療」、「藝術治療」、「多元潛能」開發。
　　3.97年發展：「輔導專題」成果發表會、「能量輔導」專題。
四、執行步驟及分工
　　1.經常性業務：平均分擔。導師輔導知能成長、學生身心健康講座、專書
　　　與個案分享、友善校園政策。（每月一次輔導會報）
　　2.重點性、任務性業務：合作完成。
　　3.特色性業務：依據每人專業、興趣，每年發展1至3項特色。

五、**經費預算**：優先需求之經費

1. 輔導諮詢中心「輔導網站」資料庫管理：由中心經費優先支應。

2. 「輔導文宣」、「環境輔導化」大型海報機：由建築系支援。

3. 音樂治療音響及 CD 購置：約 10 萬元。

六、**研發之量表**

1. 生活危機量表。

2. 學習危機量表。

3. 人際交往危機量表。

4. 生理、心理學習障礙量表。

七、**預期效益**

1. 建立「校園輔導環境」，提升全校師生心理健康。

2. 增加「個人潛能」、「預防勸導」之功能：使輔導工作達到「預防優於治療」之效果。

3. 提供「有效的危機因應策略」，減少學生生活壓力、學習危機，即獲得好的壓力因應技巧。

4. 建立一個提供能幫助發展「個人最高潛能」的優質大學。

備註：積極熱忱、有使命感的工作，將使我們不畏風寒與勞苦（中心的信念）。

1. 成立「品格領袖社團」。未來可能到偏遠地區及國外擔任志工，開展學生國際視野，並可以作為「社區服務選修學分」。課程內容含：潛能開發、品格教育、自然智慧、領導知能、英文訓練。機票可以請外交部補助。

2. 工作態度：「難行能行：難忍能忍」。

3. 領導與溝通方法：「有關懷，才會開懷」、「有讚美，才會甜美」、「會溝通，做事才會通」。

資料來源：鄭照順（2007）。

CHAPTER **6**

人際關係的原理與領導

摘　要

人際溝通的意義，是指由語言與非語言去傳達意見、態度、知識、觀念及情感等。

領導技巧的基礎，來自於善於「溝通與互動」，及能與人建立「人際關係」開始，能與別人分享知識、智慧、趣味、資源，進而產生合作、信任，並達成一個有效率的團隊。

「人際關係」的研究，應從人際關係的理論基礎開始，包含：1.心理學基礎：關懷、真誠、同理心、尊重。2.社會學基礎：吸引力、接近原理、相似原理、互補性、陪伴性、社會交換性等。3.多元智慧原理：人際智慧、內省智慧。4.生物學原理：物以類聚，知其時、守其好、解其困。5.顧客管理原理：快速、了解需求、問題解決、親切服務等。

人際關係的增進與發展包含一些基本原理：1.主動關心、服務原理：可以累積人際資本。2.接近與分享原理：分享資訊、智慧、方法、趣味，可以增進彼此的了解，建立合作的管道及默契。3.吸引原理：人有專長、特色、權力、金錢、勤奮、認真等就有吸引力。4.互補原理：組織需要各種專業人才來互補，人生更需要精神、物資、資源上的互補。5.相似原理：有共同的興趣。6.同理心原理：真誠、同理心、誠信、尊重。7.特殊專長與魅力原理：有才藝、幽默、熱情、藝術等專長，容易產生魅力。8.結盟與創新原理：結盟、愛情、婚姻等都可創造出新的關係。

人際溝通的技巧與內涵：1.善用各種媒介：語言、行動、關懷、禮物、圖片、音樂等，切合其心理需要的媒體。2.語言溝通技巧：邏輯式資訊、趣味性溝通、問題式溝通、對話式溝通、自問式溝通。3.非語言溝通技巧：態度、表情、熱情、穿著等。4.行動式溝通技巧：熱心奉獻、快樂服務、採取行動等。5.創造與想像溝通：採用照片、影片、圖說等，增加溝通的想像力與魅力。6.排除溝通的障礙：害羞、沒主題、沒交集、裁判、命令、忽略情緒、忽略干擾、缺乏誠信等。「有了好的溝通，做事才會通；有讚美，才會甜美」等，這些都有助於成功的領導。

第一節
人際關係的定義與功能

由於地球資源有限、各行各業的職位不多,因此人類為求生存,大小衝突不斷發生,爭奪與衝突是一種自然現象;人類為了自保與發展,開始展開互助與合作,「人際關係」確是千年來人類生存與發展的重要準則。Adams(1987)指出人與人之間有想法、價值觀、利益上的不同,而出現磨擦的行為,稱為人際衝突。Adams 等指出人際溝通的目的在了解差異,找出交集與共識,以便促成合作的行為。人際溝通的目的不在如何避免衝突,而是如何面對衝突、管理衝突、化解衝突及增進人際關係。

一、人際關係的定義

人的見面或相處,經由語言、態度、表情、行動的互動,而建立一種正面取向與負面取向的關係,這種關係是經由日積月累形成的。人際關係,經由互動的「點」,指點頭之交;到達「線」,指一序列的不斷增強;達成「面」,指全時間、全空間、全資源的交融,形成互通的網路,此種人際互通的網路稱為「人脈」。人際關係的深廣意義,是指感情、智慧、心理、資源的交流與支持,使彼此生命潛能不斷發展的歷程。

二、人際關係的重要功能

星雲法師(2002)指出:「人際關係即是一種關懷、一種問候、一種行動。」

因此先賢曾言：「不聞不若聞之，聞之不若見之，見之不若知之，知之不若行之。」人際關係的初步是去了解；其次深入關懷；再次是確實的幫助。人際關係有許多功能，對經營事業、組織成長、個人身心成長均有莫大的幫助。鍾思嘉（1996）、陳皎眉（2004）、鄭照順（2006b）等，提出人際關係的基本功能如下述：

1. **心理支持**：如同理心、尊重、關懷等支持。

2. **社會支持**：如提供資源、資訊、感性、陪伴等支持。

3. **資訊交流**：如經驗、新知的分享與成長。

4. **經濟支持**：如生活上之支助、使生命延續。

5. **工作上的支助**：如就業之輔導、協助、形成事業的好伙伴。

6. **感情的潤滑劑**：對家庭、友情、愛情、親子關係的發展有重要影響。

7. **壓力與疾病的預防**：人際好可減少身心疾病。

8. **有助於被重用與升遷**：人際溝通與關係好者，較能接近核心、升遷機率自然提升。

第二節
領導能力與人際關係

各界專業領域均需要人才，如足球場上需要全能的選手，如 2002 年世界足球冠軍隊巴西的前鋒羅納度，能攻能守，又具有領袖特質；1966 年我國亞運十項全能選手吳阿民，認真練習，溫文儒雅；組織中優秀的領導者，均能夠綜觀全局，又能深謀遠慮、腳踏實地，如蔣經國、王永慶、施振榮等。能成為人才已經「鳳毛麟角」，能成為「領導人才」更是少之又少。歸納言之，這些「領導人才」的特點包括：

1. 不會只看近利，能夠重視永續發展。

2. 會看到一個組織、一個國家要生存下去，所需要提升競爭力的方向與策略。

3. 會準備好一切條件，包括專業知能、好的體能、充實經驗，去等待機會或創造機會。

4. 在危機尚未來臨時，已事先去因應與準備。

一、領導人才需要政策通達、人心和順、善於激勵人，才能政通人口

范仲淹在〈岳陽樓記〉所寫：「越明年，政通人和，百廢俱興。」他對領導人的期望，是要「政通人和」。領導人的最大貢獻，在於能夠「百廢俱興」。所以彭懷眞（1997b）指出「領導人才」的最大任務在於：

㈠政策通達

有好的發展策略，去突破發展的困難，發展自己的特色，不斷提升競爭力。

㈡人心和順

創造一個安定、進步發展、人心歸向的工作環境，使人人樂意積極不斷追求工作品質，人需要有「心悅誠服」的心理領導環境，組織與領導國家的人民，才能同心協力，度過國際競爭的壓力及難關。人民、國家也才有發展其潛能的空間，每個人的才華才能奉獻給這個組織的人民、子孫等。

㈢義立而王，信立而霸，權謀立而亡

在上位者，搞整肅、攏絡、誣陷；在下位者造謠、誹謗、結黨、分化，此種組織必不生而自亡。領導者如果注重人際關懷，注重公信力，必得到部屬的愛戴與信任。

㈣計利當計天下利

領導者的視野、胸襟、思考均應比一般人來得周密，譬如用人之步驟，應遵循下列要點：

1. **分析組織及情境的需要**：以組織的生存發展為最優先考慮。

2. **決策方向為多數人所接納**：民意的支持也有加分效果。

3. **達成組織計畫、目標的程度**：組織效益不佳，應思考更有潛力的人來擔任。

4. **多數領導人把用人的第一個因素只考慮「配合程度」及「忠誠度」**：而不考慮其專業能力是否能勝任，將使整個組織失去競爭力，忽略組織生存的競爭力，將導致組織的滅亡。

㈤領導者應該有能力幫助員工「增加能力」、「增加貢獻度」及「生產力」

領導者需先具備豐富的學術、經驗，才能不斷協助員工增加能力，提高工作品質，增加對組織的貢獻。

㈥領導者應善於應用激勵技巧

使員工接近組織目標，並達到自我潛能的發揮。

㈦領導人才需要有前瞻性，把握彈性、快速的執行原則，並能夠掌握發展重點

一個機構不可能樣樣強，但可以使要做的事情樣樣好。把握重點，整合群體智能，追求高品質，則可使一個機構發揮許多特色與成就。

㈧領導有方，指導者要有方向感，能夠把握領導方針目標

善用領導的方法、溝通技巧、激勵的技巧，使每一個人能實現目標、實現夢想，並具有成就感。尤其領導人受人「信任」，人們才會追

隨他前進，因此，領導者要有好的品格、注重誠信，才能獲得部屬的信任。

二、領導人才需要懂得人際技巧

領導需要才能，但沒有人際關係，同樣不能產生領導作用。古訓：「徒法不足以自行。」領導者的工作在帶領一個團隊向前行，自己先要有好的專業能力、好的品德、豐富的經驗，使部屬能夠認同。領導者能與部屬建立深厚的友誼、情感及合作伙伴關係，如此才能有效的領導一個團體。領導才能之發揮與人際技巧、溝通技巧、經營人際關係等不可分。領導需要才能，但如果沒有人際關係，較難發揮作用，因此領導能力的發揮與人際技巧、溝通技巧息息相關。下列是領導才能與人際關係的相關描述：

㈠領導的對象是人，應懂得如何與人互動

如趣味式溝通、邏輯式溝通、問問題式溝通、分享生活樂趣、關心與鼓勵等，以增進了解及建立好的印象。

㈡領導者必須知道每一個人的特質，發展多種有效的溝通方法

人有開朗、保守、孤僻、自我中心、自傲等，不同的人有不同的溝通方式。平時多傾聽部屬的聲音，把部屬的意見納入決策參考；或推銷理念，等待「共識的形成」，都有助於政策的推動。

㈢領導者應了解與別人建立何種關係

如師生關係、專業關係、利益關係、信任的友誼關係、工作伙伴關係，依此分配不同的任務，才能承擔重責大任，解決問題。只有工作伙伴關係，通常無法兼負額外時間的重大任務，領導者能與別人建立多重關係，才有助於事業的發展。

㈣領導者具備專業知能，能幫助團體成員成長，才能增加「人才資本」

需要不斷指導部屬成長、增能、增加績效、增加貢獻度，建立學習型組織，促進新資訊、新經驗的分享，幫助團隊的進步。領導者不要只顧個人的進步，或只關心一、二人而已，可能的話將成功的學習方法、人生哲學、成功的故事與團體、全班、全校分享。領導者應善用「績效管理」的評量指標和人才資本、顧客資本、組織資本、學習與創新等來提升組織的競爭力。

㈤領導者需知道員工的心理需求、認知需求、價值觀、互動型態

以滿足人際間的心理需求、價值觀、互動需求等。了解別人的評價標準，才能贏得好印象，領導者在評鑑別人時，也需接受員工的評鑑。

㈥領導者需要建立贏家的人際關係，從「平等互惠」開始

曾燦燈（2001）指出贏家特別重視「人際關係」、「認識人比認識錢更好」，贏家的人際關係包含：

1. 平等互惠：關心、主動服務、尊重，如果得不到互惠，關係無法進展。

2. **學習別人的優勢智能**：增補自己的不足。

3. **增加受歡迎的特質**：不斷成長，不斷改變，增加自己的熱忱與幽默特質。

4. **尊重別人的專業**：可以擴展自己知能與人脈；敬老尊賢的人會受到歡迎。

5. **如同太極大圓包小圓**：良好的人際互動，增加尊重包容的關係，可以帶來祥和。

6. **不能沒有倫理，不能是非不明**：沒有彼此「相互尊重與包容」，就不會發展出友善的關係。

㈦領導者要善於經營人際關係

曾燦燈（2006）提出有效的「經營人際關係」的原則，包含：

1. 能不斷反省，增加好的特質。

2. 與人有利益衝突，解決的原則，雖不雙贏，但能讓一方有面子，一方有裡子。

3. 提出「人際關係改善計畫」：了解人際衝突的原因，了解對方的個性；提出改善目標、達成目標的方法，找到助力，化解阻力，則可化解人際衝突。

4. 研究趣味式溝通技巧。

5. 學習讚美的技巧。

第三節
人際關係的原理與理論基礎

人際關係是一生中不斷發展與延續的過程，其接觸面有家人、同學、朋友、工作伙伴等。與人相處有一些基本方法，例如，與「親人相處」的方法：

1. 對待父母體會其用心，了解其「期待」。

2. 對待兄弟姊妹，了解其「心情」，採用同理心。

3. 重視倫理，真誠表達自己的「感受」，促使彼此尊敬。

與「朋友相處」的方法：

1. 知道惜緣：相見、相識、相知、互相鼓勵均需「用心經營」。

2. 知己難尋：多方試探，用「細心」、「耐心」、「愛心」、去經營。

3. 如果不用心、不去關心對方，相處再近，一輩子都是「過客」。

4. 不懂得分享「快樂」、「苦病」、「智慧」、「資源」，一輩子也不會成爲「好朋友」。

與「情人相處」的方法：

1. 欣賞的「加溫」，實際的「行動」關懷。

2. 體貼、關心、無微不至的照顧，可以撥動對方的心弦。

3. 與情人相處要有「幽默感」，在語言中尋找趣味。

在「工作中的人際關係」：

1. 與上司的人際關係及相處之道：了解上司的工作重點、休閒興趣，找出交集分享心得。

2. 與同事相處：互惠互利，不占別人便宜。

3. 參與工作後的休閒活動最容易溝通事情，增進友誼，如安排較好的氣氛「同遊」、「喝茶」等。

由上述與人相處的基本方法，歸納一些原理如下。

一、人際關係的原理

㈠主動關心與服務原理

主動服務使個人接近人際的核心，細微的關心會打動人的心，因此易使人際關係加速聯結（心理學原理）。（鄭照順，2005e）

㈡接近、分享與尊重原理

接近才能增加認知、感情、物質上的分享及行爲上的了解；人際間增加一些「尊重」，可使關係提升。藉由一種「媒介」使彼此有接近的機會，去分享生活中的資訊、快樂與苦惱，以增加共鳴感（社會學、心理學原理）。（鄭照順，2006）

㈢吸引力原理

社會的權與錢、財富與美麗、勤奮與依賴等資源與內在慾力，容易

互相吸引。「男的勤奮，女的就依賴」；「女的勤奮，男的就依靠」。
何處有好處、利益、好氣氛就有吸引力，任何一種智慧、微笑、勤奮、
主動、美景都是一種吸引力（社會學、心理學原理）。（李美枝，
1980）

㈣互補原理

外向與內向、兩種不同專業、窮人與富人、共同出資合作等現象，
有助於兩者的生存與發展，就是一種互補關係（社會學原理）。（李美
枝，1980）

㈤相似原理

有相同的興趣、志向，如爬山、打球、運動、旅遊、喝茶、參加考
試、學術研究、關心政治等，有共同志趣、志向可成為盟友（社會學原
理）。（李美枝，1980）

㈥同理心原理

真誠、同理心、誠信、尊重等，使人樂意長久相處（心理學原
理）。（鄭照順，2005e）

㈦特殊專長原理

如具有特殊的專長與魅力，如語言、音樂、寫作、幽默、熱心、藝
術等專長，可以形成無比的魅力，也吸引人們樂於追隨（心理學原理、
魅力原理）。（鄭照順，2005e）

㈧有形與無形結盟原理

「有形結盟」，即結合新的關係，如校際結盟、登山社、學術學會、
旅遊社團、教師會等；「無形結盟」，如師生關係、同學關係、學長關
係等，可以讓一群人有新的歸屬感（社會學原理）。（鄭照順，2005e）

二、人際結緣的方法

張錦貴（2003b）、證嚴法師（釋證嚴，2003a）等，提出如何與人結緣，從「修善念」、「說好話」、「做好事」、「幽默待人」、「廣泛服務」、「甘願做」、「歡喜受」可以逐漸發展出善緣。茲分析與人結緣的方法如下：

1. **語言結緣**：說好話、優美的話、甜美的話、感人的話。

2. **關懷結緣**：給予傷痛、失落的人們伸出援手與關懷。

3. **服務結緣**：經由服務別人的行動獲得友誼的增進，這些服務奉獻是無怨無悔，可以增進情誼。

4. **休閒結緣**：經由共同的休閒嗜好、興趣的互動，可增進彼此的了解及情誼。

5. **經濟結緣**：商人常用權、錢互利結緣，在經濟上相互支助或救援。

6. **分享智慧結緣**：學術與企業領導者，彼此分享智慧與研究成果，可以增進心靈的成長。

7. **分享玩樂結緣**：藉由吃、喝、玩、樂的活動，提升彼此的認識與了解。

8. **輔導扶助結緣**：運用心理輔導的專業知識幫助有困擾者，除可以消除困擾外，並可以增進關係；或提供經濟、資訊、關懷等的協助。

9. **幽默感結緣**：有幽默感的人，使人際感情更接近。

10.**陪伴性結緣**：常能陪伴朋友的人，就會產生一種支持力量，而產生新的情誼。

11.**文化認同的結緣**：增進人文修養，助人為樂，發揮人間菩薩之志道，有共同信念者情緣綿長。

三、人際關係理論

Rogers（1990）、Gardner（1983）、李美枝（1980）、鍾思嘉

（1996）、張錦貴（2003b）、鄭照順（2006）等對人際關係的學理，做過系統的研究，發現包含下列學理基礎：

㈠心理學理論

1. **關懷**：無怨無悔的付出愛心、行動、金錢、能力及資源。
2. **眞誠**：無代價、無回報的眞心投入。
3. **同理心**：有苦悶、困難，發自內心的關懷與共鳴。
4. **尊重**：凡事提供善意建議、分析後果、尊重對方的抉擇。
5. **知道對方的心理需求**：Schutz（1995）提出人際關係有「情感需求」、「被接納需求」及「控制需求」；人際的類型有感情型、管理型、順從型。順從型較不會選擇朋友；感情型容易陷入友情泥淖；管理型能夠主動選擇朋友。

例如許多因爲感情失落的大學生，常因情斷義絕而鬧自殺，如果有人以同理心，增加資訊、情感、物質上的支持、細心關懷，必會獲得改善。

又如登山社友們，在大自然的美景中，他們樂意分享食物、友誼、關懷、生活樂趣，又處於眞誠、關懷、同理心的氣氛中，包含空間與心理距離的拉近，使彼此的感情增進特別快。

㈡社會學基礎

1. **吸引力**：包含媚力、魅力、影響力。
   (1)魅力的政治領袖，會吸引一群狂熱的政治理念相同者追隨。
   (2)偉大的社會建設者，吸引一群追隨者，實現未來社會的夢想。
   (3)魅力的資訊科技明星，他有未來的遠見，能帶動世界的進步。
   (4)教育家的專業理念與熱誠，影響團體意志與工作熱誠。
2. **接近原理**：與有學問、有權力、有魅力者接近，必受到正面的影響，有接近的機會，才會產生深入了解與感情之增進。
3. **相似性**：「物以類聚」是一生物的共同特性，有相同嗜好者常會

相聚，互相比較，也會互相疼惜。如登山者、打球者、喝酒者、旅遊者他們會常聚會，因此感情不斷增進。

4. **互補性**：「同心協力」是社會生存的法寶，整合彼此的專長，才能使組織運作更完美，每一個人樂意分享其專業，則可以增加互補性。

5. **陪伴性**：跟班的人常會與領袖有深入的情誼，因為「陪伴性支持」是感情的重要基礎，肯花時間也是一種「感情的資本」。

6. **社會交換原理**：以心理學的增強原理及經濟學利益分析，來探討人際關係的複雜性，包含人際成本及人際互動報酬，許多人際互動過程，必然會涉及到「利益交換」問題，當「成本」與「利益」無法達到平衡點時，「社會互動」就不會發生。

(1)人際成本：人際互動所花費的時間、金錢、體力、物質等。

(2)社會性報酬：讚賞、尊重、認可、影響力、潛在機會、職位、
    地位、金錢、聲譽等。

如夫妻相處，互相的期待是「低成本，高報酬」，因此彼此常會失望。先生希望太太美麗大方、身材好，能料理家事；太太希望先生有車、有房、薪水能交出來、體貼、包容、能幫忙做家事。

遇有家庭困擾應檢討彼此付出的「成本」，與對方給予的「報酬」是否失衡。

㈢哲學基礎

幽默是人際的潤滑劑。

1. **幽默趣味哲學**：能夠以趣味去與人溝通，才能發現人生的樂趣。

2. **感恩包容哲學**：惜福才能幸福；知恩才會感恩；包容、感恩、善解、知足，使人際與心胸更開闊。

3. **內省智慧**：古云：「以銅為鏡，可以正衣冠；以古為鏡，可以知興替；以人為鏡，可以知得失。」改變別人不易，要先改變自己。

4. **實踐智慧**：讀萬卷書，不如行萬里路；講一丈，不如做一尺。

5. **奉獻、不求回報、不計較**：《史記》提到「自我貶損」、「不求

報酬」、「不斤斤計較」，是成功人際的不二法門；「爭勝好強」常是毀損名譽、破壞人際和諧的原因；能力、聲譽太強，必有人要給予打擊。

㈣生物學基礎

1. **知其性，守其「嗜好」**：了解此人的習性，投其所好。
2. **知其時，守其「時機」**：時機的成熟與其互動才有效。
3. **知其困，解其「困難」**：患難中助人、關心人，常能成爲知己，應知道「雪中送炭」是深情關懷的表現。

㈤多元智慧原理

1. **內省智慧**：常自我反省，自省法則爲：「改變別人不易，先改變自己」。要不斷增加自己的優點，減少自己的缺點，增加受歡迎的特點，感恩惜福，樂意協助他人等。
2. **人際智慧**：善與人互動，關心鼓勵他人，發展友善關係，建立積極的人脈，不斷的增加「人際資本」。
3. **多元結緣**：以一切資源、智慧、行動、才藝、服務與人結緣，達成共識、互助合作、同心協力等。
4. **發展生命的潛能**：從讀書、積德、風水、服務、研究、運動、旅遊、登山等，去開發人際生命潛能。

㈥精神醫學基礎

1. **心理關懷提升免疫力**：減少癌症、心臟病、呼吸系統疾病。
2. **好的醫療態度、互動可使病人健康恢復較快**：給予常人精神支持與鼓勵，一樣可以幫助提升健康。
3. **好的人際支持，可以減少心理疾病發生**：沒有人際支持，憂鬱症、自殺率較易發生，單身者疾病死亡率高出一般人的 50% 以上。

㈦顧客關係管理學

1. **了解顧客的心理需求**：了解顧客的需求，主動協助解決問題。
2. **提供顧客的個別化服務**：個別諮詢、個別化服務，如何與顧客建立關係如表 6-1：

表 6-1 如何發展顧客關係的方法

如何與顧客發展關係	較好的零售商	不好的零售商
1.解決顧客的需求與問題	比競爭對手更能滿足特殊需求，主動協助解決問題。	不知顧客在哪裡。
2.尊重顧客	對顧客禮貌周到、樂於幫助顧客。	不理不睬。
3.情感與信任	每次購物經驗，都令顧客銘記在心，建立信任感與情感。	對顧客冷淡相待。
4.價格	價格公道，並有附加價值的服務。	無法提供顧客其他價值服務。
5.方便性	能為顧客節省時間，提供快速、主動的服務。	業者以自己方便為中心。

第四節
美國、日本、中國的人際法則

黑幼龍（2004）、曾仕強（2002）、鄭照順（2005e）等曾對人際關係做跨文化研究，發現西方與東方的人際文化特質有很大的差異。西

方與東方人際文化特質的差異如下：

一、西方擁有英雄主義、科學精神色彩

西方國家的文化根源，一方面來自奧林匹克（Olympic）的運動精神，一方面來自基督教的反省精神，還有來自產業革命的科學精神，因此影響西方人的人際關係的文化特質包含下列：

㈠崇拜英雄主義

凡是運動、歌唱、文學、藝術、科學、政治、心理學、醫學等各種專業學識、才藝傑出者，均受到敬重與崇拜。在東方社會，講求傳統、保守、謙和，太出鋒頭，可能遭人嫉妒，而不利於立足社會。

㈡崇尚科學研究

18 世紀西方國家率先帶動「工業革命」，船堅砲利，成為遠征的常勝軍，因此優先掌握世界的重要資源與土地；科技的發明，即是版圖的擴大，「速度效率」決定了勝負，注重「科學的研究」是西方國家的重要文化特徵；東方社會講究「包容、謙和、混沌哲學」，生活中不太重視計畫，工作不太講求效率，因此影響人際的交往及生活型態。譬如，西方社會上班講求效率，下班少有交際應酬；中國式的領導人花在交際應酬的時間往往比上班時間還多。

二、日本擁有倫理與合作色彩

日本的文化受中國漢唐時代重視倫理道德、忠君愛國、敬老尊賢之文化影響很深，在日本也表現出君君、臣臣、父父、子子、兄友、弟恭之「倫理社會」，這種儒家的文化精華，充分在日本的社會展現，因此其人際衝突很少，尊重長輩，重視賢能者。又其屬於海島國家，土地貧瘠，環境艱困，需要通力合作才能生活下去，因此儒家文化與環境影響著日本人的「人際關係型態」與「人際關係法則」，例如：

(一)重視倫理

在大學的學長就是他們的導師，在公司裡的前輩就是自然的導師，他們敬意謙和的保留自己想法，去請教學長指示並提供經驗，因此無論企業界、政府機構，很少有升遷上的鬥爭與黑函存在。

(二)強調合作

日本人無論旅遊、經商、工作、捕魚、吃飯都是成群結隊，他們的領導一聲令下，全團井然有序，在出國的小費由領隊決定每人一樣，沒有一個人敢違反規定。在國外移民發展方向，更是有組織的團隊，有醫師、教師、銀行家、機械師、技術人員等形成一個合作的團隊，他們要競爭的對象，就是他國的個別移民，因此他們有絕對的優勢。日本無論汽車、電視、造船、手錶、照相機等生活科技，均展現無比的精良與競爭優勢，此與重視合作式的人際文化有重要關係。

三、中國人追求圓融、中和與結善緣

東方文化的典型國家如中國大陸、台灣等，都是受到五千年歷史文化的發展所影響，由於人口稠密，社會結構複雜，要想出人頭地，除非參加國家考試才有機會。但要在生涯上順利成功，比的不是才華，而更重視「會做事」，還要「會做人」。東方的社會無比巧妙，要能致中和與圓融，也影響人際交往型態，譬如：

(一)致中和及圓融精神

做人不能只想到自己，還要想到別人，更要想到「上級長官的感受」及「部屬的想法」。因此，語言均保留三分，不敢暢所欲言，若暢所欲言，個性太直，就不知道自己會得罪誰，會怎麼收場都難以預測。因此其做人的原則就是「中和」、「謙和」、「圓融」，更要「廣結善緣」來「增加中和」、「增加影響力」。

㈡廣結善緣

中國的社會，往往有人的地方，就有鬥爭、有黑函，見不得別人好；有人比我強，可能會擋住我的「出路」，就想辦法去構陷他，讓他難堪。因此，每一個人平時都在儲備人際資源，叫「廣結善緣」，以應付不時之需，如升遷競爭、事業合作、解決問題、化解危機。中國社會人際之危機化解，還是要靠「人際關係」，所以中國諺言：「有關係好辦事；有關係就沒有關係；沒有關係，就會出問題。」

㈢利益結合勝於正義、誠信

五千年的歷史發展，有一個定律：「成者為王，敗者為寇。」各朝代的廝殺、起義都會找來一些好口號、好的理由號召英雄好漢，人民參與爭權奪利，死傷的是無辜的百姓。因此在權力鬥爭下「看不到倫理」，也「找不到道德」。正如彭懷真（2004）所論：「愈重要的事情愈糊塗；愈重要的職位愈沒品質。」政治權利上的鬥爭、廝殺，讓人民的心靈悵然若失，政府帶給人民的不確定感，才是當代的悲哀；當然明日的太陽還會升起，我們還是要抱著自己的理想，耕耘自己的未來，找到自己的知己好友吐吐辛酸，以維持身心的健康，或許人際關係還有這一點「精神慰藉」的功能。

由於各國的文化、歷史、信仰、社會、權力結構發展迴異，因此發展出不同的人際關係法則，茲分析美國、日本及中國式的人際發展的法則說明如下：

一、美國式的人際關係法則

黑幼龍（2004）研究美國社會人際關係的法則，提出九大法則，這九項法則呈現出「科學性」、「心理性」、「激勵性」、「信任性」、「分享性」的原則，鄭照順（2005e）就其原則之應用方法進一步說明如下：

㈠不批評、不責備或抱怨，增加容忍力與包容心

批評如同給人臉上釘釘子、不給人面子；責備如同在傷口上撒鹽巴；增加容忍力，降低情緒的發作；增加包容心，萬物均應留給生路。不批評的技巧包括：1.多看部屬的優點；2.愛人如己，傷人也一定傷自己；3.情緒發作時改用右腦，多旅遊、看風景；4.受挫折時，找有興趣的事來做，以調整心情。

㈡真誠的讚賞與感恩

讚賞，能增加別人向上提升的力量；感恩，使自己產生內在慈悲的力量；讚賞是一種魔術，期待是一種力量；讚美會增加自信心，激發潛能，改變人生。讚美的技巧有：1.你是「性情中人」，好品格、好性情的人；2.「真誠的感謝，如冬陽般的溫暖」；3.「德不孤，必有鄰」；4.「你是賢淑多能的好太太」。

㈢了解別人的需要，引發別人的渴望

例如，我可以為你的公司貢獻什麼？引發他人「合作、共識的渴望」；關心對方「切身的問題」，近日忙些什麼？可以協助安排「休閒」、可以提供一些有助「健康」的活動。優秀、成功的人，他們「多懂」與「多做」些什麼？會從「老闆的角度」看事情，可「協助爭取」更多客戶；跌倒、不得志的人，他們到底少了什麼？每種事情只想到自己，未能先為老闆著想。例如，售貨員可以幫助顧客選擇最適合的東西；如何協助顧客選擇適合的餐點；即使顧客沒購買，也協助解決問題，不但可以交朋友，也可以學經驗。從「別人利益」著手，才能說服別人。做這件事對你未來有何幫助？「要釣什麼魚，用什麼餌」？

自己能為對方做什麼？設定與一位工作上的伙伴，你能幫他做什麼？了解對方的需求是什麼？如何融合一個團體，成為「利益共同體」？

㈣真心的關懷

　　關懷使人「感情聯結」；關心他人，「需懂得付出行動、問候」；關心他人，從「對方喜歡的事入手」。關心其興趣與嗜好；壞行為的改變，來自訓練、來自意願，來自好的同儕勸導，才樂意改變壞毛病；領導者對部屬的關懷包括：傳達喜悅、傳達關懷、傳達肯定與讚賞；勿把「關懷與感謝」當苦差事；將心比心，自己需要什麼？關心別人需要什麼？可以了解別人的需要以贏得商機。真切的關心，如同「投入良藥」一樣有效；醞釀溫暖的團隊氣氛：主動關懷、主動協助。對你想關心的人，該如何切入主題？（如對父母、對子女、對異性朋友、對學生等不同的對象。）

㈤笑臉較易贏得友誼：金科玉律

　　笑臉可將內在熱情，流露於外；為什麼老化、為什麼沒朋友，是自己造成。預防人的老化，從大腦的保健開始，腦的保健方法有吃半飽、運動、思考、早睡、生活有點壓力等；有些人能力不錯，但卻生涯不順遂、交不到異性朋友。婚姻不順多數是自己沒用心經營造成。熱忱可以把人的距離拉近，如何與人拉近距離？要從何處去改變？可從快樂的溝通、快樂的表達、喜悅的穿著、舉手勢打招呼與快樂笑容開始；團隊默契之建立步驟為：微笑、熟識、友誼、工作樂趣。如何散發微笑磁波，包含：頭抬、胸挺、吸一口燦爛的陽光、微笑、問好、朝著目標；領導者的微笑魅力，包含愉快、傾聽、分享、公正評論四部曲；服務人員的微笑魅力：接觸十五秒決定公司成敗；微笑，是「自信」的表徵；愉快，成員才能燦爛；苦笑，讓人寒風刺骨。「感恩的心」、「助人」把能力轉移給別人。

　　如何訓練「微笑」的人生的作法：1.向三個人表達你的感恩：說出他們的好。2.肯定自己的成就：快樂的人生觀，積極的人生觀。3.想到別人的優點：欣賞別人的長處，誠懇的讚賞，積極的仿效。4.笑才能解

決問題：理性與感性的衝突如何化解？「笑看人生」，向自然界學習，太過理性會變得冷酷嚴苛，太過感性又失去原則。5.何時表情最好看：「有成就感時」、「度過難關時」、「工作、生活、愛情、學習、研究順利時」。6.笑是無形的資產：你有累積微笑的資產嗎？

㈥結交朋友的鑰匙，談他感興趣的事

話題帶到對方的「事業」、「人生觀」、「休閒樂趣」，引入共同的話題；與同事溝通，談「人生趣事」，可以打開心門，跨入他的領域，分享快樂，才能成為真正朋友。與孩子溝通，不能天天講道理、要求事事順從，多談孩子感興趣的話題，能夠徵求其意見、想法等，要多聽，允許孩子自己決定自己負責；談他人感興趣的話題，重視他人的訊息，提升其自信心，分享其生命智慧。機構領導提出政策，由部屬去規劃，充分授權，部屬較會有成就感；溝通是一種能力，不會溝通的人，不可能是一位好主管；把經營理念不斷告訴幹部，幹部再明確的向員工溝通。列舉數據較能說服他人；而馬克吐溫常以小故事，引人入勝，柏拉圖說如何駕馭「理性與感性」即是正義與人性的融合。知識、經驗比別人豐富，但不為部屬信服，溝通的方式要反省；用最短的時間給人好印象，即談論別人有興趣的話題、多談對方背景、經驗、專長與特色；說話有衝突時，問對方「談談你的意見」，再做理性與感性歸納。溝通的大門，從談對方的興趣，個人的微笑，及虛心請教開始，可以發覺對方的智慧與熱忱。

㈦打開快樂的訊息

常分享成就感、快樂的訊息。筆者一年走一千公里，六次登上三千公尺的高山；也幫助別人增加「成就感與快樂」；溝通原則為，談談過去的甜美回憶、現在生活真舒暢、未來的夢想非常美好。增進「健康的」生活經驗，接近大自然、聽音樂、欣賞美景、與好友分享快樂；養成良好的品格習慣，打造人生成功的鑰匙，如誠實及不斷反省、勤奮就

會有成就、熱忱服務感人、負責任能讓人信任等。

(八)通情達理、積極傾聽、說話得體、滿足需要

1.疑中留情：對學生的行為做無過推定，有理推定。

2.通情達理：從多方角度去看問題，不只是做「對」事，而要求做得「圓滿」，「創造未來有利的發展過程」。

3.說話得體：常說謙虛的話、鼓勵的話、讚美的話、認錯的話。

4.滿足需要：一分思考自己的表達，二分思考給對方因應，衝突時找到關鍵主題切入，曉之以理、動之以情、析之以利（大利），讓對方有思考空間、時間。

5.積極傾聽：眼神接觸、臉部表情、身體前傾，明察得越明、溝通越好。

(九)贏得別人的信任與合作

稱讚別人很重要，肯定別人很有貢獻、很有影響力，別人才會出真力氣相助；表達一百萬分的感謝，樂意幫助人成功，就有成就感，要表達真誠感謝；發揮「快樂創意」，取代「愁眉苦臉」的苦幹；以群體合作「面對問題」，主管要有犧牲奉獻精神起帶頭作用，才能贏得合作、信任與尊敬。要喜歡「與人分享」、「喜歡溝通」，分享快樂、傾聽快樂；要工作有成就；要懂得「激勵他人」、「肯定他人」、「勉勵自我」；己所欲施於人，自己喜歡受尊重，先尊重他人；好吃的先讓對方品嚐；會肯定別人的重要性、價值性，給人重要感，即是人際關係的理論之核心。影響力來自「感恩」、「讚美」與「關懷」：1.能感恩的人心胸最開闊；2.能說出讚美的人心裡最快樂；3.能幫助別人成功，就有成就感，自己也能分享快樂。

綜合言之，美國的人際法則，善用科學的心理學原則讚賞關懷、了解需求、分享快樂等去獲得友誼。

二、日本式的人際關係法則

分析日本的人際關係法則，由於受漢唐文化影響至深，加上 1980 年代明治維新成功，吸收西方的科學文明、政治、法律、教育、文化制度，使日本人的人際關係、工作精神、做事態度展現出一些人際的相處法則：

㈠對己自省

日本的中小學有一門課叫「修身」，其課程內容在「反省自己的行為」，是否合乎社會公德，是否合乎人際倫理，做事是否達到敬業與樂業。其修身的方法，從自己的儀容、自家的庭園整理開始，「尊重自己即尊重別人」。

㈡待人以禮

誠心誠意會令人感動，誠之表現由禮入手，日本非常重視人際間的禮節，已成為生活的行為法則。例如早上的打招呼，吃飯時說聲「開動」，吃飽了說：「吃好了，好吃！」作為感謝，已成為生活公約。「有禮走遍天下」，去拜訪人一定帶禮物，禮物不一定貴重，但都會細心包裝，表示禮貌，表示敬意，表示尊敬對方。他們也認為每一個人都有可取之處，都值得向他人學習；有誠意的對待他人、敬事、待物，處處就可呈現一種禮貌的風尚。

㈢做事以敬

日本人對做事的態度，「不只把事情做完而已」，更要求把事情做到自己滿意為止」。這種「自我要求的精神」，就是「敬業」、「專業」的最高表現。把做人的認真精神與做事的認真情形相聯結。一般公司的主管都會下班後自動加班三至四小時，員工也會自動加班一至二小時，目的是「自己分內的事」如果做不好，會被人看不起。

㈣人際重合作

日本人的合作性、團結性已經是一種共同的生活法則，出國旅遊一定是一個團體，移民也是一群團體，這些團體通常是有組織、有分工、有目的地去考察及研究，回來並做成心得報告。把人際合作運用在旅行、經貿、外交、企業發展上，日本人的生活習慣認為「合作」才能生存，才能發展，才有傑出表現，表現「組織學習」的精神，因此在國際舞台上永遠有傑出的集體成就。

㈤敬老尊賢

日本的人際根源注重人倫、輩分，使家庭、社會、公司的人員表現出和諧相處、互相敬重的生活氣氛。社會少有極端的攻擊、黑函，一切按照順序，社會自然祥和，人際衝突自然減少。「尊賢的風氣」來自一些大企業家的帶動，如松下幸之助主張企業要永續生存一定要有倫理、有才能、有經驗的人來領導，才能永續發展，因此大企業領導人建立「傳賢不傳子」的傳統，使日本人的做人、做事之精神擴展到企業的永續發展。

㈥「認真培養」及「物超所值」的人際態度

日本人的交友，大都表現認真慎重的態度，他們會認真去了解你的優點，對其「個人的發展」、「組織的經營」有幫助，才會考慮和你認真培養「合作關係」。假設與他的交往是「負面的感受」、「負面的退步」，不是他所期望的，他會很慎重有禮貌的與你斷絕交往關係。這種斷絕關係也是一種禮貌，他會送你很有價值的紀念品以示感謝，感謝你過去對他的照顧與貢獻。因此，日本人的人際交往，每一個人都竭盡所能的表現自己的優點、長處，提供個人的資源與對方分享，他們的人際通則，是在個人表現比他想像得好，即把「物超所值」應用在人際交往上。

總而言之，日本人的人際法則從自身「修身」、「敬人」、「敬事」、「樂業」中贏得別人敬重來獲得友誼。做人做事沒投入很難贏得敬重。

三、中國式的人際關係法則

中國人的文化傳統注重人際關係，認為有關係好辦事，「關係」代表人際間有了了解感情與信任。因此善於培養關係，建立關係，對人生的發展確實有莫大的助益。如何培養人際關係，中國的社會有一些明顯的通則：

㈠重視志同道合

在同學、同事、朋友中有一些興趣相同、認知相同的，他們會建立比較親密的友誼，即所謂「志同道合」。有共同的理想、信念、志趣就可以常常玩在一起，工作在一起，因此，常能有親密的關係。例如：愛好登山的好友，或熱中學術研究的小組，由於他們志同道合，學術信念相同，於是成為很好的朋友。

㈡重視雪中送炭

人類的真情與假意很難區分，但可從「患難見真情」。朋友有難，同志有苦，能伸出援手與關懷者，才算是真正的好友，也是患難之交。如果常在別人苦難、孤寂、無助之刻默默的付出，當然會贏得尊敬與感恩。例如：當外國有水災、地震之災難時，慈濟功德會常能主動關懷及伸出援手，得到全世界人的尊重與友誼。一個學校有許多困難的事，如教學外的「刊物編輯」、「家長關懷」、「上級溝通」等工作，有人樂意協助者，必會贏得真摯的友誼。默默付出心血，可等同累積友情、友誼的基礎，任何一項感情的建立，都不是憑空得來，建立友誼也要把握機會，真情關懷。

㈢重視誠懇與信任

「君子之交淡如水，小人之交稠如蜜」，君子之交往重視制度、眞理、倫理的維護，自然的人際關係不會發生重大的變化。但是人際之間「沒有誠懇、熱忱」是無法建立新的關係，彼此要表示感謝，可以送花、土產等，說出眞誠感謝之言，增加彼此的了解、支持，使彼此的感情日漸增進。由於有了深厚的感情，如果能夠進一步去執行重要的工作任務、合作計畫，則已達成信任與互助合作之階段。例如：美國科羅拉多大學副校長黃茂樹，待人極爲熱忱、用心，願意爲別人付出服務，常主動邀請學校人士、外賓到家中作客、烤肉及欣賞風景；在教學專業上更熱心幫助別人，因此贏得大家的友誼與信心。如果有開放的胸襟、熱忱服務、主動付出，常能贏得友誼與信任。

㈣重視休閒活動的共同參與

俗云：「玩在一起的家庭不會散。」一個人如果有許許多多的休閒興趣，如爬山、攝影、打球、唱歌、跳舞、聽音樂、欣賞戲劇、研究學術等，就可以在工作之餘，找到志趣相投的好友，去分享生活心得、分享生活樂趣，這種友誼是在沒有利害關係之下建立的，因此是眞實的。在心靈成長、心理支持、互相關懷等方面均可受益。當然如果有公情與私誼，更可以使同事之間的感情更加融洽。在私誼中，也有助於一些公務上誤會事件的化解，譬如，一位老師想請假去進修研究所，由於她很技巧的在學校的爬山活動中向主管溝通，進而得到感情上的支持與關懷，個人的瓶頸問題也獲得解決。

㈤重視通情達理

吳武典（2005）描述人際關係最高的法則是「通情達理」。在中國的社會，任何事要辦得完美，就是要「通情達理」，「通情」即了解對方的心理需求，給予最大的同理心感受，能激發彼此感情的共鳴；「達

理」在辦理事情時，又能依據「法則」、「制度」、「順序」、「倫理」、「公平原則」去處理，使對方如果有抱怨也不致反目成仇。做人不能做得太絕，彼此如果能遵照「通情達理」去做決策，關係就不會瓦解，而造成日後的互不來往。

㈥人際關係好，成功機會大

曾仕強（2002）提出「成功的公式」＝努力＋機會，機會的定義就是時機，就是好的人際關係。例如，一個單位有科長的職缺，有許多股長、督學要爭取，而決定權在機構的首長，誰的「形象最好」、「工作最努力」、「溝通能力好」、「服務熱忱」、「品格最佳」，可能就是最後的得勝者，主管人員可能依據其平日的「服務態度」、「溝通能力」作為提拔的依據。人際關係是一種成功的機會，人際關係好，代表接近決策核心，就更容易被發現其才華，以及未來在工作上培養默契。

㈦合則共存，成功的機會較大

語云：「政通人和，百廢俱興。」任何人想要推動公共事務，倘若沒有人的「向心力」、「同心協力」、「共同支持」、「共同信任」，是無法完成任務的。團隊有了「向心力」，人人肯流血流汗，才能振衰起敝，展現進步與精進。曾仕強（2004）指出：「不可輕視別人的力量，任何忽視別人的力量，均不可能成功；人際關係良好，可以得到各種專業人才協助，成功的機會比較大。」個人的努力，若是得到人際關係的助力，必然事半功倍。

㈧重倫理，講禮讓

中國傳統的儒家文化，注重天、地、君、親、師、五倫，君臣、父子、兄弟、夫婦間，有義、有情、有愛。「有義」即是一種尊敬、道義、責任、盡照顧之責；「有情」即是彼此感情、心理上的支持及互相的關愛，用於工作倫理上即「敬老尊賢」、「敬業樂群」，舉凡嚴守人

際倫理者，必可減少人際摩擦，也受到長官、長輩的喜愛。嚴守倫理者尊重長幼有序，術業有專攻也可減少專業人認知的摩擦。在同樣的專業、同樣年齡如有意見相左，如採取「以讓代爭」、「禮讓爲先」，永遠可以風平浪靜。「讓者」未必是吃虧者，因爲他總是先尊敬對方，可以培養彼此的默契與信任。因此「禮讓」、「重人倫」，即是獲得人際關係最好的方法。

㈨讚揚他人，充實自己

讚揚別人的觀點，可以取得彼此「感情的認同」；讚揚別人的優點，可以引發「知遇之恩」；讚揚別人的心境，可以提升對方的地位。鍾子期與鮑叔牙之「知音情感」，中國人許多善於了解別人優點者，往往是人際關係的高手；在讚揚別人之刻，不忘去學習別人的長處、優點與特色，如此，才不會失去良木、良才、良將。良將仍需要良才來輔佐，良木亦需要良禽來擇棲。

㈩化敵爲友，減少阻力

選舉輸贏之後不必去廝殺叛徒，要謙卑，才能化解阻力，能夠包容異己，才能化干戈爲玉帛，別人也較能接納你。感謝對手給予服務的機會，以佛家之精神：「包容近乎慈，好學近乎智，力行近乎仁，知恥近乎勇。」成功的領導者，其慈、智、仁、勇四者要兼備。

綜合言之，中國人的人際法則在追求安全感、增加助力減少阻力；把握交友機會，重視因緣際會；重視誠信的友情，才能維持長久。

四、中國式的人際關係個人基本素養

曾仕強（2004）對中國式的人際關係，指出應包含「人際的基本素養」、「善用社交媒介」、「人際技巧」、「持久的努力與學習」，其重要內容，被排成十字口訣：

㈠一表人才

身材先天由遺傳決定，後天則需靠自己改善氣質、態度、熱忱，增加學識、努力勤奮都靠自己，給人一些好印象。

㈡二套西裝（洋裝）

人要衣裝，使自己更亮麗、更有精神。任何就業考試、面試時，即在評量人的儀容、表情、服裝等，好的穿著也令人喜悅與增加好感，因為人通常由外表來認識別人，稱為第一印象。

㈢三杯酒量（咖啡、茶）

人際相處可以透過吃飯、飲酒、喝茶、喝咖啡來談天，加入「實驗智慧」、「練功智慧」、「典故故事」的互動來開展人的智慧領域。此種媒介中有同好、有智慧是人生最高的享受。對於部屬也常給予激勵關懷，加入適時的社交活動與智慧分享。

㈣四圈麻將（打球、爬山、唱歌、旅行、學術研究）

有了正當的嗜好，再進一步有長久合作的休閒活動，如打球、爬山、唱歌、學術研討會等，在工作之餘，有一個共同的休閒活動，增進彼此的了解，增進彼此的感情，也幫助彼此智慧、經驗的滋長，因此有助事業上更成功。

㈤五方交友

中國人很喜歡「四海之內皆兄弟」這句話，在政界的領導人，均以「廣結善緣」來發展人脈，「人脈」正是政界的資本，「人脈」也是領導者的重要資本。為何要五方交友？「政界」需要各界專業人士、群眾之支持，「商界」也要累積人氣，建立品質，也要「人脈」，產品才能有行銷管道。當代校長遴選制度，校長也需要有一些「人脈」才能推動

校務，發展影響力。當今的校長更要有「平等化」、「民主化」、「制度化」、「效率化」、「親切化」、「品質化」的多元特徵，才能順利推展校務。校長推展校務不可能一帆風順，常言：「改變別人不易，可以先改善自己的態度及行爲。」有人批評時可以告訴他：「把缺點告訴我，把優點告訴別人。」如此可完成兩件事：「內修功德」與「揚善與勸勉」。

㈥六出祈山

孔明要募集人才，不惜苦心去拜訪他人，使對方感動而獲得良將良才。要結交一個「好友」、「良師」、「益友」也不能不下苦功，努力去拜託尋求大力協助；眞摯的友情，需要深情的耕耘與長久的努力才能獲得。

㈦七術打馬

發現對方的優點、特色、長處，給予公開的肯定，如此必然贏得對方內心的快樂與成就感。此種方法「對上級」、「對下屬」均非常適用。「拍馬」的技巧，如「尊重上司」、「讓上司做決定」，必然會帶來好的印象，合理的吹牛、拍馬、逢迎、陪伴、服務、報告等都會帶來親密、信任的基礎。「只要努力付出，人際關係就會改善；不努力付出的人，一定不會成功。」（鄭照順，2005e）

㈧八面玲瓏

講話的時刻，注意到上下的心理需求與期待，注意左右的關係之維持，因此中國的人際關係，依各種時間、人員、場合，都要做出圓融的表達。政客們爲了贏得選票，不同的人，講不同的話，在當代媒體發達的時刻很容易發展，政客「言行卑劣」，但他可以用不同的方式，騙取各方人的支持。正人君子要言行一致，取得全民的信任，如果「言行不一」，很可能騙得到政權，而得不到民心。八面玲瓏主要是提醒任何一

位發言人，都要了解「言」、「行」會上下、左右產生影響力。發言、行為盡量要達到圓融之地步。在此也勉勵行政領導者，做事不只要做得對，更要做得圓滿。

㈨九分忍耐

曾仕強（2002）認為「努力」、「忍耐」是人際關係的保證。人際間難免會有「價值衝突」、「情緒衝突」、「代溝衝突」、「專業衝突」，當事人可以透過自己及各種管道去化解歧見，這種溝通儘管「耗時」、「費力」、「費錢」，但不做好溝通，就匆匆做出「決策」，其心理衝突可能就會激發出「反對的勢力」。因此領導人就是做最大的努力，善於「耐心」處理人際間衝突的事件，最好是做到事先的預防，培養「危機、變革代理人」及加強「人際關係的資本」，在人際危機之時，才能得到有效的化解。提升個人的 EQ 能力，才能度過人生許多的挫折與痛苦，心裡要把持「過程是痛苦的，結果是甜美的」。

㈩十分努力

積極勤奮的工作，奉獻，終會好運到，努力會帶來學業、事業的成功，你的成功樂於與人分享也會增進友誼；人際關係的建立是靠因緣際會，也要靠自己長久的努力、奉獻、熱忱以得到一份受敬重的友誼；並常請益長官指導，去缺點增優點即可不斷改善人際關係。

第五節
人際溝通的意義及功能

資訊的時代就是一個多元溝通與高速溝通的時代，資訊是否能夠有

效的溝通，而產生教育、經濟、文化、心靈效果，有賴於有效的溝通媒介、方式及內容等。從人際間的溝通功能而言包含：認知上的理解，感情上的增進，行動上的合作，增進身心的健康，及化解人際溝通的障礙等；商業的溝通功能而言包含：產品功能與品質的了解，增進購買的需要與欲望，達成行銷目標。

一、溝通的意義

陳皎眉（2004）、鄭照順（2005e）等指出所謂溝通（communication），是指經由語言、非語言及行動等方式，去表達意見、態度、知識、觀念及情感等訊息，傳達給對方的歷程。溝通的範圍無所不包，包含：教師的教學，候選人的形象行銷，商品、書籍的推銷等。以人數的多寡來區分，可以分為：

㈠內省式溝通（intrapersonal communication）

人常自我反省，產生自我對話，自我指導檢討缺失，不斷精進，即是一種內省式溝通。可以寫下日記激勵自己，檢討自己，策勵未來，均是一種自我溝通。

㈡人際溝通（interpersonal communication）

在二人小組或一個團體中有人際對話、小組討論、上課式的表達討論與回應，都是一種人際溝通。人際溝通可能有交集，也可能單向傳達一些心情、資訊而得不到回應。

㈢大眾傳播（mass communication）

以大眾媒體為傳播的工具，如報紙、新聞、雜誌、廣播等，由於大眾媒體常是單向溝通，容易造成洗腦的效應。在專制的社會，誰掌握媒體，就掌握了「資訊」的控制權。

綜合言之，溝通包含多種層面的意義：

㈠認知性的意義：促進了解

教學即是一種理解性溝通。

1. 想傳達一個訊息。

2. 切合收訊者需要。

3. 對方能解讀這個訊息。

4. 檢討對方「了解的程度」。

㈡心理性的意義：滿足心理需求

溝通是爲了滿足對方的「心理需求」。

1. 針對對方心理需求。

2. 給予愛、關懷與尊重，使滿足「愛與尊重的需求」。

3. 進而促進「幸福感」與「信任感」，此爲「心理性」溝通的意義。

㈢趣味的意義：言之有趣

溝通追求趣味與幽默，可以提升溝通效果。

1. 言之成理：可以提升專業知識與經驗。

2. 理由有創意：可以增加新知。

3. 創意中有趣味：有趣的溝通，可以增加溝通的效果。

㈣形象塑造的意義

好的溝通在「塑造好形象」：好的廣告可增加對產品的吸引力。

1. 以「專業形象」去廣告，可以增加吸引力。

2. 以「學術研究成果」可以增加專業的信任。

3. 社會領導者常有專業及聲望，會帶動群眾的追隨：如名演講家張錦貴常帶動社會進步的力量。

㈤**多層次的交互作用意義**

1. 知情合一，才能產生溝通效果。

2. 例如候選人的專業形象，是一個溝通行銷的起點。

3. 如能加上情感、認知、遠景的認同，更能打動人心。

二、溝通的功能

DeVito（2003）指出溝通的主要功能包含：

1. **認知上的理解**：透過條理、實例使人產生了解。

2. **感情上的增進**：有理認知理解，才能進一步打動人心，提升認同的情誼。

3. **行動上的合作**：有了理解、支持，才會出錢出力付出行動。

4. **增進身心的健康**：溝通可以分享經驗、充實知識，清除緊張壓力，而增進健康。

5.**化解人際溝通的障礙**：有了適當的溝通技巧，可以化解人際之間的誤解與障礙。

DeVito（2003）、陳皎眉（2004）、鄭照順（2005e）、饒夢霞（2006）等進一步指述溝通的功能包含下列：

㈠**認知溝通：增進認知與理解的效果（內容式溝通）**

1. **在教學上的溝通**：屬於「專業認知學習」的過程，教學者表現在這個領域的敬業態度，包括有深入的準備、有條理的教學、有風趣的表達、有深入的互動，而激發出專業的素養與專業的共識。教學過程如果有一些學習阻礙未排除，如作業、評量、秩序、缺課不予管制，將無法提升學習的水準。

2. **在人際及社會上的溝通**：溝通即是一種「認知學習」、「社會學習」，增進自己的人際知識及對社會、對世界的了解或技術的學習，以增加自己的認知廣度及專業判斷的能力。旅行即是一種個人與世界的溝通學習。

3. **社會事件的溝通**：當遇到社會上糾葛的事件，即是個人與社會事件的溝通學習機會，凡經驗過的事即是一種「無言或有言」的溝通學習。當對方認知偏差，對其加以說明即稱「認知溝通」。善於「認知溝通」者，常給予趣味化、遠見性及理性分析，必會帶給自己最好的抉擇與生活趣味。

㈡心理溝通：幫助人際情感的增進（態度式溝通）

個人主動、親切、微笑、自信的溝通態度，常有助於提升溝通效果；因為人類基本情感有相互依賴的需要、相互信任的需要，以達到心理上的安全感、信任感，以及維持愛與關懷的心理需求。因此，溝通時所帶給對方的微笑、稱讚、關懷均可促進心理上的滿足感，並維繫情感上的支持。個體有了「情感上的支持」，通常會表現出較穩定的情緒及較積極的行為。我們主動關心需要關心的人，給予鼓勵或安慰其情緒，稱「心理溝通」。善於心理溝通者會表現出：

1. **打氣筒功能**：能成為別人的打氣筒，常激勵關心別人。

2. **出氣筒功能**：能傾聽別人的心聲，常成為別人的知音，並能適當的安慰人。

3. **加油站功能**：當別人心情低落時，常給予打氣加油。

㈢社會溝通：達成行動上的合作（合作意願溝通）

人際溝通在發展人際間的溝通網路，其主要功能在促進人與人的合作、聯誼、行動。

1. **透過溝通「達成共識」**：以增進彼此行動的意願。

2. **透過會議溝通，達成「互助合作」的行動**：會議有時不完全理性，但民主社會並無完全的理性，而是取決於多數的意願，以減少行動的阻力。民主社會的智者並不一定能出頭，反而擅長社會運動者，易於挑起情感、情緒認同者，易獲得主導力，因為群眾普遍是盲目的。擅於社會溝通者，較易於掌握「社會資源」，也易於促進「社會合作」。

㈣目標任務溝通：增進工具或目標的實現（採取行動的溝通）

溝通一方面在達成共識，一方面在執行決策的目標；先聽聽大家的意見，再整合大家的意見，以執行公共政策。先決條件應是找有專業素養的人來參與，以及找到對改進本方案有興趣的人，以利於決策品質的提升。爲達成團體目標，個人有禮貌的請求支援，則較可能獲得精神支援。反之，高姿態的強制別人配合，較不易獲得回響，故溝通之本質，仍是「情感支持」的延伸。「工具性的溝通」應建立在「暖身」之後較易達成，任何「暖身的溝通」又稱爲先置性溝通，即先培養感情如喝茶、寒暄、關心、打球、參訪等。溝通可幫助「決策」或「工具性」目的的達成，但千萬注意「暖身性」溝通，應先安排「先置性溝通」。爲了團體目標的達成稱之爲「目標性溝通」。善於「工具目標溝通」者，常能應用對方的人格特質，如愛喝酒、愛唱歌或共同的嗜好去切入，較易達成工具性溝通。共同趣味性活動培養出共同認同的感情之後，就易於溝通。

㈤休閒性溝通：分享快樂經驗，增進身心健康（娛樂式溝通）

溝通可透過一些媒介，如喝茶、小酌、打球、打牌、聽音樂、爬山及旅行等，來傳遞及分享生活的體驗。在放鬆的氣氛中最容易促進彼此情誼的交流，此種活動可達成：

1. **喜悅**：分享生活中的高峰經驗，增進情誼，並促進健康。
2. **充實感**：分別吸收不同領域的專門經驗及智慧，豐富生活經驗。
3. **身心舒放**：在休閒時間使身心得到最大的放鬆及享受。

㈥化解溝通上的障礙（排解困難式溝通）

人際的溝通障礙有很多種，例如專業上、情感上、文化上、語言上、目標上、價值觀等障礙，常見的有價值衝突、利益衝突、身分上的衝突。中國哲人常用「融和共生」，道家主張與「自然和諧」，儒家主張「人際間的和諧」，企業主管主張「雙贏溝通」，如何以謙和各退一步之措施，達成人際的和諧，是領導者追求的目標。溝通上的障礙要去了解當事者的

興趣、需要、了解程度、心境、願意接受的方式，才能有效跨過溝通上的障礙，如採用多元並進的溝通容易發揮其效果，包含語言、非語言、行動、有力人士及想像式溝通，若加以融合應用，應可帶來較大的效果。

第六節
人際溝通的媒介、溝通類型與技巧

溝通的歷程包含：自變項（是指主動想傳達的訊息）；中介變項（是指傳導的媒介、環境、氣氛等）；選濾變項（個人注意到的價值、關心的事物）與結果變項。人際溝通可以說無所不在；因素也極為複雜（見表 6-2）。溝通歷程（陳皎眉，2004）包含「個人因素」、「參與者因素」、「溝通情境」、「訊息與溝通管道」、「溝通障礙」及「溝通回饋」等六個重要因素。企業界均善用多種溝通訊息、溝通管道加上心理需求、認知需求、感情需求、經濟需求、服務需求等去包裝訊息、包裝溝通，以達到行銷的目的。

工商界最注重產品的行銷。從產品的品質、特色與價值及包裝、服務等行銷，透過報紙、電視、宣傳車、廣播、夾報、試用、附加贈品等方式來吸引顧客。溝通行銷，一直是商業界最有興趣，且是必要的工具。

民主化社會，政治團體為了政治利益，爭取權力，有許多溝通行銷的方式：

1. 正面的行銷政治理念、政策方針：吸引大家的向心力與支持。

2. 滿足低層人員的心理需求、利益需求與社會福利：滿足低層人員的利益與鞏固自己票源，採用全民稅金，政策性買票，愈低層愈有效。

3. 抹黑對手，凸顯自己的清白，提升自己的地位。

4. 若上述均無法發揮作用，則採用極端的街頭抗爭活動，提高聲勢。

| 表 6-2 | 人際溝通歷程的自變項、中介變項、選濾變項與結果變項 |

自變項 （自發區）	中介變項 （溝通情境）	選濾變項 （特質情境）	結果變項 （效果區）
1. 說話的語意與目的	1. 心理情緒因素	1. 認知層次	1. 語意的了解、誤解
2. 文字、報章雜誌、圖書	2. 時間因素	2. 價值觀	2. 文字的認知、理解
3. 市場的傳播：自然話題	3. 物理環境因素	3. 目標因素	3. 市場傳播的解讀、理解
4. 專題演講、專業知識的傳播	4. 社會文化氣氛因素	4. 專業興趣	4. 專業知能的共鳴、理解
5. 電子媒體傳播、電視、收音機、電腦網路	5.「磨菇」的熱度（初步相識、互動）	5. 教育水準	5. 大眾媒體的解讀
6. 休閒的活動、音樂、藝術，運動等	6. 增強因素：自己努力推薦人物、分享交流	6. 共同利益	6. 知性感性的融合
7. 研討會、公聽會，以主題思辨	7. 動作表情	7. 興趣因素	7. 形象認同
8. 誤解的澄清	8. 幽默與趣味性	8. 利益因素	8. 情感認同
	9. 整合各種資源	9. 關係因素	9. 情緒共振
	10. 人際溝通觸媒：熱忱、相似、包裝	10. 人格因素	10. 利益、資訊共享
		11. 資源因素	11. 情誼增進
			12. 紛爭排除

5. 更有選舉高手不斷製造議題，製造衝突與矛盾，從衝突中贏得知名度與迷糊人的選票。這些「迷糊人」類似「中間選民」，中間選民無固定模式的價值觀。

鄭照順（2005a）發現「優質的教學」與「溝通能力」有正相關，優秀的教師會善用：

1. 邏輯式的教學大綱。

2. 舉出有趣的例子，選用圖像式教學。

3. 引起學習動機與興趣。

4. 多元化的溝通媒體，如簡報、音樂、教具、討論、回饋，並建立良好的師生感情等。

5. 學生遭遇學習困難時給予協助。

6. 教師教授記憶的方法。

7. 教師教導品格及成功的方法。

老師運用講義、投影片、影片、學習單、回饋單、檢討報告、心得報告，可以加強學習效果的溝通方式，都是增進成功教學的方法。因此，教學效果即是「一種溝通效果」。

一、 人際溝通的主要媒介因素

人際溝通的媒介有很多種，包含語言、非語言、行動、仲介人物、創意趣味媒體等。 DeVito（2003）、鄭照順（2005e）等提出的溝通媒介，可以歸納如表 6-3。

表 6-3	人際溝通的主要媒介因素	
溝通媒介	媒介內容及技巧	可能效果
1.語言	口語、文字、書信、圖像、邏輯性、趣味性、問問題	清楚表明事理以「認知」為主的影響
2.非語言	態度、感情、表情、稱讚	以「情感」為主的影響
3.行動	服務、解決問題、禮物	以「行動、驗證真情」為主的影響
4.仲介人物	重要人士推薦，打電話、好友背後支持、稱讚	以「外加力量」的影響效果
5.創意趣味媒體	想像性、幽默性圖像	建立快樂、趣味的印象

二、人際溝通型態與溝通技巧

人際溝通的目標，當然在於建立「彼此的共識」、「增進感情」、「達成共同行動」，也有用在化解誤解、化解衝突上，因此不同的人、不同的地方、不同的情境，可能都需要用不同的溝通內容、方式、媒介去表達，才可以解決問題，建立共識，歸納如表 6-4。

表 6-4　人際溝通型態與溝通技巧

溝通的類型	意義及用途	溝通技巧	效果評量
1.知識性的溝通	表達意義及目的增加了解	邏輯式、趣味式、問題式、口語、文字、圖片	長期的研究，自評或再確認
2.態度性的溝通	以增加親切、有禮、謙虛的態度，增加友善	親切、有禮、謙虛、語言、態度、自省	見面三分情，有力人士推薦，信任
3.行動性的溝通	由認知、態度專業為行動及問題解決	人到、心到、禮到、誠意到	患難見真情
4.理性情緒的溝通	應該了解人的有限與不完美	人生沒有完美的事	有憂鬱情緒，是自己期望太高之故
5.交流性的溝通	1.智慧（知識）交流 2.情感性交流 3.知性交流	1.分享與互動 2.增加情誼關懷 3.建立信任	智慧、感情、資源是否互補與交融
6.交錯性的溝通	1.郎有情、妹無意 2.妹有意、郎無情 3.郎無情、妹無意	1.借重「媒人」介紹優點 2.明知不可行，不勉強自己	媒人是否有加分效果
7.攻擊性的溝通	1.價值衝突 2.利益衝突 3.職位衝突	1.水平思考、多元價值的尊重及包容 2.結合次級團體，鞏固自己利益 3.不出風頭，鴨子划水	1.太自我中心，易與人衝突 2.利益分配，是否公正 3.能力強，死得快
8.綜合性的溝通	融合知識、感情、行動	1.主動式服務、關懷 2.誠意的態度 3.具體的禮物	1.任何難題均可使用 2.多元式評量法
9.暫時忍讓與自省式的溝通	1.對誰讓 2.何時讓 3.為何反省	1.忍一時海闊天空 2.挫折容忍力，自我排解事件壓力 3.自省及改善缺點，增加優點	1.是否能解決問題 2.心理壓力是否降低 3.缺點是否減少

第七節
溝通的有效策略

　　彭懷眞（1997a）、張錦貴（2003b）、曾燦燈（2006）、鄭照順（2005e）等提出有效的溝通策略，應該從「臉笑、嘴甜、腰軟、讚美、勤快」開始；人際關係由溝通開始，由誠心、熱忱回應出發。溝通該如何開始？找「藉口」、真心「誠意」、善用「讚美」、善用「說情」、善用「服務與行動」。如何能有效、有趣的溝通，要建立系統的資料庫，如「認知性的文件」、「故事資料庫」、「幽默資料庫」、「經驗資料庫」，以達到省時、豐言、有效。

　　溝通的有效策略包含下述：

㈠把握十字訣：「臉笑、嘴甜、腰軟、讚美、勤快」

　　與別人建立好的互動關係，自然就能邁向幸福、快樂、平安的道路。

㈡「熱忱」待人，「誠信」行事，「言之有理」

　　「人無信不立」；「有道德始有國家」；「義立而王、信立而霸、權謀而亡」，有權謀者，會遭朋友人民唾棄。

㈢溝通有方

　　溝通要有方向，針對問題，深入了解現象，發表見解，解決問題。「溝通無方」會製造糾紛、衍生衝突。

㈣知道對方的「文化背景」、「心理狀態」，了解「溝通的障礙」

　　知其價值觀，從肯定開始，加入「滲入不同觀點」、「分析後果」，採「比較式」、「數據式」、「感性式」、「認同式」較能說服人。

㈤研究「趣味式的溝通」技巧

　　1. 大混小混，一帆風順（指善於建立關係）。
　　2. 苦幹實幹，移送法辦（不懂得與人建立關係，遭妒嫉）。
　　3. 穿水水，等領薪水（台語），指穿著是一種溝通。
　　4. 吃肥肥，裝垂垂（台語），形容好好先生。
　　5. 「我想通了」、「如何溝通」、「有趣的溝通」。

㈥說出「謙虛的話」、「肯定別人」、「讚賞優點」

　　「謙虛的話」才能使別人聽得進去，不要只有講負面的話；讚美是溝通利器，讚美也是一種技巧。例如阿達想買車子給剛考上台大醫科的小孩當禮物，行銷員一來就介紹十種車款的優點，最後阿達還是未決定要買，爲什麼？

㈦肯「自我檢討」與「改善態度」

　　有自省、有檢討、別人才會敬佩。以筆者個人而言，我的一位同學具備有一流的外交能力，這方面他是我崇拜的偶像，我個人一向仰慕才華與美的氣質。「有過錯」先檢討自己，這些不和諧的事情發生都是我安排得不好所致，還請多多提供好的意見；勿把事情說到滿。

㈧常「自我反省」、「改進弱點」、「自我充實」

　　有領導智慧的人，常能自省，不斷的檢討缺點，增加優點，並能不斷充實，以成爲他人典範。

㈨「破解溝通難題」的方法

　　1. **對方聽不進去時**：找有利人士協助，先建立好的印象，加強彼此的關心、關懷。

　　2. **把對方惹火時**：要先摸清對方的氣點，「先表示道歉」，有把握才說話，把事情冷靜後再說。

　　3. **對方故意氣我時**：

(1)不該生氣不動氣，表示自己有度量，高 EQ。

(2)用心體會，合適的回應。

(3)必要時，也要順勢反應對方的故意。

(4)善於化解困境不上當，即別人的錯誤，我不陪進去生氣。

㈩「掌握能溝通的情況」

　　1. **對方聽得進去時**：交情夠、場合對。

　　2. **對方心平氣和時**：誠意、包容、不計較輸贏。

　　3. **給對方面子時**：尊重裁示，多請示，大家都有面子。

㈠掌握「溝通三要件」

　　1. **真實性**：了解實際需要、未來需要。

　　2. **同理性**：先關心對方立場，再提出淺見小反擊。

　　3. **合法性**：由情入理，較能接受；由理再入法，以保彼此的安全。

㈡「不溝而通」：有交情好辦事

　　1. 平時多建立深厚友情。

　　2. 了解語意即知道支持與否。

　　3. 主動協助安排好門路，讓事情順利完成。

㈢溝通途徑

　　1. 直接溝通。

2. 迂迴溝通。

3. 暫不溝通。

4. 同人、同事、不同時，調整方式去溝通。

㈢做好溝通計畫，才能精準溝通、有效溝通

1. 考慮發展目的：增加合作。

2. 尋找有利的「溝通媒介」：酒、茶、人、趣味、勤走動。

3. 回應對方各種反應：檢討、媒介、時機、心情、方式。

4. 周詳的溝通計畫：用十分力做準備，努力表達，用心回應，才是好的溝通。

㈣「權威式溝通」與「民主式溝通」

1. 專業事項：重視權威的發言。譬如：買化妝品，尊重太太的決定。

2. 共同的目標：重視參與式溝通。譬如：買房子，先生太太要參與溝通。

㈤克服各種「溝通障礙」

溝通的障礙包含心理性及準備性等，心理性如害羞，害羞普遍是缺乏自信或不喜歡與人互動；準備性不足，如：缺乏主題性知識、沒有交集、沒有默契等。

第八節
雙贏優質的溝通與教育領導

優質的溝通是所有研究溝通者追求的境界，諸如要注意有「明確的

目標」、「彼此合適的時間」、可以「互相答詢」多關心「對方關注的事項」，以及「趣味式溝通」等。

一、如何提高溝通品質

人人會溝通，但溝通的品質卻有高下，可以從「溝通的目標性」、「溝通邏輯性」、「溝通的趣味性」、採用「問題式」、「互動回應或溝通」等方面來說明「優質溝通」應把握的內涵（如表 6-5）。

表 6-5 優質的溝通要把握的內涵

溝通項目與形式	劣質的溝通	優質的溝通
1.目標方面	沒有目標、重點與條理。例如：無話可說一直說。	明確的目標，背景因素的了解，未來的展望。例如：有話可說，說得很精采。
2.時間方面	不能控制在彼此都合適的時間。	彼此合適的時間，符合彼此心理容忍度。
3.訊息傳達方式	單向溝通、指示式、命令式。	雙方溝通，可以互相答詢，請教式、問題式。
4.表達方式	直接攻擊的口氣，缺乏互信氣氛。	趣味式、謙讓式、幽默式、決策排出順位。
5.起點溝通	只談自己的事或開門見山直接要求。	多關心對方「關注的事項」，再談到「目的性」的溝通。
6.應用溝通媒體	只有單語表達，缺乏輔助工具。	有多種媒體交互應用，趣味語、關心對方、態度熱忱、腰軟、嘴甜、感激、禮貌、耐心、幽默、讚美、勤快等好習慣。
7.自我介紹法（一）	自我介紹：我是數學考滿分，全校第一名的小李（直敘法）。	1.我是最害羞、最內向、最木訥，人人叫我石膏像或呆頭鵝。 2.因為數學常考得很好，人人叫我數學天才、數學小老師，才恢復信心。 3.個人沒什麼優點，但是耐操、耐震、耐用、喜歡創意。 4.我唸高中時，表達能力不會比你的好。

（續下表）

溝通項目與形式	劣質的溝通	優質的溝通
8.自我介紹法（二）	我「很用功」所以才成功。	我常在別人玩得入迷時，偷偷用功，這是我成功的秘訣。
9.自我幽默法	太太管得很嚴，我很怕有非分之想，否則就沒飯吃了。 1.生活平淡無趣。 2.在責備陰影下，過苦悶的日子。	我為了政治前途著想，提早登陸去布椿： 1.完成蔣公未完成的志業。一天攻一省，大概可以得到功勳獎金。 2.多找些外婆（太太以外的女人）拉緊票源，才有勝算的可能。 3.以歡笑代替苦惱：我不是怕太太，而是太太不怕我。
10.生活中的幽默	先生去大陸學中醫，一事無成，害怕無法交代，因為沒有找到信心與趣味。	1.我去學中醫一年，學會一門絕招：人參一條滋陰補陽。太太回答說：「那一帖藥為何要學一年；我開一帖，陳皮二片，消腫去膿，也不用學一年。」 2.幽默常使人失落時，獲得智慧，譬如超速被警方攔下，說：「在繳過路費。」

綜合言之，「優質的溝通」包含下列特質：

1. **在「心情愉快時」可以提升溝通品質**：心情愉快時心胸敞開，具有較大的包容心。

2. **擴大彼此的「認同感」，可以增加雙贏的溝通**：同學、同鄉、同好、同社團、同校均會產生一種認同感，也容易互相包容與支持。

3. **多言「你」的看法、想法，優於「我」的看法、想法**：先肯定對方的專業、遠見、價值，對方自然就會尊敬你，未來也會給你較多的肯定與較多的正面回饋。

4. **增加「同理心」**：關心、支持對方的處境，可以增加友誼，進一步成為知音。

5. **懂得使用「幽默、風趣、創意、逆向」的溝通技巧**：幽默化解困

境找到樂趣、雙關語，以消除壓力、緊張，帶來樂趣的智慧能力，即了解如何表達幽默的能力。應用「幽默」可以增進人際關係，可從自我嘲諷比較式敘述、反向說法開始。幽默的功能，可以引發「喜悅」、帶來「歡樂」，並可「娛人」。

6. **以專業倫理化解衝突的誤解**：溝通就是努力表現「敬業精神」、「服務品質」、「敬老尊賢」、「說話有分寸」、「找出交集」。把功勞歸給別人、與別人分享成長，讚賞別人的優點，即是優質的溝通。

二、人際溝通原理在教育行政上的應用

「溝通能力」提升，「人際關係」自然會不斷的增進。「溝通能力」之重要性與「服務熱忱」二者必須兼備，否則會停留在「只說不做」，無法讓人口服心服。如何善用人際關係與溝通能力改善教育行政工作的方法如下：

1. **人際關係可幫助「個人知識」的成長，亦可幫助「組織目標」的達成**：有句諺語說：「獨學而無友，必孤陋而寡聞。」如果有好的朋友互相砥礪，互相支持，必可使功課更加進步。人際關係的正確使用，可以幫助學業成功；人際關係更可以使工作順利，即幫助「組織目標」的達成。因此，教育行政工作者，都要具有人際智慧及不斷進修人際關係的知識。

2. **溝通在找尋「共同的目標」、「共同的興趣」、「共同的交集」**：有了共同的目標、理想、興趣，就會產生彼此「認知交集」、「感情的共鳴」、「行動的一致性」。溝通是一種「認知、感性」的綜合處方，教育行政人員推動校務，要以「知識為基礎」、「感情、熱忱、關懷為助力」，才能有效達成教育行政的目標。或許也可以倒著用，平時先「培養感情」，到時才能推動正式工作，實現共同的理想；平時培養感情，也可以建立「人際資本」。

3. **溝通乃需要重倫理、講謙和，重視發言的「預測效益」**：領導者、老師、演講者，如果都能善用「倫理典範」、「話不要講滿」，致中和，留有發展空間，彼此間有「包容」、「欣賞」的態度，將有助於

未來的共事與合作。當在個人意見「不敵眾人時」，要提出「保留發言權」，表示決策結果，大家要共同承擔決策「後果」或「惡果」，以利於下次提出修正意見的依據。

4. **領導者要善於經營人脈，如「擴大認同感」、共同興趣、共同理想，以促進合作及信任**：領導者要敏於觀察及增加「共同價值觀」、「共同認同感」，如學長、同學、同好，以擴大影響力，有了共同的休閒嗜好，在工作默契上也會不斷的提升，感情上相互支持。

5. **不斷培養「幽默能力」，蒐集整理幽默題材，適時發揮以增進人際間的友誼**：古諺云：「一句好話，解寒冬；三句讚賞，百花開。」人的幽默能力不是天生的，善於從不同的角度去看問題，發現樂趣，自然會有許許多多的創意、思考及有趣的表達能力。春天的來臨，如「暮春三月，百花盛放」，我們給人關懷、讚賞、幽默，別人就會「心花怒放」，也可以形成「風趣人生」。幽默的功能很多：(1)可以自我娛樂，使自己心田愉快；(2)可以減輕壓力、焦慮，增進健康，快樂是健康的泉源；(3)幽默可以增進人際關係，拉近彼此的距離；(4)幽默可以化解衝突窘境，得到智慧成長。

6. **注重「發問技巧」，以了解對方的興趣、專業背景、看法**：有了好的發問技巧，未來才能找到共同的話題，去進行心理互動、感情互動、認知分享及心理支持，以增加未來發展合作之可能。

7. **人際間意見的差異、衝突是一種自然現象**：領導人宜善用差異、了解差異、分析其效益，一時會議上的砲火加大，不一定不好，要熄滅砲火，就要有溝通、決策的藝術。例如：(1)提案較複雜時，成立研究討論小組分析利益得失再簽核，再送大會討論；(2)暫不做決定，等待時機成熟，良好的氣氛培養好、溝通成熟時再提出來；(3)兩個處室有不同意見時，可以再擴大了解各層面的看法，而尊重擴大層面的整合意見，如採用表決就是共同負責，群體決策，並不能保證是高品質的決策。

第九節
優質的溝通與教育領導案例

　　鄭照順（2003）於東華大學教育研究所授課時，與研究生陳恩茂、萬芸芸、楊志祥、陳進德、吳心茹等，共同分享優質溝通與領導的案例。學校領導者要爭取經費，隨時要有責任感、使命感，努力奉獻取得上級的信任；其次做好學校發展計畫，謙和詳述學校遭遇的困難，學校自助發展的特色與成果；有了奉獻熱忱、周詳計畫、謙和態度，通常比較有機會獲得上級的賞識與協助。以下舉出優質溝通案例。

一、優質溝通與領導：案例一

題目一：請舉一個與上司（長輩、師長）等，成功溝通的案例。

主題：校園改建經費（2,400 萬）敗部復活。

內容：去年 9 月間，宜蘭縣教育局有人私下告知，本校地第二期校舍改建工程，由於縣府財政緊縮，局長未將本校列入補助名單，要延到 93 年再列入考慮，得知訊息後，深感有負師生及家長之期盼，對校務發展影響甚鉅。隨即連夜撰稿，責成總務處及建築師，重新編印圖文並茂又具說服力的校舍改建企劃書。兩天後，先行拜訪學區一位縣議員（校友），遞送資料並向議員口頭說明學校需求，該名議員了解實情後，立即與教育局長約定會面時間，由我陪同赴縣府與局長當面溝通。由於口頭與書面並陳，資料內容又頗具說服力，再加上民意代表敲邊鼓，局長裡子面子都有了，終於承諾列入今年度預算執行。

成果：二期工程完工後，全校的普通教室、專科教室及各行政處室都是全新的，對於學生學習成效的提升、教職員工作士氣的激勵及減少越區就讀的情形，

必有很大的幫助。

題目二：請舉一個與同事（老師、員工）等，成功溝通的案例。

主題：鼓勵教師參與學生到校晚自習督導輪值工作。

內容：由於學校地處鄉間，家長多屬工農大眾，放學後會在家用心課業的學生不多，為培養學生自動學習的習慣，首先於主管會報與同仁溝通後，決定推行在每次段考前兩週及三年級基測前兩個月，開放一間教室供同學到校自修，同時希望老師們能自願登記參加督導的工作；經過擴大行政會報與導師會報的大力宣導，再利用到各辦公室與同仁閒聊中，徵詢其意願並鼓勵共襄盛舉。

成果：本校晚自習制度已實施近兩年，教師參與熱誠不減，參加的學生雖然不能算非常踴躍，但平均每晚也有二、三十位到校，對於讀書風氣的提升，還算頗有助益。

成功的因素與方法：以真誠與以身作則的態度來激勵同仁的服務熱誠。

題目三：請舉一個與家人（先生、太太、小孩）等，成功溝通的案例。

由於個人平時和家人的溝通，一向相當順暢，因此想談談親子溝通的原則：

1. 使用親子之間共同認知的語言。
2. 尊重、包容、接納對方的不完美：要先「接納」才能進行繼續的溝通，所有的溝通都是以接納為基礎。
3. 提供孩子一個沒有恐懼的溝通環境：「謾罵」是溝通的最大障礙。
4. 善用建設性的言論，才容易培養出具有民主素養的孩子。
5. 有耐心的和孩子做深度「會談」，彼此表述自己的看法，不做人身攻擊。
6. 隨時願意聆聽孩子的傾訴。

題目四：演講中的幽默技巧案例。

曾燦燈教授 2002 年於國中校長儲訓班講課時穿插的一則幽默小品。

話說當年在高雄愛河邊，有一群從事色情行業的女性同胞，為了要爭取醫療上的保障，又不願意寄人籬下，有一天一群人齊聚縣議會陳情，聲明要組織一個屬於她們自己的人民團體，以便加入勞保。許多記者先生、小姐聞訊都立刻到場採訪；議長出面接見陳情代表，陳情人代表告訴議長，她們要組織一個妓女工會。議長說：根據法令，名稱不雅不會獲准設立。陳情領隊說：那麼我們改成「妓者

工會」好了。一群記者當場譁然，期期以為不可。陳情代表說道：「各位的不滿和憤怒，我通通可以理解；但你們聽我解釋，我們兩個團體，服務的對象都是人，我們彼此服務的內涵也非常像，你們歡迎來稿，我們也歡迎來搞；你們長短不拘，我們也長短不拘；你們園地公開，我們園地也公開；你們稿費從優，我們搞費也從優啊！所以這兩個團體的名稱很像，是很正常的事啊！」──曾教授聲明：以上內容純屬虛構，只想博君一笑而已。

資料來源：陳恩茂（2003）。

二、優質溝通與領導：案例二

題目一：請舉一個與上司（長輩、師長）等，成功溝通的案例。

1. 敘述溝通的「主題、內容」？

　　主題：與校長溝通如何辦理二天一夜「原住民認識技職教育暨生涯規劃成長營」活動，校長希望晚上能辦理營火晚會，讓同學有互動及歡樂的回憶。

　　內容：第一天到墾丁救國團活動中心，探討海洋生物、植物之生態環境及生存方式，晚上辦理星光晚會。

　　　　　第二天到屏東原住民文化園區，參觀及體驗原住民飲食、文化、舞蹈及生活方式。

2. 敘述成功的溝通帶來的「成果」有哪些？

　　成果：讓學生從快樂學習中獲得體驗與成長。

3. 分析溝通「成功的因素、方法」？

　　成功的因素、方法：取得共識；創造一致的目標；充分授權。

題目二：請舉一個與同事（老師、員工）等，成功溝通的案例。

1. 敘述溝通的「主題、內容」？

　　主題：辦理戶外畢業典禮。因為重建學生活動中心，所以在戶外辦理畢業典禮，與一位同事協商場地如何佈置。

　　內容：(1)活動要創新加感性。

　　　　　(2)主持人要能控制場內氣氛，溫馨不失理性。

　　　　　(3)學生作品要能完整展現。

(4)會場佈置要讓人永銘肺腑。

2.敘述成功的溝通帶來的「成果」有哪些？

　成果：場地雖克難，卻別有一番滋味在心頭，讓師生留下懷念又難忘的一天。

3.分析溝通「成功的因素、方法」？

　(1)善用非正式組織的魅力，給予協助幫忙。

　(2)常幫助他人及他周遭的朋友，贏得友誼。

　(3)尊重他、讚美他、信任他。

題目三：請舉一個與家人（先生、太太、小孩）等，成功溝通的案例。

1.敘述溝通的「主題、內容」？

　主題：與女兒討論如何準備推薦甄選第二階段之面試。

　內容：女兒個性內向，不善言詞，主觀意識較強，擔心面試時會出狀況，與之溝通，要如何準備面試，不要怕練習，充分的準備，才能成功。

2.敘述成功的溝通帶來的「成果」有哪些？

　成果：面試成績優異，以九十分高分錄取。

3.分析溝通「成功的因素、方法」？

　成功的因素、方法：同理心、確立自信心、自我肯定、分析局勢、產生認同、微笑接受考驗等。

資料來源：萬芸芸（2003）。

三、優質溝通與領導：案例三

題目一：請舉一個與上司（長輩、師長）等，成功溝通的案例。

1.敘述溝通的「主題、內容」？

　主題：承辦各項大型活動。

　內容：(1)如何展開事前籌備工作。

　　　　(2)如何打破行政職務階層改為任務編組。

　　　　(3)如何讓活動成功皆大歡喜。

2.敘述成功的溝通帶來的「成果」有哪些？

　成果：(1)能多方考量避免錯誤。

　　　　(2)發揮個人獨特專長使工作成效加分。

　　　　(3)活動均能在掌握中進行。

　　　　(4)活動圓滿落幕深獲參與人員好評。

　　　　(5)事後檢討工作人員均樂在工作。

3.分析溝通「成功的因素、方法」？

　　成功的因素及方法：

　　　　(1)承辦人各項書面資料彙整及研判。

　　　　(2)與上一級直屬長官討論溝通。

　　　　(3)工作小組組長依活動需要考量專長親自邀請。

　　　　(4)視活動需要辦理多次籌備會（事先分發會議相關資料）充分討論溝通。

　　　　(5)充分授權展開工作。（必須獲得長官支持）

　　　　(6)承辦人活動期間能做好情緒管理，且有良好溝通協調能力。

題目二：請舉一個與同事（老師、員工）等，成功溝通的案例。

1.敘述溝通的「主題、內容」？

　　主題：協助組員度過工作情緒低潮（同事）。

　　內容：(1)如何主動了解他人。

　　　　　(2)如何適度關心他人。

　　　　　(3)如何合理支持他。

2.敘述成功的溝通帶來的「成果」有哪些？

　　成果：(1)不管有多少公務均能發揮團隊合作精神共同完成。

　　　　　(2)彼此信任工作愉快。

　　　　　(3)工作效率高容易溝通。

3.分析溝通「成功的因素、方法」？

　　成功的因素及方法：

　　　　(1)首先設法了解他人，然後才是被他人了解。

　　　　(2)花時間積極傾聽了解情緒低落原因。

　　　　(3)肯定工作能力，時時給予勉勵。

　　　　(4)對於工作上不平等之待遇，全力協助處理力挺他，直到合理。

題目三：請舉一個與家人（先生、太太、小孩）等，成功溝通的案例。

1.敘述溝通的「主題、內容」？

　　主題：終身學習——進修（太太）。

　　　內容：(1)考取國小代課教師。

　　　　　　(2)充實本職學能（被指定擔任一、二年級導師）。

　　　　　　(3)鼓勵假日進修（空中商專→空中大學）。

　　　　　　(4)代理代課教師在職進修（歷經二次花師考試、二次東師考試）。

　　　　　　(5)進修三年（每星期一至五下午四時出發十一時三十分返回），終於取
　　　　　　　　得正式教師資格。

2.敘述成功的溝通帶來的「成果」有哪些？

　　　成果：(1)成為正式老師。

　　　　　　(2)不用每年再參加代課老師考試。

　　　　　　(3)代課年資合併計算，確實可觀。

　　　　　　(4)有更充裕的時間可照顧小孩及家庭。

　　　　　　(5)輪到我調動單位及進修。

3.分析溝通「成功的因素、方法」？

　　　成功的因素及方法：

　　　　　　(1)不斷的溝通。

　　　　　　(2)時事發展及未來發展分析。

　　　　　　(3)進修後利弊分析。

　　　　　　(4)全力支持，犧牲小我。

　　　　　　(5)照顧家庭讓她無後顧之憂。

資料來源：楊志祥（2003）。

CHAPTER 7

激勵策略與領導

摘　要

　　激勵與誘因蘊含有巨大的魔力，有些人受了金權與權力的誘惑，缺乏道德與品格的自律，其行為就無形跨越法律的限制，這些不義的金權與權力，對他而言也是一項巨大的激勵。Davila、Epstein 和 Shelton（2006）指出領導者需要正向的運用「熱情」、「肯定」、「願景」加上適當的「激勵」，可以使個體產生最大的潛能。

　　激勵（motivation）的涵義：是心理學上所指的「驅動力」，其涵義包含激發動機、鼓勵行為及形成動力等。

　　激勵的特質：是一種增強的語言、物質與精神等，其增強的特性可分為外在增強、內在增強、轉化增強及反向增強等。

　　激勵的增強因子因人而異，需要從個人的心理、生理需求、教育程度、價值觀、工作觀、個人特質、未來觀等的了解，才能診斷與設計出有效的激勵因子。

　　激勵的學理基礎包含：馬斯洛（A. Maslow）的「需求層次論」；斯肯納（B. F. Skinner）的「增強理論」；羅吉斯（C. Rogers）的「人本、積極論」；赫茲伯格（F. Herzberg）的「激勵與保健理論」；高曼（Goleman）、彭懷真的「自我激勵論」；加德納（H. Gardner）的「內省智能論」；麥克禮蘭（D. C. McClelland）的「成就激勵理論」；佛洛姆（V. Vroom）的「期望理論」；及洛克（E. A. Locke）的「目標設立理論」等。

　　企業領導、教育領導激勵策略設計有：1.創新與重點激勵策略；2.目標、文化與績效的激勵策略；3.多元成長激勵策略等。

　　激勵策略在學校教育的運用效果：1.幫助學生潛能的發展；2.幫助學習效率的提升，使課業轉敗為勝；3.肯定學生的潛能，發展優勢智能，發展健康快樂的生涯；4.有明確目標，幫助學校組織效能的提升；5.激發團隊的士氣，增進人際感情、促進合作，幫助達成團隊目標；6.知人善任，增加部屬的成就感及提升領導效果等。

　　激勵策略在企業的運用效果：1.提升生產的量與質；2.達成微笑曲線；3.增進學習與創新，使企業轉敗為勝；4.發展特色，提高競爭力；5.增進行銷效果，增加顧客資本；6.激發團隊的士氣，增進人際感情、促進合作，幫助達成團隊目標。

獎勵與誘因的魔力

　　Davila、Epstein 和 Shelton（2006）指出誘因與獎勵蘊含有巨大的魔力。以誘因爲例：2006 年 5 月台灣爆發台開股票內線交易案，有台開董事長、趙建銘、趙玉柱等身陷其中，半年內獲益七千多萬，可見誘惑力之吸引力使人忘記了法律的界限（〈趙建銘等，2006〉）；美國的尼克森競選總統時，爲了了解對手的策略，利用公部門監聽對手的選舉策略，因而觸犯法律下台。以獎勵爲例：諾貝爾在 1900 年代初，將死後的資產設立諾貝爾獎金，獎勵在科學、醫學、文學、經濟學及對人類和平有重要貢獻的人物，這一項獎勵帶給人類莫大的影響力，爲許多人終身追求的目標，這些得獎人如史懷哲、德瑞莎、邱吉爾等確實對人類和平帶來莫大的啓示，有傑出貢獻者因得獎而更受人注目、肯定與景仰。獎勵不在大小，而是其受肯定、獲得榮譽、建立精神指標的可貴。激勵因子可以提振生活、改善學習、提高生產力等。

　　在生活當中，有許許多多的獎勵因子，如工作、待遇、高職位、學位、著作、旅行、衣著、榮譽、得獎，這些獎勵因子，如果設定成爲個人追尋的目標，就會產生莫大的魔力與吸引力，我們常爲一個目標，終身努力不懈。

　　在學校體系中，也有許多的獎勵因子，如獎勵卡、獎學金、獎狀、公開肯定、公開表揚傑出成就獎、各類科卓越獎；另有校務評鑑、交通安全、民主法治、體育、生活教育、心理輔導等評鑑之獎勵與追蹤輔導。教育行政工作績效採用了雙面性激勵與懲罰措施，更能激發努力的決心與意志。

在企業的經營方面，企業要對生產力、工作效率、行銷效益、顧客關係、研發創新、維持優質人力等競爭力的核心力量，做好持續推動的動能，因此需要有一些激勵的因子、誘因，才能留下人才，增加生產力，提升工作效率、創新成果及吸引顧客。美國 Mobil 石油公司，把獎勵金跟「評量指標」相結合，其新的衡量指標是「組織學習」、「組織創新」與「執行效果」，爲評量與獎金之依據。其非油品的收益，顯示出「漸進式創新創造」的價值。Davila、Epstein 和 Shelton（2006）指出「激勵」需要與「熱情」、「肯定」、「願景」、「誘因」相結合，激勵與動機才會產生最大的效果。此四個因子可以使「動機」提升到最高的動能，有助於促進目標的達成。

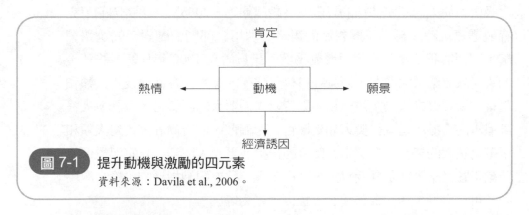

圖 7-1　提升動機與激勵的四元素
資料來源：Davila et al., 2006。

人類的行爲動機受經濟誘因、熱情、肯定、願景所驅動，激勵的種類因此被歸爲物質性、心理性、社會性、環境性、轉化性、提升性等激勵因子，領導者要了解部屬確實的需求，才能更有效的發展機構的潛能。譬如發展特色，提升競爭力，可能領導者覺得有需要；但在下位者可能覺得工作環境改善比較急需。

第二節

激勵的意義及特質

一、激勵的意義

　　依心理學之定義，可以激發個體產生心理、生理、社會精神的動力之媒介，均稱為激勵。Thomsen（2003）對激勵的意義，提出包含創造一種情境，去增強同事的渴望，激發努力的意志去增進卓越的表現，有計畫性的去鼓勵參與，增加團隊士氣，幫助工作團隊更提升其專業態度等。張金鑑（1990）提出激勵的應用，是領導者或管理者對於所屬員工給予目標的引導，加上精神、物質、心理、生理上的獎勵，引導其行為朝向積極與建設性的目標前進。

　　激發個體心動與行動之內在驅力、誘因或激勵因子如下：

　　1. **生理上的內在驅力**：如飢餓、性慾、口渴等。

　　2. **心理上的激勵因子、誘因**：如榮譽、獎勵、優勝、得獎、自尊等；找尋快樂、心理滿足、享受樂趣、趣味相投等。

　　3. **社會上的激勵因子、誘因**：如團隊精神、團體成就、群體認同、團體榮譽、團體智慧、團隊形象；共同利益、合作提升競爭力等。

　　4. **精神上的激勵因子、誘因**：如理想、目標、夢想、願景；發揮戰力、挫折容忍力、毅力、勤奮積極、責任感、使命感、樂觀、幽默等。

　　5. **卓越成就的激勵因子、誘因**：如創新發展、突破困難、自我實現、實現夢想、研究發明、自我肯定等。

　　卡內基（楊艷編著，2006）提出激勵內涵的意義，不只是為交誼，而是一種積極的助力，要超越現況，以臻至善，實現理想。激勵包含外在的推力及內在自我激發潛能的力量。李津（2006）、鄭照順（2005e）

等指出，激勵的積極意義與內涵，包含外在的激發動機、增加認知、增進情感，及內在的自我激勵成長等；並由鼓勵好的行為，可以減少不良行為；幫助找到好的嗜好，可以取代不好的嗜好，並能引導其不斷追求卓越表現的行為動力等。

二、激勵的方式

俗云：「物以類聚。」為什麼要物以類聚？因為彼此有較相近的認知、態度、行為，彼此相聚有「安全感」，並能提供「互相支持」、「互相激勵」、「互相分享」的力量。因此，不同教育水平、不同地區、不同職業、不同種族、不同社會地位、不同工作、不同性別，其所需要的激勵因子及「激勵的方式」均有差異。以台灣選民為例，2000 年到 2004 年，選民的激勵偏好與特質分析如下列：

1. **教育程度**：高知識份子偏向「理性思考」的激勵、政策方針之誘因及未來願景；低教育程度者，偏向「感性語言」的激勵、鄉土認同的激勵。

2. **居住地區**：台北都會區偏向「理性思考」的激勵；台灣南部偏向感性語言、鄉土認同的激勵。

3. **職業類別**：以知識管理為主的軍公教階層，偏向理性思考的激勵；以勞力工作為主的勞動階層，偏向物質的激勵需求，如老人年金、老農津貼之激勵。

4. **不同性別**：男性具有政治理念者，偏向價值觀、願景與專業能力的激勵；女性無政治特別偏好者，偏向以性別、感性、鄉土認同的激勵為誘因。

Skinner（1938）、張錦貴（2003a）、彭懷真（2000）等，從學理與經驗上分析增強與「激勵的方式」分為四類：

㈠外在增強，即「外在激勵因素」

如工作、待遇、獎金、獎勵等。如行為學家 B. F. Skinner 所言：「人

類的社會都由外在的誘因、制度、文化、傳統、倫理、法律、工作紀律等因素所制約，因此人類沒有自由與尊嚴可言。」整個社會制度就是一個獎勵與懲罰的設計，考試優等，可以選擇好的大學、好的科系，享受好的師資及設備；工作表現良好可以獲得上級肯定、他人的信賴；教師教學認真，可以獲得學生認同。外在激勵因素有工作、待遇、獎金、獎狀、獎品等。

㈡內在增強，即「自我激勵因素」

如自我獎勵、自我安慰、自我誇讚、自我比較等。生命的成長、學習的成長、工作的磨練、理想的追尋、目標的達成，都不是一蹴可及，經常要付出努力、心血、精神、物質、人力、物力的投入，要不斷的工作，不斷的成長；需要的誘因，主要來自「自我的激勵」。自我激勵的方法很多，如：

1. **自我獎勵**：享受美食、旅行、買衣服、買書、進修，提升自己的專業知能，提升競爭力等。

2. **自我誇讚**：以自己過去的成就或努力的時間，對自己肯定及稱讚，如生活上、工作上、感情上更滿意，以及專業上更精進等，可以自我稱讚與鼓勵自己。

3. **自我安慰**：自己與別人比較時，覺得自己還不錯，藉此可以自我安慰；雖然沒有獲得獎勵，但也獲得經驗上的成長。

4. **自我說服**：每一個人可以向自己說服，如何說服自己，常需要氣氛，如心性、幽默、有趣，較能說服自己與別人。

5. **自我輔導、自我治療**：人能自我輔導，以減少情緒的傷害，遭遇情緒創傷，鼓勵只留住美好的回憶；也可以自己找方法去「自我治療」，如旅行、聽音樂等。

6. **自我反省**：省察自己的缺失，改善缺失，增加優點使自己不斷成長。

綜合言之，自我增強是一種內在的激勵，可以使自己往目標不斷邁進，終而可以實現自己的夢想。

㈢**轉化性增強，即「把壓力轉為助力」**

貧窮原來是一種負面的成長因素，有些人把它轉化成為成長的激勵因素；挫折也是一種負面的因素，有些人從失敗挫折中找到能量來自我成長。郭台銘曾言：「有使命感，可以不畏風寒。」鄭照順言：「有使命感，可以把吃苦轉為一種考驗與快樂。」轉化性的增強，是一種極有價值的激勵方式，許多學者專家常加以引用：

1. **貧窮也能成功**：張錦貴（2003a）提出「把吃苦當成吃補」，成功的祕訣，是吃苦、吃苦、再吃苦；忍耐、忍耐、再忍耐。貧窮、吃苦、忍耐都可以轉化為激勵的能量。溫室的花朵，難以抵抗風雨的摧殘，因此吃苦就是一種免疫力的提升。

2. **具有憂患意識**：工作職場上變化莫測，因此需要充實多種專長，以面對各種問題的解決。沒有多元智慧就會一籌莫展，把「成功當成好運，失敗當成自然」，就不會天天垂頭喪氣。

3. **把握機會力爭上游**：蔡典謨教授曾發表《協助孩子反敗為勝》一書，內容主要談的是「自我激勵」、「轉化性激勵」，希望未來的日子不要當佃農，天天在日曬下工作，以別人之苦為鑑，激發自己吃更多的苦，終於能成為資優教育專家。

4. **成為命運的掌控者**：張錦貴（2003a）提出，人要「運自己的命，走自己的路」，拒絕投降，從不認輸。有些人不受「外在誘因」、「金錢誘惑」、「外力壓迫」而能走出自己的路，開拓自己的命運，即是一種高度的轉化性激勵之自控者。

5. **把失敗轉化為追求成功的動力**：許多人把自己的失敗、不如意，都歸咎是別人的錯；如果能夠自省，加倍努力，則可以把失敗轉化為追求成功的動力。如愛情不如意、事業不順、機會不公平、人生不幸福等，這一切都是老天的安排，要種下成功的念頭，要比別人努力，要比別人吃苦，要比別人勤奮，要比別人有意志力，才有機會成功。

6. **具有未來策略**：彭懷真（2000）曾言：過去取向的人，以往日的

一切均美好，維護傳統為首要，一切改變創新都是不智的；今日取向的
人，重視現實利益，守住現有的一元五角，把握一天有一定的好處，不
肯投資未來；享受現在，不必考慮未來。以未來為取向的人，其策略是
以未來競爭壓力為激勵的力量。未來下一個目標是什麼？如何達成未來
的目標、如何努力充實自己，以提升競手的實力。

㈣比較性增強

即對失敗、挫折經驗的珍惜；鄭照順（2006c）提出：「沒有不如
意，就不知道如意時的可貴。」有不如意時才能體會別人平時對我的幫
助與關懷；身體生病時，才知道鍛鍊身體的重要；沒有三餐不繼，不知
惜物。人類在富有時，要去體會貧困，才能自我珍惜、自我激勵與自我
肯定。

三、激勵的誘因

1930 年代 Skinner 以老鼠及貓做實驗，證明「增強物」可以操控老
鼠的行為；「負增強物」如電擊，亦可有效控制貓的逃避行為。藉動物
的實驗去了解人類的所有激勵媒介，實在是有其不足之處。激勵的因
素，對人類而言，目前心理學家、社會學家、政治家、教育家、管理學
者、企業家均尚在探索之中，茲整理如表 7-1：

表 7-1 激勵的誘因

特　性	激勵的誘因	代表學者
1.生理性	食物、口渴、衣物、居所、性慾。	斯肯納（Skinner, 1938）
2.心理性	獎賞、榮譽、支持、關懷、同理心、真誠、激勵。	羅吉斯（Rogers, 1962）
3.社會性	互助合作、團隊精神、合作學習、群體認同、國家認同、人際關係、情緒智能、內省智能。	高曼（Goleman, 1995）加德納（Gardner, 1983）

（續下表）

特　性	激勵的誘因	代表學者
4.內在激勵性	改善工作環境、追求卓越與自我實現。	馬斯洛（Maslow, 1962）
	品格、積極勤奮、誠信、責任感、挫折容忍力、樂觀幽默；跌倒一萬次也要站起來；開拓你的人際關係，找出自己的生機；小成功為大成功之母；不成功是常態，成功是偶爾的機會；關心別人、幫助別人、協助別人，才能拉近彼此的距離；站在成功者的身邊。	鄭照順（2006e） 張錦貴（2003b）
	發現優點，建立自信；動機不夠，努力程度就會不足；與人建立「積極的關係」；建立目標，自我比較、自我激勵；注重良好學習習慣，把握學習效率高的好時段，做腦力開發工作。	蔡典謨（2003）

　　歸納言之，激勵的方式包含：1.外在的獎勵；2.內在的自我激勵；3.轉化性激勵；4.比較性激勵等。每一個人的行為，都受激勵因素所影響。

第三節
激勵、管理、輔導及自勵之比較

一、激勵的作用與限制

　　席酉民、井潤田（1998）提出：「單獨使用激勵、監督和競爭機制的作用是有限的。」例如常見的固定工資、固定獎金、固定獎勵，而缺乏對不良行為的建議與改進，使獎勵失去了效用；如公開招聘經理，依據過去的業績、服務熱忱、溝通能力、創新能力、使命感、規劃能力

等，可以聘到很優秀的經理人才。我們需要考量激勵與監督的時機：1.如何善用激勵呢？一種行業其專業性及工作挑戰性很高，又不容易監督，需要一個穩定的人格，熱心投入的經營者，投入心血才可見成效，就需要用激勵。2.如何善用監督呢？當其行為容易用觀察去評量，又監督的成本較低，則採用監督。譬如，教師的出缺勤狀況；學生上課是否專心聽講，可採用巡視督導。3.需長期培育才能表現出優質的行為：如教學的品質、生活教育、品格教育的內涵，則無法立刻觀察發現，需長期培育才能表現出具體成功之行為，需要用獎勵辦法。

激勵的方式，常見下列方案：

1. **教育專業的審查與激勵**：升任教授、副教授是一種專業的目標，需長期努力，並經專家審查才能被核定是否通過。其獎勵的動力是專業的、榮譽的、受肯定的，也是薪資提升的依據。

2. **升學率、生活教育與激勵**：是比較性的，其獎勵是一種精神的獎勵與肯定，如能配上獎金，對認真投入的導師也是一項榮譽。

3. **生產績效之審查與激勵**：以工作單位生產件數為依據，按照生產量、生產品質、生產利潤，由公司核定獎勵與獎金，工作如果能夠質量並重，獎勵上是比較客觀的。

4. **名次之順序審查與激勵**：在體育比賽中，很難去評斷努力的程度、技術的高低，而在隊伍中去比較名次，頒給獎勵，此種激勵的變數不在自己手上，而依據比較及錄取的名次，對每一個運動員都有變數上的壓力，因為得獎的標準，包含努力與運氣。

總之，激勵要慎用、督導要勤奮、競爭機制要公正，三者要配合使用，能使激勵的效果發揮到最高的效能。合理公正的競爭機制，也是社會和諧、進步的重要動力。

二、管理的激勵方法與限制

管理學上，常善用目標激勵、功能性激勵。例如，目標管理、人力資源管理、行銷管理、財務管理等，企業在自由市場的競爭實力決定在

市場上的地位與生存能力。杜拉克（劉志遠譯，2005）提出企業績效的五大指標，領導者常依據績效給予獎勵：

1. **市場的占有率與獎勵**：自己的產品或服務於市場的占有率如何；提高市場的占有率給予獎勵。

2. **創新的能力與獎勵**：創新的時間太長，亦即反應研發的能力太慢也會失去了競爭優勢，對各種社會困擾問題的回應能力太弱、太慢都會失去其優勢；對有創新成果者給予獎勵。

3. **生產力與附加價值與獎勵**：若能以系統的方法去管理材料、資金、人力、設備等，使其發揮最高的生產力，並且增加其附加價值，則可以取得競爭優勢；對增加生產力與附加價值者給予獎勵。

4. **資金的流動性與獎勵**：如果公司的生產品能不斷的順利銷售，縱然沒獲利，也可以維持生產線不停的運作。公司的運作如能重視品質、品味及品牌的建立，以吸引固定的顧客群為長久經營之計；對增加資金的流動性者給予獎勵。

5. **企業的獲利與獎勵**：獲利表示公司運用資產、資源產生利潤的能力。對幫助企業的獲利有重要貢獻者給予獎勵。

由於管理學的運用非常廣泛，也常被用於「學校的經營」與管理，學校的經營管理有：1.教學正常化、評量制度化：有公正的升學考試制度，技術檢定的制度，以分出學校辦學的升學績效。2.教師上班、學生上學均能遵守校規，培養好的品格，建立優良的校園：屬於校園優質的文化，需要用質的評量、訪談與觀察。3.辦理各項教學競賽，發揮學生潛能，對有特殊優異學生給予獎勵。

管理學也常於個人「人生的資源與開發」的管理與績效評估，有績效的值得獎勵，包含個人的：

1.**時間管理**：每個人每天時間均相同，如何善用「休閒時間」，如何利用「黃金時間」，就成為人生成功的關鍵。

2.**體能管理**：體力為毅力的基礎，如何有效的保養身體、培養體力、維持最高的體能，也是生命活力的關鍵。

3.**才能管理**：如何發展自己的潛能，有計畫的培養自己的優勢智能，並做有效的發揮。

4.**金錢管理**：財富、收入都是生活的基礎，如何管理金錢，也是人生重要的資源與發展基礎。

5.**婚姻與家庭管理**：家庭與婚姻如何維持和諧、幸福均需用心去經營。

6.**人際關係管理**：人際關係發展的基礎是願意為對方付出，願意主動服務，而產生互補效果、支持效果，是人際成長的基礎。

7.**工作管理**：工作上是否有績效，要看個人的專業程度、投入時間，領導者更須做許多未來取向的規劃、督導、激勵的規劃。

管理學的功用是講求「方向」、「速度」、「資源整合」、「績效」的，但管理學上遇到問題解決、困難的突破，還是需要心理輔導、社會支持，才能有效的突破難關。

三、輔導的激勵方法與限制

輔導性激勵，是以個人特質、個人興趣為中心，協助發展最高潛能。輔導本質源自個人主義，是希望當事人有獨特性，能展現自己的特色，充分發揮自己的潛能與才華，及獨立判斷能力。

Rogers（1942）提倡「人本中心」的輔導理論。他提出真誠、同理心、關懷可以幫助個人潛能的發展，並可以增進人際關係。例如，同病相憐者，因為有了同理心，感情都會緊密的結合在一起。人際關係的發生，因為有關懷、服務、協助等，也因為主動的提供資源、心理支持，可以增進情誼，尤其是雪中送炭的情誼，會讓情誼更加深厚。

管理者最看重的是「績效」，從規劃開始，包含控制、領導、決策、執行等，都是為了使效果更好。管理者以團體績效為優先考慮，因此管理常使人不舒服；而心理輔導常使「個人心裡很舒服」，因為領導者鼓勵，把每一個人的優勢智能、興趣充分展現。

管理學可以幫助「集體成就」，領導者如果也能「幫助個人」工作

安定、個人的心智成長、組織內的人際關係、個人的收入增加等,則管理與心理需應取得平衡點;如此的領導管理兼顧「冷酷與溫情的激勵」。輔導在人性的管理並不一定均能發揮效果,有些被動的人就是不能善待他,太寬待就呈現毫無紀律可言。輔導者採用正向激勵、多種福利也可能帶不動一些全無動機的人,因此「激勵」與「紀律」之規範應並進使用。

四、自勵的激勵方法與限制

當個人找到自己的目標、人生的意義、生命的價值、個人的興趣時,這些興趣、意義、價值縱然沒有物質誘惑及其他獎勵措施,他也會依照自己的核心價值、人生理想、個人興趣去自我努力與鞭策,此種動力稱為「自勵」。自勵者包含的類型有:

1.**高度使命感的領導人**:如證嚴法師、德瑞莎、史懷哲等,他們有救人濟世的使命感,不計較待遇報酬,奉獻全部心力給貧困、無依的人,而且跨國界去行醫、賑災、照顧孤苦貧病的人等。

2.**具備高尚品德與樂善者**:有些人具有勤奮、吃苦、熱忱、服務、毅力等好品格,他的行為舉止,對社會都是正面的影響,他的服務熱忱,會帶來社會整體的進步。

3.**能自我反省,去缺點增優點的人**:Gardner(1983)提出人類具有八大智能,其中內省智能是一種自我檢討的能力,常能自省、自我檢討、自我增加優點的人,會帶給自己及社會進步的力量。

由於每一個人的「內省智能」有差異,因此要每一個人都能自省與自勵是不容易達成的。關於激勵、管理、輔導、自勵之比較,請見表7-2。

類別	激　勵	管　理	輔　導	自　勵
特性及重點	激勵要求的重點：引導學習者。 1.增強努力意志。 2.增進卓越表現。 3.增進團隊士氣。 4.鼓勵提升專業態度、工作品質。 5.獎勵好的行為。 6.提供回饋。 7.鼓勵與肯定好的行為。 8.屬於外力引導。	管理講求的重點：要求企業員工。 1.標準化程序。 2.速度。 3.績效。 4.達到的標準。 5.制度。 6.規定。 7.時間管理、才能管理。 8.屬於外力規範。	輔導講求重點：輔導學習者。 1.獨特性興趣。 2.自己特質。 3.自己潛能。 4.獨立判斷能力。 5.支持、同理心、真誠與關懷。 6.屬於「自我探索優勢智能」。	自勵講求重點：主動學習。 1.自我提升士氣、意志力、毅力。 2.自我反省改善，增加優點。 3.建立核心價值。 4.提升自己品格。 5.好的嗜好取代不好的嗜好。 6.自我追求卓越。 7.屬於自我規範，自我調整標準、自我激勵。

表 7-2 激勵、管理、輔導、自勵之比較

第四節 激勵的學理基礎

　　人類行為的動機極為複雜，可以說慾望無窮，期待無數，理想無窮遠等，這些都是心理學者、管理學者、社會學者及自勵論學者所關心的研究主題，茲將相關學者對於激勵理論的主張簡述如表 7-3。

表 7-3　心理學、社會心理學、企業管理、自勵理論學者對激勵的主張

學術領域	理論重點	激勵因子
心理學理論	（一）需求層次論 　　Maslow（1962）主張人有生理、安全、愛與歸屬、尊重及自我實現之需求。 （二）增強論 　　Skinner（1938）主張對於希望的行為給予強化、獎勵；不希望的行為給予削弱、懲罰。	1.人類有生理的基本需求：是一種基本的激勵因子。譬如吃飯、放假等。 2.愛與尊重的需求：是一種心理激勵因子。 3.所謂增強物，需為當事者所在意的因子：才會有激勵作用。
社會心理學	社會成就論：McClelland（1965）指出人有「社會成就論需求」，包含「權力地位需求」、「關係需求」與「成就需求」。	1.「權力地位」是一種激勵因素：個人希望有權力及影響力。 2.「社會關係」是一種激勵與成長因子：個人從幫助別人中，建立關係也幫助自我成長。 3.「成就需求」是一種激勵因子：個人想要有成就，就會長時間，全心投入工作。
企業管理論	（一）激勵與保障論 　　Herzberg（1960）主張： 1.工作中的成就感，就是一種有效的激勵：如稱讚、挑戰、責任感、前途、成長機會等。 2.工作中保障的條件，也是一種激勵：如薪水、安定、人際關係、管理制度、工作環境等。 （二）期望理論 　　Vroom（2005）主張： 1.激勵的力量：來自「效用值」（+1 至 0 至-1 之間）、工作地點有正向或負向。	（一）激勵與保障論 1.工作的激勵因素：從主動、挑戰、創意、責任感中去激發。 2.工作保障因素：從薪水、工作環境、人際互動關係等，去提升留任的動因。 （二）期望理論 1.效用值高：就會產生較高的激勵作用。 2.個人期望的成功機率高：就會帶來積極的行動。

（續下表）

學術領域	理論重點	激勵因子
企業管理論	2.「期望值」：個人採取行動可能的結果概率估值，概率值與能力、情感、個性有關。 （三）目標設立理論 　　Locke（1990）主張： 1.為組織及個人設立具體目標。 2.具體目標有利於組織的進步發展，也可以使全體受益。 3.目標的任務，要找到合適的人去	（三）目標設立理論 1.建立明確的目標及達成率。 2.參與目標之設定。 3.目標要難易適中。 4.給予客觀及時資訊回饋，達成目標給予獎勵、獎金、禮物。
自勵理論	（一）自我激勵論 　　彭懷真（2000）提出自我鼓勵、自我安慰、自我誇讚、自我訓練、自我輔導、自我治療等均是一種激勵因素。 （二）自我增加能量論 　　鄭照順（2005a）主張： 1.體能不足：補充氧氣與適當體能訓練。 2.認知不足：研讀名著、增加認知、請求智者協助、聽專家演講。 3.心情不佳時：找到支持力量，傾吐不愉快情緒。 4.身體能量不足：接近自然磁場充電、旅行充電、身體按摩暢通氣血等，增加能量。 5.工作不順時：反省、檢討，改善缺點，改善方法，改善心境等。 （三）實踐與反省論 　　證嚴法師（慈濟教師聯誼會編，2002）主張「知足、感恩、包容、善解」、「歡喜作、甘願受」能行善就是一種快樂，快樂就是一種激勵。	（一）自我激勵論 　　增加自我激勵因子，如自我鼓勵、自我安慰、自我誇讚、自我訓練、自我輔導、自我治療等心理激勵因子。 （二）自我增加能量論 1.人人要了解自己心理、生理、智能、心情、磁場的不足，用合適自己的方法加以自我激勵，才能使潛能充分發揮。 2.真正成功的人，較不受「金錢、物慾」所驅使。 3.心情低潮的自我激勵方法包含音樂、運動及接近大自然。 （三）實踐與反省論 　　人人可以不斷自我提升心境、了斷物慾貪念需求；從能知足、感恩中擴大其自勵力量；從包容、善解、大愛中加大其胸懷。

心理學者、管理學者、社會學者及自勵論學者進一步對激勵對行為的影響說明如下：

一、心理學理論與後動機狀態理論

心理學家最關心的議題，即探索引導「個人行為」的各種歷程因素，這些歷程因素被統稱為「動機」或「激勵因素」。一個人為什麼努力不懈的求學與研究？可能因為他知道「知識就是力量」，他了解「知識就是競爭力」。

動機的分析、激勵因子的分析，有助於了解人類的行為與生理需求、行為過程、目標追求、突破障礙及克服逆境之間的關聯。努力不懈的原因，在於希望達成設定的目標；努力的研究、探索其原因，在於了解解決問題的方法與途徑。

最早期的動機理論，稱為「驅力理論」，了解人類的基本行為如同動物一樣，受到生理需求的渴望，如飢餓、性愛、保暖、安全等需求的控制，人如果不能滿足生理需求就會產生緊張，滿足基本需求才能消除內在的緊張。

2000 年代 Gerrig（2004）提出新的動機理論，被稱為「後動機狀態論」（meta motvational states），Gerrig 找出以下八種人類動機的特質（見表 7-4）。

每一個人的動機都會影響到行為的後果，譬如過度「自我中心的人」，他可能會破壞團體的紀律，而造成團體的分化與不安；過度注重「權力支配者」，他可能會不擇手段的去追求權力；挑戰社會秩序「不遵守規章的人」，他常表現狂傲自我，不服從社會的規範，也可能帶來社會的災難。總之，動機即是個人內在的激勵力量；動機方向的正確與否，會影響個人的成就、人間的溫暖與社會的安定。正確的動機與激勵，不只是成就自己，更要問是否能帶給團體更進步、社會更幸福，因此優秀的領導者應該理性動機高於感性動機。

社會心理論的學者，指出人類行為不完全受「生理因素」所控制，

表 7-4　後動機狀態理論，人類八種動機的特質

動機類型	動機內涵	動機類型	動機內涵
1.管理型動機：理性型；有目的動機。	1.熱中有興趣的任務。 2.目標取向。 3.優先的計畫。 4.避免焦慮。 5.渴望有成就與進步。	5.支配性動機：希望獲得權力與資源之分配權。	1.權力取向。 2.了解生活就是一種挑戰。 3.堅定的毅力。 4.關心掌控的問題。 5.渴望獲得優勢與支配。
2.快樂型動機：感性型。	1.追求快樂的遊戲。 2.活動取向。 3.追求現實利益。 4.尋找刺激。 5.渴望享受與有趣。	6.相對「同理心動機」：希望別人也能同理心對待。	1.關心取向。 2.生活就是一種互動。 3.高度敏感。 4.仁慈的關懷。 5.渴望獲得認同。
3.順從型動機：遵從規章。	1.順從的。 2.希望維持規定。 3.重視會議協定。 4.重視親和力。 5.重視互相配合的默契。	7.群體動機型	1.關心別人的權益。 2.與別人感同身受。 3.關心別人的感覺。
4.相對「遵從規章」動機：企圖瓦解現有制度，以獲得自由與權力。	1.希望鬆綁規定。 2.希望破壞規則。 3.重視協定。 4.自我中心，不顧別人感受。 5.渴望追求獨立自主。	8.自我中心動機型	1.只關心自己的權益。 2.以自我為中心，不關心別人。 3.重視感性，忽略理性。

更受到「社會激勵因素」、「外在誘因」各種獎勵因子，如權力、金錢、享受、學術成就、事業成就、地位等所吸引。這些外在激勵因子，已超越「生理因子」所能解釋，受教育程度愈高，其精神激勵層次愈高。社會心理認知論的學者，強調「認知」與「價值」等因子的激勵作用。

1. **激勵取決於「個體的知覺」**：譬如有藝術素養的人，才會覺得有藝術的價值。

2. **激勵取決於「個體的解釋」**：個體對學術與研究、旅行的詮釋，有其價值，有其深刻的體驗，他就會投入時間做研究。肯花時間金錢去參加旅遊，花費許多錢去買書、長期的研究，已非金錢價值所能解釋。其在追求真理與新知的「自我成就感」，「自我成就感」是最大的激勵因子。

3. **與外在情境的互動**：個體探索外在情境的變化，做出合適的行為、態度、語言、溝通，以達成同事間的「和平相處」。「提升對立」也是一種因應方式，彼此不認輸繼續打鬥，如彼此互相放話等。有良好的人際互動，保持良好的人際關係等，可增進知識、經驗、資源的成長，因此人際關係的激勵因素，受到社會心理論學者的重視。

二、需求層次論

Maslow（1962）提出需求層次論，把人類的基本需求分為五項，每一項需求也是個人內在的動機與外在的激勵因素。此項理論也常為教育單位、企業單位所應用，以協助教育組織、企業單位，提升其工作效率與工作品質。Maslow 的理論假設為：

1. 已經滿足的需求，不再是激勵因素；一種需求已經滿足，另一種需求會取而代之。

2. 低層次的需求已經得到滿足時，高層次的需求才會對人產生激勵作用。

3. 人在同一時間可能會同時存在幾種需求，但總有一種需求占有支配的地位，各種需求相互依賴與重疊，低層級需求滿足，就會出現高層

次的需求；高層次的需求出現，低層級需求依然存在，只是對行為影響減弱。

4. 低層級需求，比較具體，容易發現；高層次的精神、心理需求難以辨認，也不容易發覺，越高難度的需求，對個人來說具有認知上的不同意義。有些人會勇往直前不顧一切，有些人會只問耕耘不問收穫，這些行為受價值性、責任性動機所激勵。

Maslow 的需求層次論，對「組織管理」提供的「激勵因子」及運用方式如表 7-5。

表 7-5　Maslow 的需求層次論與激勵因子

需求層次	激勵具體因子	組織激勵提升與負面
1. 生理需求	食物 居住環境	增加薪資 vs. 失業 增加福利 vs. 減少福利 改善環境
2. 安全需求	工作安定 工作安全 工作保障	工作保障 vs. 工作不穩定 健康保險 退休制度
3. 歸屬需求	人際友誼 團體包容 團體信任	增進感情 vs. 分化感情 團體關懷 vs. 團體冷淡 增進信賴 vs. 提高懷疑
4. 尊重需求	支持 肯定 責任感、信任	提升工作品質 vs. 降低工作品質 增加信任感，給予重任 給予精神物質支援 給予晉升獎勵 vs. 給予議處
5. 自我實現需求	成長 成就 創造	知識經驗成長的滿足 有卓越的績效 有卓越的創作表現

需求層次論在教育與企業領導的應用方式可以採取下列方式：1.滿足生理、安全上的需求；2.增加「情感上」的認同，在工作趣味上增加情感；3.增加尊重、信任與支持；4.提升工作知能，及獎勵卓越的績效；5.增加高峰經驗，發揮個人的最大潛能，增進自我實現。

三、增強理論

Skinner（1938）提出「行為增強理論」，其基本觀點是：

1. 行為的表現結果，如果令人愉快滿意，會不斷的重複出現。

2. 行為的表現結果，如果得到的是不愉快、不滿意的，以後繼續重複的行為會減少。

在校園中，如果學生有不良行為的表現，而學生需要付出「加倍的代價」償還，則學生的不良行為會逐漸減少。

在企業界，如果對有效率的達成目標者，給予加倍的獎勵，其績效受到強化，就形成成功的激勵作用，而取得肯定及成就感。如表 7-6 所介紹。

正增強可以使人不斷向前邁進，因為好的行為受到鼓勵與支持，因此企業管理人員為選拔前10%頂尖優秀的人才，對於「有學識專長」、「有品格」、「有研究能力者」加倍獎勵。對於特別不努力的5%者取消其「獎金」，取消其升等。此項人事管理制度常為企業單位所運用，效果極為良好有效。

「負向強化」在近代的校園管理常被引用，學生違反校規，需回學校「補缺課時數」、「遲到時數」、「勞動服務」等。未達到工作標準者，給予退學處分。

企業管理上常用「負面強化」來執行危機管理，公司如果競爭力不提升，公司會陷入危機，人人可能因此失業，所以每人須「負責任」、「盡全力」才能免於失業的危機。

人類的行為，並不完全都是理性的。人類雖有理性的認知判斷力，但人類常被感情因素左右自己的判斷力，因此破壞感情的事，也是最划

| 表 7-6 | Skinner 增強理論的激勵因子 |

增強策略	激勵因子	組織績效管理方式
1.正向增強	獎金、休假、升等、升職位、旅遊。	1.工作品質優異者，績效獎金加倍。 2.對工作績效優異者，給予升級、調整職位。 3.公司提出吸引員工的活動，如登山、旅遊。
2.負向強化	未達到規定，不能「休假」，未能全勤，不發給「獎金」；減少「痛苦」與「衝突」。	1.善用危機管理，未達標準扣薪資。 2.不努力，人人沒工作。 3.合作友善，人人愉快。 4.違反校規，需勞動服務，補回時數。
3.懲罰	罰站、記過、罰款、減薪、免職、退學。	1.學生違反校規，給予體罰、警告、記過、退學。 2.違反交通規則，給予罰款、受訓。 3.違反公司規則，減薪、免職。
4.消除、削弱	關懷、支持、鼓勵、贊助、獎金、休假、旅遊、嘉獎。	1.對獲勝選手，取消獎金，使士氣下降。 2.對優秀員工，減少鼓勵、肯定，使意志消沉。 3.對於正常的休假福利，給予取消。

不來的事。人類也因為「感情因素」，把彼此的能力、智慧、資源融合在一起，使彼此的智慧、資源快速的增加。常見的人事升遷在理智與感情上常會交會出一些矛盾，但是「誠信」是選拔人才的關鍵。「誠信」包含負責任、忠誠度、行動力、認同感、溝通表達方式等，都是用人的關鍵。

四、成就激勵理論

McClelland（1965）研究人類因受過教育的陶冶、社會的互動、政

治的活動、生活的方便舒適、休閒的生活等，就會產生許多「社會性的成就動機」，此項動機也顯示人類具有「社會性動機」，與一般只需求溫飽的動物極為不同。McClelland 把人類的社會動機分為三種需求。

㈠權利需求

領導人與被領導者最大的不同，在於決策權的有與無、資源分配權的有與無，及考核權的有與無。領導人具有組織領導權、決策權、規劃權、裁決權、評鑑權、資源分配權、升遷權等，這一些權利的掌握使個人才華與影響力大大的擴張。以大學為例，只授課的教授可以享有學術上的自由，發揮的範圍只限於學生與論文發表，大學的行政主管就有較多的人力資源、決策權、物質資源可以運用，因此權力是無限的美好；權力如同嗎啡般使人沉醉，權力不加自制的話，也易使人腐化。

McClelland 把組織中領導者的權力分為二種：

1.個人權力：即個人專業的優異成就，令人景仰而產生的「個人魅力」，使個人的決策、言行、態度受到尊重，即以德服人、以專業治校而顯現出專業的績效與風格。

2.職位性權力：組織科層化，上層者享有較大的決策權、資源分配權、升遷決策權、規劃權、組織權，領導者本身依照其職位，擁有權力與較好的待遇。

㈡關係需求

人類的發展，多數以合作互惠或公平競爭等方式來維持生存的方便及建立濟弱扶傾之福祉，人類透過分工合作，使人能滿足食、衣、住、行、育、樂的需求，這其中包含：

1. 人與人的關係：家庭中夫妻、兄弟、姊妹的關懷合作，便能建構出一個高機能、高效率的家庭功能與人際關係。

2. 人與社會的關係：社會組織中有政府、學校、醫院、教會、民間組織，如果以機構對機構的合作，可以提升彼此資源與人力的競爭優

勢。人與社會的互動愈密切，所享受的資源與影響力愈多。

3. **人與自然的關係**：人類如果能善於與大自然維持好的關係，則可享用大自然的資源，也得到生存的食物與休閒的效果，如果只注重開發，而不善加維護，則會破壞與大自然的關係。

4. **人與神的關係**：人能親近神、尊敬神、必能獲得神的智慧、品格與大愛的啟示，也能提升人性的智慧、品格與奉獻熱忱。

McClelland 提出人類有「人際關係」的需求，以獲得安全感、感情助力，任何個人都會覺得自己「能力有限」，因此善於與人建立關係者，必可大大的成長其智慧、資源與競爭力。McClelland 指出：過度的注重關係，也會影響機構的管理效果或違背專業判斷，影響專業水準之提升。

㈢成就需求

每一個人價值觀不同，因此其努力的「目標」及追求的「目的」必然不同。McClelland 提出「高成就需求者」具有下述特點：

1. **喜歡設立自己的目標**：他們不會隨波逐流、隨遇而安，而是努力去追求自己的目標，渴望能在努力的目標上有所精進，設定目標後會全力以赴，不分晝夜，不分寒冬炎夏，他都會努力的向前邁進。其設立目標包含：(1)生活上的目標：喜歡多姿多彩、創新及挑戰性；(2)工作的目標：不喜歡機械式工作，喜歡有難度、需長期努力才能達成的工作；(3)休閒生活目標：有運動、登山、游泳、旅遊、研讀、寫作、人際整合等，都在追求體能、智能的最佳狀態，也在挑戰美好的極限；(4)宗教生活：培養大愛的行動、慈悲的胸懷，使個人能因行善而喜悅。

2. **喜歡挑戰具有難度的目標**：樂於挑戰較有難度的任務，樂於探索未來。

3. **重視績效與成就價值，高於金錢的價值**：成就的本身很難以金錢來取代，因此很多有傑出成就的人，並不以金錢為成就衡量的指標。他可能投資許多錢去追求更高的學術成就與發明。績效可以衡量，可用時

間及品質去評量。組織中擁有「成就需求動機高者」愈多，組織發展就愈快，成就與獲益就愈多。

五、管理學上的激勵研究

管理學者對於激勵的理論與應用之研究比較積極，因為企業界如果能夠提出有效激勵，立刻可以得到生產的效果及領導的具體成效，其中有二個重要理論常被採用。

㈠工作激勵與保障理論

Herzberg（1960）提出員工最基本的需求，是工作的保障，保障的因素包含：工作安全、工作環境、薪資、工作中的人際關係及公司的管理制度。員工的激勵因素，包含工作的成就感、得到讚揚、工作有前途、有晉升的機會及工作是否有挑戰性等。

Herzberg（1960）之理論在組織管理的運用方式為：

1. 提供較多的保障因素以消除不滿；但如果不能提高員工的積極性動機，則用調薪、增加福利不能帶來新的工作動機。

2. 激勵員工的主動、積極、創造精神及績效：有能力者賦予重任，擴大工作使命，必可帶來好的影響；反之，沒有能力又占著重要位置，使部屬更加挫敗而得不到激勵；獎金與績效相結合，才會帶來激勵的效果。如果成效好與壞一樣受到獎勵，那只成為保障因素而已。

3. 保障因素是一種基本的吸引力，工作內容的個案計畫、傑出成就、特殊能力受肯定、工作特色的發展，可以提升機構競爭力，機構應重視積極的激勵因素。

㈡期望理論

Vroom 提出工作中激勵的「期望理論」（expectancy theory），期望理論是針對人們對未來的期望，來解釋激勵的問題。需求在未被實現之前只能視為期望。需求是一種動力，經常透過「期望的心理動力」表現

出來。（周文霞，2004）

Vroom（2005）提出：激勵力量＝效價×期望值。

1. **效價**：可以稱爲「目標價值」。譬如「金錢」對某一個窮困的大學生是「＋1」，而對某一位富家子弟可能是「0」或「－1」，富家子弟花時間賺錢是多餘的事，賺錢的事對他產生不了慾望與激勵。它的值數範圍由「＋1」、「0」到「－1」。（周文霞，2004）

2. **期望值**：是指經由個人具體的規劃，努力的行動可以獲得成功的機率是在80%到90%間，對個人而言，動機與激勵作用就愈大。這種成功機率與個人的專業能力、工作態度、勝任程度有相關，更與評鑑委員審查的標準有重要相關。個人能力需與外在環境需求、外在評審標準相配合，其成功機率才可能提升。

期望理論將是「激勵動力學」，這一個新的計算公式，也是衡量社會多元競爭，如何取得優勢的重要計算方法。因爲自己有再好的能力，如果不能配合用人單位的需求，其成功機率是較低的。由另一個思考角度而言，窮困的小孩可能較有激勵的誘因，也可激發更多的內在潛能，其追求成功的內在激勵力量比其他人來得強烈。

六、自我激勵論

㈠自我激勵的歷程論

彭懷眞（2000）、鄭照順（2005e）等指出：「激勵是一種外在增強、自我增強及轉化增強的歷程。」上述三種增強的類型，以自我增強及轉化增強對個人的激勵較迅速有效，因爲自己最了解自己的目標是什麼、自己最了解自己的需要是什麼。就自我激勵的方式與歷程、激勵的因子與激勵效果分析如表 7-7。

人生要面對的事很多，每天需面對時間、體力、精神、才能、金錢、家人、婚姻生活等，均需要有效的管理與激勵，許許多多的難題都在考驗我們的智慧，一定要用積極的態度去因應；愈是消極逃避，未來

表 7-7　自我激勵方式、激勵因子與激勵效果

自我激勵方式與歷程	激勵因子	激勵效果
1. 自我鼓勵	今天表現不錯,吃一頓牛排獎勵自己。失敗是成功的階梯。	常表現愉快心境,士氣高昂。
2. 自我安慰	失敗是必經歷程;「只問耕耘,不問收穫」;不遭遇失敗,不會成長。	自己不會有失敗感。
3. 自我誇讚	我似乎比別人努力、專心、投入,一路走來表現精進與卓越。	專業能力、敬業精神不斷精進。
4. 自我反省、提醒	改善缺點,增加優點,以好的嗜好取代不好的嗜好。	改變別人很難,改變自己比較容易。
5. 自我暗示	我可以做的比他好,我的優點比他多。	期望高、努力夠就會表現得比較卓越。
6. 自我說服	表現謙和一點、幽默一點,人緣會更好。	增加人際魅力。
7. 自我訓練	品格、領導能力、專業知識均可培育,長期投入。	規劃學習目標,長期努力,必成為專業。
8. 自我輔導、治療	挫折、創傷需化解,情緒壓力可藉旅遊、音樂、爬山等去排除。	心情愉快,人際關係增進。
9. 肯定自己,增強自己	我肯定自己的付出。	肯定自己也會受人敬重。
10. 把挫折轉化為助力	貪求轉為滿足,滿足轉化為慈悲。	把挫折轉化為心理成長的能量。
11. 遭遇問題轉化為能力	對問題加以研究、請教專家指導。	把問題轉化為成長的機會。
12. 往既定目標邁進	再忙也要休閒、運動、讀書、聽音樂、學習外文。	維持較好的工作效率、體力、耐力、意志力。
13. 了解未來趨勢	焦點放在未來,為下一個目標全力以赴。	在下一個目標獲勝。

的問題會愈多。要用樂觀的心理去自我激勵，只要有努力就會有進步，把握時間與效率，才能發揮具體的效果。更需要以未來爲念，下一個目標是什麼？如何達到下一個目標？有「未來的策略」及「激勵因子」，則可實現下一個夢想與目標。

㈡自我激勵的綜合論

張明輝（2002）、張錦貴（2003a）、鄭照順（2005e）等提出自我激勵的綜合論，校長爲學校的最高領導人，很少人會去鼓勵校長，校長因此要常常自我鼓勵；每一個人在自己的工作角落，工作不一定會得到長官的留意與獎勵，因此個人也要常常自我鼓勵。

張錦貴提出人生的自我激勵方法：1.從感謝上蒼的賜予貧窮開始，有貧窮才有機會挑戰。2.從反省自己開始，你夠努力嗎？不夠努力，要加倍努力。3.你是眞忙還是瞎忙？你生活忙碌的事件，哪一件事情是正確的，不正確的雜事要去除，才能眞正進步。4.「跌倒一萬次也要爬起來」，能夠不被別人、社會打倒，才有成功的機會。5.「沒人緣一切免談」，要豐富你的人際關係，其主要方法有：「讓自己傑出有特色」、「增加自己的能見度」、「協助他人進步成功」、「規劃建立人脈網路」、「讓資訊加倍成長」、「把握機會主動推銷」、「用力做事，用心做人」。張錦貴的自勵理論，建立在「不怕窮困，不怕不行，不怕忙，不怕跌倒」的境遇，只要能轉化爲積極自我激勵、自我反省、自我積極，則會改變個人的命運。

鄭照順（2005e）提出自我激勵的綜合論，因爲每一個人的認知發展程度不同、生理需求不同、心理需求不同、社會需求不同、多元智慧的優勢智慧不同，因此需依個人的心智、生理發展需求，設計一套自我激勵的「激勵因子」。例如：

1. **喜歡大自然者**：設計出登山旅遊、運動的休閒激勵因子，除了可以健身，並可以結交一些益友。

2. **喜歡學術者**：設計出學術活動、研究心得發表，給予知識成長及

升等的激勵。

3. **生活貧困者**：給予工作機會、增進專業技能，增加生活的保障。

4. **喜歡藝術研究者**：給予參與藝術的活動，藝術的研究機會。

5. **有工作壓力者**：給予適當抒解身心壓力的機會，如運動、音樂及接觸大自然等。

張明輝（2002）提出成為卓越的校長，必須具備的關鍵能力與激勵設計：

1. **增進策略管理能力，提升領導效果**：校長需要把人力、物力、研發、行銷形成統合的發展策略。透過SWOT分析，歸納組織發展的關鍵因素，明訂決策的方向、資源的配合，選擇出最適合的方案。卓越的校長須能統觀全局，發揮全體最高智慧與創意，以提升競爭力。

2. **建立有效的激勵制度**：把人才、文化、科技、特色、激勵制度等充分整合，建立「藍海競爭策略」，發展特色、提升競爭力，也會給校長帶來激勵作用。

3. **建立發展的優先順序**：建立學校知識系統，剔除不必要的資訊，分享資訊，提升使命感，集中焦距，發揮核心優勢；有核心優勢，也會給學校帶來激勵作用。

4. **默默領導與適當行銷**：領導者謙遜、自制、把事情引導到相對的最好、創造轉圜空間，使學校經營的更理想。更以「服務行銷」，協助發展學生的前程；「公關行銷」以傳達理念、目標及特色；並建立「網路行銷」系統，鎖定學生家長、老師進行行銷。校長承擔一切經營的成敗，因此校長先要具備「各種自我激勵的能力」，例如，壓力抒解，自我獎賞、自我鍛鍊、自我治療、挫折容忍力等。

總之，每一個人都會遭遇生活上、家庭上、事業上的問題與困難，自我設計突破困境的激勵因子，自我激勵則可以超越自己，邁向卓越。

第五節

激勵實施步驟及激勵需求的評量

　　領導者的策略很多種，包含願景領導、激勵領導、人際關係的經營等，其中常被應用去推動達成目標的方法，是激勵制度、管理制度、輔導制度、自勵策略等，這些策略是否能夠發揮其功效，需進行自我需求評量、員工需求評量、工作績效或目標評量，達成目標之如何設定。譬如：學校管理所設定的績效目標為「主動、親切、效率、品質」，應如何評量？企業界的績效獎助，參與股份又如何訂定？周文霞（2004）提出激勵的三部曲（表7-8）。

表 7-8　激勵的三部曲

激勵三部曲	激勵的需求目標	激勵的因子
一、了解自己的需求	1. 了解自己的個性與需求。 2. 了解自己的需要，如安定、創新、財富、好環境、有意義、權利等。	1. 高生活品質：健康、舒適。 2. 高待遇：生理、心理滿足。 3. 安全感：心理滿足。 4. 高成就感：心理滿足。
二、認識別人的需求	1. 被領導者常提出激勵因素，如要有好的待遇，工作有保障。 2. 有升遷機會、有成長機會，工作有趣味。	1. 好待遇：生理、心理滿足。 2. 學習成長：心理滿足。 3. 好的工作環境：身心健康。
三、鑑定激勵的效果	1. 工作是否有效率。 2. 工作是否有品質。 3. 工作態度是否具主動性、親切感。 4. 群眾心理的感動與向心力。	1. 效率的獎賞。 2. 品質的獎賞。 3. 主動研究創新、親切、合作，樂於挑戰新任務的獎賞。

一、了解「自我的激勵」需求

哈佛大學教授 McClelland（1965）提出人類的需求分為三類，即「權力需求」、「成就需求」、「關係需求」。

㈠高權力需求的人

對權力、決策、控制資源、控制社會發展方向有高度的興趣，他絕對是一位「未來趨勢」的領袖，他也喜歡與人論辯，健談、善於溝通、善於提出問題，善於規劃未來的方向，也有高度的期望與進步要求，是一種「集權式」、「絕對權力」的領袖。

㈡高成就需求的人

追求創新、卓越與較高的工作品質，自我設定較高的目標，一輩子努力不懈。喜歡挑戰較高難度的任務，喜歡長時間工作，能夠設法自我激勵，即使是失敗也不太沮喪，永遠保持「新的目標」、「新的學習」，是具備高素質的領袖人物。

㈢高關係需求的人

天生個性熱忱、親切、有令人喜悅的肢體語言，善與人維持友好、親密的人際關係，有較高的「人際智慧」及「人際關係」的強烈需求，這種人常從友情的支持中得到快樂與滿足。他的重要資產、資源就是「人際資本」，也是他生命中快樂的來源，也是個人成就努力的目標。

高成就需求的人，以工作價值為核心，較忽略人際情感的融洽，因此，不一定能夠成功領導一個團隊。如果能夠兼具「人際智慧」與「成就智慧」，將是一個絕佳的領袖。

McClelland（1965）設計出「人類社會需求」調查量表，如表 7-9，請圈出和「你的感覺」最接近的數字。結合你現在的工作或過去的工作經歷，思考一下你的答案，並加以統計分數，分析你的「需求類型」：

表 7-9　社會需求量表

【社會需求量表】

	非常 不同意		普通		非常 同意
1.我非常努力改善我以前的工作，以提高工作績效。	1	2	3	4	5
2.我喜歡競爭和獲勝。	1	2	3	4	5
3.我常發現自己和周圍的人談論與工作無關的事情。	1	2	3	4	5
4.我喜歡有難度的挑戰。	1	2	3	4	5
5.我喜歡承擔責任。	1	2	3	4	5
6.我想讓其他人喜歡我。	1	2	3	4	5
7.我想知道在我完成任務時是如何進步的。	1	2	3	4	5
8.我能夠面對與我意見不一致的人。	1	2	3	4	5
9.我樂意和同事建立親密的關係。	1	2	3	4	5
10.我喜歡設置並實現比較現實的目標。	1	2	3	4	5
11.我喜歡影響其他人，以成為我自己的方式。	1	2	3	4	5
12.我喜歡隸屬於一個群體或組織。	1	2	3	4	5
13.我喜歡完成一項困難任務後的滿足感。	1	2	3	4	5
14.我經常為了獲得更多對周圍事情的控制權而工作。	1	2	3	4	5
15.我更喜歡和其他人一起工作，不願一個人單獨做。	1	2	3	4	5

【社會需求評分標準】

　　為了確定你的主導需求，即「什麼最能激勵你」，請將你的答案得分，分別填入對應的題目標號後面。

A—3 成就	A—1 權力	A—2 關係
1 ( )	2 ( )	3 ( )
4 ( )	5 ( )	6 ( )
7 ( )	8 ( )	9 ( )
10 ( )	11 ( )	12 ( )
13 ( )	14 ( )	15 ( )
總分：( )	( )	( )

　　把每一欄的得分相加，每一項最終得分會落在 5 分至 25 分之間，得分最高的那項便是你的「主導需求」。

二、認識別人的需求

有經驗的領導者知道團體的目標，機構的任務需要一群高素質、高效率、有默契的主管配合，才能達成組織的任務。他能夠善用「專業智慧」、「人際激勵」，使大家得到快樂、認真的付出，以達成艱巨的任務與使命。領導者的魅力，在於他是一個「目標策劃者」，也是一位「激勵的高手」。激勵的高手的技巧來自他能找員工談心，經常詢問遭遇的難題、主動探索部屬的優點、追問工作目標、生活樂趣、個人志向等，領導者能夠找到群體期待的「焦點」與「期待」並加以鼓勵，則員工必然士氣大振。

領導者如何去了解員工的需求呢？

1. 平日觀察、深談，以了解其「工作困難」、「生活興趣」：藉此找到交集，加以支持、鼓勵、協助引導或幫助解決困難。

2. 建立個人資料檔：人格特質、工作優點、點點滴滴的工作表現，就可以找到焦點，領導者問員工要不要我提供一個「好的觀念」，可以幫助他獲得成功。

3. 員工自我的評量表：由部屬去尋找「工作上的優點」，加以詳細描述，以增加「自我肯定」；從「個人專長」中去建立「人才資料庫」；並請其陳述個人遭遇到的工作困難，立即協助解決困難；協助解決多年的困難，即是一種最大的激勵。

周文霞（2004）指出：要能夠有效的領導別人，需要了解別人所迫切需要的激勵因素是什麼？而且能夠知道其「激勵需求」的重要順序，針對重要順序就能有效的領導別人。表 7-10 列出十個「激勵作用」的因素，請你依照「10」、「9」、「8」、「7」、「6」的順序，填上層級的分數，如果你現在「沒有工作」，請你想像一個工作，然後完成這一份「激勵需求」層級量表。

表 7-10	「激勵需求」層級量表

下列十個「激勵作用」的因素，請你依照「10」、「9」、「8」、「7」、「6」的順序，填上層級的分數。

　　　　　　1. 有趣的工作。

　　　　　　2. 工作有保障。

　　　　　　3. 現代化的設備。

　　　　　　4. 工作有意義。

　　　　　　5. 工資滿意。

　　　　　　6. 工作具有挑戰性。

　　　　　　7. 上司領導有方。

　　　　　　8. 有升遷的機會。

　　　　　　9. 工作條件較好。

　　　　　　10. 我所做的事情有成功的機會。

【答案】

「激勵需求」量表之解釋方法：

　　最重要的因素 10 分，最不重要的因素 1 分。所以，分數高的因素比分數低的因素激勵作用大。記住這一點，然後把每個因素確定的分數，填入下面 A 和 B 兩列空格，並分別加總。

心理滿足	生理滿足
A 列	B 列
1.＿＿＿＿	2.＿＿＿＿
4.＿＿＿＿	3.＿＿＿＿
6.＿＿＿＿	5.＿＿＿＿
8.＿＿＿＿	7.＿＿＿＿
10.＿＿＿＿	9.＿＿＿＿
合計＿＿＿＿	合計＿＿＿＿

如果 A 列的總分多於 B 列，說明你從工作中得到「心理方面」的滿足大於「生理方面」。要指出的是，A列的五個因素是用來衡量你對工作的感覺，這些因素是「內部激勵因素」。如果A列得分超過30分，說明你在現在的工作已受到高度激勵，且因此而「獲得精神成就」。在人們的職業生涯中，成功者對「心理價值」的關注要大於「生理價值」。如果B列的總分多於A列，說明你從工作中得到的「生理方面」的滿足，大於「心理方面」。B列的五個因素是與工作環境或工資收入有關的，這些因素是外部因素，你對它們的控制是有限的。

第六節
企業領導上的激勵策略設計

企業總裁（CEO）要想永續經營，可採取「積極取勝策略」，即設立目標，發展願景，採用激勵方法。譬如羅技科技（Logitech）原來只停滯在供應商的角色，年收入四億元，後來發展自己的品牌，開發新產品鍵盤、網路攝影機、搖桿、無線周邊設備等，經由創新的激勵策略下，在 2005 年時，公司盈收達十六億美元。日本的尼康（Nikon）相機製造，也把下一年度的生產目標，運用生產成本加上獎勵，使產品品質、生產效益與激勵制度相結合。Davila、Epstein 和 Shelton（2006）及鄭照順（2005e）等之相關研究提出企業領導激勵的策略如下：

一、創新與重點激勵策略

領導者針對企業本身的弱點如「人才缺乏」、「產量不足」、「品質不夠精緻」、「環境不夠精緻」等，提出獎勵方案，以吸引人力、改善環境，達成提高工作品質與生產品質（如圖 7-2）。

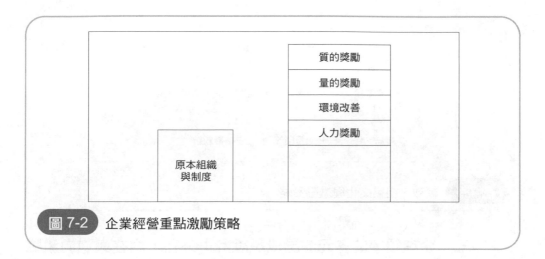

圖 7-2 企業經營重點激勵策略

　　許多大學為留住人才，提供宿舍、交通費補助，給予老師溫馨與實質的關懷，確實幫助留下許多人才，如東華大學提供外地教授宿舍，淡江大學、實踐大學、高苑科大等補助教授交通費學術加給，都令教授備感溫馨。工作環境品質的提升，確實帶給員工工作環境的舒適感，因此生產力與生產品質也跟著提升。對於當季的生產量與服務品質改善達到標準，即給予獎勵，對公司與員工均雙向受益。

二、績效、文化、制度與獎勵策略

　　企業制定服務的績效評量指標包含：主動、效率、品質、親切、生產量、創新能力、創新成果、知識管理等，領導者如何對每一層面有傑出表現者做出公平、公正的激勵，需訂定自評及複評之績效評量工具，並配合各重點之積分加以獎勵。領導者須先建立組織的「創新文化」，它是一種特色，一種競爭力，也是企業生存所必備，如圖 7-3。

　　績效評量系統，是指建立明確的績效評量指標，可以使受評量者了解自己的達成程度，又可以幫助未達成目標者，檢討自己的缺失，使機構人員能夠自我體檢，員工專業知能不足之處，領導者設法給他們補足新知及增能，因此是一種雙向的激勵策略。

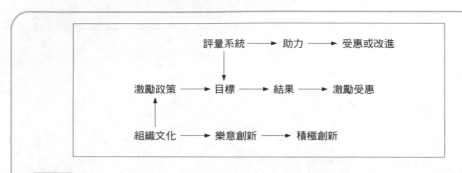

圖 7-3 績效、組織文化與激勵策略

三、企業領導的多元激勵成長設計：外在、內在與逆向激勵

企業的成長如同有機體，個人不只要有身體，更需要給予心智、品格、學習能力的培育，也需要給予生活環境與休閒生活的安排。因此領導一個企業其激勵制度至少包含下列激勵的方式，如圖 7-4。

㈠外在的激勵因子

生產績效、學習成長績效、身心健康的促進、善於行銷、人際能力的激勵、環境設施的提升等。

㈡內在自勵動機的激勵

鼓勵其自我實現、成就感、責任感、尊重、夢想、創新、體能、意志力、主動與人建立關係、善於與外部聯盟、善於為機構找資源、自我期望高、博學、好奇、熱情、合作性、卓越追求、同理心等。

㈢逆向的激勵法

1. 當球隊被打敗時，教練不加指責，而說：「相信你們會有更好的表現，注意力再集中一點。」當球隊打贏時，教練就集合大家檢討打勝

仗的主要因素，以了解對方為何會敗，我們為何會贏。

2. 對於行銷業績很好的人，除了肯定外，還提醒如果不再繼續保持，公司可能只剩下半年就要關門（樂為良譯，1999）。

3. 對太過自信的選手、幹部，領導者應該以身作則，表示承諾每一個角色，都應按步就班，投入時間、發揮績效；未能全力以赴者，就換人遞補，因為球隊不能有漏洞，以及不合作的隊員。

4. 對倔強的屬下，應先留後路，才不會引起反彈，能理智接受指責，能幫忙改善員工不自知的缺失，也是一種無形的激勵。

5. 對未發現自己錯誤的員工，應用關心與期望之溝通方式。領導人要問：「最近你覺得印象最深刻的事情為何？哪一件事情會讓心情高興或困惑的情形？困惑部分如何解決？解決方法有哪些？」

6. 內省：每一個人如果能找到自己的弱點，才會有進步的空間。

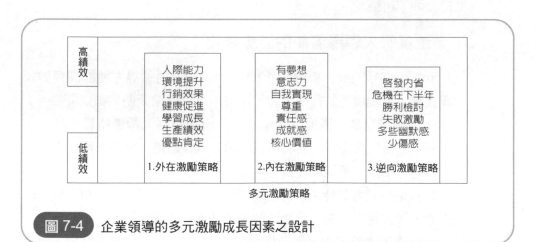

圖 7-4 企業領導的多元激勵成長因素之設計

第七節

個人潛能、學校教育領導上的激勵策略設計

　　人為教育領導主體，因此主體先要有奉獻熱忱、專精知識、豐富的經驗，有目標、有願景、有自我激勵的能力、增加優點減少缺點等能力，能具備領導人的基本條件，因此要成為教育組織的領導人，其自我激勵、外在激勵、目標與使命、自律品格、責任心、主動勤奮、積極等激勵動能不可缺乏。

一、激發個人領導潛能的激勵策略

　　Roberts（1997）、鄭照順（2003a）等曾經對領導才能的課程做設計與實驗，發現優秀的領導人才，常善用下列激勵策略與潛能開發。

　　1. **積極開發個人潛能**：積極的心能自我超越，領導特質不是天生的，而是常自我激勵，不斷的自我激勵、自我超越、努力不懈，今年閱讀、旅行、工作、體能均比去年更多。

　　2. **具備多元智慧能力**：一個思考的表達或問題解決，善用多種智能去思考，使表達更完美、解決問題、創造作品更精美。

　　3. **常善用優勢智能取代劣勢智能**：善於發揮自己的優勢智能，使自己生活、領導更有信心，在專業上著手，並常能謙和學習。

　　4. **以好的嗜好取代不好的嗜好**：選擇登山、健行、旅行、打球取代賭博、抽菸、喝酒等不好的嗜好，在嗜好活動中增加體能、人際智能、自然智能，使自己的身心潛能再提升。

　　5. **自己設定目標、願景與使命**：為自己的人生設立努力目標，為工

作單位設立願景，以提升競爭力爲方向，形成一種「自激的策略」，以個人的使命感自我鞭策，培養自我責任感，自動投入。

6. **不斷研修個人品格**：好的領導者其基本條件是要具備好的品格，積極勤奮、誠信、責任感、尊敬、感恩、自律、樂觀等品德，形成一種內在的激勵力量。

7. **豐富自己的領導知識**：Roberts（1997）提出領導的基本知能包含：領導原理、人際溝通、團體動力、情緒管理、衝突化解、創意思考、社會關懷等專業能力，他主動求知、樂意參與，因此專業知識與經驗均足以爲人表率。

8. **個人具備預知未來的能力**：由於知識專精、經驗豐富，因此其邏輯推理能力甚強，可以知道一個決策之預期效果。遇上不能預測的因素時，他也會準備幾個備用決策，不斷作生涯發展，此類領導人呈現生涯發展無礙之境界，如成爲機構領導人，這個機構的發展潛能也必定受惠無窮。

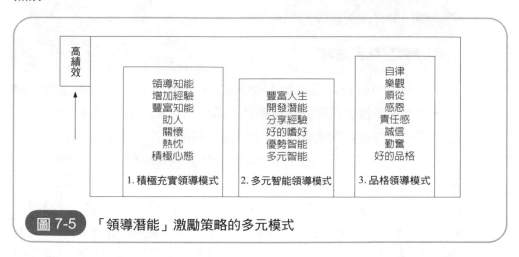

圖 7-5　「領導潛能」激勵策略的多元模式

二、學校教育潛能的激勵策略設計

學校教育的內涵包含：個人潛能的開發、班級經營成效的提升、學

校經營績效的提升。班級經營包含：人員組織、班級紀律、讀書風氣、生活教育、人際關係、學習成效等目標；學校的經營方向包含學校文化、課程與教學、人員素質、行政與教學組織、生活與品格教育、心理輔導、特色與競爭力等。統合學校與班級的經營績效應包含：

1. 教師與行政人員的服務態度：主動、效率、品質、親切等績效指標。

2. 教學的品質具備條理：教學的品質、師生互動、學習成效等指標。

3. 校園文化是否足夠積極，學習成長與創新之績效指標。

4. 校園學習的環境是否優美、舒適、精緻化、人性化等合宜的學習環境。

學校教育領導的潛能，經由「師資與行政人員素質」、「教學品質」、「行政效率品質」、「環境設備」、「學生學習態度」等所組成。Davila、Epstein 和 Shelton（2006）及鄭照順（2005e）等之相關研究，提出教育創新領導的激勵策略如下：

㈠創新與重點激勵策略

傳統的學校教育已設計好非常完善的獎勵制度，譬如班級生活競賽、學科抽考競賽、月考優秀成績之獎勵、團隊競賽等，已把學校體系塑造成一個個人與團隊激勵的系統，這個系統不一定能適應高度競爭的學校教育，領導者為了提升課程與教學品質，鼓勵教師參加課程創新、發展班級特色，進行品格融入班級經營。

玉里高中從 2002 到 2005 年進行「多元智能的課程實驗」，發展出 21 項課程，並榮獲全國高中校務評鑑優等。「品格教育實驗」於 2002 到 2006 年進行五年的課程與教學實驗，師生均獲得心靈成長與提升個人競爭潛能（如圖 7-6）。

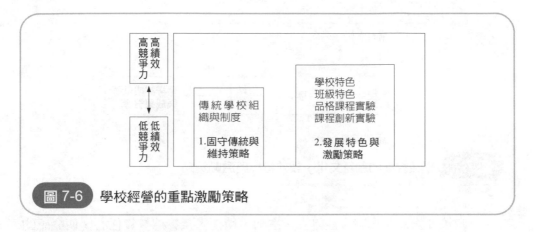

圖 7-6　學校經營的重點激勵策略

(二)創新文化、績效指標與獎勵策略

校史較久的校園，如果由一群不吸收新知的行政人員所領導，必然害怕創新。Gardner（蘇芳柳譯，2006）指出超過 50 歲的人，如果不能天天吸收新知，就會排斥創新改變，這是大腦的自然反射作用。學校領導者要激勵校園的創新，學習發展要從行政人員、教師開始，引進新的知能，並建立激勵的制度，設立績效評量指標，給予精神與物質的獎勵，並分享創新後的成就感，才能使創新文化成功。

以多元智能的學校文化設計而言，有「多元智慧亭」、「多元知能課程研發團隊」、「多元課程實驗班」、「優勢智能獎」、「好的嗜好取代不好的嗜好獎」等創新的校園文化。並設計評量指示：1.多元課程題目教學大綱；2.發展多元智能課程；3.發表多元智能教學成果，學校校園的多元智能設計；4.實驗人員之心智成長的心得分享與成就感（如圖 7-7）。

(三)教育領導的多元激勵策略設計：內在、外在與反向激勵

Skinner（1963）指出社會文化設計理論，以及人所處的環境包含教育、社會、經濟都已經被文化所制約，Skinner（1963）指出制約方向包含正向與負向制度，即獎勵性的增強與錯誤行為的負增強。這樣的激勵

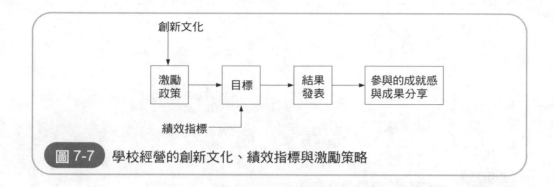

圖 7-7 學校經營的創新文化、績效指標與激勵策略

政策並未能包含對人性自主、主動、積極、榮譽感、責任心、使命感的自我激勵力量。因此教育領導者應善用多元的激勵策略,才可能把人類潛能發揮到極限。

1. **外在的激勵**:升學率、行政效率、獎狀、獎金、鼓勵、公開肯定、時效績效、熱情、好的成績、環境等。

2. **善用內在的激勵**:積極、勤奮、誠信、責任感、使命感、榮譽感、專業成長、創新成果、成就感、經驗學習、多元智能、好的嗜好、自律、追求卓越、追求品質、行政創新等。

3. **轉換性激勵**:幽默感、樂觀、失敗中得到能量、勝利的謙和、失敗是成功的階梯、失敗者沒有悲觀的權力,失敗一百次也要勇敢的站起來。好的嗜好取代不好的嗜好,優點取代缺點。

綜合言之,從行為主義重視外在的制約,到人本主義重視人類內在的精神動力,如主動、積極、追求成就感、責任感、使命感的內在激發力量;以及 Gardner(1983)提出的內省智慧理論,人類由內省中可以找到激勵的能量,教育領導者如善用三種激勵策略,必可使學校教育領導發揮最高的績效(如圖 7-8)。

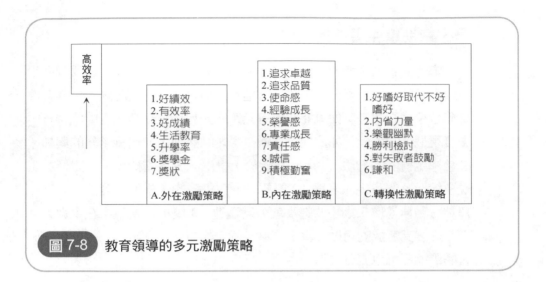

圖 7-8　教育領導的多元激勵策略

第八節

激勵策略在教育上的應用

　　激勵理論的研究包含心理學、社會心理、管理學及自我激勵理論的學理基礎，教育行政的領導者，如何善用手中的魔棒，指揮團體向既定的目標前進，又能使整個組織份子努力不懈，發揮團體的動力與個人的潛能。學校的領導者如能善用「激勵策略」，在學校教育領導則可產生下列效果：1.幫助學生潛能的發展。2.幫助學習效率的提升，使課業轉敗為勝。3.肯定學生的潛能，發展優勢智能，發展健全快樂的生涯。4.有明確目標，幫助學校組織效能的提升。5.激發團隊的士氣，增進人際感情、促進合作，幫助達成團隊目標。6.知人善任，增加部屬的成就感，及提升領導效果。激勵的領導策略應用於學校的方法如下：

一、幫助學生潛能的發展

　　聯考的制度不能使學生產生學習的快樂，反而常使學生對學習產生失敗感；因此學校需要提供學生有選修的機會、有趣的社團，使其有機會體會學習的樂趣；如果能採用多元智能的教學，從多元智能的教材中去發現個人的潛能，如此便可以恢復學習的樂趣，並培養求知的興趣。激發學生潛能的方法：1.老師常能給予學生「表現的機會」，對好的表現多給予公開肯定、表揚。2.對於學生與班級的「學習態度」，如合作精神、積極進取、小小的進步就公開嘉勉。3.獎項不要集中在少數人身上，從多元智能的角度去肯定「每一個人的價值與貢獻」，如此每一個人的潛能都可以充分發揮。

二、幫助學習效率的提升，使課業轉敗為勝

　　學習如果能夠突破學習困難、學習障礙就會產生學習樂趣。激發學生學習興趣、學習效率、學習績效的方法為：1.**學習的興趣**：寄託於長期的培養，有堅定的決心、長期的投入，找到好的輔導老師或學習伙伴，必能產生學習的興趣。2.**學習效率**：好的學習環境、好的體能、專注的心、好的記憶方法是必要的。3.**學習績效**：平時考、聯考、GRE、托福測驗、高等考試、教師甄選、校長遴選等其考試目標、範圍都不同，參加考試者除了基本實力需要好的基礎外，應針對考試「目標、範圍」做充分的準備與整理，最好先做幾次模擬測驗。4.**如何使課業轉敗為勝**：蔡典謨教授（2003）提出需要改善學習環境、培養積極的心態、師長要常給予肯定與支持、由小進步轉為大進步。

三、肯定學生的潛能，發展優勢智能，發展健康快樂的生涯

　　Gardner（蘇芳柳譯，2006）指出每個人均有九項智能，第九項智能為生命智慧；生命智慧是要能整合各項資源能量，協助生命的永續發展。老師要鼓勵每個人去發現個人的優勢智能，有了優勢智能就比較有

自信；老師可以鼓勵學生培養好的嗜好，如登山、健行、打球、音樂、攝影、旅行、學外語等，培養好的嗜好以取代不好的嗜好；生涯發展需要培養兩三項專長、兩三項休閒嗜好，因為生涯發展不可能一帆風順，激勵有多種專長與多種好的嗜好，有助於建立健康、快樂的生涯。

四、明確的目標與激勵策略，可幫助學校組織效能的提升

學校組織建立明確的目標，如提高升學率、增進技術能力、培養優良品格、主動、親切，與高效率的服務態度等，均是明確的追求目標。

處室目標方面，於「教務處」：訂定提升教學品質、升學率、升學輔導的激勵策略。於「學務處」：訂定品格陶冶、多元智能發展的激勵策略。於「總務處」：訂定校園藝術化、服務效率化的管理與激勵策略。於「輔導室」：訂定心理輔導資源的提供，生涯、心理困擾的協助策略。

五、激發團隊的士氣，增進感情、促進合作，幫助達成團隊目標

學校的激勵措施可以使教育人員維持其卓越表現；教育組織，需要有許多的獎勵措施，以肯定工作人員的傑出表現，使其樂意不斷的為這個組織貢獻其潛能。心理學上人際之間的欣賞、尊重、信任、授權等，是人心融合的最高境界，人際之間的鴻溝去除之後，則可以共享資源、人脈、智慧，也會帶動彼此高速的成就，增加彼此的心境與智慧。領導者需要激發團隊的士氣，增進感情、促進合作，使個人發展與組織目標相結合。如果有人員利用組織的身分、職位，從事利於個人益處的工作，或另組織個人勢力，對組織內所交付的任務毫不關心，也不加以配合，領導者需要給予適當的職務調整，以免影響組織發展與進步。

六、知人善任,增加部屬的成就感,提升領導效果

　　校長能善於運用成員的專業知能,鼓勵其積極參與,以增加部屬的成就感。學校領導者要能「知人善任」。「知人」,即知道其「專業能力」、「服務態度」、「個人品德」、「優點與缺點」等;「善任」,即領導者充分了解其優缺點與個性後,再擇其優點給予適當的任用;如此必能引起組織成員的信服,也會帶給組織成員最大的福祉與提升組織的競爭力。每一個人其專業受到器重,又有空間讓他展現才華,個人必可獲得成長與成就感。杜拉克曾言:「優質的領導,即能聘請有專業的人與合適性格的人加入團隊,才會有高的績效。」(劉志遠譯,2005)

七、改善工作環境,合理調整福利與待遇,以滿足成員的 需求

　　學校的辦公環境、校園環境、研究環境、教學環境之品質需不斷的提升,以增加工作教學的方便,進而提升教學品質與工作效率。教育環境是一本無形的書,環境可以影響工作的情緒,也可提升學習效果,對於重要節慶應給予老師適當關懷,使其滿足基本的需求與精神的寄託。

八、協助員工建立自我激勵的機制

　　學校的員工程度差異甚大,領導階層中校長、主任、組織常缺乏「專業資訊」的分享,故成立團隊讀書會,建立「學習型組織」是一種自勵的好策略;在教師間鼓勵成立登山、旅遊、打球的社團。學校如果能主動鼓勵成立教師的休閒生活社團,可以協助減輕壓力,增進彼此的情誼,則可以達到自我激勵的效果;對於教職員工的激勵可以在重要的日子送卡片、辦理聚餐、歌唱聯誼增進感情,以達到激勵的效果。

　　了解成員的個人期望,提升其專業知能,並賦予重任,增進使命感;對教學執行階層的教師,亦鼓勵其建立「知識管理系統」,彼此分

享教學研究成果，亦可以提升教學品質，提升教學的競手力。

九、領導者常能自我反省、自我改善、自我訓練、自我激勵，以達到完美的階段

　　領導人永遠是一個組織的標竿人物，領導人更是希望的化身，個人必須善於時間管理、人際網路經營、忙亂中的重點把握、知識管理、專業成長管理、資源管理、挫折轉化為助力、解決問題轉化為能力等，不斷精進學習，不斷創新發展，成為一位優秀的領航人。這一切都需要不斷的自我激勵，從消除生活壓力，不斷提升體力、腦力，提升情緒智能，才能成為最好的組織領導人。

　　綜合言之，激勵策略的應用，可以開發個人潛能、發展學校特色、提升競爭力，是領導知能不可少的一個重要技巧。

第九節
激勵策略在企業上的應用

　　激勵理論的研究包含心理學、人際關係、行銷學、顧客關係管理及自我激勵理論的學理基礎。企業的領導者，如何善用手中的魔棒，指揮團體向既定的目標前進，又能使整個組織的每一份子努力不懈，發揮團體的動力與個人的潛能，企業的領導者如能善用「激勵策略」，在企業領導可以產生下列效果：1.提升生產的量與質；2.達成微笑曲線（參見第 9 章，圖 9-7）；3.增進學習與創新，使企業反敗為勝；4.發展特色提高競爭力；5.增進行銷效果，增加顧客資本；6.激發團隊的士氣，增進人際感情、促進合作、幫助達成團隊目標。

激勵的領導策略應用於企業的方法如下：

一、提升生產的量與質

台灣企業經營之神王永慶的名言：「做多少事，就給多少薪水」才是合理的；他為各個生產單位評定年度生產目標，若超過目標，他會給經營主管一個額外不公布數目的「黑包」獎金；王永慶堅守「勤勞樸實」的企業文化，首先進用肯吃苦、肯學習的員工，他的生產品質從人的品格著手。比爾蓋茲曾發表《數位神經系統》一書，提出微軟的企業只有半年超越的生命，員工在質與量的提升不能間斷，員工於其對談只能提缺點如何改善，有好的想法才能升到重要的職位及獎勵優厚的待遇。比爾蓋茲為獎勵員工提升創造力，員工可以選擇自己最有利的時間來上班，為提高創造力及工作品質，他的總部園區蓋得像一所大學，有舒適的研究室與休閒空間。

二、達成微笑曲線

宏碁電腦（Acer）創始者施振榮提出「微笑曲線」的經營策略，企業要產生微笑曲線的效果，領導者需要激勵「創新與研發的技術」達成全球的水準；其次要激勵建制「品牌與行銷」；施振榮（2005）的名言：「有好的產品，如果不主動行銷，也銷不出去。」施振榮採取「分紅入股」的激勵策略，使生產量大增，個人資產一樣跟著提升。「品牌與行銷」的激勵策略，採取「蠶食鯨吞」策略，建立地點或與當地行銷據點，建立最優厚的利潤、最方便的服務；達成目標時，將多數利潤給經銷商。

三、增進學習與創新，使企業反敗為勝

Senge（2000）提出學習型組織，其重點在啟發領導者，應激勵組織成員：1.建立共同願景；2.自我超越；3.系統學習；4.分享學習成果；5.建立多元彈性的心智思考模式；6.突破線性思考等。領導者如果能幫

助建立學習型組織，及建立分享平台，則有助於智慧分享，提高整體的競爭力。由於資訊資本增加，人力素質、工作默契提升等可幫助企業反敗爲勝。

四、發展特色，善用優勢提高競爭力

林金源（2006）爲百略醫學科技尋找「藍海策略」：1.**降低製造成本**：到大陸設廠，取得較低的生產成本；2.**消除削價競爭**：鎖定中高位競爭，行銷中心在瑞士；3.**找到專利保護**：在美國研發、申請專利保護，掌握全球通路，於美國籌募資金；4.**創造品牌及加值服務**：權威認證，提倡預防醫學。銷售到國外需要研發、認證及通路，百略醫學科技善用外國人「以夷制夷」的智慧。

國外的「藍海策略」，其基本原理就是，激勵資訊與科技的整合、發展特色、創造顧客群、開拓邊界等。以 Swatch 手錶爲例，如何創出新的藍海：1.材料的變更，將瑞士錶精緻的機械改爲塑膠，採用套裝組合，因此節省成本。2.採用低價位行銷，每年均發表新錶、紀念錶，成爲青少年時髦的象徵。3.創造新的市場與顧客群，因而發展新的特色與競爭力。（黃秀媛譯，2005）

五、增進行銷效果，增加顧客資本

7-11 便利商店採用顧客管理，其行銷策略：1.提供二十四小時的服務，使顧客群獲得最方便的服務；傳統的雜貨店一一關閉。2.幫助顧客提供最方便的物品服務，購買頻率最高的物品放最前面，銷售不佳的產品則定時下架。3.給予顧客最親切的問候。4.協助顧客解決問題，如寄信、繳稅、繳水電費、信用卡費用等需要花費時間解決的雜事。

六、激發士氣、增進感情、促進合作，幫助達成團隊目標

張錦貴（2003b）說：「跌倒一百次也要站起來；失敗是成功的階梯。」企業成功要從激發個人意志力開始；增進人際關係的方法，從讚

美與微笑開始，就會拉近人的距離，有了人際關係才能談合作，有合作默契和團隊精神，才能幫助組織達成目標。

綜合言之，激勵策略的應用，可以增加生產的量與質、達成微笑曲線、增加顧客資本、創新特色、提升競爭力，是企業領導知能不可少的一個重要技巧。

CHAPTER 8

危機、衝突管理與領導

摘　要

　　危機的預防比災後重建來得容易及省力；危機管理的重要功能在「無時防有，有時防大」。每一個政府、機構、家庭及個人均有危機時刻。在2004到2006年間台灣最大的危機：政府有誠信危機、經濟危機、兩岸衝突危機、兩岸競爭危機及品德危機；個人有失業危機、未來的不確定感、對未來缺乏信心的危機、社會衰退等危機，政府機構及個人如何去因應這些危機呢？

　　本章首先探討危機的意義、特性、類型及功能，其次分析衝突的意義、特性、類型及功能。

　　機構的「危機管理計畫」應包含：以最有效的危機處理計畫、復原計畫、危機化解及危機管理效果評估等，來進行危機處理。

　　綜合性的「危機管理策略」應包含：「建設性策略」、「實質性策略」及「消極性策略」。

　　當前有些學校常遭遇的危機有「招生不足」、「教學品質不佳」、「人際衝突」、「學習成效不彰」等危機。以招生不足之危機，應該：1.激發危機意識，促進團結，建立優質團隊；2.增加自己的優點、優勢，提升競爭實力；3.建立好的教學品質，取得學生及家長的信任；4.取得有效行銷途徑，針對家長、學生及社區團體，做比較性優點陳述、績效性及願景的說明。

　　企業機構常遭遇的危機有「產品品質不佳」、「資金不足」、「內部衝突」、「學習與研發成效不彰」、「行銷不佳」、「生產效能不佳」等危機。以發展效能不佳之危機而言，應該：1.喚起危機意識；2.成立危機處理組織；3.設立生存目標、停損點；4.逐步提升競爭力及化解危機。

危機的定義、特性與類型

一、時時發生危機、處處有危機

社會危機事件幾乎天天在發生、處處可能發生，人每天的活動中如食、衣、住、行、育、樂的活動，及與周遭的環境、人物的互動中，均可能從互動中產生快樂、幸福感，也可能引發出衝突與危機，其原因很多，主要因素如下：

(一)自然資源有限

好的空氣、好的水、好的環境與資源均有限，競爭過度、沒有適當的約束，甚至引發國際爭端或地盤之爭，歷史上所記載的戰爭事件，大多是資源爭奪之事件。

(二)社會資源有限

機構的重要職位有限，人人期待有高職位、高待遇，一旦升遷與待遇不公平就會衝突不斷，歷史上所記載的重大事件，大多是權利與社會資源爭奪之事件。

(三)心理情緒失衡

人類的本能之一，常有妒忌心理，容不下別人比我好；因為人際能力有高下，職位也有高下，能力太強者常受能力弱者、地位低者嫉妒；當有人挑起對立事件時，常引發攻擊語言或行為來發洩不安的情緒，因此「心理情緒衝突」也經常發生。

㈣個人生涯發展危機

Erikson（1968）提出生涯發展中分爲幾個重要階段，每一個階段均有危機發生的可能：

1. 青少年階段（12至25歲）：青少年常有課業壓力與角色認同、價值認同危機。

2. 成人階段（25至45歲）：成人階段常有工作上、成就上、就業上的競爭壓力與工作危機，例如專業能力不足，常造成工作適應與失業的危機。

3. 中年階段（45至65歲）：中年階段有失業與經濟壓力的危機，有些事業成就到達高峰；有些因爲社會變遷或機構裁員，提早退出職場，產生失業壓力與家庭經濟危機，會產生社會成就的失落危機。

4. 老年階段（65歲以上）：老年階段有健康的壓力與失落危機：最擔心的是缺乏健康、生活的孤獨、情緒失落、缺乏經濟來源等，因此老年期也有健康、心理、生活上的危機。

㈤社會與國際重大事件帶來危機

近年來社會與國際重大危機事件，也是一種危機的時刻：

1. 1997年亞洲金融危機：各國的經濟不振，貨幣貶值，人民生活陷入困境。

2. 911恐怖攻擊事件：2001年9月11日，恐怖份子挾持飛機攻擊美國「世界貿易中心」，造成3,600多人死亡。

3. 921大地震：1999年台灣發生921大地震，造成2,600多人死亡，接著政局轉變，台灣連續五年經濟不景氣，每年自殺的人數均超過三千人以上。

4. 2001年阿根廷爆發經濟與政治危機：人民領不到錢，總統也束手無策，連續換了四位總統。

5. 2004年3月19日我國總統選舉的危機：由於選舉投票的前夕發

生離奇的槍擊事件，導致台灣政局、社會、政黨與族群間彼此信任的危機。

6. **2006 年 11 月 3 日起訴總統及夫人貪污事件**：陳瑞仁檢察官起訴陳水扁總統及夫人吳淑珍貪污 1,480 萬元，國人對總統的失德與無能失望到極點，也造成民心向背的品德危機。

綜合言之，國際、國內、個人危機事件層出不窮，在危機發生的主要現象，如關係摩擦、經濟失調、心理情緒失衡、社會不適應等，如果因應不當，都可能造成危機。

二、危機的定義

Lerbinger（1997）對危機的定義，是指具有多種危險性及艱困難解的事件，包含：

1. 會造成危機情境中「決策的困難」叫危機。

2. 會威脅到決策智囊團對「原來第一優先目標」的選擇作改變，以及沒有太多的反應時間，叫危機。

3. 威脅著「社會的基本結構」及「價值觀」的形勢，使社會呈現不確定、沒有未來性、理性價值被破壞，均是一種危機。

邱強（2001）指出，危機的概念包括：

1. 危機，也是一種「事故」。

2. 危機，即產生「不確定性」。

3. 危機，即事故發生，有「損失的可能性」。

4. 危機，從事此種活動，有「相當的危險性」。

5. 危機，即難以預料其結果，「無法有效的控制」。

鄭照順（2006b）對「危機的歷程」作出定義，危機包含：

1. 個人或機構遭遇不可知、不可預測的事件。如車禍、天然災害、意外災難、人為疏失、國際因素、人際競爭、衝突、權力資源爭奪等。

2. 會導致某些損失，造成危險性、衝突性、風險性或毀滅性的結果。這些危機因素，可能來自人為災害及天然災害，例如人為的破壞，

水災與土石流；以及意圖犯法、利益衝突、製造價值衝突、缺乏品格與誠信等，造成社會及他人的重大損失。

3. 這些危機歷程因子，可能因「釜底抽薪」而消失，也可能因「人為操作」再引燃所帶來的傷害與威脅。

綜合言之，危機管理之功能主要在：

1. 減少危機的發生。

2. 在危機時刻，減少彼此的損失。亦即，把事件損失從大化小；把小危機、小損失化為無形。

3. 增加危機管理的技巧。危機管理的技巧包含：

(1)打好基礎、發展特色，才能展現新機。

(2)厚植實力，展現優勢，才能禁得起考驗。

(3)準備面對適當的折損及補充資源。

(4)在固定折損之下，能維持不斷的成長與精進，是因應危機的原則。

三、危機的特性：危機是由「危險」與「機會」組成

楊明杰（2004）指出危機的特性具有：

1.**威脅性**：對過去穩定的社會制度、穩定的價值觀、穩定的成長，造成威脅性的影響。努力實幹者沒有機會，反而投機者帶來機會。

2. **不確定性**：對國家經營、社會發展、個人工作與發展等，帶來不確定感。例如台海兩岸政策的不穩定，會帶來許多的不確定感；911 恐怖攻擊事件，造成航空界、旅遊業工作人員的不確定感。恐怖份子與隱藏的國家也有不可預知的下場，例如 911 事件，導致美國報復攻擊阿富汗、伊拉克等隱藏恐怖份子的國家。

3. **緊迫性**：危機事件需要緊急與有效因應，否則會帶來個人生命與社會的重大損失。例如 2004 年恐怖份子於俄羅斯挾持一所小學師生1,200 人，要求政府釋放反政府份子，否則要一次殺死 50 人，俄國政府在有限時間內，決定突圍，造成 340 位師生的死亡。2000 年八掌溪洪水

暴漲，四人困在沙洲，政府決策繁複，錯失四條寶貴的生命。1998 年台北市成淵國中學生下課性騷擾事件，經過有心人的操作，往往會造成無辜者的傷害。許多事件領導者如果不夠冷靜，不能跨越人的障礙與事前的防備，單位首長常會成為新聞媒體渲染後的受害者。

汪明生（1999）指出「危機」具有雙面意義，一方面代表「陷入危險的境界」；另外一方面也代表「擁有大量的機會」。有些人因為面對危機而一蹶不振，有些人會由危機處理去學習，因此經驗智慧更加成長。危機是由「危險」與「機會」組成，將危機與機會整合在一起，如能建立有效的機制，將使未來面對危機更具有抗體與競爭力。如果沒有從危機中學到智慧，就會浪費面對痛苦的代價，領導者將需要精心策劃，「化危機為轉機」。汪明生（1999）、鄭照順（2006c）等提出危機的一般特性：

㈠必然性與偶然性

飛機的空難因素很難預測，由於飛機的機械一定會老化，經過一些時間，必然會產生機械故障，但是人為的操作也會有失誤，二者都須加以嚴防與教育。

㈡漸進性與突發性

危機的爆發常是微小行為轉到較大的錯誤而形成，例如常遲到而形成逃學，逃學而造成社會事件；也可能是突然的心情不好，而出手攻擊同學或老師們。人性化的教育應洞燭機先，把握最佳的「情境教育」、「品格塑造期」使行為定型，因為偷懶如果成為習慣，可能造成大禍。「突發性」的事件，應有緊急支援系統，例如防竊盜措施，平時如果有防備的錄影機、守望相助措施等，即可預防意外的損失，及協助災後的追查。

㈢破壞性與成長性

　　危機包含「風險」與「機遇」，個人或企業遭遇不可測的災害，是放棄一切、找出停損點，或另起爐灶呢？個人仕途事業的發展常遭遇波濤，有凶險就應迴避、沉潛、找到好機會再出航，勉強出航可能會「折兵損將，徒勞無功」。在災難頻傳之亂世，如果能迴避俗事、政潮，多進德修業，則對個人是一種專業的再成長及心靈的再充實。

㈣急迫性與關注性

　　災害發生常有急迫性的求助，與事後的援助關注性需求。1978 年 5 月教育部辦理大專生經建參觀，不幸於蘇澳外海翻船，造成軍訓教官及學生 90 多人溺斃，波濤洶湧，只有少數游泳的高手勉強登岸獲救，90% 以上的參觀者均溺斃。教育部長蔣彥士首先引咎辭職，並對死難的師生做出最大的補償。災難有時會造成難以補償的損失，但事後的關注、慰問、補助，負責人要盡全力而為，才能將受傷害者的痛苦減到最低。

　　綜合言之，危機的特色包含下列雙極性特徵：危機包含「危機的特性」，如能找到破解的「危機的機會性特性」，後者可以用來化解危機說明，如表 8-1。

表 8-1　危機的特性與危機的「機會性特性」的比較

危機的特性	危機的機會性特性
1. 漸進性：小小的過失，就需不斷的提醒輔導。	1. 防微杜漸性：對小失誤，要反省改進。
2. 突發性：情緒失控時，帶來的災害不可測。	2. 社會支持網路補救性：建立社會支持，關懷協助的網路。
3. 破壞性：人為故意的破壞物品、和諧與分化。	3. 建設的需求性：增加關懷、善意，解鈴還需繫鈴人。

（續下表）

危機的特性	危機的機會性特性
4. 急迫性：緊急急救設備藥品之充實。	4. 急迫補償性：急救無效，仍應面對損失傷害，調整因應危機的方法。
5. 必然性：機械日久定會故障。	5. 淘汰性：決定定時汰換制。
6. 威脅性：鄰國武力超強，必然造成安全上的威脅。	6. 抗衡性：聯合數國預防強國的欺侮。
7. 不確定性：挑起意識上、價值上的衝突，缺乏誠信，也使人民有不確定性的危機。	7. 建立互信與合作的管道：互相建立誠信之態度，並達成互助之行為，互相合作互相信賴，也是一個好的因應方法。

四、危機的類型

危機的類型分類有多種看法，Neil（2000）依據意外事件的「引發事因」去分類；汪明生（1999）依據危機的「相對性」去分類；楊明杰（2004）依據危機「發生的速度」及「影響」來分類，分別敘述如下：

㈠引發事因的危機類型

1. **天然災害**：如颱風、水災、地震、昆蟲、野獸、細菌之侵害。

2. **交通事故**：如車禍、空難、船難等交通意外事件，均屬突然，也難以預測。

3. **科技事故**：如化學、核能、磁波之傷害事件。

4. **人為恐怖事件**：如人為的破壞、綁架、人際衝突、利益衝突之報復事件。

5. **族群、國際對立事件**：如國際利益、族群利益衝突的戰爭、政治利益衝突等。

㈡相對性、比較性的危機類型

1. 「人為」危機與「非人為」危機：非人為危機如自然災害、突然停水、停電、地震、暴風雨等。人為危機如偷工減料、員工遲到早退、生產品質不佳的產品、生產線設計不良、安全保護措施不佳等。

2. 「有形損失」危機與「無形損失」危機：有形損失危機如火災、爆炸、材料燒毀、交通事故的人員傷亡、戰爭中的房屋倒塌、人員死亡。無形損失危機，如利用不當手段獲得個人利益，像選舉採用非法手段，造成誠信破產、人品低落、人民失去信心，造成社會發展有不確定性危機感。

3. 「顯著危機」與「潛在危機」：學校招生不足，立即影響學校的生存發展；在招生不足的情形下，毫無選擇的招收學生，也造成行為管理、教學品質的潛在危機。

4. 「一般危機」與「嚴重危機」：社會潛在著失業的人口，人民三餐不繼，個人遭受生存飢餓的事情，雖然是一個個體，但因為失業人口眾多，也可能造成嚴重社會治安問題，處處竊盜橫行，形成社會嚴重危機。嚴重的個人危機會造成自殺事件不斷發生，台灣於 2000 到 2006 年間，每年因失業等因素，自殺人數均在三千人左右，已形成嚴重的社會危機。把人逼到無處可走，也可能讓走頭無路者，例如近年來台灣盜賊橫行，已形成嚴重性的社會危機。

5. 「內部危機」與「外部危機」：機構內部的運作，如果每一個單位均採本位主義不相互配合，關係緊張，凝聚力消失，員工對組織的發展就會失去信心。而當學校的教學品質、生活教育不再受到外界的信任時，就會產生外部的信任危機。領導者需要不斷的包容異己，做好溝通工作，建立共同信仰，如勤學奉獻、啟發愛心、打好基礎、發展特色等，使內部的人建立統一的價值觀，才能努力向前邁進，亦可免去外部危機之發生。

㈢「發展速度」的危機類型

Robbins（2005）把危機發展的速度壓力分為四種類型：

1. **文火型危機**：不小心捲入別人的糾紛中，使危機愈來愈升高。例如美國採用圍堵政策，加入越戰，一方面伸張正義，另一方面卻因圍堵政策的錯誤與不善森林戰，使美軍在越戰中損失慘重。

2. **長期陰影危機**：美國的種族衝突，是社會文化未融合、不平等待遇所造成的現象，果然在 1995 年洛杉磯黑人因為工作權受到剝奪而發生暴動。

3. **風暴型危機**：危機偶然形成，來得快去得也快，諸如空難、車禍事件、颱風災害等，事件來得突然，措手不及，在必要的賠償、慰問、自我療傷之後，事件也逐漸平息。

4. **腹瀉型危機**：危機逐漸形成，但爆發後很快的結束；如 1995 年德州大衛教派因領導人的偏差，而逐漸走向非法教派，協助走私、私定法律規章。美國聯邦調查局（FBI）決定瓦解此一非法教派，在對峙中大多數非法教徒自斃而結束危機。

綜合言之，在人類求生存的過程中，無論面對食、衣、住、行、育、樂之生活事件，機構在追求生存、發展、利潤之過程，國家在求進步、發展與延續等都會遭遇到危機，因此「居安思危」是必要的心理建設，其具體的預防措施為：1.**要成立災管理小組、防護小組**：遭遇危機事件時，如天災、科技災害、交通事故、人為破壞時，需要有災難管理小組、防護小組，才能減輕其災害。2.**領導者要先建立團隊意識，以減少潛在與對立衝突**：有形的損失可能容易估計，無形的傷害難以估價，顯著的危機可預防，潛在的危機卻難測；內在危機難防，外在危機易守。領導者需要先建立團隊意識，促進團隊合作，集全力對外，才能克服危機。3.**了解危機來源與預防的策略及態度**：自然資源、利益、階級、金錢、地位權力、意識型態、價值觀等，都是危機的導火線。資源、利益、職權之爭，則需要專業判斷與公平處理。一切傷痛需要依賴時間、

真誠來化解；強風暴雨當然要避之；事件雖小需檢討及預防，才不會釀成大災禍。

人際衝突的意義、發展階段與因應策略

一、自然資源與社會資源有限，因此衝突不斷

由於地球資源有限，大小衝突不斷發生，土地、國土、資源之爭，有國際戰爭、部屬之侵占、人與人之爭奪。由於社會資源有限，因此常有政治權利、經濟利益衝突、黨派之爭，因此人民常受苦連連。反之，正向之經濟、產業競爭，社會物資文明，服務品質可以不斷提升。再者，由於人際間想法、價值觀、服務態度的差異，利益上的衝突或心理妒嫉上的衝突，均易造成不和或衝突。

二、人際衝突的定義與溝通談判的目的

人際衝突的定義：Cahn（1990）指出人與人之間有想法、價值觀、利益上的不同，而出現磨擦的行為，稱為人際衝突。

人際衝突與談判的目的：Adams（1987）、鄭照順（2005a）等，指出人際溝通的目的，在「了解差異」，找出「交集」與「共識」，以便促成「合作的行為」。人際溝通的目的，「不在如何避免衝突」，而是「如何面對衝突」、「管理衝突」與「化解衝突」。

三、人際衝突的種類

曾仕強（2002）、鄭照順（2005a）等，分析人際衝突的種類如下述：

(一)「不能滿足期待」之衝突

父子、母女間期望不同，常產生衝突，父母注重成績功課，小孩子注重朋友及休閒，親子之間常有差異性的期待衝突發生。

(二)「關心事件不一致」之衝突

太太關心母親生日慶祝，先生關心打球；太太關心打扮，先生關心朋友，生活中找不到「交集」之衝突。

(三)「價值觀差異」的衝突

政治、教育、經濟、旅遊、世界觀之差異，也會引起衝突，因為「價值觀」是個人基本的「信念」、「判斷基礎」、「核心價值」、「優勢價值」不容易改變。例如：「勤奮」、「熱忱」、「激勵」、「服務」都可以使個人邁向成功，信仰者就會永恆的成功。與「投機」、「偷懶」、「耍心機」、「耍懶」就相處不來。

(四)「挑撥族群」的衝突

過度自信、專業者有時不容易聽入別人的意見，常以自己角色去思考問題，容易造成對方「自尊心受損」，一旦自尊心受損，或尊嚴被挑起，個人或團體就會「失去理性」。譬如：政治人物常挑起「台灣人的尊嚴」、「鴨霸的××黨」、你說「對不對！」、「好不好！」等。沒有判斷力的群眾就會失去理性，造成「人際衝突」、「族群分裂」，政客為了個人利益善於製造「矛盾對立」以獲取個人利益。

四、人際衝突的發展階段

鄭照順（2006b）分析人際關係之衝突的發展歷程與調適因應如圖 8-1：

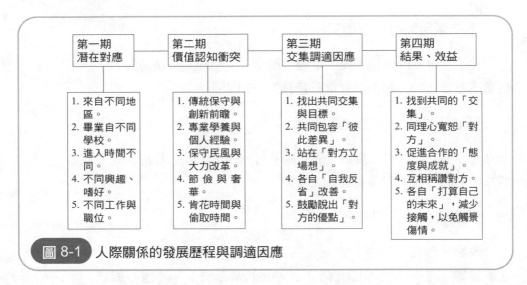

第一期 潛在對應	第二期 價值認知衝突	第三期 交集調適因應	第四期 結果、效益
1. 來自不同地區。 2. 畢業自不同學校。 3. 進入時間不同。 4. 不同興趣、嗜好。 5. 不同工作與職位。	1. 傳統保守與創新前瞻。 2. 專業學養與個人經驗。 3. 保守民風與大力改革。 4. 節儉與奢華。 5. 肯花時間與偷取時間。	1. 找出共同交集與目標。 2. 共同包容「彼此差異」。 3. 站在「對方立場想」。 4. 各自「自我反省」改善。 5. 鼓勵說出「對方的優點」。	1. 找到共同的「交集」。 2. 同理心寬恕「對方」。 3. 促進合作的「態度與成就」。 4. 互相稱讚對方。 5. 各自「打算自己的未來」，減少接觸，以免觸景傷情。

圖 8-1 人際關係的發展歷程與調適因應

五、人際衝突的心理、行為與認知反應現象

汪秀縈（2003）、劉必榮（2006）、鄭照順（2006b）等面對人際衝突的可能反應包含下列現象。

1. **撤退**（withdrawal）：即心理與身體上的撤退，例如太太大吵大鬧，先生先迴避到外頭走一走；父母罵得太凶，小孩子逃家；老師責備太嚴苛，學生逃學。

2. **放棄**（surrender）：互相有爭論時，一方放棄自己的想法立場，例如大學選填志願，有些小孩就沒主見，完全依據老師、父母的意見來填志願。

3. **攻擊**（aggression）：當意見被忽略時或被否定時，個人採取直接攻擊，以外在力量來加強自己的聲勢；或採用「迂迴攻擊」以背後

「散播謠言」、「分化」、「黑函」來打擊對方。

4. **說服**（persuasion）：找到一個雙方同意的方法，來使工作的程序、內容更加周全。找到「媒介」、「重要人士」、「時間」、「研究小組」希望找出共識，善用認知、理解、情感、行動去說服對方。

5. **「問題的解決」討論**（problem-solving discussion）：雙方仔細思考「衝突的核心問題」是什麼？可能解決的方案有哪些？

6. **善用雙贏策略**：如果是一個職位之競爭，可能會採取「優點呈現」或「攻擊策略」以贏得出線；如果是問題的解決，採用「互助合作」可以提高工作效能，增加彼此自我實現機會。首先應「化解敵意」，轉成「合作伙伴」，有一方「先退讓」、並「付出關懷」，一個贏得面子，一個贏得裡子，而達成雙贏。

7. **幽默、創意去化解衝突**：心理學上常用的酸葡萄心理，「好女孩被追走了」，真慶幸自己未抱到「燙手山芋」；無法獲得家庭溫暖時，先生一定會去找「外婆」，如果太太太凶時會帶來惡果。一位少年超速被開罰單時，心想：「遇到路霸，要繳過路費。」以得到心理的平衡。

8. **先自省與自我改善**：改變別人的價值觀是很難的，有人願意「先表示歉意」、「先自我反省」、「先改善態度」均有助於「這些解決方案」，帶來正面與負面結果為何？討論過程「雙方是平等的」、「能開放思考」、能考慮「長遠利益的」，使對方在處理中獲得「雙贏的局面」。

六、衝突處理的優質因應策略

曾仕強（2002）、江文雄（1998）、鄭照順（2006b）分析衝突處理的優質因應策略如下：

㈠納入各方意見，採用多數決，不一定合理，「但勉強能接受」

如果有甲、乙案，應可以加入「暫不做決定」、「交由小組研究」等處理方式，最好是具名決定。

㈡選擇方式則由「參與決定者負責任」

主管的專業決定權無法發揮時，建議由「全體決策後共同負責」；有權力者，須為自己做的決策負責任。

㈢「確定雙方處理的意願」，試圖「增進關係」，設法達成「合作目標」

平時就應「保持良好關係」，再去了解對方的意願，溝通合作目標。

㈣認識衝突的類型，找出共同「興趣」、「交集」、「關懷」與「淡化」

1. 父子間之衝突類型，先找出共同交集，是「關心重點」之回應。
2. 夫妻之衝突類型，先找出共同交集，是「互相配合、關心重點」的回應。
3. 政府與人民之類型衝突，先幫助處理「就業機會」與「安居樂業」。
4. 自尊的衝突，先表示「真誠的歉意」，並願意彌補對方的損失。
5. 回歸到「目標」、「任務」、「時間」、「資源」、「情感」、「時空」等進行「損失的評估」，設法「彌補」或「淡化」，減輕衝突事件的升高。
6. 任何事「快樂的面對」，才不會「自傷太深」。
7. 採用心理治療方法：傷心用「時間」，仇恨用「空間」，並用愛與包容化解對立。

㈤尋求專家公正人士意見與協助

衝突雙方有不見面、有惡言相向，尋求專家來協助化解誤解，表示歉意，均有助於化解仇恨。縱然不相往來，也不致留下「遺恨」，有一方先表示「感恩」與謝謝提拔之「恩情」，就可以消愁與仇；人際衝突的化解能力與個人的「心胸」、「品格」、「奉獻」、「感恩」、「幽默」等修養有關聯。

第三節

組織衝突的意義、發展階段與因應策略

人與人之間常有價值與利益上的磨擦衝突，組織內部常見部門間工作待遇不平、角色期待、目標價值、資源分配、次級團體安全感、派系利益、權責不一等衝突，組織內的衝突比個人衝突之因應方法來得複雜與難解。

一、組織衝突的意義

張明輝（2002）指出組織衝突的意義，是指兩個以上相關聯組織成員，因為一些心理認知因子，如認知、期望、需求、理想、價值、目標、偏好、行為、態度的不同，所導致的不和諧狀態稱為衝突。衝突發生的中介因子，包含升遷、分配制度、資源、利益、分數、職位、金錢、空間、環境等實質資源分配的失衡。歸納言之，衝突是一種心理、認知與資源分配的失衡狀態。

鄭照順（2006b）指出人類社會的衝突，是一種自然現象，因為每

一個人的人格發展、價值觀、教育背景、生活經驗、目標需求、工作角色均有差異，因此在對每一件事情的處理方式、看法、表達態度、行為反應常有差異，這些差異如果造成雙方難以互相包容就會產生衝突。

Robbins（2005）進一步提出組織衝突的意義包含下列定義：

㈠想法、作法難以共存

組織成員對生活、工作、目標發展，覺得想法、作法均有重大差異，而「難以共存」，並經常「引發摩擦」。

㈡內隱的不愉快感

強調雙方對同一件事件，在主觀的知覺及感受上有重大差異。因這種看法不一，而造成對立、生氣、挫折、衝突的產生，衝突也就是一種內隱的不愉快感覺。

㈢擅自改變決策的方向

衝突常表現在對立專斷的行為，父母叫子女做家事，子女偏偏去約會；上級交辦的事務及方向，下級常依自己的意思擅自改變方向。

㈣行為的懲罰

衝突有時表現在外顯行為，如出口傷人、調降職位、互相攻擊、武力挾持、發動武力攻擊、製造黑函等行為。

㈤彼此不能相容

衝突是一種過程，對方在互動過程中，覺得彼此不能相容，而形成對峙歷程。在互動過程，彼此會產生內隱或外顯的行為。

綜合言之，組織衝突是機構內部兩個主體在互動過程中，知覺到彼此不相容，這種互動不管是否表達內隱的不舒服，或採取行為措施，似乎無法彼此包含或達成共識，所以雙方處於「對立狀態」，稱為衝突。

二、組織衝突觀念演進

㈠傳統的觀點，衝突應該避免

因為它代表團體的機能出了問題，機構的內部不和諧代表一種衝突的開始，也是崩解的象徵。例如一個機構內部人員的爆料，代表一種隱形的衝突與不和諧的象徵，這些衝突不和諧如果不能有效處理，將會產生不可預期的後果。

㈡人群觀點，衝突是團體中的自然現象

例如職位、資源、分配、名次、利益等不可能均霑，因此團體中的衝突是不可避免的現象，這些衝突，可能正面提升機構的制度化，也可能導致利益團體、次級團體的形成。

㈢互動的觀點，競爭可以提升進步動力

團體中有許多人爭取一個職位，提出完整的規劃。透過理念、語言、實施步驟、預期效果的說明，團體可以選拔優秀合適的人來擔任，如此可促進團體的進步，把衝突化為競爭及合作，可以提升團體的進步。

㈣包容的觀點，重視包容異己才能更進步

生活的事件有許許多多的衝突、批評、不如意，如果能夠把不如意、衝突的事件，加以包容、善解，更把它當作一種「修行的機會」，如此的衝突，可以增進自己成長的力量。Gardner（1999）對衝突的問題，提出「內省智能」，要改變別人很難，先改變自己比較容易。證嚴法師（釋證嚴，2000）更提出「惜福與造福」：我能夠珍惜生存的我，幫助社會造更多的福報，幫助別人也不是有錢人的權力，每一個人都可為別人盡一份關懷。人生不如意十常八九，如果採用「樂觀幽默」的哲

學來因應，那人生是無比的有趣。衝突是必然的，以包容來化解衝突，必可享受甜美的果實。

三、組織衝突的原因

　　場地論心理學者Lewin（1944）提出每個人日常生活行為常有衝突現象，一個時間同時想做兩件事，同時想迴避兩件事；想做一件事又擔心其後果等，每天的行為件件都有內在心理衝突現象。組織之間為了生存，常有角色、利益、目標、升遷、專業主觀等衝突。人際之間的相處有性格、興趣、教育背景之差異，因此也會產生心理衝突現象。陳李綢（1997）、張明輝（2002）等分析衝突的主要原因包含如下述：

㈠起於個人的內在原因

　　1. **雙趨衝突**（two approach conflict）：個人經常會遭遇兩個同樣具有吸引力，但彼此會產生互斥的目標，個人如果選定一個目標，表示放棄另一個目標。例如在服務的單位，一個目標想工作加班以利升遷，同時又想進修，兩個目標都有吸引力，選擇加班升遷，則減少時間準備功課。有兩份吸引人的工作，在做抉擇時，只能選擇一項。人人有許許多多的雙趨衝突，個人如果能夠事先溝通，事先做價值澄清，就可以在主要目標與次目標做明智之抉擇。

　　2. **雙避衝突**（two avoidance conflict）：個人在生活中常會遭遇雙重衝突，例如，工作環境不佳，又遇到不好相處的同事，上班工作勞累一天，回家又遇到家人不好的臉色；在山間開車忽然煞車失靈，要選擇斷崖或山壁等，雙避的衝突個人應如何去因應，可能需要做價值抉擇，或採取減損策略。可能選擇雙避策略，譬如工作、婚姻都不順利，有些人遁入佛門；有些人改變環境另求發展；有些人走不出失業及家人的抱怨而走向絕路。

　　3. **趨避衝突**（approach-avoidance conflict）：人生常需要面對權力與責任、工作與責任、結婚與義務的問題。有了家庭，先生、太太都需

為共同建立的家庭負責任，才得以享受家庭的溫暖與美好。每一個人的責任恰到好處是甜美的，過度的負擔可能會產生逃避。家庭的生活、學校的生活都是一種負擔，但如果也有甜美的調節，如辦爬山、郊遊、音樂會、餐敘等都可化解心靈的壓力與疲憊。成立家庭是一種責任，培養快樂的家庭氣氛是一種享受。

㈡起於組織間結構性衝突

1. **角色衝突**：領導者注重機構長遠的發展性及政策目標；基層人員、教師只看到工作上的需要，教學的需要，如果教育與企業政策，均經由團體的表決，會失去機構長遠的發展利益與競爭力。

2. **部門本位性、職能性**：例如研考會的職責，在管制財源之分配及施政的重點；教育部在重視教育政策的落實，教育品質的提升；施政重點及部門利益常常產生本位性、職能性之衝突。

3. **機構內升遷的衝突**：領導者常依主觀之判斷找尋一些能夠互相配合的人，作為工作上的得力助手。因此同樣具備候選人資格者，唯有經由彌封式的筆試測驗，才能達到完全的公平；如果經過口試時，往往加上個人的價值判斷、個人喜好、機構發展需要等因素去拔擢人才，也因此易產生升遷上的衝突。具備升遷資格的人很多，能夠找到成為得力助手卻是不易。

4. **機構間的目標、價值衝突**：環保局的理念希望維護環境的永續發展，而工業局希望增加經濟生產力，生產與環保二者間會產生必然的衝突。價值抉擇的衝突，也常發生於各機構、各部門，領導者與部屬之間，如果有好的情誼或溝通管道，較容易化解目標與價值衝突。

5. **多重溝通障礙**：有專業技術的人，往往忽視別人的意見，叫「專業障礙」，或「權威障礙」，高高在上不與部屬互動的領導者，也容易產生「空間上的障礙」。學校或機構中次級團體林立，每一個團體只考慮自己的利益，以及次級團體太強勢時，就會忽略整體的利益。

㈢起於組織間人的價值、情緒衝突

1. **人際的教育背景與價值觀**：每一個人因不同的生活背景、教育背景，就會逐漸形成價值觀的差異，這也是人際衝突的基本因素。

2. **人際資源與利益比較之衝突**：林肯曾說：「人類生而平等。」但家庭、企業、種族經由長期教育、文化、經營發展而產生不同的社會地位、社經地位，其擁有的物質、文化、精神資源就不同，因此不同社會階層均有地位衝突、資源衝突、價值衝突、族群衝突，政治人物常藉階層衝突獲得個人利益。

3. **個人的性格、個人主觀偏見之衝突**：社會是多元的組合，有人偏左，也有人偏右，這些偏好，在維持內在的和諧與認同感，每一個人的偏見，都有其存在的理由與認同。個人的性格有外向、樂觀，有保守、悲觀，有人際傾向、理性傾向，由於性格之不同，也可能產生人際間的磨擦，志不同不相為謀，性格不同不能與之和樂，因此個人的「志向」、「性格」不同，都會影響彼此的相處、合作及生涯發展。

4. **人際之情緒衝突**：人的情緒發作，引發的因素極為多元，包含：(1)環境的因素：居住環境太髒太窄、空氣污濁等；(2)中介因素：認同事件、語言、態度等；(3)生理因素：身心不穩定、躁鬱症、情緒失控等。青少年階段的衝突，大多是情緒失控、身心失衡、認同衝突等所引起。

四、組織衝突的過程

張明輝（2002）提出組織衝突的過程可分為四個主要階段：

㈠對立階段：互相否定

由於價值觀、目標、次團體利益、個人利益、缺乏參與機會、情緒不滿等因素，而產生對立的現象，此階段衝突雙方「互相否定」。

㈡認知階段：互相了解

　　由極端的對立，到廣泛的參與，使群體知道法令的限制、資源的有限、專業的能力、未來的願景等，使情緒逐漸平靜，認知逐漸加大，感情逐漸深厚，而進入「認知階段」，此階段衝突雙方「互相肯定」。

㈢行為階段：互助合作，或分道揚鑣

　　衝突有朝正向發展，而互相支持肯定，產生互助合作的行為；衝突也有走向負向的「排斥、否定、分化」，而產生互相不信任的行為與態度，如果組織走到這個階段，是一種分道揚鑣的前兆。如果彼此樂意就共識部分繼續合作、衝突部分繼續協商，仍可保持「合作與衝突」並進的行為模式。

㈣結果階段：成果豐碩，或兩敗俱傷

　　衝突是一種人際互動的歷程，行政學上常說：「大事化小事，小事化無事。」衝突的化解，如果採用雙向溝通、增加感性、建立共識、互相包容，其結果將是趨向合作與進步。有些衝突導致是非不斷、強詞奪理、互揭瘡疤，其結果是兩敗俱傷，遺人笑柄。

五、組織衝突的類型

　　衝突的事件、衝突的原因、因應衝突的方式，心理學、社會學者研究的角度均不同，就汪明生（1999）、Robbins（2005）等之研究敘述如下：

㈠組織衝突「因素論」的類型

　　此類衝突起因於一些重要因素：

　　1. **利益衝突**：如同事為了升遷而互相攻擊，寫黑函、造謠，只為達到自己的利益。

2. **價值衝突**：主管常有主觀的目標，而部屬卻無此種體認，也會造成價值認同之衝突，協助增廣見聞則可以減少價值的衝突。

3. **意識型態衝突**：領導者重視社會的永續發展，部分組織成員爲了短期的利益，也會造成衝突，即理想與現實間會產生矛盾或衝突。

4. **誤解型衝突**：溝通管道不足，就會以訛傳訛而造成誤解上的衝突。

5. **情緒的衝突**：個人在情緒無法有效抒解時，就容易把情緒轉移給別人，而造成衝突；個人的「內在情緒失衡」常轉嫁給學生、同事，也是一種工作中的不幸事件。

6. **目標衝突**：先生希望把精神花在工作的成長上，太太卻希望先生多回家陪家人；個人想追求專業成長，但又想交際應酬，兩個目標常有衝突。

7. **角色期待衝突**：學科的主任認爲教學品質應排在第一位，校長的角色認爲行政、行銷應排在優先，校長常以發展爲考慮，老師以教學爲先，也會產生角色衝突。

㈡組織衝突「相對論」的類型

從群體間、階層職位的高低，趨避強烈的程度、目標的順序、感情的厚薄、生命價值的順序，都可以發現衝突現象具有相對性。

1. **個體衝突與群體衝突**：個人的衝突事件可能關係到個人的喜好、個人的目標受挫折。群體衝突屬於大團體間的磨擦，由有領導能力者帶著他的信眾，與另外的追隨團體產生意識上、利益上的對立與抗爭。領導人如果心術不正，很容易製造族群衝突。

2. **勞工階層與白領階層之衝突**：勞工的基層重視的是三餐的溫飽及短期的利益，白領階層注重智慧的資產及長遠的利益；政客善於討好基層民眾而獲得多數選票，掌控政權。從歷史發展來看，階級、地位間永遠有矛盾、妒嫉的情緒，只要有人煽動都會造成衝突。

3. **雙趨衝突與雙避衝突**：每一個人都想名利雙收，但在名與利之間只能有一種選擇，因爲個人的時間、精力都有限，只能依照自己的能

力、時間、興趣做一項選擇。人類也可能遭受到失業、妻離子散之窘境，為減少衝突的傷害，需要有輕重緩急的抉擇。

4. **生命價值的抉擇、文化差異之衝突、目標順序的決定、感情深淺的維持都是一種衝突的情境**：感情陷太深，難分難捨，感情太薄而缺乏人情味，兩者都會使人陷入一種內在的衝突與挫折；目標訂得太高也有達不到的挫折而使自己帶來痛苦，沒有目標也使自己天天無所事事。雙極性的人生目標，目標太高帶來痛苦，無目標會帶來一事無成。生命的價值追尋的是健康、金錢、權力、學術、宗教、藝術、教育、人情、世故等，太過偏重都會使人挫折與迷惘。唯有盡力而為，維持生命的健康，會使人帶來高度的幸福感。文化差異也會帶來一些人際衝突，夫妻來自不同的文化背景家庭，男性主義的家庭認為男性要掌控金錢；女性為中心的家庭，認為女性是家庭的決策中心，因此，彼此有決策上的衝突。都市人的觀點要享受生活，要有休閒生活；鄉下人的觀點要節約生活，二者在金錢觀上常有衝突。

㈢組織衝突「因應方式」的類型

Thomas（1977）提出衝突的因應類型具有競爭對立式、退縮式、激勵式、單向關心式及分享式等五種。

1. **競爭對立式的衝突因應**：只問勝利與否，不問手段、道德、專業，極端的醜化對方，不留退路，不預留未來彼此互助合作的空間。政權的競爭，如果失去理性，會傷害到彼此的信任感，把全民的幸福當作自己的賭資，不計一切後果的競爭。

2. **退縮式、隱退式的衝突因應**：2004 年高雄市有超過二分之一的議員因為賄選被法院判定當選無效，當再舉行補選時，投票率不到三成，人民心中對民主政治的態度極為灰心，七成以上民眾不想參加投票，許多衝突壓力，如果超過個人能控制的範圍，個人會失去信心而採取退隱的方式、不過問世事的態度，去面對外在的變化、衝突與壓力，此種退縮式的行為反應，顯示出消極與退縮。

3. **相互激勵式的衝突因應**：在高度競爭的國家高等考試、教師甄試等，如果有一群目標相同的應試者，他們願意共同合作分享學習心得、考試經驗，使彼此加速成長，由共同競爭的衝突中，轉為互助合作的伙伴，對彼此的實力都會大大的提升。學校的校長與同事如果都能在互相欣賞、互相學習，又能在互相競爭中取得相互勉勵，彼此都可以獲得進步，此種競爭類型稱為善意的競爭。

4. **單向關心式的衝突因應**：母愛的偉大，在於她把一生的心血精神都奉獻給了這個家庭，她愛孩子，從不求回應，自己省吃儉用，有時甚至忽略照料自己的身體。有挫折就把淚水往自己的肚裡吞，這樣的生活因應方式可能還未能充分發揮母愛，就已經把自己累倒了。因為過度的溺愛小孩，反而使孩子失去獨立生存的能力。

5. **分享式的衝突因應**：子曰：「行有餘力，則以學文。」人總是先要顧好自己的三餐肚皮，才有能力去照顧別人，自己要把身體鍛鍊好，情緒調節到喜悅的時刻，才能有好的臉色去面對別人。分享式的人隨時在保健自己，同時也樂意把自己成功的經驗、自己的資源與別人分享，並協助別人的成長，也不擔心別人會超越自己。常能把快樂帶給別人共同分享的人是一種生涯衝突、合作、分享、因應的最高境界，此種人已經能把別人包容在自己的成長思考之內，也就是「民胞物與」的最高境界（黃文華、李雪瑩，2006）。

六、組織內部衝突原因與因應策略

張明輝（2002）、鄭照順（2006b）提出處理組織衝突的「因應策略」及「適用情境」，如下述：

㈠競爭策略

對於專業性、能力性高需長久準備的專業考試，適合於個人競爭的事件。譬如，醫師執照考試、教師甄試、專業性的領導主管之聘用，採用開放式「競爭策略」。

㈡合作策略

有一個共同努力的明確目標，需要整合各種人力、物力、資源，才有機會表現得更好時，可採用「合作協助」策略。

㈢妥協策略

在競爭與合作都無法使用時，彼此勢均力敵時，為了節省時間成本，而做出「行動決策」，有需要各退一步，採用妥協的方式，共同承擔責任的方式做一個「次要的選擇」、「和諧的選擇」。領導者雖然未能發揮專業領導，但可贏得「和諧平衡」的組織關係。

㈣逃避策略

領導者遇到情境難以主控時，可以選擇另闢環境，以發揮專業，並減少衝突對立繼續發生。當一個情境彼此都無法再適應、再合作，不願再付出貢獻時，選擇「逃避策略」是一個好的方法。逃避策略的使用方式包含彼此改變環境、迴避交流，以時間、空間來減輕傷感。

㈤協調策略

當個人發現別人意見價值比自己的意見有價值時，保持合作的態度以滿足別人的心理需求。當和諧安定更重要時，可以選擇「低調、和諧」的反應，自己有委屈，先不生氣、不發怒，靜觀其變，將損失減少至最低點。例如校園發生重大事件時，由部屬、個人檢討承擔責任呈報上級核示，以減低風暴再起。需要從「錯誤的事件」中去自我反省、自我學習及成長。衝突事件最珍貴的價值，在了解衝突的因應策略及成長方法。

組織內部衝突原因、處理方式與因應策略，曾有 Ertel（2000）、鄭照順（2006b）等提出衝突原因與因應策略，分析如表 8-2：

| 表 8-2 | 組織內部衝突原因、處理方式與因應策略 |

常見的組織衝突原因	初步處理方式	因應策略
一、潛在衝突原因： 1.競爭產生的摩擦，需求不同。 2.目標價值不同。 3.次級團體的安全感。	1.了解「機構成員需求」，排列順序。 2.目標順序化，先解決主要目標。 3.增加次級團體的認同與支持。	1.採取「公平競爭策略」。 2.找到「合作項目」及可以「妥協事項」。
二、公開衝突原因： 1.不公平的分配。 2.權責不符。 3.訊息不明確。 4.派系利益。 5.未疏導潛在衝突。 6.錯誤政策事件。	1.推選代表，進行公開分配。 2.依職位來承擔責任。 3.多向溝通。 4.倡導「公益」優於「派系」。 5.找合適人選，去化解潛在衝突。	1.倡導「合作策略」可以有較傑出表現。 2.倡導「說服策略」可以順利進行。 3.倡導「妥協策略」可以順利進行。 4.衝擊達到不能忍受限度，採用「改變環境」或「迴避策略」。
三、突發與累積衝突原因	1.未能化解對立，易產生「累積性」衝突。 2.情緒性突發性衝突，先要有「心理準備」。	1.逐漸降低衝突策略，「低調回應」。 2.「時間淡化」策略。

第四節
學校教育的危機、衝突與因應

一、學校教育掀起衝突與發展危機

自 1994 年李遠哲提出「教育改革諮議報告」以來，全國教育政策廣受影響，李遠哲所推動的「校園民主化」、「校長遴選」、「教育鬆綁」、「把學生帶上來」等策略，都是對傳統穩健的教育制度、行政領導、課程設計、師資培育、升學制度的一種挑戰。一直到 2006 年，吳武典、周祝瑛、黃光國、鄭照順等學者的觀察，我們看到校園衝突加大，校長、教師士氣低落、教師多元培育素質下降、學生素質未能提升，其原因是規劃的策略有錯誤，2005 年 10 月李遠哲公開承認教育改革有許多政策的錯誤，鄭照順（2006b）就近十年的觀察研究，分析當前教育改革的錯誤包含下述：

㈠非教育專業人士主導教育政策

1994 年成立教育改革委員會，31 位委員中只有 9 位是教育專業人員，形成非教育專業人士主導教育政策。

㈡國中基測形成全國性大聯考

國中基本能力測驗，形成全國性大聯考，城鄉差距加大，造成全國性分數指標，學生更加痛苦及壓力增加，使學校辦學特色無法充分發揮。

㈢缺乏人才培育計畫的錯誤

廣設大學，耗費教育的錯誤，造成教育資源的浪費，與大學畢業後失業率不斷的提升、流浪教師不斷增加。

㈣多元入學方案

大學入學測驗於高三上學期舉行，造成高中教學不能正常化，高中課程只能快速壓縮，或只能上兩年半。推薦甄選加大貧富學生的差距。

㈤忽略資優人才培育計畫

在常態編班的呼聲中，對資優教育缺乏系統的規劃，一些民間組織又不斷的干預教育決策，使各地方教育特色難以有效的發展。

㈥族群融合與多元文化、多元評量的忽略

教育政策忽略對族群融合、族群平等及多元文化的重視，倡導多才能培育，卻忽略多元評量，使教育目標落空。

㈦校長遴選制度設計的錯誤

造成校園派系形成對立與衝突。校長專業地位不如以前，國中小校長對教師遴選、選用主任無權聘用，仍須負全部領導責任，國立高中職校長遴選過程，在教育部的委員會中又非全是專家學者來評分，容易造成非專業人士去評定專業的缺憾。

㈧師資培育多元化待檢討

各大學均可以培育師資，造成教師專業素質、專業精神大不如前，師資是一種長期「專業社會化」的歷程，教師專業精神是短期幾個教育學分無法有效達成的。

㈨去除明星學校之錯誤

教育改革是要把好的學校變得更好，不好的學校助其增強體質，增加其特色，發展其競爭力。

㈩九年一貫課程及一本多綱之準備不足

對九年一貫課程未培養合適的師資，形成教學上的困擾、學生學習上的困惑，只重視基本能力而忽略了品格教育。

近年來學校各層面常發生的衝突，綜合分析如下述：

1. **校長與教師間的衝突**：教師會的成立大都未針對自己的專業力求改善，而挑戰學校的財務、預算、人事、決策，因此容易產生衝突。

2. **教師間的衝突**：常有補習利益、管教方式、教學競爭、打知名度，不同非正式組織之衝突。

3. **行政人員與教師的衝突**：行政人員推卸責任、爭功諉過；教師負擔過重；權力與責任失衡而造成衝突。

4. **師生間之衝突**：教師評分、處罰缺乏公平性，學生質疑與不平。常見的師生衝突是老師不留面子給學生，教師處罰失當，教師評分缺乏公平性，學生缺乏自我反省、自律時，老師不給予學生緩衝時間，均容易發生衝突。

5. **親師之間的衝突**：常發生於教師不被家長信任，家長不能配合教師的管教時，家長對子女有不合適的期望，子女表現不佳時，怪罪老師的教學不良。

6. **同儕之間的衝突**：青少年由於血氣方剛，常有情緒、暴力之衝突，語言、態度不對勁時就可能發生口角、打架。在班上功課表現好的同學，常有學生嫉妒、語言攻擊、勾心鬥角之心理衝突經常發生。

鄭燕祥（2003）探討學校可能出現的危機，並對學校的危機進行「階段性分析」，提出「因素診斷」，並發展「危機預防的方法」。（如圖 8-2）。

危機發展階段	危機因素分析、因應管理	危機預防策略
一、危機的發生 1. 師生衝突。 2. 行政衝突。 3. 編班排課衝突。 4. 校園設備危機。 5. 專業道德管理危機。 6. 身心疾病危機。	**一、危機預防** 1. 分析危機提出因應規劃。 2. 避免意外事故發生。 3. 價值衝突發生。 4. 非專業倫理發生。	**一、組織結構觀** 1. 建立行政程序、責任制度。 2. 辦理「危機處理研習」。 3. 建立危機資訊處理中心。 4. 檢討原因，整理經驗。
二、危機過程 1. 突發性。 2. 未知性。 3. 不穩定性。 4. 不可控性。	**二、危機控制** 1. 蒐集相關資訊，掌握危機原因。 2. 成立危機調查小組。 3. 內部檢討，主動行銷。 4. 預測結果。 5. 擬定控制方案。 6. 危機動態控制。 7. 運用組織力量。 8. 專家協助。	**二、人際關係觀** 1. 平時建立良好的「人際關係」。倡導「互助合作、公誼私情、關心協助」。 2. 重整人際關係、增加關懷、協助、解決問題。 3. 重修人際溝通的網路。
三、危機的後果 1. 身體傷害。 2. 心靈創傷。 3. 物質損失。 4. 形象損失。	**三、危機善後處理** 1. 評估損失：受影響對象、直接損失、間接損失。 2. 執行補救的措施、方案。 3. 整理經驗、計畫未來發展及因應方法。	**三、學習文化觀** 1. 建立「學習型組織」，分享最新的資訊、建立共同的信念。 2. 建立專業文化：增加參與感、歸屬感、滿意度。 3. 強調「危機過程之學習」。

圖 8-2 學校的危機分析及預防策略圖

資料來源：鄭燕祥（2003）、鄭照順（2006b）。

二、學校危機來源

Caudle（1994）、鄭燕祥（2003）對學校的衝突與危機來源，分析如下述：

㈠師生衝突來源

教師強制學生遵守規範，學生一時無法適應而起言語、行為、違反班規、校規之衝突。

㈡行政用人衝突來源

訂定升遷辦法，每一個候選人均有主觀上的價值中心，認為自己比較優秀，升遷結果均會產生心理不平衡的現象。

㈢編班排課的衝突

在升學主義下，學生之編班與教師家長直接利益有關，家長或小孩自己覺得不滿意就會產生衝突。

㈣學校設備的安全危機

校園設備沒有適當的維護，而造成使用時意外的災害。

㈤師生意外身心疾病的危機

學校簡易的急救設備，有時難以因應突發的生理疾病發生。

㈥行政上專業道德低落的危機

行政效率、服務品質、工作士氣、道德操守，如何堅守崗位，善盡職守規範，擅離職守可能帶來危害學校名譽，以及帶來校園危機。

三、校園內衝突危機的後果

有人的地方就有衝突，衝突如果沒有適當的處理就會帶來各種危機，茲分析如下述。

㈠身體受到傷害

校園常見雙方語言、理念、價值觀、利益等的磨擦與衝突；如果雙方採取行為攻擊，可能帶來雙方身體的傷害後果。

㈡心靈受到創傷

校園常見忌妒、分化現象，而產生不和諧的氣氛；校園常見在升遷過程有黑函、造謠等現象，常使心靈受到創傷。

㈢物質的損失

校園常見學生洩恨，攻擊學校的設備，放火燒學校的設備，使學校受到極大的損失；學校電腦資料可能在一次洩恨的病毒攻擊下而消失，這些都會帶來不能復原的物質與資訊損失。

㈣形象的損失

學校歷經師生衝突、行政人員競爭衝突，這些衝突也許是一種必然的過程，但如果沒有冷靜的處理，可能繼續造成學校形象的損失，或信心的危機。

第五節
生活與企業的經營危機

一、生活中的危機

人是社會環境中的一份子，人類生活環境中布滿著生活的危機。

1. **以食品而言**：商人為經濟利益，常用化學藥劑保鮮，如鮮魚、蔬果用二氧化硫保鮮；罐頭、蜜餞、飲料為保存長久均加入防腐劑，商人將本求利，不顧消費者的傷害。

2. **民主政治生活而言**：政治人物善於挑撥情緒、價值、族群的對立，甚至違反全民福祉的施政，人民情感受傷害，國家資產又被無情的掠奪，造成下一代子孫前途被剝奪。

3. **教育的生活而言**：目前中小學教育缺乏一套完善教師評鑑制度，老師教好教壞無法有效的管制，富裕家庭，在教學品質不能有效保障下，學生參加家教、補習極為普遍，教育品質不佳也帶來學生前途的威脅。

4. **社會治安而言**：政治敗壞，必然常帶來經濟不振，經濟不振必然帶來小偷橫行，人民因失業而自殺事件屢見不鮮，常見經濟犯罪及個人失業危機與生活的不安。

5. **個人的工作生涯、情感發展而言**：工作生涯中常見升遷上受挫，被裁員、調職，這些都是不可預測生涯發展危機；在感情生活上，有人善於情感經營，有些人則無法讓情誼永續發展，甚至離婚、孤寡一生。

綜合言之，生活於社會環境中的飲食、政治生活、教育學習、工作生涯、感情發展處處有危機，因此個人的生活危機系統應及早規劃及啟用。譬如，生活的準則，把握常運動、清淡飲食、環境清幽、心情愉

悅，好的人際關係，及建立社會支持網路、好的品格、多種專業能力等，可以於生活、工作及愛情免於危機之傷害，並可保健、愉悅及生涯永續經營。

二、企業經營的危機

企業之經營通常由資金、人才、設備與經營的計畫所組成，企業之生存靠的是：1.產品的品質；2.服務的品質；3.利潤之盈餘；4.研發的成效；5.競爭的迅速、智慧、產品優勢；6.品牌的信任；7.行銷的通道等。以下為近十年觀察內外許多企業遭到的經營危機。

1995年統一企業超商的飲料遭下毒及恐嚇三千萬元，引起全台消費者的恐慌，統一企業經由危機處理小組會議之決議：1.做全國性的飲料產品回收；2.三天內公開銷毀；3.全國性監視飲料上下架錄影。統一企業雖然在此事件損失五千萬元，但也贏得消費者的信任。

福特汽車廠1996年所生產的新一代汽車，由於經常在緊急煞車中會造成汽車失去方向之控制而造成傷亡，福特為了重振消費者的信心，經由危機小組之會議決定：1.凡是購買此類型汽車者可以開回原廠更換任何一款的新車，並以優惠價服務消費者；2.或者以消費年份，進行估價，給予收購。福特公司也於美國市場贏得消費者的肯定。

1990到2000年日本進入泡沫經濟時期，由於工業產品市場逐漸萎縮，房地產又不斷的跌價，造成銀行的破產，企業界難以支撐員工的薪資，於是各銀行、汽車廠、電器廠開始檢討，如何維持員工的薪資，各公司經過危機小組決議：1.透明化公司的生產支出、收入、利潤；2.在產品的收入扣除基本消耗外，評估可以聘多少員工，才能維持機構的營運；3.日本「終生僱用制」在企業危機階段，多數公司因此瓦解。

中山工商於1970年代，由於地處高雄縣偏遠地區，校譽不佳，學生只有45人，陳國清老師被推選出來拯救學校經營危機。為解決學生來源，提高生活教育品質，增進行政專業能力。又陳國清擔任學校校長兼自助會董事，採權責合一，他與全校導師，一邊教學、一邊忙著招

生，還一邊忙著奔波尋找社會資源、教育資源，陳國清校長的辦學理念：「就是要給予學生資源，幫助他成才及成功。」學校才能永續發展，於是在 1970 到 1990 年台灣工業起飛期間，他奔走各大企業，建立嚴密的「建教合作班」，無論是教學、生活教育、親師溝通，都做「品管記錄」。因此企業、學生、家長均獲得最大的滿意與成就。在學校行政主管專業能力提升方面，每年選一個主題，深入蒐集資料、分享、討論，譬如：「如何增加競爭優勢？」經過討論後，就列管執行，使行政服務品質受肯定。教師除了教學，還要不斷與學生、家長互動；與學生互動方面，訂出「生活公約」，天天檢核；與家長的互動每學期至少與家長做出「綠、黃、紅燈」的管制，班級學生流失達 1 人，導師自行訪問處理，2 人以上輔導教師陪同處理，3 人以上即是紅燈區，學校組長小組協助處理。

美國南加州大學在 1990 年代面臨裁員的危機，因洛城的暴動、地震、學生素質下降，使學校提出危機因應計畫，共裁員 8%，撤掉 800 個職位。校務危機處理小組決議：1.提出一份角色與使命宣言：學校以追求長遠的「品質」與「卓越」為目標；2.開設六門必修，由資深教授開課，採小班制，增加師生互動；3.選修擴大領域，增加視野，如主修社會，可選修音樂、物理、商業等；4.文學士與醫學士合一計畫；5.增設博士後研究，提升研究素質；6.增加社區合作計畫，協助社區改造與成長，由教職員捐款協助社區建設等。

第六節
機構經營的危機管理系統

危機影響或傷害的層面至廣且深，包含心理層面、物質層面、形象

後果、人際信任、問題解決層面、復原與再生層面等，如果能夠找到「問題的類型」，則可找到有效的因應策略。

一、機構經營的危機因應制度：建立危機管理結構系統

任何企業如電器、汽車、百貨公司、石化業、資訊業、學校經營等都會面臨不同的經營危機。例如，汽車公司不能提供有效的服務，銷售馬上下滑；百貨公司生意太旺，也會受到同行的暗中打擊；石化業在生產線上有較高的危機；學校教學品質不良，學校形象不佳，也會帶來招生的危機。

汪秀縈（2003）提出危機因應策略如下：

首先，應設置危機經理：依據事實資料的蒐集，進行科學的統計分析，並加入可能的政治、經濟、社會影響因素，做出警告的建議。其次，應建立危機警告系統：當機構的產品銷售開始消退時，是要加強行銷或創新產品，以提升競爭優勢；在招生低於最低比率時，如何「動員組織」及如何「創新與發展」特色，加以提升公共形象。再者，有效的引入危機管理結構系統（CMSS），其內容如下述：

1.設立危機管理結構系統：包含人員、能力及防守配置，危機管理結構系統（Crisis Management Structure System, CMSS）。其制度的主要內容包含：(1)易懂的結構；(2)靈活的指揮系統；(3)扁平管理，減少訊息扭曲；(4)集中決策，有效授權；(5)蒐集、評估及整理訊息；(6)危機中當事人有效溝通；(7)危機中有效的與外界團體溝通。如以下案例一「高苑科技大學危機（特殊）個案處理辦法」。

2.危機管理者，能夠有完全的決策權，及有能力控制危機形勢。

3.訊息整理與聯繫部門：通知組織內部如何提供人力、資源與行動。

4.與大眾媒體聯繫部門：將行動結果與目前狀況，提供媒體目前情況與行為結果。

5.諮詢形象管理部門：將社會與大眾對事件的印象，對組織做出改善建議。

【案例一】高苑科技大學危機（特殊）個案處理辦法

一、目的

1. 協助教職員生有效處理危機（特殊）事件。
2. 維護教職員生人身安全與權益。
3. 保護第三者免受危機（特殊）事件之傷害。

二、範圍

校園危機個案與事件之處理。

三、定義

本校各單位如發現教職員生具有以下行為徵候時，應視為危機（特殊）個案：
1. 有「自我傷害」或「自殺」傾向者。
2. 有「傷害」或「攻擊他人」傾向者。
3. 有「遭受性騷擾者」。
4. 有「精神疾病」，如幻聽、妄想、幻覺、憂鬱等，或「人格疾患症狀者」。
5. 有遭受「身心虐待者」。
6. 有「情緒極度不穩或激動者」。
7. 有「自閉症」或「嚴重身心症病者」。

四、權責

1. 諮商與輔導中心主任及專業輔導老師：為處理危機（特殊）個案之基本成員。
2. 校長：接受諮商與輔導中心之申請召開危機（特殊）事件處理會議，以討論處理情況嚴重之危機（特殊）個案。

五、內容

危機（特殊）事件處理流程如下：

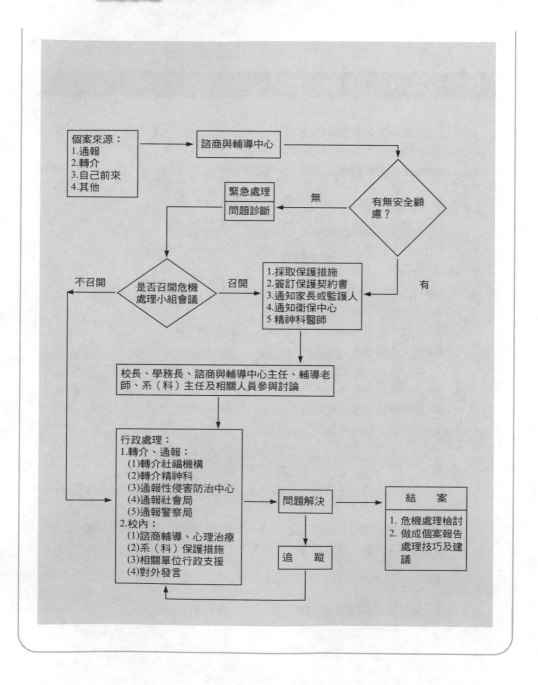

【案例二】「價值觀與意識型態的衝突危機」

師生之間因為教育背景不同，父母與子女間有年齡及生活經驗之差異，學校行政人員與教師間也有開放與保守之衝突。政治人物更善於應用「族群對立」、「意識型態認同」來吸引個人認同而達到個人獲利的手段。價值、意識、期望、衝突，永遠在我們的生活周遭不斷的發生。

價值觀、意識型態衝突的「因應策略」

1. 教育背景不同，價值觀不同是必然現象：因應策略，「經由討論，建立共識」。行政主管要以尊重、包容、效益，充分討論，做成集體共識，才會執行，以減少衝突發生。

2. 年齡差異，生活經驗不同，看事情角度、判斷力也不同；父母與子女看法不同，也是正常現象：因應策略，「尊重小孩選擇權」；雙方均表示每一個人的想法、看法及未來結果，但尊重小孩子的選擇權，有選擇權，就要有「負責任」的態度，負責行為的後果與責任。

3. 政治信仰有差異是正常現象：每個人來自不同社會階層、經濟背景、角色認同、政治立場。因應策略為適度尊重，不強迫推銷。有經驗的領導者，要自身先冷靜，「不挑起對立」、「不加以批評」、「不做價值判斷」，而須提出時機、意義、價值等思考，問對方「為何追隨？」、「為何想去做？」知道是否值得去追隨、去做？啟發其能夠判斷「是非」。

【案例三】 「心理性與情緒性衝突危機」

　　每個人生涯發展都會遇到瓶頸或阻礙，例如升遷不只是「專業能力」、「平時做人處事」、「合適的機會」等，每一個人對於愛情、友情、婚姻都有一個美好的夢想，但是感情的發展，因為每一個人的理想、價值觀、生活困境逐漸要面對，因此有些人的抉擇要繼續前往或分手？這些友情、愛情，都會帶來心理與情緒的低潮，如果不能有效的因應，將會造成生活的危機。

心理性與情緒性衝突的因應策略

1. 工作上升遷不順利，先自我檢討：改善缺點，增加優點。
2. 工作壓力、心理壓力過高，要學習抒解：使用運動、音樂、接近大自然、吃一餐美食、看一場令人愉快的影片等，來釋放心理壓力。
3. 建立人際合作、互助網路：有了社會支持可以減少生活壓力危機的發生，缺錢時有人會贊助，缺人時有人會幫助，缺人陪伴時有人會陪你傾吐，分享成功與失敗的經驗，使自己較容易從失敗、低潮中再站起來。

【案例四】 「跨國性的危機」──SARS 風暴（2003 年 2 至 10 月）

　　一場國際戰爭，對某些人是危機，但對某些人是轉機，處於戰場上的軍人，需負生命危險衝鋒陷陣，面對軍火供應商來說是一個大好時機。台灣在 2003 年 2 至 10 月面對 SARS 的危機，由於醫院機敏不夠，造成台灣死亡一百多位病患及十位醫療人員，應建立世界衛生通報網、防疫網、支援網才停止這一種大災害。

SARS 風暴的因應策略

1. 建立全球性通報系統：以了解發生地區，由世界衛生組織組成團隊協助。
2. 對發病人員進行隔離：避免造成病原擴散。
3. 公共場所，預防措施的協助：宣導注重環境衛生、飲食習慣、勤洗手、戴口罩等基本預防措施。
4. 對病原進行研究與發展預防疫苗，以因應未來 SARS 疾病再發生。

【案例五】「偏遠地區高中招生危機」

　　偏遠地區高中職招生困境，在台灣東部較偏遠的高中職有國立玉里高中、關山工商、光復高職、成功海事等四所，每年因為學生外流問題，經常要面對招生的困境。國立玉里高中校長鄭照順於 2004 年，事先規劃 93 學年度預定招生在 225 到 250 人之間，未達最低標，屬於一種危機，鄭照順校長在校務會報，提出「招生的因應策略」如下：

招生危機的因應策略

1. 建立優質的辦學理念與目標
　　(1)建立優良的校風與班風：本校開會、上課均能準時。
　　(2)發展學生的多元潛能：正進行多元智慧課程實驗。
　　(3)陶冶學生的優良習慣與品格：本校正進行品格課程實驗。
　　(4)注重素質教育，提升學生的競爭力：使學生人人成才。
　　(5)校訓：勤學奉獻、啓發愛心、建立基礎、發展特色。

2. 提倡愛校、勤學紀律
　　(1)愛校如家，待人如己。
　　(2)尊敬師長，愛護弟妹。
　　(3)啓發愛心，學習感恩。
　　(4)學習知能，改變命運。
　　(5)勤學用功，克服困境。
　　(6)懂得方法，愉快學習。
　　(7)意志堅定，有志必成。
　　(8)勤奮服務，體驗成長。
　　(9)良好品格，人人景仰。
　　(10)用心育才，人人成才。

3. 教學品質與招生策略
　　(1)提供好的教學品質是招收學生的根本。
　　(2)打好基礎，發展學校特色，是學校生存的活水。
　　(3)加強資訊、廣告行銷，提供社會了解學校的進步。
　　(4)組織行政人員、教師及學生招生宣導小組，達到績效者給予獎勵。

招生危機的行動策略

1. 成立「教學品質管制小組」：列管教學品質，教學的質與量不能忽視。

2. 成立「網路行銷小組」：發行電子報、出版等。

3. 安排全校同仁「均加入招生宣導工作」：每人負責十位國中生之宣導、拜訪及追蹤，了解國中生及家長之需求及動向，介紹學校「用心教學之情形」，鼓勵學生到本校就讀。

4. 成立「廣告行銷小組」：由廣告科教師協助設計招生海報。

【案例六】「校園性騷擾的危機」

校園性騷擾的突發事件：1995 年 5 月 21 日於高雄市某國中，當早上第二節下課時，有同學因小摩擦，一位班上的女生，叫班上的男生去摸一位剛轉來不久的女同學胸部，這件事經學校生教組調查，同學均不承認，而報請警方調查。

經由校內的一位老師，告訴當地的莊姓里長，莊姓里長偽裝成學校家長，叫記者報導此事。當時的校長認為是校園突發事件，等了解清楚再處理，經媒體報導，教育局受議會、政治力、市長的介入，要校長負責。校方處理的程序：

1. 成立「危機小組」：一方面向媒體報告處理經過，一方面校長親自慰問家長學生，並提出預防輔導措施。

2. 公開「檢討反省」：提出改善意見，向家長、學生表示歉意。

3. 學校相關人員均表示歉意，及自請督導不周之責任。

校園性騷擾危機後的心得與檢討意見

1. 可以體認危機事件的傷害包含：(1)當事者的受傷害；(2)媒體影響；(3)政治介入；(4)小人的報復。

2. 因應「校園危機」最重要的步驟：(1)成立危機處理小組；(2)一方面處理，一方面由校方新聞發言人向媒體說明處理結果；(3)做出事件真實報告；(4)做出檢討反省、改善的方法，(5)學校一切參與的人均願意負擔相關督導不周之責任；(6)如果是政治迫害事件：當事人只能面對時運不濟、自認倒霉，因為權力在執政者手上，有公理也可能要不回來。

二、危機管理計畫（CMP）的主要內容：政府、教育與企業單位的危機管理計畫方案

危機管理計畫（**Crisis Management Planning, CMP**）一定要有目標與任務、組織成員及任務、儲備必要資源、訊息整理及向上級、同仁及媒體的訊息溝通、「危機預警」、「危機時刻」、「危機管理與因應」、「危機重建」等。

㈠目標及任務

1. **學校單位**：預防意外災難發生、預防招生不足問題、校園安全及學生安全等。

2. **企業單位**：預防意外災難發生、預防產業不景氣、產品滯銷問題。

3. **中央政府**：預防戰爭的發生、預防大量失業困境、教育改革缺乏穩健性等。

㈡組織成員

1. **學校單位**：由校長（總召集人）、處室主任（擔任部門召集人）、教官、導師（現場支援處理人員）、上級指導單位等人員組織，成立緊急救難小組。

2. **企業單位**：由執行長（總召集人）、部門主管（擔任部門召集人）、企業生產、資源安全維護、行銷網路安全等部門組織；外援單位，如消防、保全等單位，組織成立「緊急維護小組」。

3. **中央政府**：國土安全由總統、國防部、國安局、情報局、警政單位等主管建立緊急應變小組。大量失業之危機，建立跨部會之組織，包含「賑災救急小組、擴大公共投資計畫、穩定經濟投資環境」等小組，由行政院長擔任召集人，定期發布就業機會訊息。教育工作的革新應建立「教育改革檢討小組」，由教育專業人士來主導反省，以預防莽撞躁進。

㈢儲備必要資源及設備

1. **學校單位**：儲存互助金、仁愛救助基金、愛心聯隊基金、文教基金，以因應緊急事件慰問傷患之經費，做好學校監控系統，如監視器、下課之巡視、放學安全之督導。籌備緊急維護基金，整合學校的家長會及各項社會資源。

2. **企業單位**：建立急難互助金，做好安全監視系統、緊急維修之設備等。

3. **中央政府**：國土安全需要有安全防衛的武器，但是不可舉債來養國防，可以設國防捐等。台灣地區在 2000 到 2006 年間經濟蕭條，失業自殺排第一，政府應有振興經濟的方案，如土地承租免稅三十年、關稅優惠、增加企業家及外資投資機會、彈性降低工資的方法及減少投資障礙等。對就業改革應以穩定、優質、創新的獎勵制度為主流，增加「教育優先區」策略計畫，如偏遠地區教育資源不足，應有教育優先區基金，獎助重點科技及安全救難基金等。

㈣訊息整理及向上級、同仁與媒體的溝通

1. **教育單位**：事發時由部門單位主管擔任召集人，蒐集相關資料送校長研判。校長向上級及同仁報告發生現況、處理過程及預防措施。單位部門有必要時，當面向記者溝通說明處理現況及預防措施。

2. **企業單位**：由部門主管蒐集資料向總經理、董事長報告，將災害處理現況及預防措施向媒體說明。如飲料被下毒事件，公告錄影帶，希望找到兇手，並把全部飲料銷毀，請記者見證及行銷，找回消費者的信心。

3. **中央政府**：新聞發言人定時發布危機控制的相關訊息、政府的管理發展措施，「增加安全機制」就能減少一層危害，使教育、經濟、國土安全能獲得較多的保障。危機工作小組定時向單位主管報告處理現況及因應策略。單位主管必要時主動澄清處理現況，檢討原因及未來預防措施。

㈤危機預警指標與措施

1. **教育單位**：校園危機的問題很多，如招生危機、打架危機、交通事故危機、師生衝突危機、危機個案等。學校預警措施，包含學生的安全、教室管理技巧、招生人數之控管、校外學生交通措施等，均需要有明確的資料統計及因應策略。

2. **企業單位**：生產品質、銷售量、消息網路、市場占有率、員工素質、管理階層的專業新知等，均需要有危機預警措施。譬如重要幹部之流失、產品被取代、服務品質下降、銷售網路被減少、專業知識未更新等，都是一種危機預警的指標。

第七節

個體、學校與企業危機因應的實務

「個體」在所處的環境常遇到的危機層面，包含：生命延續、學習生活、社會適應、政治生活、心理健康、生涯發展、情緒智慧成長等。「企業」常遭遇的危機層面包含：存在的需要、存在的價值意義、存在的優點、存在的弱點及後果，外在的敵人、內部的敵人、業績的變化、領導與管理層的知能、工作效率評估、工作成果與品質評估、員工的自我成長評估、團隊默契評估、顧客滿足、財務控制、訊息分享、創新能力等。「學校」常遭遇的危機包含：招生不足、財務不健全、學生意外事件、行政團隊不和諧、教師挑撥是非、行政人員不知進取、專業知能不足、教師不知進取、教學新知不足、行政績效不張、校風與文化不良、生活教育未建立軌道、升學效果不佳、校園學習及行政環境規劃不重視、缺乏未來願景等。

一、個體的生活危機因應策略

Gardner（蘇芳柳譯，2006）、鄭照順（2006b）等指出個體的危機因應，應從提升個體競爭力著手，爲提升個體危機因應能力，下列策略爲基本的方法。

㈠透過體能訓練，開發身心潛能

每天固定做體能訓練是必要的，如健行、打球、慢跑、騎車、爬山，尤其以戶外運動最有益身心潛能的發展，有體力耐力，才能因應壓力危機。

㈡透過教育開發腦力潛能

有系統的教育、廣泛的閱讀及心得分享，都有助於腦力的開發，吸收別人的智慧、經驗，可以幫助因應各項危機。個體需隨社會變遷不斷吸收新知，有計畫閱讀、學習新技術及聽專家的演講，以保持腦力成長。

㈢透過品格教育，使個人可以拒絕誘惑

人類有貪圖權力、利益、名利、性慾、美食、華飾等本質，如果能提升個人勤奮、誠信、負責、節制、尊重、感恩、守時、自律及幽默感等品格，對預防生活中的危機，必有無比的幫助。如有守時的習慣，就不會遲到；有尊重的品格，就不會大聲喧鬧；有責任的品格，就會受信任；有知足的品格，就不會起貪念。

㈣發展人際資源網路

有人際關係，可以彼此在知識、資訊、資源方面加速擴展，因此，對於危機來臨，也比較有多的資源、方法去因應。

㈤培養創新能力

Gardner（蘇芳柳譯，2006）提出人類大腦有九種獨特的專職領域，但每一種活動均可以用九種智能去合作呈現，這種合作組合即是一種創新能力，有創新能力就可以提升競爭力，有競爭力較能克服生涯發展中被淘汰的危機。

㈥身體潛能的總體維護

雷久南（2001）指出身體是生命長短的代表，個體面對生活壓力的因應，是否有奏效之象徵。他提出要生命延長要做綜合性之鍛鍊，包含定時運動、生機蔬菜的飲食、心情愉快、舒適無污染的環境及好的人際互動等。人的生命力，由物質能量、心理能力、自然能力、人際能量及體力能量的組成，有充足的能量，才能面對不調和能量的攻擊。

二、學校的招生危機因應策略

校園的危機事件很多，其包含招生不足、同儕衝突、師生衝突、教師與學校衝突、用人不當危機、性騷擾事件、學生畢業就業問題等，其中以招生不足之危機最為嚴重，因為它會影響到學校的生存、教師的飯碗、教學品質等問題。依據陳國清（2006）、鄭照順（2006b）、陳德松（2006）等對學校招生危機之處理經驗提出下列因應策略：

㈠訂定全校招生最低安全人數目標

以玉里高中為例，例年招生平均數是 225 人，因此招生目標以九成（203 人）為最低目標；依據居住地區、分配教師責任區，為了作全面性行銷及行銷績效追蹤。

㈡學生入學後，進行學生流失之管制

學生流失一人，由導師進行追蹤其原因，提報學校管制；流失二至三人，由學校招生小組協助追蹤訪問；流失四至五人，由學校組成小組

前往輔導。

㈢做好教學品質是招生的根本

每節課上完要求作評量，節節有作業一至二題。在系統教學下，要求學生適時的回饋及檢討教學速度、效果。

㈣嚴格的生活教育與關懷

訂定全校性基本常規，輔導學生去適應與調適養成良好的生活習慣及紀律。生活要求有禮貌、守秩序、愛整潔等，不得帶違禁品到校、不可帶手機到校。目標是促進專心學習，把「品格教育」融入班級經營。

㈤研究新教學方法

提升自律能力，鼓勵發展「多元智慧」，發現自己的優勢智能，取代弱勢智能；培養好的嗜好，去取代不好的嗜好。

㈥組成學生招生行銷小組

1. 網路行銷組：由電腦教師協助發行電子報，行銷學校辦學優點、成果、特色。

2. 平面海報設計小組：設計行銷海報、科別、特色介紹。

3. 於校門口、車站設計廣告燈箱：照顧搭車者，並進行特色介紹。

4. 每人招生數人：每人分配五至十人，電話連絡；每人負責招生三人，優者給予獎勵。

5. 鼓勵在校生協助招生工作：績優者給予獎勵。

㈦慎選優秀教師

第一年聘用教師一律給予試用，吃苦耐勞者，則可留下來成為正式教師。對於不能達成任務之教師，由主任、校長面談後未做改善者，不予續聘。

⑴給予學生資源、給予學生力量

提供最優厚的資源，協助安定學習，提升學習效率及做好生涯發展計畫，對貧困者，優先提供工讀機會，以順利完成學業。

⑼注重校園環境規劃

辦理環境之規劃，提升工作效率及增進情境教育。

綜合言之，學校面對危機時：1.平時應組成危機處理小組；2.處理步驟過程向上級呈報；3.學校有缺失應虛心檢討；4.如有能力不足之處，應向上級請示支援；5.學校一切意外事件，雖屬意外，但承辦人、主任、校長均應自請處分，請示上級核示或提供預防之措施；6.各項服務品質、績效評估，應確實記錄，以作為危機因應之預警指標。

三、企業的績效危機因應策略

Kaplan（2004）、施振榮（2005）、汪秀繁（2003）、鄭照順（2006b）等提出企業領導七大危機是「績效危機」，績效危機來自：1.人才不足危機；2.生產與服務品質危機；3.品牌、顧客與市場通路危機；4.資金管理危機；5.組織流程危機；6.資訊研發創新不足危機；7.重大社會事件危機等。

㈠人才及專業能力不足危機

企業領導者、管理階層、生產與服務人員最擔心的事為「外行領導內行」、「專業能力不足」。其因應策略如下：

1. 聘用專業又有經驗者擔任單位領導人。

2. 領導者對企業領導必須提出周詳之領導計畫，組織人員按照進度及促進效益之達成。

3. 人適其所，依每一個人的專業、個性調派到適當的位置。

4. 進行內部進修分享。

㈡生產品質與服務品質低落之危機

　　當產品之銷售量逐漸低落，退貨量增加、產品維修量提升，都是產品銷售的警訊，其因應策略如下：

　　1. 調查客戶之需求、產品重新創新、增加功能、滿足新的需求。

　　2. 退貨增加時，了解其原因，增加優點，減少缺點。

　　3. 當貨品達到高峰時，必會逐漸走向低潮，產品為其他強勢產品取代，需要適當轉換生產線，以符合顧客之新需求。

　　4. 服務品質低落之警訊，可從服務效率、品質、主動、親切、創新等方面去評估。

　　　　(1)主動性缺乏時：處理業務、處處保守、被動，單位主管要負主要責任。

　　　　(2)缺乏創新發展之動機時：抵制新的行政措施，使組織步調不一致，單位主管須提升其專業能力，才能重回其領導位置，也就是必須迅速做「職位調整」。必須事先培養「專業代理人」以利專業之創新與發展。

　　　　(3)行政的效率與品質下降時：效率高可幫助提早發現問題，工作量多、工作經驗多，可以逐步提升品質，二者可以相輔相成；「行政效率差時」代表工作能力較差，不符合「專業能力」之職位，不輕易指派。

　　　　(4)工作的親切性、親和力、關懷性不足時，很多創新發展都會停擺：領導者須提拔有工作熱忱、有主動溝通能力、善於資源整合、有良好人際溝通技巧的「人格特質」者，來擔任行政人員，單位領導才能精進發展。

㈢市場通路、顧客消失、品牌缺乏被認同之危機

　　品牌代表品質、信任之象徵。任何一個產品務必從服務、產品品質去建立品牌的信任。其因應策略如下：

1. 初步的行銷通路，市場接受度需做調查，由容易進入之地區、人群、通路著手，例如，宏碁電腦選擇最偏遠的南美洲先建立市場規模，由服務、產品品質，產生品牌認同。

2. 大陸地區之進入，與當地經銷商共同合作投資行銷地點，達到某一基本利潤，利潤歸行銷產量所有，因此達到行銷預定目標，並達成市場占有率，品牌也被認同。

3. 當產品銷售達一定高峰時，銷售量必然會逐漸下降，因應策略是：減少冗員，減薪因應，開發新市場、新產品增加收入，減少庫存，增加生產效率，分清主要、次要生產項目，預留創新發展的時間、空間，建立優秀的團隊等策略。

㈣資金管理危機

企業的活泉需要豐沛的資金，才能在競爭的優勢中捷足先登，因此發行股票、銀行通融、政府支持、民間支持等，才有足夠的資金因應新的投資、研發。資金管理危機的因應策略如下：

1. 評估總體收入，預定收入目標。
2. 依據穩定收入資金編列預算，促使收支平衡。
3. 加速現金之流速，資金回收時間評估。
4. 評估各單位的投資效益。
5. 對各單位財務投資效益進行評估與獎勵：公司須對資本利潤、生產利潤、減去薪資、設備維護、進行獎勵或是提供研發基金，以促進機構度過資金應用與回收的危機。

㈤組織內部流程危機

組織如果缺乏「目標」、「稱讚」、「錯誤修正」、「改善績效」、「預定流程」、「抓住重點」、「掌握輕重緩急」等思考，無法改善內部的效率。以銀行的服務品質，如果能減少層層的蓋章、授權，單一人核章，增加自動化機械，可以提升其服務品質及效率，也可減少人才成

本。公司最大的浪費是：加班時間、等待時間、製造不良產品、搬運浪費、庫存浪費等，要減少浪費則可提升更多的生產利潤。豐田汽車的內部生產線，採用：1.生產自動控制，日產一萬輛汽車；2.環境控制，保持整潔；3.庫存的合理性，保持一日生產量的庫存。把搬運、等待、加班、製造不良產品、庫存減爲最低，年度營業額達 3 千億日元，年產 350 萬輛汽車。內部流程的績效指標要建立：效率化、品質化、節奏式配合化，使公司資源、人力、生產達到最高的節奏感、優美、完善的境界。

㈥資訊、研究與創新不足危機

知識經濟時代、資訊流動、資訊整合的速度加快，比爾蓋茲每年都提出我們的資訊如果超越別人兩年，那公司兩年後就會面臨關閉，因此公司不斷創新發展是因應競爭危機的重要方法。面對競爭壓力與危機，其因應策略如下：

1. 聘用最頂尖人才從事研發。
2. 重視自我缺點的檢討與改善。
3. 公司內部形成知識分享組織。
4. 人才庫不如資訊庫；資訊庫又不如創新發明。
5. 提供好的研究環境、研究時間，供知識研究者做最好的發揮。
6. 幫助有傑出貢獻者給予公司股份做獎勵；促進公司員工與企業生存命運作聯結。

㈦重大社會事件、自然災害的危機

各行業、企業的經營，不可能一帆風順，難免會遭遇經營的瓶頸，以及重大社會事件。社會重大事件包含：經濟大蕭條、政權的更迭、政治的腐敗、人爲的內鬥、天然的災害等。例如 1990 年間，日本經濟不景氣，房地產下滑、銀行估價過高，而造成呆帳及破產。2000 年台灣政權輪替，執政黨獨斷廢核四，造成國際信用的危機，企業家資金外移，也造成產業外移，人民失業率大幅攀升，農業方面經常是投注心血、成

本最大、風險很大的行業，一陣颱風過境，可以把一年的心血全部付之流水。各行業面對重大社會事件，為死裡求生所採取的因應策略如下：

1. 提高危機基金之儲備。

2. 投入災害保險：如交通安全險、天然災害險、火險、地震險等。

3. 轉型與轉移生產地點：企業面臨競爭危機時，多數採用增加高科技設備、減少人力支出，或轉到工資低廉地區生產。

4. 增加轉型能力與潛能：個體面對一個行業被裁員時，如果具備有二至三種專長，一樣可以如魚得水，發展得更完美；企業面對產品的滯銷，或缺乏競爭力時，採取提升轉型策略，轉到跨領域的方向去重作挑戰，例如東帝士染紡公司到大陸東北轉向土地、房地產之開發，使企業化解危機。日本新力電器、台灣台塑企業等傳統大企業面對「知識經濟」時代，把資金移往電子、手機、數位相機、錄影機等電子產業的研發與轉型，使企業化解危機，並獲得極高的利潤。

5. 採用裁併度過危機：艾科卡（Iacocca）協助克萊斯勒面對大的積弊，常透過更換總裁而擺脫危機；把位高毫無建樹的平庸主管統統撤換；採用「裁併、轉台，消瘦策略」，克萊斯勒提早七年還清債務。新觀念、新思維、新行動是度過危機的重要策略。

第八節

企業、教育、政府緊急危機時刻的危機管理策略

一、危機的根源在道德的墮落

危機的根源在道德的墮落，Richter（2004）指出世界的新危機是「道德的墮落」，他提倡全面品格管理（total ethical management）是解

決世界新危機的重要方法。高希均（2004）指出東方社會最缺乏的是人才，更缺的是「人品」，反應在企業上，是「企業倫理危機」；反應在政治上，就是「政治倫理的誠信危機」，政治人物是火車頭，總統是「希望的化身」或「絕望的化身」？政治人物沒有「品格」，就是這個國家的最大危機。

道德與人格的統合叫「品格」，社會是由一群人去分工合作，沒有品格的人擔任領導者，放在各領域都會造成危機：

1. **政治危機**：知識份子的墮落，是全民的危機，以掠奪、欺騙之方法，不計一切後果就是為了個人的政治權利與個人利益，不顧國家社會的程序與制度。「大位以智取」，並未得到人民的充分信任，到頭來個人與人民均受到重大的損失、傷害與危機。政治的危機，即是「全民的危機」。因為政局不穩，人民生命、財產、工作、退休都沒有保障。

2. **企業危機**：企業內的會計人員、採購人員、董事、經理、生產者，如果有品格上的瑕疵，可能會帶來企業的嚴重後果。採購者虛報價格，生產者不注重產品品質，決策者不注重商品道德。

3. **教育危機**：台灣自 1995 到 2005 年間興起教育改革風，教育改革的決策者，憑個人的主觀理念，大肆修改教育體制，其造成的危機有「專業不足的危機」、「倫理制度瓦解的危機」、「準備不足的危機」、「未能預測後果的危機」，吳武典（2003）等一百位發起人提出「優質教育策略」，許許多多的教育菁英、教育工作者，低吟「教育改革的輓歌」！李遠哲說：「我只是教育改革的倡導者，一切教育改革執行成就不佳，大部分是行政單位的錯。」。台灣的教育危機，來自非專業人才的不明學理，未能深入了解教育的根；因此誤診症狀，開錯藥方，結果讓「校長沒尊嚴」、「教師沒地位」、「學生無所適從」，這是當今教育改革的寫照（吳武典，2006）。

4. **國際衝突危機**：911 事件是美國在二次世界大戰以來，遭受最大的危機，Mohamad（羅耀宗譯，2004）描述 911 事件是貧困而權利遭受剝奪者唯一的反擊方式。過去二千年的「經驗」及琳瑯滿目的「知識」

並沒有增長我們的「能力」，我們並沒有比石器時代的人更會管理自己的事務。其主要原因是國際間的缺乏信任，某些政治人物道德標準奇低無比，因此我們就活在恐懼與危機險境之中；我們如何讓生存環境更加安全、和諧、尊敬、友善，就是要提高人的品德尊嚴，增加人類的互助與信任，建立祥和的社會，人類才能安居樂業。這一切努力的願景，都是要從提升人的品格著手。

二、企業、教育、政府及個人危機之因應

㈠企業危機時刻與因應策略

企業危機時刻含：競爭對手強、產業走向夕陽產業時、客戶不穩定、產品沒有發展前景、服務品質低、投訴增多時等六大危機時刻，其因應策略如表 8-3。

表 8-3　企業危機時刻與因應策略

企業危機時刻	因應策略
1.競爭對手強，使自己無法爭鋒時。 2.本行業正走向夕陽產業，新興產業逐漸興起。 3.客戶不穩定及逐漸減少時。 4.主要產品沒有發展前景。 5.生產銷售人員素質差，服務品質低，工作效率低時。 6.投訴增多時。	1.引入「危機管理系統」 　(1)獎勵研發。 　(2)控制缺點。 　(3)正式溝通，減少扭曲。 　(4)重合作，加強人際關係。 　(5)整理訊息，增加有價值的資訊。 　(6)與外界團體有效溝通。 2.努力加入新科技，使產質提升。 3.提升人員服務品質，採取主動服務。 4.調查顧客需求，轉換生產方向。 5.工作人力再教育及作適當的職位調整。 6.對投訴事件列管管理，改變不好的形象。 7.分析對方的優勢，加以吸收轉為自己的能力。

㈡**學校危機時刻與因應策略**

學校危機包含行政效率與品質差、教學品質不佳、學生學習態度低落、校園安全措施不佳、招生人數不足等五大危機時刻，其因應策略如表 8-4。

㈢**政府危機時刻與因應策略**

政府危機包含：窮兵黷武；政府領導人貪圖短期的利益，操弄族群衝突與對立；政府的政策沒做對、資金使用沒用對及時機沒掌握時；未能建立穩定發展性的投資環境；教育發展缺乏專業規劃，任由外行人來主導；優秀專業人員提早退休，形成專業與經驗傳承的斷層，又拔擢無專業素養的人來領導等六大危機時刻，其因應策略如表 8-5。

㈣**領導者個人危機時刻與因應策略**

領導者個人危機時刻包含：舉目親朋，無工作、生活窮愁潦倒；因

表 8-4　學校危機時刻與因應策略

學校危機時刻	因應策略
1.行政效率與品質差時	1.校長重視各部門的「績效管理、績效責任」，以達成「效率、品質、親切」之目標。
2.教學品質不佳時	2.教師專業態度影響教學品質，建立教學資訊分享網，舉行學科競賽，舉辦教學研討會、觀摩會。
3.學生學習態度低落時	3.教師善用班級小組學習組織，互相激發學習信心，給予學生成功的學習經驗。
4.校園安全措施不佳時	4.校園安全措施定期檢討，舉辦校園安全檢討，辦理宣導及輔導。
5.招生人數不足時	5.招生策略：改善教學品質、生活教育、發展特色、主動行銷、動員全體教師學生親自拜訪，可增進了解增加社區的支持與信任度。

表 8-5	政府危機時刻與因應策略

政府危機時刻	因應策略
1.窮兵黷武，國防經費過高時拖垮經濟。 2.政府領導人缺乏大格局思考，只貪圖短期的利益，操弄族群衝突與對立。 3.政府的政策沒做對、資金使用沒用對及時機沒掌握時。 4.未能建立穩定發展性的投資環境，經濟生產、稅收均在萎縮中。 5.教育發展缺乏專業規劃，任由外行人來主導，缺乏反省的機制。 6.優秀專業領導人員提早退休，形成專業與經驗傳承的斷層，又拔擢無專業素養的人來領導，造成無效能的政府。	1.減少敵對氣氛：(1)以和平理性合作，促進彼此之雙贏。(2)獎勵國內研發國防工業。(3)國防經費轉移到民生建設，以富國裕民為目標。 2.減少族群操弄，不要只顧選票，缺乏遠見的施政，只圖個人名位，不顧子孫之生存發展，必為知識份子看扁，有權位也贏不了民心。 3.政府領導者應「善用時間思考政策，投資有助長遠發展的政策，善用有限的財政，發展國家特色與競爭力」。 4.高素質的政府領導者，有遠見的外交政策、投資吸引政策，才能帶來經濟的繁榮，政府用人不可限於一黨之私，埋沒人才，自然人才遠走高飛。 5.深切檢討 1995 到 2007 年來教育改革之失誤處，交由教育專業人員來主導。 6.建立政府的專業文化形象，使國家因人才、經濟、經驗豐富，才能度過世界競爭的危機。

利益、升遷分配等，造成派系或恩怨的糾葛；感情生活受挫；公務執行，受到上級誤解；生活壓力過高等五大時刻，其因應策略如表 8-6。

孟子曰：「無亂國外患者，國恆亡。」這是一個歷史的真言，每人每個機構均要從事四項工作：

1.**危機的預防**：研究危機的可能性，建立危機預防的小組，培訓因應的能力，平時多累積抗壓能力，增加資源、增加人際關係，到危難時

表 8-6	個人危機時刻與因應策略

個人危機時刻	因應策略
1.個人山窮水盡時，舉目親朋，無工作、生活窮愁潦倒。 2 擔任領導者，因利益、升遷分配等，造成派系或恩怨的糾葛。 3.個人在感情生活受挫、失去婚姻、情人及周遭的親人。 4.個人在公務執行，受到上級誤解、受到妒嫉，處處受到阻擾。 5.個人生活壓力過高時，過度追求完美，工作量超負荷時。	1.個人平時需多具備幾種專長，經濟上要儲存與備用之才與財，以免在社會轉型中遭淘汰。 2.領導者在工作分配、職務升遷上需要公正、公開避免造成恩怨，有摩擦時領導者要主動去溝通，以消除誤解。 3.事業、感情挫折，人生之常事，應不斷提升EQ，增加社會支持、旅遊、音樂、心理學等來化解內在情緒的失控。 4.中國人的社會行事低調，不要引起妒嫉，有時會帶來一些不必要的災害。 5.生活壓力過高時，應以運動、登山、音樂、旅行之嗜好，以減輕壓力。平時養「體力、腦力、意志力」，以增加壓力容忍度。

也有資源可使用。

2.**危機的因應**：危機隨時會來臨，要了解實情，立即反省提出對策，改善方法，並能檢討督導不周之處，做好危機後的生理、心理建設及復建工作。

3.**危機的管理計畫**：必須「訂定目標任務」、「組織成員分配任務」、「準備整合必要的資源」、「訊息的溝通──對上級、記者之說明」、「加強危機之預警」、「危機的管理及因應策略」及「危機之後的重建」。

4.**危機的因應策略**：領導者可依情況進行提出「建設性的方法」、「冷卻式的方法」及「消極性的方法」。

綜合言之，我們要讓世界的危機減少，就要重視領導者的良好品

格，引導穩定的生活環境，啓發人性的愛與慈悲，提倡大愛無國界之精神。最強的國家、最有效率的人要扶助弱小，如此才能形成共生穩定的世界村，如果有人想用強權壓制別國、別人的生存空間，也必然會得到反抗。因此建立世界新的「倫理秩序」、「世界公益信條」、「能源節約守則」、「濟弱扶傾」、「幫助受災難者」等，才能使地球的子子孫孫得到更長久的幸福。

CHAPTER 9

領導策略與績效評估

摘　要

　　領導者的責任，在提出願景、訂定機構目標、找出有效的策略，達成具體的績效，因此目標之訂定、執行力、評鑑能力等，三者為領導工作的核心。本章著重「目標設定」、「策略領導」及「績效評估」的學理探討。策略領導包含：「策略地圖」、「學習組織」、「微笑曲線策略」、「品質策略」、「藍海策略」、「知識管理」等策略的運用。並提出「績效評估」的途徑如：、「CIPP 歷程評估」、「平衡計分法」、「身心績效評估」、「學校評鑑模式」，其目的：1.了解自己的弱點，並能找到解決方法；2.了解發展潛力，開發其潛能，以提升競爭力；3.績效評估的作用，在診斷優劣點，增強優勢，肯定與激勵特點；解決難題，協助度過困境；並作為機構發展之依據。

第一節
因應社會變遷應找出領導策略

　　台灣近年政治、經濟、社會變遷加速，「教育改革政策」多變，造成教育界人人有危機感，校長專業權決策遭到剝奪、教師調職權受到局限、學生升學途徑多元卻升學競爭壓力日增、家長負擔學費補習日漸加重等，1995 年社會推動教改以來，教師會有組織性的爭取自己權益、家長會委員參與校務決策日增，校長的教育決策權日益萎縮，教育領導者如何有效因應當前教育環境的變化？如何提出有效的策略與決策？以及如何發揮行政與教學績效？是當今學校領導者所關注的問題。

一、建構有生命的組織

Senge（2000）提出因應社會變遷的最好方法，是要不斷淬練「個人與組織的生命」，即建構一個「有生命的組織」。組織系統應具六種能力：1.自我超越能力；2.改善心智模式；3.建立共同願景；4.參與團隊學習；5.推動系統思考；6.培養問題解決能力，如圖 9-1。

吳武典、鄭照順（2005）、蘇振泰（2006）等提出因應目前教育環境迅速變化、複雜化、未來化及惡化，「教育領導人」需要六種能力：1.人際能力；2.做事能力；3.學習力；4.創造力；5.良好品格；6.多元智能與 EQ 能力。

綜合言之，教育領導者要有：1.做事的專業；2.做人的能力；3.好的品格。

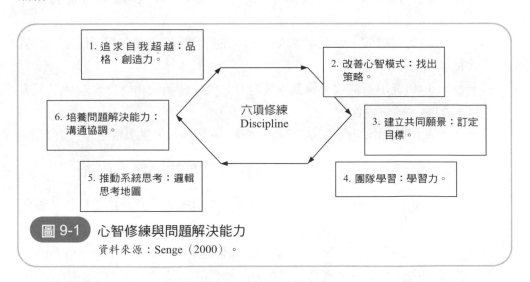

圖 9-1　心智修練與問題解決能力
資料來源：Senge（2000）。

企業的領導人，常要面對企業永續經營與生存抉擇。影響企業發展的因素，不只是資金、設備、人才，還包含社會環境、政治因素、法律因素、顧客的需求、競爭對手、供應的資源、行銷策略等。這些錯綜複雜的變數，如何發揮「資源整合」、「知識整合」、「資訊整合」及

「績效之管理」之效果，Kaplan（2004）提出，企業領導人如能掌握人力資本、資訊資本、組織資本、顧客資本、研發、行銷、利潤的績效等，企業才能永續發展。組織績效如何產生？Nicholes（2005）提出組織績效是把「組織及相關資源」做有效率的轉變；如何有效轉變？要用對人、用對策略，及有能力去執行。Nicholes（2005）提出的「組織績效」公式為：

$$OP = f(S \times T)$$

S：代表組織擁有的人力、物力、環境等資源

T：資源轉變能力，代表領導力、規劃力、執行能力

OP：代表企業的產品、產量品質、效益

1. **內部績效**：包含資源分配能力、處理過程效率、產品品質提升力。

2. **外部績效**：外在資源取得、外在品牌行銷、顧客滿意程度、產品的信譽。

3. **研究創新績效**：員工學習能力、員工創新服務能力、組織學習成長型態、團隊合作力。

4. **利潤績效**：產品生產能力、生產效率與成長、生產品質、生產利潤。

二、國家的經營、教育、企業需要有效的領導策略

高希均（2004）指出國家的經營、企業經營、教育領導相似，需要有周密有效的學習；台灣的競爭力靠人才，人才需要專業，組織需要不斷學習。高希均（2004）指出目前政府在績效管理上，出現了許多的盲點，主要是缺乏專業理念、執行力、績效評估及預測能力，應檢討的地方分析如下：

1. **應檢討匹夫之勇，愛拼才會贏**：領導策略是「學習才會贏」，學習是一種「上進態度」、一種「科學方法」，也是一種「理性執著」。

2. **應檢討本位主義，認同顏色，不注重專業**：應努力方向為「放大

格局」，吸收各方人才治理國家，增加正向互動與合作的因素。

3. **應檢討爭權奪利，喜歡製造對立**：領導策略是「積極進取」，對問題之預估、預防措施不做，把時間精力浪費在衝突對立上。

4. **應檢討施政以選票為考量**：政府資源分配出現扭曲，領導策略是「扎根發展實力」，不應只重視作秀及放煙火，缺乏競爭力與文化品質的提升。

5. **應檢討施政表象化**：凡人民可看見的馬路、公園才會去做，忽略深度的教育文化，及精神上道德與品格示範。

6. **應檢討政府缺乏願景與人民注意力失焦**：政府缺乏願景，只重視眼前的熱鬧，缺乏長遠考慮與資源浪費的節制，領導策略為政府目標要明確，建立社會「核心價值」。

7. **應檢討社會受到分化的後果**：為了選票、製造意識型態對立，人民情感受到分化。領導策略是提倡「族群融合、族群平等」。

高希均（2002）提出如何走出台灣的困境，提出整體發展的「績效策略」：

1. **建立「心靈成長與自我反省」的心智**：每一個人願為社會的進步與墮落負責任。

2. **追求「自我超越」**：不追求表面的成績、作秀、假帳，能夠扎實經營，才能提升整體競爭力。

3. **發揮「團隊學習」的能量**：集體進步，組織才會有競爭力。

4. **建立「系統思考」的習慣**：把國家建設的重點、順序、上下性、整體性做系統的規劃。

5.**建立「全民的願景」**：我們祈求「族群融合」、「族群平等、相互尊重」、「台灣需要提升競爭力」，我們的願景，希望台灣能夠永續經營，子孫未來均能找到好的工作機會。

學校的「策略領導」的重點在於領導目標、領導策略上，是否有能力做出專業的判斷？

1. **「找出目標」即找出出路**：如何找尋組織「可以發展的目標、特

色」、「可以解決的問題」、「可以化解的阻礙」、「可以發揮之潛能」，更終極目標在提升組織的競爭力，及個人之競爭力，而提出綜合性的「辦學理念」、「行政理念」，作爲推動的方向。

2.**「找到有效策略」，如同找到成功途徑**：在達成目標的途徑上，有許可行的策略，如學習型組織、思考模式、增能方式、微笑策略、資源整合、組織再造、多元智能、情緒管理、SWOT分析、平衡計分法、全面品質管理（TQM）、教師效能模式、創新模式等「能量轉換法」。

3.**努力是否有作用，要時時加以評估與檢討**：在於目標是否達成預定成效，可採用的「績效評量」方式，亦具有多種評量方式與工具，諸如平衡計分法、歷程評鑑模式（CIPP）模式、生態評量模式、動態評量模式、預期效益法等。在領導層、管理層、執行層均特別重視「策略」的選擇：譬如：(1)校長之學校領導：應注重「人力、物力、資源之整合」、「知識管理」、「學習型組織」等策略；(2)主任級之推動：「提升教學效果」，亦應有一些鼓勵、研討、資料分享平台之策略；(3)教師班級經營：爲提升班級紀律有「班規訂定與執行策略」，爲提高學習成就有「知識管理與應用策略」，爲提高班級競爭力有「學習型組織」策略，爲發掘多元潛能可採用「多元智能學習策略」等。綜合言之，教育行政、學校行政、班級經營等，都需要先設定「重點目標」、「解決問題」，再選擇有效的「領導策略」，以提升組織、學校、班級整體的績效、競爭力發展特色。

第二節
領導目標如何建立

「目標，是引導實現理想的方向」，領導如果僅有目標，而沒有能

力、沒有實力、沒有執行力，那只是一場大夢。以教育目標之訂定為例，教育目標之訂定，牽涉廣泛的學理基礎，它包含「哲學基礎」，即價值的訂定、評估與取捨；更包含「心理學基礎」，教育政策目標必須合乎學習心理、教學原理、行政學理，具有人性化、心理化、適性化、多元化、個別差異等考慮；也包含「社會學基礎」，教育需要因應地方、社會、世界潮流之新趨勢做前瞻性之規劃、創造或因應，使培育出來的人才能夠因應明日社會、全球高速競爭的需要。也需要具備「管理學知能」，是否具備「執行力」提升競爭力、降低衝突、提高效率、統合各項資源，匯集人心士氣，為每一個個體提升績效與價值。

綜合言之，教育目標之訂定須具備哲學、心理學、社會學、管理學之基本知能，經由學校研究者與實務工作者共同參與決定，才能找到具體可行、能深謀遠慮的教育行政目標。學校行政的目標，有校長層次的領導目標，譬如發展多元智能、注重品格陶冶、重視素質教育，重視友善藝術化的校園環境，培養勤學奉獻的校風等。學校在處室方面，各處室主任依據各處室可提升競爭力之處訂定目標、策略、實施步驟，以形成一種工作藍圖，將可使各處室具備「工作動力」與「成就感」。2005年1月，教育部杜正勝部長提出我國教育行政目標四大主軸：「現代國民、台灣主體意識、社會關懷、國際視野」，培育「現代國民、社會關懷、國際視野」均很重要，要將「台灣主體意識」擺入教育目標，容易引發個人內在衝突，因為有人信仰地球村教育、兩岸共同體等，如果能改為重視「族群融合」、發展「台灣的特色」將有積極引導的作用。目標之訂定需要考慮目標價值、目標類別、目標的決策條件、目標與計畫及執行力結合等。

一、目標價值

心理學家善用「教師期望」，去增進學生的潛能，這樣的「心理期望」是教師所設定的目標，如果學生有所體會，將可達到加倍的效果，教師願意奉獻，學生願意配合則可發揮加倍的效果。

蔡典謨（2003）亦分析「目標之價值」，包含對「個人能力提升」、「工作品質提高」、「工作創新」都有重大影響，諸如學生想要在「學業」有卓越表現。

㈠引導方向

每年有一、二個目標，可以引導自己所有的精神、時間、金錢、人力大量投注這個方面，不久將會有豐碩的成果，例如每年設定我要學好「英文寫作」、我要完成「一本著作」、我要「鍛鍊好身體」，則知識、身體、工作能力必會有進展。

㈡自我提升之力量

目標之訂定，一定要考慮個人的能力、興趣、時間、金錢、資源、環境條件、時機等，目標必然是人生鵠的，人生的理想、自我設定目標，加上是自己的意願，必然形成一股自我提升之力量。譬如，我對英文很有興趣，我要提升到與外國人「口頭溝通」、「書面表達」無礙之水平，自然會天天去精進。

㈢集中精神抵抗引誘

有了目標有助於排除「外在環境的干擾」，抵抗「其他誘惑」，把個人有限的時間、精神集中使用，必然可及早達成目標。

㈣增加個人成就感與工作價值

每一個人能夠把工作意義化就可提升「工作價值感」。譬如，教師是人類心靈的工程師，教師的工作可以改變一個人「一生的命運」，那教師工作自然偉大與神聖。在教育行政工作上，如果每年度定一、二個目標，如提升「升學率」、培養「多元智能」，有了目標，工作會更積極，工作會更有成就感。

㈤提升工作的品質、效率與工作態度

　　學校行政工作者，如果要與新時代稱為「服務時代」相結合，務必自我要求「主動服務、追求品質、提升效率、工作態度親切」等四個目標（鄭照順，2005c）。

　　1. **主動服務的目標**：可幫助別人解決問題而建立良好的關係，主動服務使人際關係「趨於平等地位」，不會高高在上，人際衝突自然會減少。

　　2. **追求品質的目標**：使個人工作追求卓越化、績效性、科技性，使工作提升為精緻化、完美化的境界。

　　3. **以效率為目標**：可以提升服務的速效，讓人覺得關心、主動，也必定贏得顧客的芳心。

　　4. **以工作態度為目標**：譬如，增加「親和力」、「親切感」、「人際魅力」，必可使工作更溫馨、愉快，讓人感受有如沐浴在春風裡，「工作中有愛」，必讓冬天中倍感溫暖，「工作中有愛」，亦可使炎夏變得更涼爽。

㈥研究創新、工作創新

　　知識的量累積之後，可以提升知識的品質。以學術的創新為例，如設定「研究發明」為目標，可以集中精神從事資料之蒐集，研究之進行到研究發現與成果之展現，可以成為知識之創造者，對人類文明帶來新的貢獻與啟示，正如情緒心理學家馮觀富所言：「古來將相高官今何在？唯有智慧文章留人間。」「研究的目標」其價值是不可限量的，當今英美先進國家，因為高科技之領先而主宰全世界的發展可以證明，「創新的目標」、「創新的工作」，都可以為機構帶來競爭力、活力與特色。

二、目標類別

依據Spranger（田培林譯，1960）提出性格與追求目標的類型有六種，有追求實利型、權力型、藝術型、社會型、宗教型、理論型等。心理學家 Maslow（1962）提出人的需求目標層次各有不同，有生理需求（physiological needs）、安全需求（safety needs）、情感需求（love needs）、受尊重需求（esteem needs）及自我實現需求（self actualization needs）等，一般人均無法同時去達成數個目標，或是跳躍式的去達成較高遠的目標，即先有飯吃，才能去談施捨、愛情等。目標之類別分析如表9-1。

表 9-1　目標之分類

目標特質	淺層思考：短視型	中層思考：現實型	深層思考：遠慮型
1.時間性	近程目標（一年內）	中程目標（二至四年）	長程目標（五年以上）
2.經濟性	只重利潤	「投資」與「獲益」要對等	追求利潤外的「價值」
3.文化藝術性	通俗化、世俗化	文化藝術可生活化	文化、藝術、語言對心靈之深遠影響
4.身心健康性	花錢傷身	花錢為了養身	長期培養體能潛能，維持最佳狀態
5.權力性	不擇手段獲取權力，禍國殃民	奉獻服務為了回報他人、社會	為社會付出大愛，不求回報，獲得信任權
6.社會性	販賣知識為獲得金錢	「教育投資」可以增加工作機會	有教育的使命感、責任感，可以提升國力與競爭力
7.需求性	追求生理需求：獲得金錢與食物	追求心理需求：獲得尊重與友誼	追求精神需求：好品格、付出、創新、永續發展與信任感
8.認知性	具體性：一般員工、執行層，善於完成「交辦工作」	原則性、制度性：管理階層，「善於經營管理」	抽象性、內省性、預測性、創新性：領導人階層，善於「高瞻遠矚」

資料來源：DuBrin（2003）、鄭照順（2005c）。

三、目標訂定的先決條件：需進行目標評估

　　高希均（2004）指出有目標、有理想、有夢想，沒有能力、沒有人才、沒有資源，也是一場「夢想」而已。目前國力大大衰退，其原因是：中央政府領導團隊專業人才不足，施政又以連任爲首要目標，個人利益放在全民利益之上，身爲台灣國民的一份子，眞是憂心忡忡，台灣的下一代前途在哪裡？目前仍是一片迷惑。台灣何時從亞洲四小龍之首，變爲群龍之末，分析原因，乃是缺乏「長遠的目標考慮」、缺乏度量「重用全國人才」、國家「資源未能有效應用」。施政以老農年金、國民年金爲考慮，不考慮如何提升競爭力，因此讓國力頹廢。故而領導者需要爲國家制訂長治久安的目標與策略，才能福澤下一代，國家才會帶來生機。目標訂定的先決條件，需進行下列評估：

　　1. **目標價值評估**：目標是否能符合國家長久發展之需要，應評估生產條件重要，還是老人年金重要？前者可以增稅，後者在磨損國力。

　　2. **團隊人才、專業人力評估**：「目標不足以自行」，要有專業的團隊、人才有奉獻意願，才能幫助團體進步。我拿到執政權，可能治國能力不足，要如何處理？

　　3. **資源的評估**：個人、社會、國家資源有限，如何有效應用？

　　4. **時間與機會的評估**：一個人一生的黃金時間與機會是很有限的，國際間的競爭時機更是有限，政策上如何帶動「投資」、「生產」，應製造出穩定繁榮的環境條件。

　　5. **領導的考核標準是什麼**？對一個服務團隊要求「主動服務、效率、親切」，對團隊紀律之要求，如果團隊自我分化、破壞團隊、公器私用、勸導不聽，應給予有效的處置。

　　6. **目標設定的「後設認知」**：任何一個目標不可能萬百代不變，老年人認爲「生計與健康第一」；中年人認爲「生活意義與趣味優先」；年輕人認爲「享樂第一優先」。每個人都經由生命與智慧的成熟、反省，其目標才會有修正與進步。

四、目標訂定特性與計畫架構：SMART 指標

目標與計畫是一體的，沒有目標如同飛機不知飛向何方；沒有計畫，如飛機沒有推進器、工作人員、資源與工作內容等（熊超群，2004）。

如表 9-2 所示，聰明的目標訂定模式（SMART）包含：1.**明確的**（specific）：有了明確的目標與方向，就可以集中精力、資源往前邁進。2.**可評量的**（measurement）：目標之達成與否，可爲評量之工具，如目標之達成程度量表。3.**計畫的可行性**（actionable）：在現有人力、物力、環境、法令的環境下是可能實現的。4.**實用性**（reality）：計畫有實用與價值。5.**時間表**（time-bound）：目標訂定，需要考慮準備的時

表 9-2　SMART 指標

目標特性（SMART）	計畫架構
1. Specific：明確的、獨特的。	1. 目標設定：訂定近程、中程、遠程目標。
2. Measurement：計畫可以推測，可以作程度上的評量、檢定。	2. 選擇策略：達成目標選用的方法與途徑。
3. Actionable：計畫是可以執行的、安全的。	3. 人員組織與資源：人員與資源的整合與投入。
4. Reality：計畫是有實用性、有價值的。	4. 實施步驟：建立工作時間表、工作方式與工作流程。
5. Time-bound：計畫需要有步驟與執行的時間表，也就是合乎「有效率」的指標。	5. 完成時間：設定工作完成的時間表，須追蹤並列管執行績效。
6. 其他：目標需要有上級與員工間的「認同感」與「支持」。	6. 效率評估、預期效益：提出完成後的成效、益處及帶給機構的影響。
	7. 回饋檢討與修正。

間、實施完成所需時間，及成果評量的時間。6.**目標價值之認同與支持**：目標之實施需要組織成員之認同與支持。

第三節
策略管理的意義

　　Peter（1990）指出策略的意義：「是指達成目標的手段；也就是企業為達目標，所採取的行動方案。」這種達成目標的手段，主要是在「衡量外情」和「評估己力」所做的一種抉擇之結果，「衡量外情」是指對外在機會、威脅、趨勢、環境、助力、阻力等，做一客觀的評估；「評量己力」是指對企業、機構、個人、內在的強勢、弱勢、實力、優勢智能、個人追求的價值、興趣等做評估（林建煌，2003）。

　　策略之定義為：即如果組織與個人能夠評估本身資源的強勢與弱勢，並能衡量外界環境的機會與威脅後，而能發揮優勢及隱藏弱勢，掌握機會及迴避威脅而採取一種組織與個人的行動方案（林建煌，2003）。

　　目標設定、策略管理、執行要求、績效管理與預期成果等，是一個「有機組織」常要檢測的要素，如表9-3。

　　「策略」是達成「目標」的手段，然而要達成目標的手段很多，譬如以男女之戀愛而言，男方仰慕女方，表示愛心可以經由下列策略形成而吸引人：1.個人學術成就；2.個人工作職位；3.人際溝通技巧與魅力；4.媒人之介紹；5.提出共同的目標與興趣。

　　以機構目標而言，增加「招生名額」，可能的策略有：1.提升教學品質；2.提高學生品德與形象；3.增加辦學的特色；4.增加家長的信任等。從上述分析「策略」只能是一種工具方法，而不是主要目的，重要

表 9-3　目標設定與策略管理的相關因素分析

目標設定	策略管理	績效管理	執行要求	預期成果與檢討
1.知識成長 2.品格陶冶 3.競爭力提升 4.創造價值 5.勤學奉獻的校園文化 6.團隊動力成長	1.平衡發展策略 2.多元發展策略 3.品質策略 4.知識管理策略 5.微笑曲線策略 6.目標管理策略	1.平衡計分績效 2.CIPP 績效 3.成效管理 4.績效體系 5.高效率團隊 6.微笑曲線績效評估 7.學校效能評估	1.時效性 2.品質性 3.親切性 4.獎勵性 5.違約管理	1.教學成果 2.品德成果 3.學校表現 4.了解缺點，努力修正補強 5.附加價值成果 6.創造性、特色性成果

目標均在於建立機構的「服務品質」、「機構的信任」、「人際的互信、互愛」等基礎上。「策略」可能可以增加「機會」，但「成就」則需要腳踏實地的耕耘。

Kaplan（2004）提出不同的策略管理方式。策略管理起源於 1950 年代卡內基公司與福特基金會的一項研究報告，叫「哥登福威報告」（*Gordon Howell Report*），建議商學院應加開「企業政策」，以利於學生整合，在企業領域所學的知識，去分析企業複雜的問題，由於企業影響的層面愈來愈廣，後來就改為「策略管理」。近年來在企業界、教育界經常用的策略管理模式包含：1.「SWOT 策略」；2.策略地圖與價值創造」；3.「多元智能發展策略」；4.「全面品質管理 TQM 策略」；5.「能量整合策略」；6.「標竿學習策略」；7.「知識管理策略」；8.「學習型組織策略」；9.「情緒管理策略」；10.「策略思考方法」；11.「價值分析策略」；12.「與競爭者比較策略」等。

一、策略地圖與平衡計分法

Kaplan（2004）提出策略地圖與平衡計分法新模式，「策略」不是孤立的管理流程，而是組織從「高層次之使命」敘述，一直到第一線的服務，與幕後的支援等一連串的邏輯連環。Kaplan（2004）提出「策略地圖」（如圖 9-2）的管理邏輯，包含：

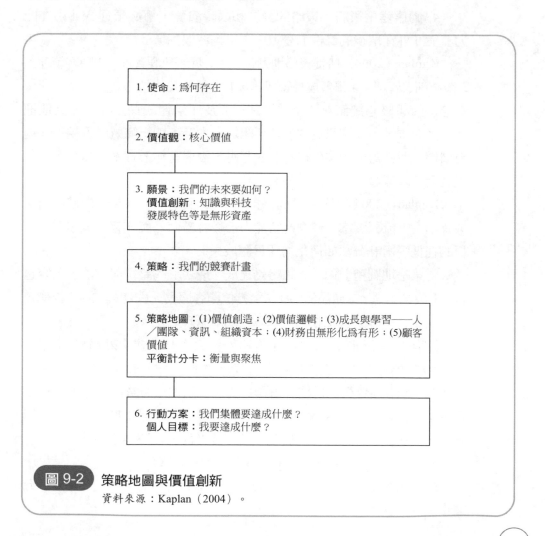

1. **使命**：為何存在

2. **價值觀**：核心價值

3. **願景**：我們的未來要如何？
   價值創新：知識與科技
   發展特色等是無形資產

4. **策略**：我們的競賽計畫

5. **策略地圖**：(1)價值創造；(2)價值邏輯；(3)成長與學習──人
   ／團隊、資訊、組織資本；(4)財務由無形化為有形；(5)顧客
   價值
   平衡計分卡：衡量與聚焦

6. **行動方案**：我們集體要達成什麼？
   個人目標：我要達成什麼？

圖 9-2 策略地圖與價值創新
資料來源：Kaplan（2004）。

1. **使命**（mission）：我們為何存在？存在的原因？組織的使命。

2. **價值觀**（value）：我所重視者為何？核心價值相當穩定。

3. **組織的願景**（vision）：描繪未來的情景，協助澄清組織的方向，使員工了解為何要支持組織及如何支持組織發展？「願景」可推動組織從「使命」與「核心價值」出發，展開行動，邁向邏輯連環的三個步驟。

4. **動態變化策略**：策略的發展和因時演變，都必須迎合「內在能力」與「外在環境的條件」變遷，不可拘泥僵固。

Kaplan（2004）所提策略地圖包含：1.營運利潤管理；2.顧客管理；3.價值創造管理；4.學習成長管理等，其中最重要的核心觀念包含：「使命感」、「核心價值」、「價值創新」及「學習成長」等，尤其他把「人力資本」、「資訊資本」及「組織資本」，即組織氣候等視為「創新價值」所必需。企業生存發展的基礎，需要有無形資本，並給予有效的整合，才能發展最大的功效。

Kaplan（2004）提出平衡計分卡的「五個構面」（包含價值創造、成長學習、流程資本、轉換財富能力、顧客價值）與「智慧成本」，其目的在把平衡計分法如何化為「具體成果」。

「策略地圖型」領導：策略是達成「成功」的路徑與方法，內容包含：1.成本領導；2.產品領導；3.全方位顧客服務、問題解決；4.組織資本：文化、領導、員工整合、團隊及知識管理。

如何把「無形資產」與「策略」結合：1.建立「策略性工作族群」：對克服「某一工作任務」，找出專業人員，攜手合作，達成任務；2.「策略性資訊、科技」組合：要在資訊領域有突破性發展，要結合專業、熱忱之工作團隊；3.「能力提升及組織變革」時程表；4.「策略主題任務」，要求「參加研習」及「改進能力」不足之處。

Kaplan（2004）提出讓平衡計分卡生效的步驟：

1. **根據價值、使命、願景，確立「企業的目標」**：多元智慧、多元文化；優質教學、優質學習成果。

| 表 9-4 | 平衡計分卡的內容、智慧資本與策略目標 |

平衡計分卡內容	智慧資本	策略目標	策略方法
1. 財務層面 （利潤管理）	設備資本	財務分配	資金運用、產生效益、利潤
2. 顧客層面 （顧客管理）	顧客資本	顧客選擇與 持續成長	改善社區關係、環境、尊重、 信賴
3. 內部流程 （營運管理）	流程資本	生產配銷風 險管理	改善內部環境、內部關係、服 務效率、服務品質、親切性
4. 學習與成長 （創新管理）	人力資本、 資訊資本	新產品、新 的服務	鼓勵團隊學習及分享
5. 社會環境與法規 （環境管理）	社會成本	遵守法規及 社會期許	堅守正派經營、回饋社會、造 福社會、提升社會形象

2. **分析企業現有的競爭力，發展「有效的策略」**：專業知識、專業技術、人力。

3. **分析企業可以接受的「關鍵主題」**：提升關鍵能力，小組進行專題的研究、分享與學習。

4. **應用「策略地圖」，分析「構面的因果關係」**：創新學習是否有助於提升競爭力。

5. **每一個構面，建立「目標」、「行動方案」及「計分方法」**：例如個人體力、腦力、心情、耐力、挫折容忍力的評量。

Kaplan（高子梅、何霖譯，2006）提出衡量「績效指標」之類型（評分方法 1 至 10 分）：

1. **生產指標**：產品生產的量，知識生產量。

2. **投入指標**：投入的設備資金與人力。

3. **成果衡量指標**：工作品質、工作效率、互助合作性、利潤性、接受性、招生成長比率、親切性、品牌接受度。

4. **回饋衡量指標**：顧客滿意度，內部檢討改善進度、效果；領導者

反省改善，組織之調整是否順利；資金資源檢討是否浪費。

二、目標管理策略

杜拉克（Drucker）於 1980 年首先提出「目標管理」，目標管理工具帶來管理學上新的動力，但如果不慎重使用，也會帶來負面效果。

㈠目標管理之優越性

1. **增加主動性與滿意度、成就感**：自我設定目標，自我要求，可增加工作的成就感與滿足感。

2. **改善「工作管理」為「策略思考」**：明確的目標，能使組織成員思考完成的策略、資源與協助，可以幫助成員主動自發去克服困難，達成任務。

3. **組織作用與互助成長明晰化**：過度的分工使人際情誼冷漠，如果透過「目標任務」，需要集體動員，則感覺出合作、互愛、成長的重要性。

4. **員工參與專業意見，則執行可減輕阻力而增加助力**：同時可以幫助集體「自我實現」，增加工作責任感與榮譽感。

5. **目標管理使行政程序更明確化、更有效率**：目標管理的目標與完成步驟均有明確規定，因此「時間流程」、「工作協調流程」、「工作績效均有預計」，是一個有效率的管理工具，但不可過度流於「形式化」、「格式化」、「階級化」，如果形成員工過度負荷，可能會產生反效果。

㈡目標管理可能陷入的「誤解區」與「反面想法」

1. 目標管理非萬靈丹，工作流程圖、機構資源控制圖，其中「團體默契」、「團體動力」、「團體互信」等，均是目標管理需著墨之處。

2. 目標管理無法包含一切任務加以量化：很多外交、人際的事務，是要平時的日積月累出「人際信任」、「人際默契」等，這些高難度的

任務，是不可能量化的。

3. 目標管理非只重視具體績效面，而應防止其負面效應：過多的行政表格，如果沒有適當的溝通，可能會帶來負面的效果。如：(1)可能由滿意而轉為過度負擔；(2)可能由成就感轉為反感；(3)可能由效率性，轉成拖延。因此，目標管理需要適時的溝通、適時的激勵、適時的修正，則可達於完善之境。

三、全面品質發展策略

品質管理方法是於 1930 年代由戴明（Edwards Deming）所提出，他協助西方電器公司（Western Electric）進行領導效能研究，提出「霍桑效應」理論，亦即機構內的非正式組織對生產力有重要影響。1940 年代末期，日本邀請戴明指導如何提升產品的品質，戴明給予的指導原則是符合顧客的需求與希望，把「生產方法」與「產品設計」都要求到最高水準。1970 年代整個產品占有市場，日本均領先美國。品質管理在 1980 年代開始追求「全面品質管理」，到 1990 年代更進一步追求「品質文化」的建立。表 9-5 即說明了品質管理的時代特徵。

表 9-5 品質管理的時代特徵

年代	品質管理特徵
1. 1900 年代以前	專業手藝代表「品質」
2. 1930 年代	以領班檢查，代表「品質控制」
3. 1950 年代	「品質設計」與「生產」加入企業競爭
4. 1980 年代	注重「全面品質」管理設計
5. 1990 年代	提升到「品質文化」的建立

資料來源：Evans（2004）。

關於「品質管理」的核心概念，Evans（2004）提出下列數點：

1. **不斷改進**：專注於顧客的「希望」與「需求」。

2. **一系列小型計畫來完成改善**：採用「蠶食計畫」與「鯨吞計畫」。

3. **建立「品質文化」的實施計畫**：(1)工作系統要簡單；(2)員工成功、成就要鼓勵與認同；(3)重視組織氣氛。

4. **顧客第一，管理第二**：領導者強調「服務」為行政的核心。

5. **「接近顧客」**：能永續生存，因為服務符合顧客的需求。

6. **「同事即顧客」**：機構內的同事也是顧客。

7. **「內部行銷」**：觀念、產品和服務，必須有效行銷給員工。

8. **專業主義與顧客獲益**：領導者不只管理品質，更要了解「如何協助學生獲益」，「傾聽」學生的渴望與心理需求。未來角色轉向「關懷」、「協助」。在學校教育中，如何使「學習型態」達到「個人化」的要求。

「品質組織」與「一般組織」的差異如表 9-6：

表 9-6　品質組織與一般組織之比較	
品質組織	**一般組織**
1. 以顧客為中心。	1. 以內部人才、設備為主。
2. 有品質策略計畫。	2. 缺乏策略性願景。
3. 預防未來問題。	3. 解決現今問題。
4. 重視人員投資。	4. 缺乏培養領導人才計畫。
5. 把「抱怨」列為學習改善機會。	5. 把「抱怨」列為找麻煩。
6. 「品質」是組織文化。	6. 品質是找麻煩。
7. 有發展之使命。	7. 把工作當謀生。
8. 視同事如顧客。	8. 建立階層文化。

資料來源：Evans（2004）。

品質管理理論對個人與組織發展的應用領域之說明，請見表 9-7。

綜合言之，「品質管理策略」，在如何提升工作方法、服務品質，更重要的是在為顧客「創造新的價值」，未來「學校生存的理由」、

表 9-7	品質管理與個人、組織發展策略

品質管理與個人潛能發展	品質管理與組織發展策略
1. 有競爭，才有進步。 2. 能互補，才能成長。 3. 能合作，加速成長。 4. 重視教學品質提升：做好語言、文學、圖片、資料溝通，建立學習互動平台。 5. 重視學習效果：幫助學習找到較好的學習方法，增強與激勵。 6. 關心別人的感受，以客為尊，心有同感，友誼當會不斷提升。 7. 以未來高品質為發展目標，各項學習努力會更積極。	1. 組織善用「自評」、「外評」、「專業評鑑」等程序，提升品質。 2. 組織不斷提升「工作方法」與「服務品質」：服務品質指的是態度、關懷、親切、效率、主動等。 3. 組織主動提出「未來預防計畫」、「品質目標」：整合人力、資源達成目標，提升工作成就感（1990 年代）。 4. 建立「品質提升計畫：不能忽略人員素質的提升，把人員素質、工作方法、工作流程不斷檢討與研究（1990 年代）。 5. 建立「組織的使命、願景」：組織存在，如對地方人才培育有貢獻，符合顧客的需要才能存在（1990 年代）。 6. 重視「品質文化」的建立：精緻化的概念包含「績效性」、「附加價值性」與「科技性」，品質的內容包含知識、科技、效率、態度與創新新價值的文化內涵（2000 年代趨勢）。

「企業存在的理由」，乃是因為它有使命感、有價值特色、有願景、有卓越貢獻，為顧客所需要，它能主動服務，講求效率、注重品質、態度親切，才能永遠受歡迎。

「品質管理」策略與計畫「執行架構」之設計，可以使品質管理的理論，落實到「實踐階段」。

㈠魚骨模式

日本品管大師石川馨 1943 年提出問題與分析工具，或結果所有的上游因素，稱為「石川馨圖」，又稱「魚骨圖」（楊素芬，2002），如圖 9-3。

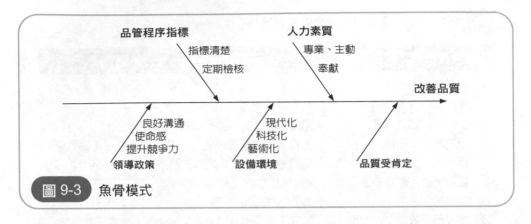

品管程序指標　　　　　人力素質

指標清楚　　　　　專業、主動

定期檢核　　　　　　奉獻

改善品質

良好溝通　　　　現代化
使命感　　　　　科技化
提升競爭力　　　藝術化
領導政策　　　　設備環境　　　　　品質受肯定

圖 9-3 魚骨模式

　　魚骨模式以「改善品質」為主流，支流如何匯入泉源、清流、養分、助力等，透過專業規劃與共同參與，使河川品質提升，重要支流包含「人力素質」、「設備環境」、「良好的政策與領導」、「檢核的程序」、「外來的資源與肯定」等。

㈡互動場分析（Fore-field analysis）

　　機構要變動時有兩股力量，一股驅動改變，另一股反對改變；一股鼓勵改變，另一股抗拒改變。如何把力量花在「人態度的改變」，或以提升「工作品質」之處。對反對者多溝通，可以減少阻力（見表9-8）。

表 9-8 品質互動場分析

進步動因	品質推動互動場		利益動因
1. 創新群 2. 專業群	「品質」驅動力量。 →互 動←	「阻止」改變力量。	保守群、利益群。
3. 發展特色 4. 提升競爭力	「提升競爭力」作改變。 →交 集←	排斥、抗拒、改變	有職位與權力，怕被汰換。

四、知識管理策略

管理思潮常隨著社會變遷的需要而轉變，1950 年代以「目標管理」為核心主流，1960 年代注重人本關懷的「Y 理論」，1980 年代注重「全面品質管理」，1990 至 1999 年代注重「學習型組織」及「策略型管理」，2000 年至今由資訊工業所帶頭的「知識經濟」興起，因此，以知識經濟的「知識管理」為當年的重要管理策略。

知識經濟時代的主要特徵，是「智慧資本」取代傳統的「土地、資金、廠房、人力」。什麼是「智慧資本」？包含：

1. **人才資本**：人才具備「核心能力」，有核心能力，別人要取代很困難，「工作態度」優異，主動「服務熱忱」，積極的工作態度，會走出創新、效率、品質等成果。

2. **組織資本**：包含內部的流程迅速，組織容易重組，對外在變遷反應快速，內部並具備創新與研發能力。

3. **顧客資本**：累積服務的顧客，形成人力資源系統，把顧客與公司結合，轉成財富來源，做好顧客管理，來創造顧客的價值鏈。

4. **資訊資本**：快速掌握資訊，化資訊為決策，化決策為財富，資訊可以滿足顧客的需求，並形成財富來源。「資訊」轉為「知識」，「知識」

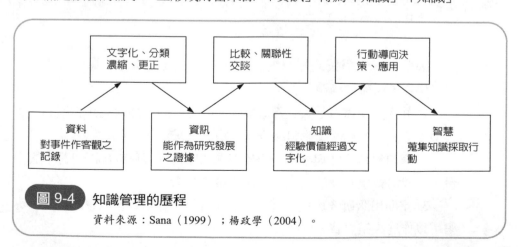

圖 9-4 知識管理的歷程

資料來源：Sana（1999）；楊政學（2004）。

再轉為行動決策的「智慧」，是知識管理的基本歷程（如圖 9-4）。

知識管理的意義為：知識管理是一種歷程性的知識分類，儲存、創新、應用的歷程，由「資料」轉化「資訊」；再由「資訊」轉為「知識」，再由「知識」轉為「智慧」的歷程（楊政學，2004；Sana, 1999）。

知識管理之定義，是指將知識經由分類、儲存、分享、創新、應用的歷程，把知識轉為價值創造、問題解決、財富生產、提升競爭力的歷程與策略（楊政學，2004）。

知識管理的方程式，由勤業管理顧問公司（Arthur Andersen）所提出，如圖 9-5。

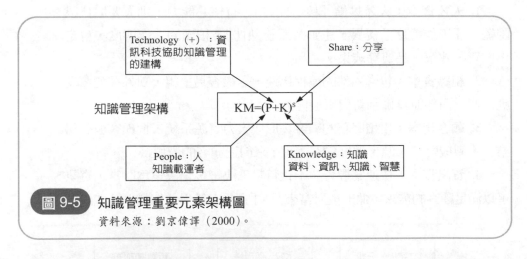

圖 9-5 知識管理重要元素架構圖
資料來源：劉京偉譯（2000）。

因此，一個學校或一個企業要實施「知識管理」，基本需要的人力、科技、組織結構應包含：

1. **知識的生產者**：人人都成為知識的生產者，即建立知識型的「學習型組織」，鼓勵閱讀專書、分享心得、作成決策上的建議。

2. **資訊科技人才與技術**：學校與機構應建立學科或部門可分享的平台，使成為教學的輔助系統，及作決策的參考。

3. **定期出版研究專集**：網路可儲存資訊、專題報告，專題研究、專書可以作為決策之背景或依據。

4. **定期知識分享與研討**：個人經驗是否適用於教學團隊、行政團隊、組織之領導，均應該依據「資訊、知識與智慧」的層次來分析其價值。

5. **知識管理之評鑑**：「過時的資訊」應淘汰；「過多的資訊」要過濾；「知識管理」效果、價值要評估；「知識管理」績效要獎勵。

6. **建構知識管理的理想步驟**：Broadbent（1998）提出四個方向如圖9-6。

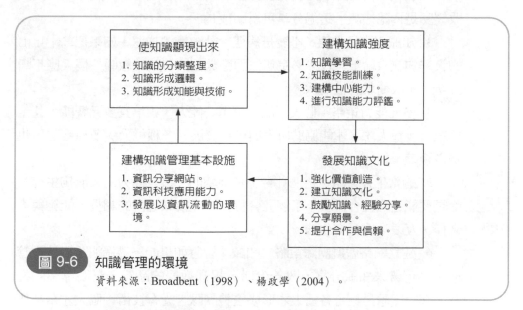

圖 9-6　知識管理的環境

資料來源：Broadbent（1998）、楊政學（2004）。

知識經濟時代的「知識管理」策略，如何善用於個人、學校與企業，是我們共同關注的問題。曾燦燈（2001）指出知識經濟時代：1.知識決定個人的競爭力；2.創造力優於僵化與默守；3.「工作意義」取代職位高低；4.具備終身被僱用的能力，取代終身僱用制；5.終身學習，才能避免被淘汰；6.團隊合作取代個人英雄主義；7.用創新精神，取代穩定發展；8.資訊、知識、創新取代直覺與經驗；9.態度是個人主要競爭力：包含溝通、人際關係、服務力、表達力、合作力等。

知識經濟時代，如何提高教育行政組織、企業組織及個人的競爭

力，其具體策略如下：

㈠個人與組織成功的策略

曾燦燈（2001）及鄭照順（2005c）等提出：

1. **善用「知識、智慧」策略**：知識包含人文、藝術、音樂、科技，不可偏頗。

2. **善用「外顯」與「內隱」知識**：研究報告是外顯知識；成功與失敗經驗是內隱知識，透過分享可幫助成長。

3. **知識改變是常態，不變是病態**：社會變遷加速，如果把二十年前的大學知識教給下一代，必定無法因應數位的時代，教師、個人應不斷創新，不改變就會被淘汰。

4. **多元能力策略**：個人不能只有單一能力，應培養多元智能，甚至要統合多種人才，才能協助研發與創新發展。多種能力、多種智慧，也是多種競爭力。

5. **適當生存策略**：這個社會不是最聰明、最有能力的人能夠生存，而是要能適應社會需要，了解社會特性，然後做適當的調整，能夠與人合作、互愛，才更有生機。

6. **建立網路虛擬團隊策略**：知識、智慧如果能夠透過網路科技之管理，必可帶來知識分享，改善生活，提升教學的品質，幫助專業的提升。網路團隊是結合各種人才形成優勢團隊，光有技術、個人才華都無法與團隊之力量相抗衡。

㈡如何提升教育的競爭力

1. **教學目標的轉變**：考試以記憶背誦為主的策略，轉為「知識分析」、「智慧計畫與決策能力」、「智慧應用及執行能力」的提升，知識可跨越人類「心理的障礙」，而獲得「甜蜜成果」。知識可以跨越生命演化的限制（曾志朗，2006）。

2. **教學內容的更新**：教學內容需要與資訊化、科技化、全球化更密

切互動，以提升自己的知識與視野。

3. **教學方法的調整**：過去是「講」光「抄」，今日可能注重研討、分享、了解、知識、智慧形成的過程，用電腦簡報、影片、音樂、「心智地圖」（mind map）去提升記憶與學習效果。

4. **評量方法的改變**：知識經濟時代要重視多元評量，由紙筆測驗走向實作、發表、分享、討論、專題報告、表演等，學生英語能力的培養，可採用由背誦到戲劇寫作與表演等，使評量更多元化，學習能力可以實質的提升。

5. **注重創意與品格教育**：創意人才之培育是知識經濟時代的主流，所謂價值創造，需鼓勵教學的創新、學習的創新、成果的創新，才能推動社會文化的進步。但創新競爭的教育，不能忽略品格教育、品格情操的修養、品德行為的實踐。品格更維繫人類社會和諧穩定發展的基礎。

6. **加強教師專業能力的提升**：知識經濟時代，資訊加速流通，教師的科技能力、資訊能力、教學專業知識，均需不斷充實，才不會很快被淘汰。如何使老師免於被淘汰，除了「自己進修」外，要成立「學習型組織」共同學習知識，共同分享智慧，更可以安排定期專題演講，不斷增加新的知識與教學的工具，如此智慧的追尋，將可使教學更勝任、愉快及增加滿足感。

㈢重視教育領導的「隱形知識」

1. **人圓則事圓**：人事處理得圓融，則處理各項事情，必能夠圓滿達成目的（姚仁祿，2005）。

2. **做對與做得圓滿**：正確的做判斷，執行公事婉轉可顯出魅力，但如果能夠事先協調、告知，以慈悲之心來處理公事，必可大事化小事，小事化無事，以「仁慈之心」、「大愛精神」，以「苦難」考驗自己的領導能力與容忍力（邱連治，2003）。

3. **盲力、蠻力，不如找「統計數據」**：深信說服的力量，來自「學術研究」、「科學的分析」與「專業的判斷」，遇有爭議，先成立小組

協調，花多一點時間去思考，再提出方案，必可說服人。

4. **如何跨越心理障礙**：人生難免有挫折，有失必有得，化悲憤為力量，增強自己的「實力」、「工作能力」、「知識」才能永遠不會被淘汰。跨越心理低潮的力量，來自「內省的力量」、「情緒化解」的能力，沒人能幫你解除痛苦。

5. **領導的能量觀點**：領導者需要「較佳的體能」、「快速反應的腦力」、良好的「EQ 能力」及「挫折容忍力」。這一些力量，來自「自然能」，要常與自然互動；「生理能」，要有恆的去培育體能；「人際能」，要常吸收有智慧人的演講與經驗；「知識能」，要多讀名人之著作，並能融會貫通，化為自己的智慧能力。

五、微笑曲線策略

施振榮（2004a）提出「微笑曲線」理論（如圖 9-7），他把微笑曲線分為「研究發展」、「產品製造」及「品牌與行銷」，並提出「速食式產銷模式」；「速度」本身就是成本，速度快可以降低成本，每一個

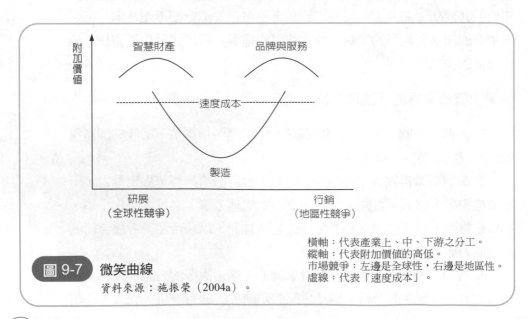

圖 9-7　微笑曲線

資料來源：施振榮（2004a）。

橫軸：代表產業上、中、下游之分工。
縱軸：代表附加價值的高低。
市場競爭：左邊是全球性，右邊是地區性。
虛線：代表「速度成本」。

企業要妥善找到自己的優勢與定位。微笑曲線是指全球性競爭：將取決於研發、技術、製造與規模；曲線右邊，是地區性競爭，取決於品牌、行銷管道與運籌能力。因此產業擴大之後必須要「垂直分工」、「水平整合」，「垂直分工」是指：1.製造重心放在中國大陸；2.研發設計在台灣；3.品牌、行銷、管道通路在全球。「水平整合」是指企業採取本身最擅長的部分專注達成；人才、技術、資源做出最高的效能。

「行銷」要有物超所值的魅力，例如微軟在 Windows 系統與伺服器的投資數億美元，但每套軟體只賣幾百塊美元，且可重複使用，因此能迅速銷售全球，受到全球的喜愛。如何建立自己的品牌？「品牌」的意義代表「品質」，也代表「信任感」，因此有品牌的東西可能貴一點，但卻有品質保證。施振榮（2004）提出「品牌理論」，他說再好的東西，如果沒有行銷、試用，別人也不知道它的好處。建立品牌的要素，品質要夠好，而要達到先進的產品，加上多元的行銷廣告，具有比競爭對手還優勢的價值，品牌才能有成果。因此品牌之建立包含：品質、行銷、價位及主動服務等四位一體的內涵。「品牌」也是「行銷通路策略」的重要因素，以宏碁在大陸行銷為例，採用區域代理商、國際保險，投入一千萬美元的行銷，在歐洲則採贊助運動賽的行銷，使得 2004 年宏碁在大陸獲得百億營收，施振榮總是把握自己擅長的事，把研發列為優勢競爭力，行銷視為支援研發的泉源，在 DVD、手機 IC 方面，留給其他優勢科技的國家主導。

微笑曲線理論應用了「圍棋理論」，即進入小市場較容易穩住地盤；「速度成本論」，即速度本身就是成本，速度快可以降低成本，但降低成本，卻不能使速度加快；「速食店模式」採用標準化、水準化，其快速、清潔、安全的「形象品牌」容易被辨識，並產生信任感；如能「創造規模」，降低成本，並回饋給消費者，將可以取得消費者的信任。

「微笑曲線策略」亦可以應用於個人、學校與企業，提升其競爭優勢。如何運用「微笑曲線原理」茲分析如下：

㈠生涯發展採用微笑曲線

1.需要「學習成長」、「研發創新」，如微笑曲線的左端。

2.發展「自己的專長」，有了專長、特長，將使自己更加卓越，如微笑曲線左端；光有卓越的學術、能力專長，倘若不行銷，別人也無從得知，如微笑曲線右端。

3.了解「如何行銷」，要主動服務、奉獻，表現好的工作態度，有傑出表現，把自己的優點行銷出去，懂得行銷自己，在工作中容易被發掘其才能而獲得提拔的機會。如果職位只有一個時，缺少哪一項都不可。主動服務奉獻如同微笑曲線的底線，推動機構的進步，自己也享受整體進步的榮譽。

㈡學校的經營採用微笑曲線

在民主化、自由化、高度升學競爭的台灣社會，學校的經營在基礎上：

1. 要「努力教學」，「學生行為品格」要關懷、輔導與陶冶外，發展自己的「品牌與特色」。

2. 特色方面，教學團隊是否有教學特色，行政團隊是否有重要的研究與創新。

3. 品牌方面如「形象塑造」，服裝、禮儀、儀隊、球隊、學習研究小組、網路小組、電子報小組、教學實驗小組、教學研究社群等是否有傑出表現，尤其是升學、技術、生活教育方面的表現等。

4. 表現是否樂意與社區分享，如此可以建立良好的「品牌」與「行銷」。

因此學校的微笑曲線經營，「左端」注重特色與研發；「中間」注重教學與生活教育品質；「右端」則注重形象、特色、行銷及行銷通路等，以吸引學生來就讀，並獲得家長與學生的信任。

㈢企業經營採用微笑曲線

施振榮（2005）將生產及行銷的哲學寫成「微笑曲線」，此種理論可以運用於何種產業呢？

1. **以服務業而言**：餐廳、旅館、百貨公司、戲院、水果行、便利店等，服務業要採用「微笑曲線的右端」，注重服務品質、服務形象，滿足顧客的希望與需要，服務人員要想在客人之前主動告訴顧客，提供必要的資訊，以昔日全球最大的梅西百貨、亞都麗緻飯店等以客為尊，會使客人留下美好形象。

2. **以製造業而言**：汽車公司、電腦公司、飲料公司、食品公司，如能採用研發特色，品質保證，採取「垂直整合」、「水平整合」、「注重品質與形象」，重視「主動服務、效率與親切」，必可贏得市場的占有地位，因為它符合顧客的需求與希望，將顧客轉為價值鏈與營利的來源，如果也懂得「回饋顧客」，更可以贏得顧客的信賴。

六、藍海策略

金偉燦與莫伯尼（黃秀媛譯，2005）研究三十多種不同行業，發現大多數企業以價格競爭為本位，這樣只會形成慘烈競爭的紅色海岸，而紅色海洋是市場萎縮的主因。企業的永續成功，需要不斷以「創新的精神」，加上有「競爭性的成本概念」來經營，才能成為「藍海型的企業」。邁向藍海的六大途徑，指出企業如何同時追求「高價值」和「低成本」。例如，藍海策略的擬定，可以從六個途徑著手：

1. 改造市場邊界。
2. 專注於願景而非數字。
3. 超越現有需求。
4. 策略次序要正確。
5. 克服重要組織障礙。
6. 把執行納入策略。

以經營者的角度來看，後面兩大原則「克服重要組織障礙」、「把執行納入策略」尤為重要。因為人通常「不願接受改變」，且「缺乏執行力」。當新的想法及策略推出，如何宣導並使員工參與，最後克服介於目前作法及未來作法的中間障礙。藍海策略一再強調全新商場勝出邏輯——經營者不應該把競爭當作標竿，而是要「超越競爭」，開創自己的「藍海商機」。

企業應該經常用下面四個問題自我檢驗：

1. 在自己的行業要成功考量的因素中，有哪些已不適用而「應消除」。

2. 有哪些因素「應該減少」到遠低於行業中的標準規定。

3. 有哪些因素「應該提升」到遠高於行業中的標準規定。

4. 有哪些因素「應該創造」出來。

這四個問題能協助企業釐清自己的「新價值曲線」，而「價值創新」是推動藍海策略的引擎。

金偉燦與莫伯尼（黃秀媛譯，2005）的重大貢獻就是提醒企業家，不要在向已熟悉的本業內，與其他同業惡性競爭；而是要以「價值創新」的方式，跨越本業，開拓「沒人進入的領域」，面前就會出現「一片藍海」。

「價值創新」是聚焦於為顧客和公司「創造價值躍進」。傳統的紅海策略是「價值—成本抵換」（the value-cost trade-off），亦即公司可以選擇較高的成本，為顧客創造更大的價值，如產品差異化方式；或用較低的成本，創造合理的價值。開發藍海的公司，則是以「價值創新」為工具，兼顧差異化和低成本。

七、多元智能發展策略

Gardner（1993）認為人類的潛能不是單一的，學校教育應具備多元化，才能讓學生的潛能充分發揮，Gardner 提出了大腦的八大智能理論：1.語文智能；2.數學邏輯智能；3.音樂智能；4.空間藝術智能；5.肢體智

能；6.自然智能；7.人際智能；8.內省智能。

㈠多元智能理論成功案例

Sternberg （1996） 提出「成功的智能」應包含：1.分析智能；2.應用智能；3.創造智能。「多元智能理論」在各國有許多實驗成功的案例，例如：

1. **關鍵學校**（Key School）：位於美國印第安那州首府，此校的特色著重「多元課程的設計與教學」，「學生探索個人的多元智能與發表分享」，學校重視「教育的社會責任感」，即重視內省、人際智能的提升。

2.**新城學校**（New-City School）：位於美國密蘇里州，該校注重「教師多元的創新課程之研發」，以提升多元潛能與多元教學方法之技巧，其次重視「學生探索個人優勢智能」，更進一步注重「個人品德與社會的責任感」之提升，把過去學校偏重智育，帶向「多元智能發展」與「品格之提升」。

3. **卓越小學**（Excellence School）：位於美國明尼蘇達州，學校注重「自然智慧的融合」、「班名以植物、花來命名」，「課程中專家組成協助小組共同規劃」，「老師、家長、學生發展出良好的感情」、「重視人際關係之培養」，又重視「內省智慧」之成長，不斷探索自己的優點與缺點。

4. **天觀中學**（Skyview High School）：位於美國西雅圖，學校有一千位學生，有十分之一的少數民族，學校特別「組成教師社群」去指導「學習社群」，每天有選修課程，協助學生去發揮「個人天賦」，「學校採用傳統與實作評量」，使學生綜合測驗高出全國20%，「學生可選加速課程、充實課程」來發展智能，高效使用他們的天分去「改善社區」，發展社會責任感。

5. **玉里高中**：玉里高中為我國第一所多元智能高中，2002 到 2005年間，由台灣師範大學吳武典院長與玉里高中鄭照順校長共同主持「多

元智能的學校經營與教學實驗」。玉里高中所發展的特色包含：「教師成立課程設計小組」、「學生試探個人優勢智能」、「多元智能的班級經營」、「多元智能的學校經營」等計畫去增加學生的信心與成就感。「班級以動物、植物、花草命名」融入自然智能，重視「品格的陶冶」，增加個人內省智能與社會責任感。更重視「人際溝通能力」的培養，學校設計「多元智能寒暑假作業」，使學生找到「最好的學習方法」。該校於 2005 年 5 月 26 日辦理「全國高中多元智能研討會」，有高中校長 111 人參與研討，發表「多元課程設計與教學」共 21 個主題，「多元智能專題報告」、「多元智能軟體設計展」等主題，有吳武典、鄭照順、曹立人、李辛甫等之多元智能演講，使人體驗學習的奧妙，也發現「教師需要有多元智能，才能增加學生發展多元之潛能」；教師先要有大腦結構的基本知識，才容易發揮自己的多元潛能；個人需要善用自己的「學習方法」、「學習時間」、「學習環境」，不斷強化才能有卓越成就。全國性多元智能研討會議的結果相當豐碩，學校應提供「多元課程選修」、「多元評量方法」、「優勢智能聯結學習方法」、「小組合作學習法」、「主題探索法」、「合適學習時間法」、「績效管理」、「品格提升方法」，來提升教學品質，使學校成為卓越學校、活力學校。

㈠「多元智能」策略對個人與組織發展之影響

人類的「多元智能」功能，係根據臨床神經醫學的研究發現，與教學上的實驗而發表，它是學習的重要方法，它亦可運用於「組織發展的策略」。傳統的組織績效常是單一「利潤」指標，逐漸採用「全面品質管理」、「平衡計分管理」、「CIPP 歷程模式管理」等，都逐漸呈現出「多元智能」、「多元評量」、「多元資源整合」的色彩，因此本書是國內首先將「多元智能的策略」加入「策略管理」的範疇做研究。筆者曾擔任高中、國中校長十餘年，並於大學、研究所兼課多年，把跨領域的知識加以統合與創新。並分析「多元智能的策略」如何應用於「個人

潛能開發」與「組織的策略性發展」，其理由包含：(1)多元智能理論之優點，有神經醫學之基礎，彌補學習理論之不足；(2)採用多元評量方法，彌補人類對學習環境、學習時間、生理因素的忽視；(3)對「人際合作學習」的忽略；(4)對「情緒作用」控制方法的不了解，又如何超越心理障礙，均能夠給予「解答」，相信對「組織學習」、「組織發展」，必然會有很大幫助。「多元智能」理論對「個人潛能發展策略」與「組織發展策略」之範圍分析如表 9-9。

綜合言之，多元智能的個人與組織發展策略，將會帶給個人與組織：(1)高度潛力發展；(2)增加思考學習的順暢；(3)跨越心理的障礙；(4)增加個人與組織的完美性、卓越性；(5)個人與組織更具有愉快的活力；(6)個人與組織成員必然會更有信心與成就感。

第四節
績效管理的意義

Harte（2000；引自丁志達編，2003）指出，所謂績效管理（performance management）是指：「一套有系統的管理活動過程，用來協助個人與組織，建立如何達成目標的共識，促進員工及機構各項活動有效率的管理方法，以提升目標達成的可能性。」

Schuler（1995；引自丁志達編，2003）對績效評估（performance appraisal）的定義，他指出：「一套正式的結構化的制度，用來考量評核及影響與員工工作有關的特性、行為及其結果，從而發現員工的工作成效，了解員工的潛能，以及員工與組織的獲益。」

鄭瀛川（2004）指出「績效評估」是指：「企業對員工在過去一段時間內的工作表現，或完成某一項任務後，評估該員工所做的貢獻；並

表 9-9　「多元智能」理論對「個人潛能發展策略」與「組織發展策略」之範圍

多元智能與「個人潛能發展策略」	多元智能與「組織發展策略」
1. 設計潛能試探課程：開發師生潛能。	1. 鼓勵組織員工訂定「單位發展計畫」，提出「發展策略」：提升單位競爭力，增加特色。
2. 發現自己的優勢智能：邁向成功人生，增加信心、成就感。	2. 提出「單位的優點、特色」：增加信心與成就感，有特色是一種競爭力的表現。
3. 左腦與右腦整合學習：以「優勢智能」切入學習法，先用音樂放鬆心情，增進學習效果。	3. 善用每人的專長，採用組織互動：整合各單位的特色與競爭力。
4. 提升內省智能：了解自己的優缺點，增加優勢點，彌補自己的缺點。	4. 實施單位績效評量、工作檢討：以減少缺點，不斷增加優點及團體智能，提升競爭力。
5. 增加學習策略、人際合作策略、小老師指導策略、資訊平台策略、優良時效策略、優良環境策略。	5. 進行團隊學習、團隊分享、知識管理：加速提升團隊競爭力，提出團隊的知識資本、人才資本及資訊資本，整體提升競爭力。
6. 了解腦力運作效率：好的心情、好的時段、合適的食物、好的環境、增加氣氛、人際氣氛和諧等對腦力、創造力、效率等加倍。	6. 善用團體和諧動力，去挑戰新的任務。
7. 善用「好的嗜好」取代「不好的嗜好」、「積極想法」取代「消極想法」。教師善用優點取代法，不斷鼓勵其優點。	7. 獎勵單位優點，取代單位缺點。
8. 善用教學歷程觀：喚醒「邏輯觀及團隊觀」，增加練習，邏輯學習，遷移應用，解決問題。	8. 善用互相指導的團隊進修：尤其成長的心路歷程，如班級經營、心得分享與互相激勵，可提升一個學校的工作士氣與工作效率。
9. 善用多種教學方式：適性教學。	9. 適性化的領導與激勵：人性關懷，協助解決問題第一。
10. 善用多元評量：可測到的學習成果及個人的優點呈現。	10. 採用多元績效評量指標。
11. 善用快樂情緒、快樂團隊，去跨越心理障礙。	11. 協助度過心情低潮、內省：鼓勵旅遊、登山、聽音樂等。

對他具有的潛能發展能力作判斷，以了解他將來在執行工作的適應性與潛力，並作爲調整薪資升遷與獎懲的依據。」

Loftus（1997）指出成果績效（performance of results）是指：「公司投入人力、資源、設備，經由計畫、執行、生產、行銷，而獲得成果，這些成果進行結果績效評量，是否達成預期目標，所做的項目分析，稱爲成果績效。」績效的過程，又可分爲：1.**技術效率**：是指工作方法、工作流程、工作系統是否優於其他組織，是指管理的專業知能；2.**經濟效率**：生產方法、工作品質、工作態度良好，使營利成長之效果；3.**外部管理效率**：所指的是內部的垂直整合、水平整合、內部溝通、內部協助支持等是否順暢，員工激勵、員工士氣是否比其他機構好。

綜合言之，所謂績效管理，對個人而言，是指個人在追求最高的心智潛能，經由目標訂定、策略的尋找、結果的記錄等，並進行生理性、心理性、時間性、方法性及效果性評估的一種歷程性評量。對組織而言，機構的功能包含：人員之任用、人員的工作效率、機構的研究創新、生產品質與效率、產品的行銷成果，企業的營收與利潤等。績效評估對機構的「個人而言」，是了解其工作品質、工作效率、服務態度與個人潛能的程度；對機構的「產品與行銷而言」，在了解產品的品質、顧客的接受程度；對機構的「專門技術創新而言」，在評估管理的專業知能、研究創新能力；對內部組織成本之評估，在了解內部的水平整合效果與垂直整合成效。

一、績效管理的目的

績效管理的主要目的，在進行：1.人才資本的評估與應用；2.資訊資本的評估與應用；3.組織資本的評估與應用；4.顧客及成效、利潤資本的評估與應用。茲臚列如表 9-10。

表 9-10　績效評估項目、目的與作用

績效評估項目	績效評估目的	相關作用
一、人才資本評估	1. 人才之專業與任用。 2. 人才之表現與晉升。 3. 專業績效與獎勵。 4. 人才資源與發展。	正確的人才評估，可以幫助「適才適所」，提升「組織競爭力」及「組織未來發展潛力」；也可提升工作士氣與滿意感。
二、資訊資本評估	1. 組織學習資本與獎勵。 2. 組織研習成果與獎勵。 3. 組織吸收資訊、資源之能力。 4. 組織創新發展特色能力。	機構提升學習能力、研究能力，都可以提升個人成就感與機構競爭力。尤其組織的「外交能力」、「社會互動」、「創新能力」等都是提升資訊資本的方法。
三、組織資本評估	1. 組織內部「平行整合」績效。 2. 組織上下「垂直整合」績效。 3. 組織之問題解決能力。 4. 組織之衝突與溝通方式。 5. 組織之行動能力評估。 6. 組織之領導與配合程度。 7. 組織內部是否有唱反調、步調不一之現象。	組織是由人力、資源、設備組合而成，其中「人力」、「物力」、「設備」是否能在內部運作產生，通暢之溝通、合作、親切、品質及效率等，是評估的重點。
四、顧客與成效資本	1. 「顧客」是組織的重要資本。 2. 「產品品質」是組織的重要績效指標。 3. 「行銷方法」是增進顧客認同的方法。 4. 利潤與市場是維持繼續經營的後盾。	1. 組織發展與顧客的關係，包含產品認同程度、行銷方式、利潤維持、市場占有等有重要的關係，因此注重顧客認同度、滿意度有其必要。 2. 能了解組織服務在顧客滿意、產品認同、行銷方式有缺失時，才有機會拯救機構發展的危機。

二、績效管理之關鍵因素

機構採用績效管理，要成功實施，必須考慮的機構關鍵因素，有鄭瀛川（2004）、丁志達（2003）、鄭照順（2005c）等學者，提出的看法如下：

㈠建立明確且雙方同意的目標

績效目標之訂定，包括由領導者訂定、單位主管來訂定，但須讓員工有參與之機會，事先形成共識，使員工挑起應負的責任。由於單位處室自訂目標，工作起來也比較有成就感，比較合乎自己的能力，更可以主動排除障礙，以確保目標的有效達成。

㈡審慎訂定客觀的績效標準

績效評估的領導者，應慎選評估的標準，在企業界可以取得績效標準是「獲利成果」或「服務品質」等標準。宏碁集團施振榮採取較多元的績效標準，稱爲「微笑曲線」，其績效項目包含研發創新、品質行銷、生產效率、營收利潤四個項目；鄭照順（2005c）對於玉里高中行政團隊的績效評估標準採用主動、品質、效率、親切、創造力、情緒管理等六種指標來評估各處室的工作績效評估採用「品質與潛能評估法」，使玉里高中從 2003 到 2006 年榮獲全國高中民主法治、體育、綜合高中、校務評鑑、交通安全等五項績優。

㈢定期評核與溝通

教育部每三年均對國立高中進行校務評鑑，並且公布優缺點，加以追蹤輔導，有經驗的督學更請各校列舉優點、缺點及困難事項，使各校主動「追求卓越」、「自我激勵」，使校長感到有尊嚴與成就感。鄭照順（2005c）採用年度處室主任需提出「處室目標，執行策略及實施步驟」，使處室主任不要做被動轉承的角色，而主動的推動處室業務。並

且要求每學期結束提出「工作具體績效與檢討」，由工作檢討中再提出「新的策略」與「實施方式」。成功的地方要激勵、嘉勉，錯誤或缺點要反省、改進，使工作能提升品質、服務態度更加積極主動、熱忱與親切，並提升服務者的滿意程度。

㈣合理的獎勵措施

為激發組織工作效率的提升，發揮員工工作熱忱，及減少偷工減料弊端，需要建立一套有吸引力、有誘導力的獎勵措施。對學生而言，遲到曠課，需要有控制、輔導、制裁或記過、退學的機制；對教師而言，老師在生活教育、教學表現、技能教育、特殊任務有傑出表現時，應給予精神或物質上的鼓勵，或給予溫暖的關懷。在企業界，對創新研究有成就者發給獎金、股票及精神鼓勵，對於能力不足、服務態度不佳者，初期輔導進修，再無法改善則給予解僱，以免除公司形象的拖累。這些升遷、獎金、獎勵措施均依照績效成果辦理，使員工有所遵循。

㈤積極進取的「學校文化」與「企業文化」

以玉里高中為例，該校積極建立「勤學奉獻」的校風，人人積極於專業知能的提升，更注重對「教育的奉獻」精神之培養，鄭照順（2002）成立「多元智能與愛心聯隊」，人人捐款辦學術演講、潛能開發、關懷弱勢學生、緊急救難，使校園成為一個溫馨的校園。企業界以台塑企業為例，王永慶建立一個「勤勞樸實」的企業文化，人人懂得勤勞樸實不鋪張，自然企業的競爭實力會大大的提升。宏達電子於 2005 年成立「宏達社會福利慈善基金會」，由宏達電子王雪紅董事長及基金會卓火土董事長的關懷社會公益下，於花蓮地區推動「品格社區」及「品格教育的學校經營」，未來對企業與學校優質文化均會有重大影響。績效責任實質是建立在一個深厚的文化認同、文化修養上，增進工作意義、工作價值，並建立機構的文化，領導人如能加以推動，並以身作則，獲得員工的認同，則可建立優質的企業文化。

㈥危機意識與工作意義，考驗機構存在的價值

績效評估等於是一種測量自我能力、競爭力的指標，到哪一種數據，即進入「危險訊號」，每一個機構如果有生存的危機意識，自然比較容易團結、整合群體的生存意志，而提升工作績效。危機意識的力量、工作價值、工作意義、機構存在的價值，在於它能提供「有品質的服務」、「有貢獻於他人」，深爲「地方人士的需要」等。因此推動「生存之價值」、「危機意識」、「工作意義」等，都有助於提升工作品質與服務績效；當工作績效有具體提升，領導者要加以肯定與獎勵，以增加自信心及向前的動力。

㈦工作研究創新，注重心得分享

注重集體績效的提升，如果一個機構有怠惰的工作人員，而有積極的創新者把他們的計畫放在一起，以提醒怠惰者要加強奮發，對創新者傑出工作之成果，應予立即獎勵與分享，此種績效評估獎勵制度，才能帶來集體的進步與發展。以玉里高中爲例，由鄭照順（2006d）率各處室主任提出年度計畫及績效成果比較，依據數據及品質，提出獎勵與檢討，使大家知道改善，激發團隊的進步。

㈧績效資訊之定期表達與應用

績效之優缺點應定期報告，可以引起群體對績效責任之重視，但也可能帶來負面的效果，如果評鑑的方式採用自評、專家書面資料審查、深入訪談、做長期觀察等，可能可以做出客觀之評量。譬如教授之升等，包含教學、學術研究、社會服務、指導學生論文等多方面客觀指標；大學評鑑亦有一些客觀指標，教師與學生比、學校設備、學校環境、學校特色等。在國立高中校長的續任遴選有「歷年校務評鑑」、「教師、學生、家長座談與問卷」、「辦學績效訪視」等，作爲續聘之依據，到新的學校還需做「辦學理念、發展策略、預期效益、問題解決

方法」之報告。目前高中校長的續任與校長遴選尚有一些人為的操控因素尚需改善。在績效應用方面，可應用於「績效薪津制」、「績效獎金制」、「績效升遷制」、「績效遴選制」等。

第五節
績效評估的方法

　　績效評估可應用於「個人潛能」的了解，及「機構潛能與績效」的評估，有了績效的量尺，可以了解自己的優勢智能、自己的弱點與障礙，如何善用有效的策略以跨越自己的障礙，而使生命更加充實與成功。從醫學、心理學之治療的角度觀察，評量就是一種診斷，如果能夠診斷出「病因」，找到「病理」，就可以讓個體「潛能不斷成長」，也可以讓個體免於「病原的入侵」、「疾病的重複發生」而達於預防、強化體質的效果。從企業管理學、心理學、教育學的理論與實務經驗探討績效評估的途徑如下：

一、背景、投入、歷程、成果評估法（CIPP 模式）

　　績效評估不應只放在產出階段作評估，Stufflebeam（1985）並提出CIPP（Contex, Input, Prows, Product）評估模式，又稱為「背景、投入、歷程及成果模式」，其評鑑模式如圖 9-8。

　　1.背景評鑑：是在評估需求（need）、資產（assets）、問題（problem）及機會（opportunities），以訂定目標和優先順序，及判斷結果的重要依據。2.投入評鑑：包括規劃的周密性、策略方案、資源之配置等。3.歷程評鑑：用以了解未來人員的投入程度，資金、設備的投入，整體的動員情形。4.成果評鑑：對計畫性目標達成的程度，分析有意圖與無

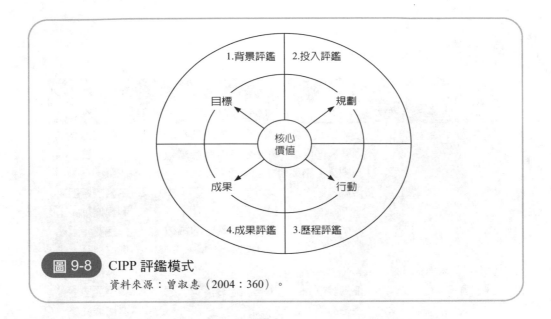

圖 9-8 CIPP 評鑑模式

資料來源：曾淑惠（2004：360）。

意圖的工作成果；並分析其缺失，以為下次規劃之重要依據。

鄭瀛川（2004）提出「投入、過程與產出」三個因應的績效評估法，在每一個階段指出「評估的意義」與「評估的內容」如表 9-11。

綜合言之，CIPP 歷程評估模式的四個面向，對學校或企業領導人而言：1.**背景評估**：了解背景需求、遭遇困難，訂定發展目標，是必要的歷程。2.**投入評估**：從聘人開始，就要了解其性格與能力，以期增加工作績效。3.**過程評估**：特別重視工作態度、工作投入的記錄與評估。4.**產出評估**：重視產品品質、行銷業績、服務品質、顧客滿意度的評估，CIPP 評估模式已建立一個完美的評估架構。

二、願景、策略與平衡計分績效法

機構生存的價值，在於它的存在是「有意義」、「有價值」，受社會所認同與肯定。因此，機構需要擬定共識，建立一個有價值的願景，譬如以學校的願景而言，建立一個「人人都成功的學府」，提升「升學競爭力」與「就業能力」、「陶冶完美的品格」，提升「服務的態度與品質」

表 9-11　投入、過程、產出評估法

評估階段 / 評估重點	投入階段	過程階段	產出階段
意義	1. 「個人特質」與績效有關。 2. 「找對人」績效表現就會好。	1. 重視生產過程的努力程度與績效有關。 2. 員工在過程中「努力付出」，就是最好的績效指標。	1. 人才努力產生「量與質」的成果。 2. 由量的增加、利潤增加、工作品質、服務態度提升，去評量績效。
評估考核項目	1. 「能力評估」。 2. 「性格評估」。	1. 「努力情況」考核。 2. 「工作態度」考核。	1. 業績評估。 2. 產品瑕疵率。
範例	好的行銷人員具有溝通能力、親和力、主動性、績效性。	1. 能及早準備。 2. 準確完成工作。 3. 樂意研究、創新、發展特色。	1. 產品品質優。 2. 行銷績效化。 3. 經理人員高效率，提早達成目標。

等，都是一個力爭上游、追求卓越、自我惕勵的願景，這些願景需要落實於行政、教師教學與學生行為表現，才能呈現其績效與辦學特色。

鄭瀛川（2004）、Kaplan（2004）等提出「願景、策略、績效衡量法」，希望把「願景」、「策略」與「平衡計分」相融合，提出一套可衡量的指標，其步驟如下：

1. 確立願景。

2. 擬定機構總目標：可分為短期目標與長期目標。

3. 目標轉為各計分層面。

4. 將目標轉到各部門、各職位去執行。

5. 讓每位成員知道其工作對組織的貢獻。

| 表 9-12 | 願景、策略與平衡計分項目 |
| | |

願　　景	策　　略	平衡計分評估項目
1.成為產業的領導者 2.建立一個人人成功的學府	1.建立學習型組織增加「資訊資本」。 2.聘用專業及有服務熱忱的人才：增加「人才資本」。 3.建立優良的企業與學校文化：增加「組織資本」。 4.建立有效的「溝通」與「行銷」管道。 5.注重「素質教育」：提高競爭力與學校形象。 6.採用全面品質管理。 7.採用「多元智能」教學策略。 8.注重弱勢學生的「學習策略」。 9.建立「品格教育」的機構文化。	1.學習與成長層面：產品之研發，服務品質之提升，專業知能之成長，自動自發的學習團隊。 2.顧客層面：建立顧客關係，提供好的服務、產品、利潤回饋顧客，建立顧客價值鏈、市場占有比率，建立顧客服務網。 3.內部流程層面：垂直整合的資訊流通系統效率，水平合作協調的效率，內部人力、資源、設備的有效管理與績效。 4.財務層面（產出面）：投資報酬率，生產利潤；學校的升學率，技能通過率；資金來源，資源來源之評估。

　　平衡計分法是由 Kaplan 和 Norton 於 1992 年所提出。平衡計分卡的特色，是將以往企業重視「量比」指標，逐漸發展爲「質比」與「多元」指標，希望藉此績效制度，使公司的目標、策略與績效評估結合爲一體，將企業之「策略」化爲「具體行動」，以創造企業競爭優勢。平衡計分法的四個視角如表 9-13。

表 9-13 平衡計分卡的四個視角

四個視角	視角內容	評量指標
財務面	生存	現金流量
	成長	銷售成長率，營收利潤
	壯大	市場占有率
顧客面	生存	品牌形象、顧客接受度
	成長	創新產品、精緻化產品、高附加價值
	滿意	顧客滿意度，關鍵顧客的排名
	價值鍵	與顧客合作發展項目比率
內部流程面	技術能力	專業技術與同行之比較
	製造能力	生產效率與同行之比較
	垂直整合力	上下溝通整合能力
	水平整合力	平行單位互相支援速度、效率
學習與創新面	人才資源	吸納及維持優質人才
	整體成長	培養各層面領導力、專業經驗分享
	全球資訊	發展全球性知識管理，提升競爭力
	先進技術	研發先進技術，維持行業領先

資料來源：Kaplan & Norton（2004）。

三、生理、心理、環境與個人特質評估法

醫學上經常用生理回饋技術，來測量病人個人的身心健康恢復情形，此種生理評估方法，在運動競技上，則以「時間」作為評量的共同標準，測量人類潛能的最佳表現，並發給最高的獎金與榮譽。但是人類用在工作上、學習上講求的是「工作效率」，又是另外一種衡量指標。21世紀「多元智能理論」、「多元評量」等教育研究成果，受到國際教育學者的肯定，因此曹立人（2005）、鄭照順（2005e）、邱連治

（2005）、Gardner（2000）等學者進一步探討影響學習效果及工作績效的「時間因素」、「環境因素」、「個人特質」、「多元智能因素」等，鄭照順（2006b）把個人身心績效評估的方法，稱為「生理、心理、環境與個人特質評估法」，分析如下：此種績效評估法，在績效領導上是屬於「自變項」及研究者可以事先操弄的因素，哪一個領導者先控制這些因素，其績效就可以卓越。

㈠時間因素與學習效率評估法

曹立人（2005）提出人類「學習的效率」與「時間」有重要相關，而且學習效率的時間點因人而異，他於浙江大學進行兩年的調查研究發現，就人類的學習效率而言，有：

1. **百靈鳥型**：此類型的學習者早上是他的精華時間，思考能力、記憶力、學習能力效率特別高，占 50%。

2. **夜貓型**：此類型的學習者，在夜間思考能力、記憶力、專心力、學習力特別強，善用此種時間學習成就特別高，占 30%。

3. **麻雀型**：在早上、下午與夜間，均有一段時間是自己的學習高峰，在此高峰階段學習力、記憶力、專心力均達到高峰，不過此類型的人極為少數，只占 10%。

4. **情緒型**：沒有特別的學習高峰，心情好時，學習力、記憶力、專心力增加，學習的效率視心情而定者占 10%，情緒不好時，不能適當排解，常會影響人的學習、思考與工作效率。

㈡情境因素與學習效率評估法

鄭照順（2005e）進行一項學習效率的調查研究，這項研究是針對一群教師及學生調查「學習的環境因素與效率」，依據哪些情境可以提升自己的學習效率，結果發現有：

1. **自然山林型**：高密度氧，有助於提升工作效率、學習效率與創造力；因此經常接觸森林、高山、流水，對身體的生理機能、體能、腦力

記憶力、創造力等均有幫助，高密度氧對大腦的運作來說，如同是一種滋養劑，這類型被稱為「自然山林型」。

2. **寧靜型**：有些人思考時特別需要安靜無干擾的環境，才能發揮最高的專注力、學習效率、整合力、創造力與工作效率，這類型的學習者特別稱為「寧靜型」。

3. **人際型**：有一群人認為如果沒有「一組人」來相互鼓勵，一起念書，是不會有高效率及高度潛能出現的，此類型被稱為「人際學習型」。

4. **音樂型**：另外有些人的大腦運作會隨著音樂的旋律而運作，外面沒有聲音時，大腦就停擺，不予工作；有熱鬧、吵鬧的聲音出現，大腦才開始運作產生注意力、提升學習效果，此類型稱為「音樂互動型」。

5. **全天候型**：還有一種人無論天候、地點、聲音、環境、旅行、搬家的外在環境變化，都不會影響其學習效率，環境變化愈激烈，他的學習效果愈佳，此種學習型又稱為「定力型」。

㈢個人特質與工作績效評估法

邱連治（2003）研究發現，個人特質與工作成果有重要的關聯。

1. **個性急者**：其工作成果表現較高的效率與績效。

2. **個性隨和者**：其工作成果表現較多的協調與轉圜。

3. **個性圓融者**：較有同理心、有愛心、有慈悲胸懷者，其工作表現較多的謙和、禮讓、關懷、支持，因此工作效果表現出較多高層次的領導智慧，不但做得對，而且能做得「圓滿」，也就能考慮他的部屬人人能成功，成功不必在己。

4. **個性屬溝通型者**：嘴角永遠帶著微笑，表示接納他人，又能很和氣的提出個人的看法，給上級參考，也樂於協助平行單位問題的解決，又能鼓舞下級的士氣，樂於「站在同一陣線」共同奮鬥，因此「溝通型的人物」處處受歡迎。

5. **個性屬投機型者**：此類型的人「見人說人話，見鬼說鬼話」，很

容易與人稱兄道弟，但內心總是詭計多端，利用人頭不怕施捨，甜言蜜語、行動勤快，服務奉獻均是加倍，但是日久見人心，此類型之工作特性，只看到眼前的利益、權勢，未考慮生命的價值與意義。

㈣多元潛能發展評估法

個人的潛能有多少？如何增進個人潛能，是當今多元智能心理學家 Gardner（蘇芳柳譯，2006）、Goleman（2000）、吳武典（2005）、鄭照順（2005c）等學者所關心的議題，人類可以從「自然界」、「人際關係」、「學術研究」、「物質資源」、「生理動能」、「EQ 管理」等找到個人潛力發展的能源動能與智慧。如果能夠善用科學量尺，將可找到潛能發展的方法。譬如：1.發現優勢智能，是否有助於學習？2.天天運動、登山，是否有助於身體的功能、腦力、創造力、記憶力的提升？3.好的人際關係的發展，是否有助於增加工作效能、生涯發展、身心健康資源提升等？4.經常做學術研究閱讀，是否有助於科學思考、抽象思考、未來預測能力等的提升？5.提升 EQ，是否可以超越人生障礙？EQ 管理是否有助於提升事業成功率？6.提升生理動能與體質，是否會增加工作效能？7.物質資源：包含食物、居住環境，是否有助於提升思考力、工作效率、生理健康？8.培養優良品格，是否有助於學習與潛能發展？

綜合言之，了解個人的績效評估途徑，對於個人潛能的發展有莫大的幫助，其益處如下：

1. 從「優勢智能」出發：了解自己的興趣、潛能加深加廣，可以發展出「成功的人生」。

2. 找到「優勢時間」：善用優勢時間，可以使學習效率、工作效率加倍。

3. 善用「合適的環境」：可以使自己的腦力、智能充分發揮。

4. 善用「EQ 管理」：可以使自己的心情、工作、學習跨越障礙。在教學上，重視「情緒教育」，可以使學生的學習潛能倍增。

5. 善用「多元評量」：在教學上，老師需要善用「多元評量」，可以發掘學生的優勢及潛能。

6. 重視「品格」的評量：品格是預測行為的重要方法。好的品格、習慣有助於學習與潛能發展。

第六節
學校績效評估途徑——成功學校的指標

學校的組織型態屬於一種「服務性組織」，更是一種「規範型的組織」，學校組織有別於營利組織，營利組織所用的績效評量指標，常使用利潤、效能、產值、成長率、員工滿意度、員工離職率、市場占有率、產品研發、行銷、顧客使用率等評定企業績效，而學校的績效層面包含得很廣，高強華（2005）指出學校績效包含：1.學校領導與經營；2.教學與課程設計；3.學生認知學習；4.學生品德行為表現；5.教學專業成長；6.社區與家長的認同與支持；7.各項合作計畫；8.校園同事關係；9.清楚的辦學目標；10.學校研究成果分享與成長等。

Hoy 和 Miskel（2003）提出學校的績效指標，應包含適應力（adaptability）、成就（achievement）、工作滿足（job satisfaction）和主要興趣（interests）等。

鄭照順（2005d）、吳武典（2005b）提出成功的學校（successful schools）的績效指標應包含個人成就、學習方法、道德行為的表現、優質的校園文化、具備研究創新的學習組織等：

1. 個人成就的成功：首先擁有好的「學習成就」，其次具備「IQ 智

能」，IQ 是學習能力的代表；再次是「EQ 智能」，EQ 智能是代表個人的挫折容忍力、情緒管理能力；「人際智能」即：懂得與人溝通、交往、分享、體諒、同理的能力，如此可幫助別人成功，更可以使自己更成功。

2. **獲得學習方法的成功**：老師能協助學生提高「學習興趣」，建立有趣的知識邏輯，使學生在學習方面獲得興趣與成就感。從「學習的成功」，老師居重要角色：

(1)老師要給予有系統的教學。

(2)給予邏輯的知識。

(3)更應協助如何有效的記憶。

學生也應主動找尋「成功的學習方法」，包含：

(1)小組分享學習。

(2)體能鍛鍊法。

(3)愉快學習法。

(4)問題解決法。

(5)時間管理與善用法。

3. **道德行為的表現**：有了知識、道德認知，如果沒有道德行為的表現，還不能算是教學的成功，因為，學生「道德行為」是學校績效的重要指標。

4. **優質的校園文化**：學校可以建設成為「知識的販賣場所」，師生之間沒有感情只有利害關係；學校也可以建設成「有愛與有文化的場所」，諸如「勤學奉獻」、「慈悲喜捨」的校風等，都是優質的校園文化。

5. **具備研究創新的學習組織**：人人樂意把自己的研究成果與同事分享，把分享當作一種互相學習的機會，建立一個知識經濟、資訊資本的學校，必然會使教師的教學品質、行政品質、學習品質、班級經營品質不斷提升，如此可以步上成功的學校。

一、學校績效評鑑——教育部採用的指標

學校組織包含：行政團隊組織、班級組織、家長會、教師會、校友會及整體學校組織等。其中常被拿來評鑑的單位是「學校組織」，教育部在「大學評鑑」經常採用的指標是：

1. **教師專業素質**：教授人數、師生比率、博士學位人數等。

2. **教師研究成果**：教授之專題研究數量、論文發表之成果等。

3. **圖書設備與環境**：學校的圖書館、教學的設備是否充實、學習環境是否舒適等。

教育部94年度在「高中校務評鑑」指出之指標（教育部，2005）：

1. **組織與行政**：含辦學理念、行政效率、團隊士氣、師生認同、創新成果等。

2. **課程與教學**：師資、課程設計、教學創新、教學方法等。

3. **學務與生活**：生活教育、社團、社區服務、品格陶冶等。

4. **輔導實施**：生涯、升學、就業、生理輔導。

5. **圖書館**：圖書設備、出版。

6. **學校特色與成果**：依學校人力、物力、環境去發展特色。

在「行政團隊」之評鑑指標，可依據行政學原理，教育學理念及倫理學等去找出指標，使行政團隊能發揮團隊力量，達成最高服務品質為目標。

鄭照順（2006b）提出學校的績效指標包含：

1.**主動性**：行政要積極主動，才能發揮出領導作用。

2.**效率性**：工作時效是行政工作的重要指標。

3.**親切性**：天時不如地利，地利不如人和，如何把握高品質、微笑的態度，使人受尊重等。

4. **品質性**：工作不只是做完，要做得「圓滿」，要不斷提升「工作品質」。

5.**創新性**：創新與發展特色，可提升學校整體的競爭力。

6.**互助合作性**：善與人溝通、協調、合作，才能發揮整體的力量。

7.**勤學性**：研究學習是創新發展的基礎，多讀書、多研究、多分享知識與經驗，列爲「潛能開發」的重要指標。

8.**奉獻性**：愛、關懷、熱心奉獻可以改變這個世界，有沒有奉獻精神，看他是否樂意奉獻時間、精神、金錢給這個組織。

9.**品格性**：品格的指標包含尊重與責任感，有什麼品格會表現什麼樣的行爲。

美國學者 Lickona（2005）提出校園最重要的品格是「尊重」與「責任感」。能互相「尊重」，才可增進師生和諧、同事良性溝通；有「責任感」，老師可認眞投入教學，學生可認眞學習，校長可以專業投入辦學。

鄭照順（2006d）、張新仁等（2001）指出，如何成爲「人人成功的學府」，從學校最基礎的組織而言，「班級」是一個基礎與重要的組織，有好的班風，才能形成優良的校風，班級的領導靈魂人物即是導師，老師經營班級必須了解「班級經營八件事」：

1. **行政政策的轉達**：開學之前校長可能提出政策方針，譬如：髮禁開放、學校列爲禁菸場所，學校發展方針，如何建立一個「人人都成功的學府」。

2. **學習效果的提升**：班級經營如能夠採取小老師、小組合作學習，必可不斷提升學習效果。導師如何提升班級讀書風氣，提供學習方法、記憶方法，必可使學習變得更有趣。

3. **建立優良的班規**：班規爲班級共同遵守的準則，經由討論建立共識，以形成班級守則，達成良好的紀律，如有禮貌、愛整潔、守秩序等，違反守則者如何受到公懲，及補救措施。

4. **關懷學生身心健康**：當學生臉色憂鬱、蒼白，代表內心有不如意之徵象，老師要主動前往關心、輔導、協助、慰問。例如學生沒吃早餐，一天下來，一定會精神不濟，老師適時伸出援手或主動與家長聯絡，學生有痛苦不如意之事，也要適時鼓勵安慰。

5. **重視親師溝通**：導師能力有限，在學校遭遇問題時，可以求助行政單位協助，當學生的不良行為無法處理時，還是要求助家長主動協助配合，有了良好的親師溝通，可以把「學校教育」與「家庭教育」聯結起來，必增加班級經營的效果。

6. **建立良好的品格**：品格是一個人的人品，會決定一個人的行為特質，班規是被動的，如果能夠化被動為主動，即「教育意義」、「教育價值」的認同，使學生之學習產生內在積極的力量，如培養「尊重」與「負責任」，使其人際相處得到「潤滑劑」，在學習與做事上能夠「盡最大的努力」。主動的班風如「明日事，今日計」能把明日、未來的事情，今日及早完成準備。

7. **教師的研究進修與分享**：苦難就是一種修行，倘若教師沒遭遇到問題就無法成長。有了問題，透過閱讀自我，透過長期研究可以提升專業，如果能夠建立「班級經營」，彼此分享的環境，必可帶來不少助益。班級經營、學校經營都會帶來困擾，如價值衝突、認知衝突，如果能面對面溝通，主動溝通，共同體會彼此的心意，必會找到交集與共識。凡事沒人想要讓，就會「兩敗俱傷」，偉大的領導人要扶助「無知者」，跨過失敗的鴻溝，要有極大的耐心。為人師、為人父、為一校之長，均要有智慧、有耐心、有高 EQ 等，才能勝任。

8. **建立個人的優勢學習策略**

(1)由優勢智能出發：可建立成功的人生。

(2)善用獨特環境：可提升體能，增加學習潛能。

(3)善用獨特時間：可以提升學習效率，增加工作效能，增進創造能力。

(4)善用多元評量：以了解自己最佳的表現方式。

(5)善用情緒管理：增加挫折容忍力。

(6)善用樂觀：可以跨越障礙。

(7)思考多種學習方式：教學的方式有語言、文字、照片、動畫、影片、討論、分組報告、分享生命意義、心智地圖等，老師善

用多種教學方式，必可使教學更豐富，智慧加速成長。

綜合言之，一個班級發展的重要內涵，有好的經營策略，可以帶來整體班級的進步發展。在個別的學習方法、學習效果上，老師如何協助學生學習成功，其主要方法有：

1. 老師先要了解學生的興趣、目標與困難。

2. 老師協助訂定「班級學習計畫」、「個人學習計畫」。

3. 老師在教學上找到「最好的教學方法」：譬如善用「邏輯陳述法」、「圖解法」，以建立「系統資料」、「複習資料」，才能增進有效的學習。

4. 個別輔導上：應協助學生彌補弱勢智能，建立個人個別學習計畫。

5. 在學生的學習方面：鼓勵學生主動找到學習的方法，如：(1)小組學習法；(2)體能鍛鍊法；(3)時間管理法：最有效的善用時間；(4)意志力鍛鍊法：在念書時間不受外力干擾；(5)向成功的人學習：典範學習、典範認同最有激勵作用；(6)找到個人興趣：加深學習、加廣學習；(7)不斷作反省：反省是自我提升最好的方法，「今日之我」能超越「昨日之我」，就是一種進步，如學到好習慣、學到良好嗜好、交到好朋友、能夠用英文寫作、能夠計畫生涯發展、發展人際之關係、能夠找出成功的方法、能夠建立自得其樂的哲學等，生命擁有各種成長的喜悅，就是一種成功。

二、績效評估的運用——辦學績效與招生

近年來台灣因為經濟不景氣、就業不易、教育成本提升，使人口生產率大幅下降，從 1975 到 2005 年，三十年間人口生產率下降 50%左右，未來各級學校招生問題，必然是一個最艱鉅的任務。學校領導者面對「績效與行銷」時代，如何進行「學校績效領導與行銷」，將是學校生存的關鍵。吳清山（2004）、鄭照順（2006b）研究發現，學校的績效指標包含：

㈠教學的效能

教師是否能夠於教學上表現高度的敬業與樂業，包含教師素質、教學內容、教學方法、教學的相關研究成果。

㈡學習成果

學生學習的成果包含升學率、體育、音樂、文學、藝術的傑出表現及各項技術的通過比率。

㈢生活與教育成果

生活教育表現在學生的禮貌、秩序、整潔、儀容上，其最能代表績效的指標包含：學習態度、服務態度及好的品格及行為，如尊重、責任感、愛心、關懷、積極、勤奮、樂觀、幽默感等好的行為特質。

㈣行政效率

行政工作團隊是否能互助合作，主動解決問題，互相關懷，熱心奉獻與投入，使工作品質、工作效率、工作親切感、工作創新、工作之EQ不斷提升。

㈤招生之行銷

招生如同品牌行銷，平時的學業表現、升學表現、品格教育、行政效率等，都會留給社會一個基本的形象。1.**對學生直接行銷**：介紹各類科的內容、成果、出路。2.**使用多媒體行銷**：包含書面資料、影片、校聞、各科簡介。3.**使用獎勵行銷**：最能吸引人選擇入學，除了興趣、出路外，如有獎學金之提供，也可吸引人入學。4.**師生的推薦**：校長如果能夠與所屬學區的國中校長、老師多一點互動，也可以爭取到無形的支持力量。品牌行銷不能靠投機，要靠實力、實用、直接式的催化作用，如果學生、校友願意為學校出力，那就會如虎添翼。

㈥招生之行銷策略

賴冠伶（2004）提出招生廣告特性包含：

1. **告知性**：先告知本校有哪些科系、內容。

2. **說服性**：由校友、老師、校長進行遊說，使之接納。

3. **提醒性**：如同當夏季來臨，要喝什麼飲料對身體最有幫助，提醒哪一類科可能最適合你。

4. **有形產品**：包含包裝與品牌。

5. **核心產品**：包含利益、慾望、需要、卓越。

㈦行銷及招生之週期

表 9-14　　行銷的週期與行銷策略

週　期	數　量	知名度、支持度	行銷策略
導入	接觸了解	知名度提高	告知
成長	利潤提升、招生人數增加	擴大市場、擴大支持	說服
成熟	銷售量大、競爭者多	維持忠誠度、信任學校老師	提醒
衰退	品質下降、教學品質下降	效益下降、信任下降	停滯

從招生之行銷策略而言，每一階段都要採取「績效評估」、「主動行銷」、「檢視成效」；因為學校的領導動力，來自校長、行政人員、老師的自覺，有主動的鼓勵、主動的輔導，必可引導出積極的績效。好的績效通常來自「內發主動的力量」，被動的推動，其績效是有限的。校長、主任、組長、老師、職員都需要積極的鼓勵、獎勵，才能形成進步的動力。

CHAPTER 10

領導者之品格與
多元智能

摘　要

　　近年先進國家紛紛把「品格教育」列為學校教育的重要內容，尤其特別重視「核心價值」的陶冶，以增進個人品德的提升、社會的安定及國家永恆的進步。中外學者均認為優秀的領導者除了要有較優異的才能外，更重要的要有好的品格，領導者如果缺乏良好的品格，將容易帶來社會的不安與禍害。

　　品格教育的重要性有：1.品格教育為健全人格發展的基礎；2.好的品格教育，可以帶動校園和諧與進步；3.好的品格為社會帶來溫暖及和樂；4.好的品格為領導者必要的條件；5.好的品格可以增進專業倫理，幫助各行各業提升其專業水準與工作效率。6.好的品格可增進人民精神的富足與國家競爭力。

第一節
當前社會與教育的隱憂

　　當今台灣社會道德低落，帶來國家的不安定、經濟上的不穩定、社會的不安全感及教育與校園倫理的式微等現象，堪稱台灣近五十年來最大的窘境。《天下雜誌》報導，有 70% 以上受訪的老師及家長，認為社會道德比十年前低落（《天下雜誌》，2003）。近年間社會風紀敗壞之現象，如 2005 年 12 月間 TVBS 報導，政府興建高雄捷運，採用 BOT 方案，官員與企業家聯合掏空國庫；又有政府官員上班時間未請假到國外賭博等。某知名大學法律系的張姓學生，在西門町遇到顏姓少女，張某眼見顏女穿著時髦，掏出預藏的美工刀挾持顏女到樓梯間，搶走少女

的皮包（〈法律系學生〉，1998）。一位大一學生，仗著是四海幫堂主的乾兒子，吸收七年級的中輟生在北部地區販毒，儼然是毒品大盤商（〈大學生吸收〉，2004）。

「世界經濟論壇」亞洲區總裁Richter（2004）指出亞洲的新危機為「道德的墮落」，社會各層面的貪污行為、缺德敗行、倫理的淪喪，將使社會冷漠，人民生活沒有安全感，如：中亞地區恐怖份子不顧一切的廝殺，造成2001年911事件，把運輸工具飛機變成殺人利器，殺死3,600多名社會菁英；而亞洲各國財團與政客的合作，不顧一切地竊奪公共資產等，雖然沒有發生戰爭，人民卻空前的沒有安全感。

品格教育的式微，是當今教育工作者最擔心的事。台灣從 1995 到 2005 年間的教育改革只重視「工具性能力」、「權利結構」的改革，而缺乏「品格教育」、「專業責任」的承擔。教育改革有許多措施有偏差，例如九年一貫課程的實施、師資培育多元化等措施的貿然實施，受監察院糾正，而沒人承擔責任。品格是一種無形的資產，人民與政府官員能勤勞、有廉恥、重誠信，社會才會繁榮，國家才會興盛。台北縣教育局調查報告發現，有85%的兒童「品格能力」不足，普遍缺乏「正直」、「負責」、「關懷」與「自信」等能力，大多數的小孩「不會接納自己」、「不會關懷他人」成為一種隱憂（李東實，2004）。李東雲（2004）指出：師資的培育不能粗製濫造，不應該只有培育「教師資格」，而缺乏「專業倫理」與「教育使命」的培養。

大學的優秀生被認為具有較高的智力、創造力、思考能力及問題解決能力（Sisk, 1993）。Clark（1992）提出透過一些資優教育課程，充實課程的實施，可以幫助大學優秀學生發展更高的潛能，這些特殊才能的發展，一方面可以幫助自我發展，一方面可以幫助社會的進步。鄭照順（2003a）提出無論政府機構或企業欲提升生產力、服務品質及競爭力，均需要「領導人才」、「管理人才」及「基層勞工」密切的配合，才能竟其功。這三種人才以「領導人才」的培育最困難，因為領導人才是需要長期的教育訓練，其實務經驗加上「領導知識技能」、「品格教

育」等，才能培育出較完美的未來領導人才。

　　Finney（2002）指出「品格教育」可以培養「有遠見的領導者」，可以養成「公民責任」及克盡家庭責任的「好子女」；再次可以培養「社會關懷的愛心」，好的品格能使他對社會做出更大貢獻。在不安的時代，道德不彰的社會如何培育「有品格的領導人才」，是我們共同的期待。因此本章研究的目的，首要在探討品格教育的內涵；其次在探討品格教育與領導之關係；再次分析多元智能與領導才能之相關。

第二節
品格教育的重要性

一、品格的定義

　　品格（character）的希臘文 Charakter 是刮擦、切割、雕刻的意思；是指表現一種出眾卓越的好特質；有這種特質的人，常能受到人們尊重與珍惜，他的特質是別人的模範，具有帶人向善的特質（培基文教基金會，2001）。

　　什麼是品格？品格不是一個人的氣質或人格，而是綜管人的「美德」和「價值觀」。進一步認識品格，品格是一個人的本質，是他做決定的依據。品格決定了一個人生活中的言語、態度、行動。品格教育的影響力為：1.品格是預測一個人未來行為最準確的指標；2.學校主要傳授做事的知識，品格教育教導「做人的知識」及「做事的態度」；3.可以建造三層關係：自我關係、家庭關係及社會關係（蘇振泰，2006）。

二、核心價值的追尋

聯合國教科文組織指出：「21 世紀人類面臨的首要挑戰會是道德、倫理、價值觀。」全球教育諮議會：「新世紀的教育，讓學生變好，比讓學生變聰明來得重要得多！」（引自蘇振泰，2006）沒有品格，教育只完成一半！教育的陷阱是從 3 歲到 23 歲的黃金學習歲月，只學到做事的知識，而浪費許多時間與生命換取隨時被淘汰的知識，改變校園文化、樹立校園的「核心價值」成為當今教育工作者應追求的使命，以傳遞明確的社會價值標準。校園核心價值：校園文化是校園的總體社會價值精神，而核心價值，則是校園文化的靈魂。

社會道德與良好品格的陶冶，是學校教育的最高目的，尤其對未來的健全國民很重要；培養有責任感、有服務熱忱、有誠信品格的未來國民，對社會才能帶來正面的幫助。反之天下最聰明的人，只求利己，將是社會的禍害與危機。

三、品格社會的重要性

高希均（2004）指出台灣社會最缺乏的是「人才」，更缺乏的是「人品」。缺乏良好人品的領導者，反映在政治上就是「政治倫理淪喪」；反映在企業上就是「企業倫理危機」；反映在教育上就是「倫理與品格教育」的危機。個人品格的好壞，將會影響國家、社會、家庭的安定、進步與幸福，茲分析如表 10-1。

綜合言之，品格教育的重要性，包含下列：

1. **品格教育為健全人格發展的基礎**：好的品格如勤勞、誠信、負責、服務熱忱，都可以使自己在生涯發展上更扎實與成功。

2. **品格教育為學校教育最重要的目的**：好的品格教育可以帶動校園和諧與進步。

3. **好的品格教育為社會健全發展的根基**：如提振社會善良風氣、社會互相關懷、熱心奉獻、充滿愛心，帶來社會的溫暖與和樂。

4. **好的品格教育為國家社會領導者必要的條件**：品格不好的政客，必帶來社會的禍害與國家的不安定。

表 10-1 品格教育及其預期結果	
有品格的國家及社會，其預期結果	**沒有品格的國家及社會，其預期後果**
1. 國家領導者，言行成為人民表率，促進社會祥和、發展。	1. 國家領導者，為個人謀利，製造社會衝突。
2. 社會呈現進步、和諧、誠信、禮讓。	2. 社會呈現猜忌、分化、挑撥與墮落。
3. 家庭份子，有愛心、溫情，家庭和樂。	3. 家庭份子不盡責任、家庭破碎。
4. 經濟上，經濟繁榮、有紀律。	4. 經濟上，投機與偷工減料。
5. 政治上，知恥、有格、有專業。	5. 政治上，不知恥、沒格、沒專業。
6. 行政上，有效率、重品質、有責任感。	6. 行政上，善推卸、沒效率、沒責任感。
7. 教師勤奮教學，重視專業與倫理。	7. 教師教學怠惰，專業與倫理不彰。
8. 工作職場上，產品有品質，職場倫理低落。	8. 學習上，偷懶與學習不專精。

資料來源：鄭照順、蘇振泰（2006）。

5. **各專業領域提升專業倫理，將可以帶來各行各業的進步**：譬如企業界避免偷工減料、醫療上注重醫師道德、教師注重教學倫理等，可以不斷提升專業水準。

品格的涵養，是人類「文明」與「野蠻」的分野；品格也是個人與社會的無形資產；人民品格教育的素養，更是社會成長與穩定的力量。品格教育的基礎應從「家庭教育」、「學校教育」及「社會教育」齊頭並進，才能發揮功效。品格的修養是個人心靈的一盞明燈，有良好的品格，是受人信任、尊重與學習的好榜樣。每一個老師能夠點燃學生的心燈——「良好品格」，老師熱忱的幫助每個學生培養好品格，社會將會大放光明。對於貪婪的政客、商賈也應提醒他們，道德的淪喪將會害人與害己；目前社會的種種危機與禍端，需要我們勇敢的對家庭、學校、

社會教育的「品格教育」做出反省與檢討，如此才能建立人類美好的未來。

第三節
教育改革與品格教育的反省

一、當前品德教育的檢討

1995 年台灣教育改革小組領導人李遠哲等，企圖顛覆台灣教育的傳統束縛，帶向「鬆綁」、「開放」的方向，經過筆者 12 年來的觀察，發現我國教育改革的重大缺失，包含下列現象：

1. **忽略倫理與品格的教育**：中小學廢除公民與道德、生活與倫理等課程。

2. **充分的擴大了工具主義**：講求創新的科技、形式的競爭力，忽略內在精神品質的提升。

3. **大量擴充之高等教育，忽略高等教育品質的提升及就業市場人才的需求**：1995 年台灣的大學共有 30 所，經過了教育改革的推動之「大學擴增計畫」，廣設大學達到 170 所，各校擴充校區，造成未來的十年，可能有一半大學被迫停招；大學人才的培育與社會人才之需求，未做適當的規劃，造成師資培育過剩，教育大學畢業生有八成失業、其他商學院亦是就業難尋。

4. **校長遴選設計的不當，形成校園派系林立**：校長遴選由許多非專業人員來行使招專選舉的不當對象，顯現出「政治角力」的痕跡，而非「教育專業人員」的出頭，教育專業領導者，紛紛提早退休，在 1999 年全台開始實施校長遴選以來「校長專業地位」日益低落，許多優秀的

校長不願連任，紛紛提早退休，這是教育的好現象嗎？

上述的教育缺失，使台灣的教育逐漸喪失國際競爭力，「教育倫理基礎」被瓦解！教育部 95 年起光推動幾項大學卓越計畫、高中職繁星計畫等，「那只是水上的浮萍，難以承載教育發展的重任」。

教育改革期間（1995-2007）台灣的社會變遷加遽，有 2000 年的政黨輪替，我們也看到李遠哲院長不顧學術中立的立場，公開加入「選戰的旗鼓」，宣稱台灣「要向上提升不要沉淪，跨過世代的鴻溝」。近八年我們所觀察的台灣社會倫理更加沉淪，人民生活更加痛苦與不安，政治的興衰由史學家去評論；但對長期教育工作者有責任，對當前品格教育缺失現象，仍需提出下列檢討：

1. **教育目標重功利，輕德育**：我國中學教育目標，培養德、智、體、群、美的國民，在學校的課程與教育中，並沒有均等的重視，因此「道德教育流為形式與口號」。

2. **品德課程忽略與被刪除，德育名亡、實也亡**：1999 年國中小學新課程的實施，就把「生活與倫理」、「公民與道德」課程廢除，將之納入導師時間來實施，多數國中老師把導師時間拿來考試，因此公民與道德、生活與倫理形同「名亡、實亡」。

3. **品格教育的課程與教材討論被忽略**：2000 年全世界最先進國家如美國、加拿大、瑞典、丹麥、英國等國的教育部，均重申「品格教育」、「公民責任」、「社會倫理」、「公共道德」的重要性，並撥專款協助推動與實施。陳照雄教授（2007）談到北歐芬蘭、丹麥、瑞典、挪威諸國，其國家重視品格教育與社會倫理，因此國家競爭力、公民所得躍升為世界前五名。國家人民守法律、重公德，譬如公共交通工具沒有剪票員看守自己打洞，沒人會去監督你，如果有違法就重罰 500 倍，及列入信用紀錄。「政府與人民間」建立了「互信」、「尊重」與「關懷」，這是孔子《禮運・大同篇》的大同世界的實現；「政治人物」也不會挑起「對立的仇恨」。我們可以從北歐諸國發現「社會倫理，即國家競爭力」。

4. **政治人物挑起對立與仇恨，爲了圖利自己**：是當前台灣最悲哀與最無奈的心靈創傷。政客投機爲了選票，撕裂人民間的情感，更可悲的是教育的領航者，同樣揮舞不夠中立，破壞族群融合的教育政策，使島內人民心痛加劇。

5. **缺乏具有「核心價值」、「永續發展」的領導者**：核心倫理需要從經典、名著中去尋找，美國教育家 Bennett（1993）、Lickona（2005）等從經典名著三百本中，找出人類文化的「核心價值」包含：誠信、勤奮、關懷、尊重、合作、正直、感恩、責任感、公正等。目前政府有對「好品格的人物」做表揚嗎？答案幾乎很少！卻做了許多見不得子孫的事。

我們的社會目前呈現「不連續」的發展，對前人否定，缺乏感恩、敬重，那如何教好我們的下一代呢？爲了鞏固自己的選票，把台灣的競爭力不斷消耗！目前政府的領導方針「沒在開源」只顧選票，沒有「國家永續經營觀念」！幾乎在斲斷台灣的生機。

二、對品格教育未來發展之建議

個人引用美國教育家 Ryan（2003）找出品格教育的五個方法（5E）進一步詮釋與應用。

1. **典範（Example）**：父母、教師、政治人物均是孩子、學生、人民的重要人物，要「以身作則」才能夠有效的領導一個家庭、班級及國家。

2. **解釋（Explanation）**：要鼓勵精讀「經典名著」；鼓勵去體驗核心價值——如勤奮、誠信、公正、關懷國家發展等，就會得到人民的信任。「核心價值」會帶來個人「潛能發展」、「社會溫暖」，及提升「國家競爭力」。我們學好「積極勤奮」的品格，將帶給自己幸福感、自信心、樂觀等。我們如果學好「愛與關懷」的品格，要充分發揮「大愛」的行動，將能夠爲社會帶來幸福感。

3. **勸勉力（Exhortation）**：能「以身作則」的人，才有資格去領導

別人、鼓勵別人、引導別人，我們有了「道德智慧」、「品行典範」才能說動別人跟隨你。好的善行，無目的的善行，可以造就「美德的社會」，大家則樂意追隨。

4. 環境（Environment）：「心中有愛，則人見人愛」、「環境中有體貼、溫馨的氣氛，有高尚品德的環境與善行」，入芬芳之室，有微笑、有愛心之室，出門必定會感受道德的芬芳。我們需要由「愛的信條」，到「愛心的行動」，形成「愛與關懷」的道德倫理，人人發善心、出善言、行善事。

5. 體驗（Experience）：領導者親自率領追隨者去做「服務學習」；把「服務學習與奉獻」當作一種生活樂趣，我們犧牲的是時間、金錢，但我們獲得許多心靈、智慧及愛心的成長；家長、老師、國家領導者，常能領導子女、學生、人民去做善事，不求回報，社會、環境、人心、自然日益淨化；因此如果「大家願意犧牲奉獻、不貪求、講付出，心靈自然日加富足」。

要提升國人品格修養及領導者的品格，個人認為：

1. 要充實「品格教材」的研究與編輯：可以從經典名著、世界名人的善言善行中，去提煉人類的「核心價值」。

2. 檢討當前教育、經濟、政治、社會道德「制度與決策」的缺失：深加檢討與修正，如教育改革、經濟改革、政治改革不當之處，給予教育家、經濟家充分發揮專業地位與決策的影響力。

3. 檢討中小學如何恢復公民與道德、品格教育的相關課程：並落實實施，以重建我國倫理的社會、重典範、獎勵善行、敦親睦鄰等。

4. 政治人物、家長、老師、學生等，均要自我激勵「以身作則」：能為下一代的表率，不惡言、要感恩、自律，能「以身作則」，使我們國民素質向上提升。

5. 鼓勵「服務學習」：學校放暑假，學校與家長應鼓勵學生熱心做社區服務，把「服務學習」列為人生的必修課程。培養「心中有愛，人見人愛」的氣質，把我們的品格教育當作教育目的；國民有好的品格，

國家自然成為有素質的國家。

綜合言之，「品格教育」、「社會倫理」是國家進步發展的基礎，也是國家國力的象徵；有品格與倫理的社會，將使我們的「精神更富足」。

第四節
領導知能與品格的培育

領導人才非一朝一夕所能養成，每一個專門領域均需要傑出的領導人才來領導，才能有傑出的績效表現。不同的「選才方式」、「選才途徑」，將影響領導人培育的方式與不同的特質。

一、「領導專業知能」培育理論

我國 1997 年特殊教育法已明定「領導才能」是一種資優才能，應建立有效的鑑定方法與有效的培育課程。Meyer（1996）、Roberts（1997）等人指出，領導才能的「培育課程」應包含以下內容：

1. **領導的本質與原理**：了解領導的專業職責、領導的目的，透澈了解領導的動因及預期效果。

2. **問題與危機的解決**：有問題、有苦難的存在，才需要有能力的領導者來解決問題。能夠勤於研究，自然產生智慧；有智慧才能有信心去面對問題。當危機來臨，領導人的責任在於能喚起集體力量、資源、智慧去解決危機。

3. **有效的做出決策**：決策就是選擇方向，優秀的領導者會引導集體選擇「正確的方向」，並告知抉擇的後果。決策要了解優勢、時機；錯失機會，可能永遠沒有機會。

4. **善用團體動力**：個人努力與小組合作其結果是不同的，如果有群組之間的競爭激勵，更可發展出卓越的成果，優秀的領導者，應能激發團體動力去實現團體的目標。

5. **善於組織企劃**：有遠見的領導者必然有明確的目標，這些目標透過人員組織、計畫、策略、發展步驟，達成預期效益。好的企劃能力，是優秀領導者必修的課程。

6. **價值澄清與判斷**：一個國家、一個學校、一個企業的領導者必須排定價值、目標的順序，這些價值是最重要的，要犧牲其他價值，並且告訴追隨者「不努力追求新知，將會被淘汰」。譬如，多元智能時代要勇於學習新知，面對新的挑戰，有了學術的研究、長期的思考、豐富的經驗，自然可以做出正確的判斷，領導者須集思廣益及深入研究。

7. **溝通及協調能力**：領導者必須了解溝通的媒介、溝通的類型、溝通的有效策略，使被領導者感受誠意、熱忱及認知上的支持，並樂於主動付出及奉獻。在做決策時可能會影響許多人的利益，因此需要協調，促進共同的合作，減少磨擦。領導人的「溝通能力」、「人際關係能力」均需不斷下功夫，才能使領導工作順心發展。

8. **情緒管理能力**：領導者最需要有冷靜的頭腦、溫暖的心、穩定的情緒及勤快的雙腳，其中 EQ 能力包含心理學中的自我控制力、人際關懷力、了解別人的情緒等。有了 EQ 能力，較能夠帶領一個團隊走向互相體諒、互相扶持、互相增能的境界，情緒管理能力高者，常可把窘境、挫折化為助力與幽默，EQ 高者其自省能力通常較高，改變別人不易，不如先改變自己。

9. **具創意的領導力**：領導者需要有豐富的專業知識與經驗，因此，領導者之培育，需經過長期的專業培育，有長久的基層實務經驗，其決策才不會「天馬行空」，而能達到問題解決，不會帶來更多的問題。如果領導人胸有成竹，能夠對目標、發展策略、實施步驟、工作內容，提出有績效的創意思考，必可為追隨者帶來許多的工作成就感。創意思考能力有流暢性、精緻性、變通性及獨特性。但每一種領導的創意，不可

以偏離國民生計、教育進步、民生富裕、社會安全、國家進步發展。

二、「領導人的品格」培育理論

　　人類二千多年的教育史，就如同一部品格領導的教育史，東西方的社會，均顯示有品格、有知識的教育工作者，方能稱為教育家，諸如西方的三哲：1.蘇格拉底指出「知識即道德」，人之所以犯錯，乃因為自己的無知。2.柏拉圖的著作《理想國》，指出民主社會的理想，要注重分工合作，領導者要有冷靜的智慧、專業的判斷；管理人才要有管理能力與服務熱忱；勞工與軍人要有勇敢與犧牲的精神。3.亞理斯多德著有《倫理學》，他指出倫理在於正向、積極的引人向善，反之引人入消極、負向即是不善（Coley, 2003）。

　　東方的教育家：1.孔子說：「君子有恥且格。」強調正人君子對自己的過失知道反省，並能樹立自己成為社會學習的模範，孔子又說：「非禮勿視，非禮勿聽，非禮勿言。」人際之相處，以禮節相約束，相互尊重，來達成和諧的人際關係。2.孟子指出「人性本善」，人之為惡可能受到外在環境之影響，因此良禽擇木而棲，良將擇人而從。孟子又說：「愛人者，人恆愛之；敬人者，人恆敬之。」可以說品格教育從「愛人與敬人」去善待別人為發展的起點。

　　從人類的教育文化發展史來看，各領域的傑出領導者，都與其優異的「道德修持」、「品格修養」及「社會貢獻」有重要關係，有品格的領導典範如表 10-2。

表 10-2		傑出領導與其品格、道德
領　域	領導者	品格、道德、特徵
哲學家	蘇格拉底	知識即道德。
	柏拉圖	知、情、意兼修，領導者重智慧與道德。
	亞理斯多德	講倫理、重中庸之道。
教育家	孔子	有教無類，因才施教。
	裴斯塔洛齊	作之師、作之親、作之友。
政治家	林肯	民有、民治、民享、族群平等。
	明治天皇	科技專業領導救國。
	羅斯福	經濟建設帶來人民希望、人民信心。
	蔣經國	富國裕民，勤政儉樸。
經濟學家	亞當史密斯	國富論。
	薛爾茲（Scheltz）	教育投資論。
科學家	諾貝爾	獎勵創造人類更高文明。
宗教家	證嚴法師	慈悲喜捨，大愛精神的力行者。
	史懷哲	身體力行，非洲叢林大愛的實踐者。
	德瑞莎	關懷印度無助的少年。

　　2002 年起世界先進國家，如美國、英國、加拿大、日本、澳洲等皆發現：世界的新危機來自「道德的墮落」，道德墮落的原因，以「社會價值」的迷失為首要（Lickona, 2005; Goldberg, 2003）。

　　Lickona（2005）指出美國亦出現「品格危機」，青少年犯罪不斷在校園及社區中發生。如何提升「學生自律」來保護整個社會，是學校教師、學生的父母及社會共同的責任，而校園的品格教育首應注重尊重與責任。

　　教育的領導者應著手幫助提升學生的「自律」、「道德」及「品格」。社會的犯罪問題有待最高的政府領導者提出有效的政策。

　　Gooding（2004）指出「品格教育」的益處，可以幫助自己生涯更

成功的發展；好的品格特質與行為，有助於社會的進步與發展。社會優秀的「領導人才」，大都具備優秀的品格，個人成功之餘，同時也幫助社會獲得更大的進步。

Gooding（2003）指出品格與領導人才培育有關的課程，至少包含九個主題：

1. **積極的態度**（positive）：培育做事認真、樂觀、進步的態度；求學、做事、服務均表現積極的態度，才能推動社會的進步。

2. **禮貌**（courtesy）：有禮走遍天下，對人尊重，主動問候，顯示一種主動親切、熱忱的服務態度；對人有禮貌，必定處處受歡迎。

3. **責任感**（responsibility）：培養內在的使命感，培養做事、做人、對自己、對家庭與社會的責任心。負責任的人，使人產生信任，此為好的品格。

4. **關懷與分享**（caring and sharing）：好的品格包含常能主動關心協助他人，有好的食物、智慧、經驗、體驗，樂於與他人分享。

5. **目標設定**（goal setting）：建立對人生有意義、對社會建設有意義的目標，如此可以找到人生正確的方向，又能協助推動社會道德、建設、文化的進步。

6. **誠實**（honesty）：誠實的面對自己的努力，做事不偷工減料，對於自己的過失不推卸責任，常能反省自己的缺點，必能與人建立互信、誠信的合作關係。「誠信」是人際相處的重要資產；如果有人講一套、做一套，其信用與人格必受到質疑。

7. **健康狀況的增進**（health promotion）：養成良好的健康習慣，如常運動、爬山、打球、旅行、游泳等，培養一種「健康的嗜好」，也是一種好的品格；有好的休閒及健康的身體，可提升腦力、體力，其服務能力也可以不斷提升。

8. **衝突與體諒**（conflict and feeling）：人際之間有衝突，事出必有因，需要充分的溝通，不要造成誤解，能體諒、包容對方及尊重他人的意見。對方如果舉止超過職權時，應妥善的「協商」，以化解衝突於無形。

9. **敬重（esteem）**：敬重別人的專業品德、人格，「敬人者，人恆敬之」，培養尊重別人的人格特質，如能將心比心，善於包容謙和，必能獲得別人的敬重。

三、品格教育的途徑

領導人才品格教育，鄭照順（2006c）分析學校教育、教育史、宗教史、心理學，歸納出五種培育方式：1.**學校教育方式**：重視認知、示範、實踐、讚美與考核；2.**儒家由「內修而外」的模式**：以聖人之德行如風，小人之行為如草，君子之行為必有戒律，由獨善其身，而後兼善天下等；3.**東方宗教家「大愛與力行」的模式**：以宗教家大愛奉獻、慈悲喜捨之熱忱、毅力、感恩之胸懷為指南針，進行品格的提升；4.**西方宗教家「懺悔與禱告」之內省模式**：以西方宗教的原罪論，常反省，不斷去惡求善，使心靈境界不斷提升，而提升其人格；5.**品格是一種「內省智能」的教育模式**：心理學家發現人類有「內省智能」，自我發現優點、了解弱勢，增加優點、減少缺點，並可幫助自己成功，更能幫助社會進步。

教育家如孔子，就樹立有良好的品格教育模式；宗教家與教育團體如證嚴法師、史懷哲、德瑞莎、星雲法師、花蓮縣基督教更新協會、玉里高中多元智能學會等，均試圖建立品格教育典範；心理學家 Gardner（1983）把品格視為一種內省智能。先聖先賢指出，擁有完美的品格與道德，必受人景仰與追隨，綜合分析當前品格教育的模式有下列：

㈠學校中「品格培育」的方式

蘇振泰、鄭照順（2006）及 Murphy（1998）等提出學校品格培育方法：

1. **先示範好的品格**：師長示範好品格時，孩子們學得快。藉著表揚、要求以及強調正確的言行和態度，能鼓勵孩子們在品格上成長。當然，師長並非完人，當你沒有表現某些品格時，放輕鬆點請求孩子們的

饒恕，大家一起再努力。

2. **要讚美好的品格**：人人都需要被接納，讚美品格可以滿足人這方面的需要，又能鼓勵他繼續好品格。讚美品格而非成就，更能使人得益處。若師長或父母讚美成就而非品格時，學生間（手足間）就會產生緊張和競爭的狀態。讚美成就的語言：「你將教室打掃得好乾淨，你好棒」；讚美品格的語言：「謝謝你整理教室時又熱忱、又井然有序，我看得出你是盡了全力。」

3. **教導好品格**：教導好品格最有效的方式就是為品格下定義，並用一些令人印象深刻的事連結起來。例如：當一個孩子表現不專心時，父母可以提醒他，例如小鹿表現專注的特性。每天提醒品格的特質、定義，我們要有信心、毅力去鼓勵孩子們去實踐。

4. **疏導糾正以培養好品格**：師長（父母）有責任糾正管教他們的學生（孩子），師生（親子）之間必須已有了良好的關係，管教起來才能有效。當師長父母對孩子表現出真心的關懷和興趣，他們之間就能培養出良好的關係。恰當的糾正乃是出於愛而非憤怒。

5. **容忍包容學生的不成熟**：不斷肯定其優點，其好品格自然湧現，不要稱讚之後接著責備，老師的用心會讓學生質疑。

蘇振泰（2006）提出，培養品格的原則為：1.下定決心：品格的培養，在於生活中每時每刻所做的決定。2.用心觀察：藉著強調、要求與讚美正確的言語、態度和行動，就能激勵人養成好品格。3.身體力行：透過以身作則，用大量的身教來支持口頭的教導。4.感同身受：運用體驗教育的原理，讓學生在日常生活中親身體驗。

鄭照順（2006c）提出「如何將品格融入班級經營」的步驟，包括：1.聚集班級同學召開班會。2.解釋品格對他們的成功有多重要。3.通過班級決議，大家一起來培養品格，做些海報提醒、彼此鼓勵。4.分享你的計畫：告訴學生你們每月將注重一種品格，大家一起學習這項品格的特質、背誦定義並尋找在學校、家裡應用這項品格的方法，下次班會時可報告自己的方式及所得的益處。

㈡儒家「由內修而外」的品格教育模式

儒家的品格教育方式，常由內在的修持、禮教、齊家、愛人著手，例如顏回讚頌孔子：「夫子循循善誘，博我以文，約我以禮，欲罷不能。」又主張待人處事以「忠恕而已」，凡事敬業樂業；孔子主張修己治人之方法，從「格物、致知、誠意、正心、修身」入手，先充實知識、修養自己、回饋社會，再求進一步「齊家、治國、平天下」循序漸進。孔子更以「有教無類」為教育理想，具備「教育的愛心」是行動的原動力；老師必須有「教育大愛」之精神，才能化民成俗；《論語‧里仁篇》：「見其賢者而從之，其不賢者而遠之。」孟子所言：「愛人者，人恆愛之；敬人者，人恆敬之。」可以說明「品格教育」的方法，宜從自己能「愛人」、「敬人」著手。

孔子說：「己所不欲，勿施於人。」品德之實踐，先要培養「自省能力」，為別人著想，了解感受。弟子問孔子：「以德報怨，何如？」孔子回答：「以直報怨，以德報德。」即強調以公正的方法報答仇怨，以恩惠報答恩惠，才能啟發愛心與公正。儒家期許讀書人成為「有品格」、「有教養」的人，如曾子云：「士不可不弘毅，任重而道遠。」由上可見儒家期待的成功人生，是知己、有禮、有仁、內省、實踐的品格修養。

㈢「大愛與力行」的品格教育模式

以證嚴法師的「品格教育方法」為例，證嚴法師以境教、身教、力行作榜樣，實踐「一日不做、一日不食」，並從工作中體驗品格修養的方法。證嚴法師提出「品格教育」的四大方法為「知足、感恩、包容、善解」。能知恩感恩，能體諒別人，能欣賞別人的優點，包容別人的缺點，必可使人格成長。證嚴法師提出慈濟學校的校訓：「慈、悲、喜、捨」——大慈無悔、大悲無怨、大喜無憂、大捨無求。有寬容的心，有大愛的行為，有喜悅的奉獻精神，其品格必令人景仰。證嚴法師又言：

「老師心，菩薩心」、「君子量大，小人氣大」。老師如有菩薩心腸必可救人淑世，品格教育在培養有度量的人。證嚴法師又言：「好人不能少一個，壞人不能多一個」，勉勵要培養多一點修道造福的人，建立有愛的社會。在領導方面，證嚴法師提倡「合心、和氣、互愛、協力」：合心──使眾志成城；和氣──使人彼此包容尊重；互愛──互愛可以結善緣，來進行組織的規劃與帶動；協力──即一起出力推動，帶來組織的進步與目標的達成。證嚴法師說教育的道路任重道遠，要用愛心、耐心執行，才能達成任務；職場即道場，凡事均抱「修行之心」、「藉事練心」，學習待人處事「圓融之道」；學佛學求「明心正性」：見什麼性？就是要見「天眞的本性」，也就是在日常生活中「開朗自然」，不要「迷失自己」；社會病毒慢慢侵蝕人的身心，使原本清淨的本性「受到污染」，產生貪、瞋、癡、慢、疑等煩惱，有了煩惱，見人、事、物就不清，遇到挫折就看不開。「見濁」就是偏見引發對立與衝突，就是不知事理；有人爲物煩惱，就是「貪不足」，由上可見宗教家證嚴法師所期待的成功品格，是培養有大愛、能力行、能和氣、合心、互愛、協力的品格修養。

㈣「懺悔與禱告」的品格教育模式

基督教的品格教育方式，常採用「懺悔」、「內省」與「禱告」的方法反省自己的過錯，請求神的協助，使能清除心靈與行爲污垢，求神給予力量，引向光明。西方宗教家強調「奉獻行爲」與「救世意志」：講求僕人精神，奉神之使命，奉獻個人智慧、生命、金錢、時間給這個社會需要的人，幫助更多人精神的提升，與神性的成長。蘇振泰（2006）強調：「父母要示範好的品格，子女才能學到好品格。」培基學院（培基文教基金會，2001）指出：「人生每一項困境，均要有好的品格才能度過逆境與災難。」宗教家們說：「讚美與禱告均可使人產生極大的力量；把一切榮耀歸給神，人不再自私與自大，樂意當神的僕人，服事他人。」由上可見西方宗教家所期待的品格修養，是懺悔、禱

告、力行，並能示範好的品格修養給子女作典範，好的品格能幫助個人度過逆境與災難。

㈤品格是一種「內省智能」的教育模式

心理學家 Gardner（1983）提出人類有八種智能，品格屬於「內省智能」的範圍。好的品格確實可以幫助個人自我成長、化解人際衝突、關懷社會、提升領導能力，「品格」也是一種智慧能力。「內省智能」的內容包含：了解自己的錯誤、偏見，發現自己的弱點，具備誠實、同理心、利他、道德、決心、善的動機，並具有未來感、能化解衝突、自我指導學習等。品格能力是可以經由課程設計加以教導的。Bennett（1990）主張，師資培育應及早培育以下良好品德作為學生的典範：1.自律能力；2.憐憫；3.負責；4.友誼；5.熱愛工作；6.勇氣；7.毅力；8.誠實；9.忠誠；10.信仰。由上可見心理學家所說的品格修養，它是一種「內省智能」，包含：能不斷反省了解自己的錯誤、缺點，具備誠實、樂意修改、自我指導學習等，品格智慧自然可以不斷提升。

綜合言之，品格教育的途徑包含：1.學校品格教育方式——重視認知、示範、實踐、讚美與考核；2.其次應重視個人「內修而外」的品格教育修持方式；3.用「大愛力行」的品格教育修持方式；4.使用「懺悔與禱告」的品格教育方式；5.採用「內省智慧」的教育方式。

第五節
品格教育與領導才能的相關研究

一、品格教育的發展步驟

Williams（2000）也提出「品格教育」是領導人才培育最重要的基

礎，領導人才如果缺乏「品格的基礎」，將如同一部飛車沒有煞車系統一般，給社會不安與危險；也像一位心狠手辣的盜匪，只在成就自己，而「毀」人不倦。學校在做「品格教育」需要長期的準備，Williams（2000）提出品格教育的規劃，所需要的一些準備及發展步驟如下：

1. **了解「品格教育」的基礎**：應探討社會的「核心價值」，這些「核心價值」可以帶給個人成功及社會進步與和諧。

2. **分析「品格」的綜合性定義**：包含一個人的「思想」、「感情」及「行為」表現，以培育有益於個人及社會進步的特質。

Williams（2000）提出「品格教育宜遵循的步驟」：

1. **教學設計上**：要求是有意義的、問題解決及理性的達成核心價值，在學校生活中培養責任感、勤勞、刻苦、榮譽感、服務、誠信、自律等精神，使校園成為一個「有愛心的社區」，學生有機會表現「道德行為」。

2. **學習動機上**：努力培養學生的內在動機、責任感與使命感，能夠分擔責任及遵守「核心價值」。

3. **品格教育的實施方式**：師生同學間互相的尊重，表現出一種倫理精神、專業精神與分享的氣氛，幫助所有學習者均能成功、有成就感。

4. **品格與領導才能相結合**：學校的校長、教師及班級幹部，均需具備好的品格、行為態度，始能為別人的表率，則會使領導的工作更加順利。品格教育需要融入領導才能的培育，社會才能更進步與和諧，否則會帶來社會的災害。

5. **品格教育的評量方法**：可以從整體的禮儀、校園倫理、尊重專業、服務熱忱、責任感、環境保護、勤奮精神、生活教育、合作精神、社會關懷等方向去評量，評量指標包含思想、態度及行為表現。

綜合言之，我們可以發現：歐美先進國家近年來大力提倡「品格教育」，尋找社會的「核心價值」；目前台灣社會趨向功利化、工具化、倫理道德式微，台灣亟需找尋新的社會「核心價值」；品格教育如果能夠融入學校教育，將可以帶給個人成功及社會進步與和諧。

二、品格教育與領導才能和立身處事有關

　　Finney（2002）調查 290 位華盛頓的教育領導者，包含政府官員、校長、教師及社區領導人等，對於「品格領導」的看法，發現一些結論：1.領導人才之培育，可透過領導課程、公民教育及服務學習等，來培育其領導知能；2.影響品格發展的因素，是需要長期的「道德教育」、「倫理教育」的培育；3.青少年最需要給予「品格教育」，以作為立身處事的準則；4.中學生有較成熟的心智去學習「領導能力」、「人際關係」、「社會關懷」及「公民責任」；5.品格教育的課程設計應包含：以「倫理公益」為目標、建立「核心價值」觀、建立「行為規範」、幫助學生發展社會能力。

　　Finney（2002）的研究提出一些建議：1.「品格教育」是一種好的「教育策略」，較容易達成「自律行為」的社會目標；2.品格教育的實施目的，在培育有「遠見的領導者」；其次養成「公民責任」，克盡自己對家庭、工作的責任感，及守法的義務；再次是「社會關懷」的實踐，能對社會奉獻及付出愛心；3.品格教育的實施，注重「明確」性：如班規、校規的簽署立誓；強調「動態」行為表現，語言表達、態度表現等均是動態的，應採用「動態記錄」，而不是紙筆測驗而已；4.品格教育應採用「任務取向」之方式：品格教育的預期目的是為能夠達成一項「合作的目標」、「團體的紀律」、「社會的祥和」、「集體的創作」、「互相的包容」、「彼此的分享」等高尚品德。

　　Murphy（1998）提出品格教育在促進學生表現出「道德的行為」。譬如老師要求學生「精益求精」之高學習目標，即在強調優良「學習習慣」的養成，有好的學習習慣、生活紀律及服務表現應給予不斷的鼓勵，以形成好的品格。Murphy（1998）指出透過「高學習標準」、「好紀律」、「工作責任」及「社會服務」等途徑，均可以培養好的品格。Fertman（1999）指出品格教育是領導行為、領導才能培育的基礎。教師如果能夠明確的指出「領導才能」及「品格教育」的目標，並引導學生

去達成目標，即可幫助學生培養出「品格領導」的能力，及評估自己的「領導品質」。Fertman（1999）進一步指出「公民責任的訓練」之重要性：民主社會特別需要「品格教育」，因為民主社會即「人民自治、自我管理」的社會。沒有品格的領導者，公共資產很容易變為私產，公職可以變成圖謀個人利益的工具。

Anderson（1998）指出「服務學習」可以整合多元的教育目標，並能幫助青少年發展其領導能力。服務學習有益於「品格發展」，可以幫助青少年體驗付出關懷後其品格成長的快樂；服務學習也是品格發展的一項重要課程及評量指標。

Boccia（2000）提出「課外活動」的重點，在培育青少年「策劃」、「協調」及「問題解決」等領導才能。Boccia（2000）提出所謂「學生領導者」，常表示他們在學業、人際、服務等活動上有成功的表現，以及對團體的未來發展有幫助，他們常能將個人的成功經驗與人分享，並願意幫助別人獲得成功。

Finney（2002）的研究發現，「品格教育」與「領導才能」之教育，有助於領導能力上的互補，可以使領導能力更加完美。目前在美國華盛頓州的中學「領導課程」、「公民責任課程」及「服務學習課程」等規劃尚未完善。品格領導課程，需要透過跨領域的課程及充實課程來培育。多數人均同意在青少年階段是培養品格領導才能最好的時期。培養學生知道如何幫助別人、如何去服務別人等，才能成為一位有品格的領導者。

美國培基學院（培基文教基金會，2001）在奧克拉荷馬市的威爾羅傑小學等八校進行「品格第一」（the character program）的教育計畫，許多青少年經由品格教育之陶冶，個性變得平穩，而且學生的領導潛能也被激發出來。

領導者應具備多元智能

　　Gardner（2000）提出領導才能的基礎，主要來自「人際智能」與「內省智能」的發揮。「人際智能」包含：人際關係、人際溝通、資源整合、衝突化解等能力。「內省智能」包含：自我檢視、自我反省、跨越障礙及預測能力等。人類特有的潛能——「領導智能」，不但爲學校教育所忽視，目前尚未有適當的「領導才能課程」加以培育，如果領導者能充分發展人際智能與內省智能，及具備其他相關智能，將可以把事情領導得更完美，社會也將更和諧與進步。

一、領導才能來自多元智能

　　哈佛大學教授 Gardner（1983）從事人類智能發展的實驗研究，打破了傳統智慧理論的兩個基本假設：一、人類的智力高低依據來自單一的智力測驗；二、每個人類的智能是可由紙筆量表加以量化的。

　　Gardner 在 1983 出版《智力架構》（*Frames of Mind*），發表「多元智慧理論」（theory of multiple intelligences），他從跨文化的觀點，認爲智力是人類用來學習、解決問題及創造新文明的智能。Gardner（2000）提出人類應有九項智能，即包含語文、邏輯、音樂、空間、肢體、自然、人際、內省及生命智能，每一個個體均有許多種不同的智能，他的觀點讓我們對傳統教育的方式提出反省，我們的學校教育不能只依賴紙筆測驗作爲教學評量的依據，而忽略「人際智能」、「內省智能」、「生命智能」等的啓發。

　　Gardner（2000）提出領導才能，主要來自人際智能與內省智能的發

揮，而其他的智能是領導才能的輔助，因此領導者不但要有內省智能，更要發展多元智能。人類特有的領導智能，不但為學校教育所忽視，更未有適當的「領導才能課程」加以培育。

二、領導才能來自較高的情緒智慧（EQ）

Goleman（2000）提出高領導能力需要具備「較高的 EQ 能力」。領導者是一個團隊的靈魂人物，需要有「情緒管理能力」、「社交察覺能力」及「人際關係的管理能力」等。Goleman（2000）提出 EQ 與領導力之相關因素：

1. **啟發靈感，找出共同使命**：有能力表達共同使命，啟發別人來追隨，並使工作變得更有趣。

2. **具備實力與主動服務**：知道如何建立人際支援網，主動、親切、效率，產生大的影響力；個人具備實力，願主動服務，又具備溝通能力，而產生人際魅力。

3. **啟發他人的能力**：了解別人的目標、長處、短處，提出建設性的回饋，領導者是天生的教練及導師。

4. **能夠改變觸媒**：遇到挑戰與障礙，能引入新程序、新思考，並能引導克服障礙或跨越障礙。

5. **承認衝突情緒**：承認雙方的情緒及觀點，將精力導向共同理想，由分歧導向相互扶持。

6. **注重團隊精神之打造**：吸引別人熱情投入，建立認同情感，花時間去強化彼此的關係。

7. **同理心**：全神貫注去了解別人的觀點，同理心可使領導者對於不同文化背景的人加以包容、體諒與關愛，增進融洽相處。

8. **建立社交網絡及互動服務**：能夠建立服務及支援系統，並提供親切及有效率的服務。

9. **情緒的自我控制**：在高壓力下，仍能面不改色保持冷靜，能冷靜處理一切攻擊或暗中的傷害；具有較高的情緒「調節能力」及情緒障礙

「跨越能力」，知道實力是長久的，眼前的吃虧沒有什麼。

10.**適應力**：適應新的挑戰，靈活度高，有高的挫折容忍力與毅力，能適應環境之變化。

11.**高成就感**：不斷的自我挑戰，並達成挑戰性的目標，不斷研究、創新，達到新的成就，能自我激發潛能。

12.**能夠了解情緒如何影響自己及工作**：平時能夠自我抒解壓力，儲備能量，以提升工作效率，能不斷提升「身體體能」，維持「好體力」、「好心情」，以挑戰新的任務。

13.**常自我反省改善**：正確評估「自己的能力與限制」，常能幽默、有風度、願意學習、改善自己缺點，歡迎建設性之批評及回饋。領導人知道「何時向外求助」，自我「培養領導的新長處」。

14.**領導者精確知道自己的長處**：如此則有自信心幫助團體發展得更完美，領導人也較有興趣挑戰困難的議題，在發言、行動中均顯得穩重。

Goleman（2000）指出領導人才的培育，在其「人際關係的管理能力」、「人際社交的察覺力」，更重要的能力是培養「內省能力」、「自我管理能力」，看到自己的長處與限制，常表現幽默感及好的風度，接納建設性的批評。

三、領導力來自團隊的學習力

個人領導的時代到了 21 世紀已經褪色，21 世紀強調「組織學習」的時代來臨，領導者建立學習型組織，是一種進步的態度、科學方法、理性的執著，更是一種「新的領導方法」。

Senge（2004）提出優秀的領導者需要幫助組織的成員「終身去學習與實踐」。他提出以下五項修練，要全心投入、化為行動、互相激勵，才可能建立一流的行政團隊。優質的領導團隊，包含：

1. **新領導力應「突破線性思考」**：Senge 找出「動態性複雜」，譬如社會是忽然變亂的嗎？國家是忽然變弱的嗎？孩子是忽然變壞的嗎？了解大風暴之後的影響因素，然後進一步思考如何提升正向力量，減弱

負面影響力。新領導力在於了解本末先後、輕重緩急的關鍵時刻的掌握與經營。

2. 「自我超越」：即需要懂得建立個人願景、保持創造動力、減少情緒壓力、了解結構「衝突的平衡點」，善用「潛意識學習」，即在夢中做思考性互動、練習及創造，了解組織與個人的「承載力」。

3. 系統思考：即需要融合理性與直覺，具備「同理心」、「系統思考」，對組織整體的未來發展，做出系統的規劃。

4. 檢視「心智模式」：行動中的反思，領導者的價值是衡量別人心智模式的貢獻，多樣的心智模式可以提升管理能力，較佳的心智模式可以順應環境的改變；缺乏彈性思考的心智者，往往把好事、創意弄糟。

5. 建立願景：有了願景自然會產生勇氣；有了願景可以塑造組織的形象；有了願景，可以帶動組織向前邁進。

Senge（2004）指出優秀的領導者需要「不斷的自我超越」；更應幫助「團隊學習」；建立「美好的願景」作為努力的目標；具備「多元的心智思考」、「系統的思考能力」，提升團體成員的能力，去化解各種難題，提升競爭力，達成機構的永續經營。

四、「多元智能」與領導才能之關係

㈠四種智能與成功人生

吳武典（2005b）指出，「人際智能」是領導的核心。他認為「成功的領導人物」需具備的條件如下：

1. 人事智能：包含 Gardner（1983）所提出的「內省智能」、「人際智能」，以及 Goleman 所提出的「情緒智能」。人的領導從自我領導、自我修持開始，然後進一步去關懷協助他人。

2. 處事智能：Sternberg（2000）提出「實用技能」（practical intelligence），即問題解決能力，生涯中常遭遇許許多多的問題，端賴有效的問題分析與克服技巧。

3.創造智能：Sternberg（2000）提出「創造智能」（creative intelligence），人類因為投入研究，就會找出新方法、新的發明，用以增進人類過去未有的智慧。生命要更豐富、更自信、更喜悅，不能缺少「創造智能」。

4. 分析智能：Sternberg（2000）提出「分析智能」（analytic intelligence）。「分析智能」吳武典教授稱為「學業智能」，從事學校的課業記憶、了解、分析其原則，原則只能說是一種分析的智能，這種分析能力，是「問題解決」、「創造發明」及「內省、人際、情緒智能」的基礎。

吳武典（2006b）指出成功的人生包含事業成功、生活圓滿等，需要四種智能的平衡發展如圖 10-1，包含學業（分析）智能、人事智能、實用（處事）智能與創造智能。學業智能是成功人生的基本條件，不是充分條件。在學業智能的基礎上，須發展人事智能、實用智能與創造智能，才能保證事業成功。人事智能是成功人生的核心條件，也是其他三種智能的催化劑。

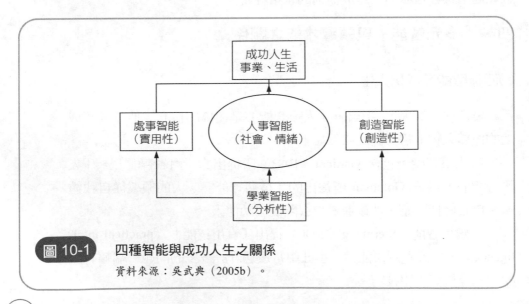

圖 10-1 四種智能與成功人生之關係
資料來源：吳武典（2005b）。

㈡智力、智能、智慧與領導才能

　　Sternberg（1996）在《活用智慧》（*Intelligence Applied*）一書，提出智慧的整體包含下列：1.**智力**：分析能力、先天與後天的努力。2.**智能**：即經驗、實作能力、機會的應用。3.**智慧**：即經驗、發明、創造、機緣、靈感。

　　戴維揚（2003）提出智力、智能、智慧的培育層次圖，可以幫一個人終生學習，並成為一位優秀的「領導人才」，領導人才需要有「統御的智慧能力」。

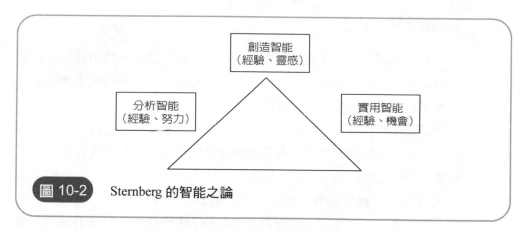

創造智能
（經驗、靈感）

分析智能
（經驗、努力）

實用智能
（經驗、機會）

圖 10-2　　Sternberg 的智能之論

　　戴維揚（2003）提出人類的學習類型包含：1.**「生而知之」**：直覺型的學習，求生存的基本能力。2.**「學而知之」**：性相近，習相遠，在學的課程設計下而獲得的知識，適當的「壓力」、「努力」，會給孩子換成「能力」、「成功力」。3.**「精熟致知」**：Gardner 主張「開進廢退」（use it or lose it）的一種使命感，才能練達精熟（mastery），終能成為一代大師。

　　戴維揚（2003）等指出，領導人才的培育之層次在「學識的基礎」、「經驗的能力」以及「專業的預測力」三種層面的智能缺一不可。領導者正具備高層次的「資源整合」、「多元創意」、「績效責任」、「專業成長」及「預測能力」等能力。領導力即是一種「統御整

合的智慧」及「預測能力」。

五、提升領導者的「預測能力」，須學習善用「心智地圖」

舉凡世界偉大的科學家、文學家、音樂家、政治家，如愛因斯坦、高行健、馬友友、莫札特、邱吉爾等，他們對人生的未來均有美好的夢想。夢想即是「右腦」的圖形、影像、藍圖與音樂，有了先驗的圖像，像是一張未來的地圖，它可以預言他的未來，或是他所關注的未來，因此他們可以在未來不同的領域成為傑出的領導者、發明家、政治家、科學家。

㈠心智地圖的起源

兩千多年前的希臘天文學家，即用「心智地圖」，將不計其數的繁星擬人化、擬物化，如仙女座、獵戶座、天蠍座、天琴座、小熊座等，使天體之繁星「圖像化」，易於人類的辨識與記憶。

愛因斯坦也在夏日的夕陽中，躺在山丘上睡覺，湛藍的天空、和煦的微風、千條燦爛的陽光進入他的眼簾，使他進入幻想的世界中，隨著光束穿梭於遼闊無垠的宇宙，他把腦海中的圖像加以記錄，而寫出宇宙「相對論」的邏輯架構；利用「左大腦」的分析、邏輯，加入「右大腦」的圖像、音樂處理，進而創出 20 世紀物理學的重大發現──「相對論」。

許多科學家對左腦與右腦的「能量差距」作研究，結果發現右腦半球的能量大概是左腦半球的一萬倍以上。所以，舉凡在物理學、文學、音樂及各領域有傑出成就的天才，大都是充分應用「右腦半球」的結果。一般而言，左腦半球控制語言、數學、邏輯、分析、寫作及其他相似活動，主導知識判斷、思考等，又稱「知識腦」；右腦半球控制想像力、色彩、音樂、音律、白日夢及其他相似的活動，建立想像、色彩、幻想、感覺、直覺、控制自主神經與宇宙波共振等，稱為「藝術腦」。

Buzan 則在 1990 年代開始組織一個「心像研究學會」，對大腦的學

習活動——心像（mental image）進行研究。心像之意義係指：「使經過的事情在記憶想像中重現的一種影像。」在心理學上被視爲一種「想像、一種新思考或感覺來源」，也被視爲人們可以對環境中經歷的事物詳加審視的感官圖像；或被視爲一種來自內心的刺激，而呈現出一連串自我顯露的結果。每一個人均擁有在心中描繪事物的本能。

㈡心像的形式

心像的形成主要包含下列類型：

1. **記憶性心像**：當你看過一幅畫、一部電影，去過某些地方旅遊，就會留下一些影像、圖片、景色的記憶，可能形成下列記憶心像：語言性心像（語言的對話、文字的表達比較容易消失）；圖畫心像（圖畫、照片均容易存放，可以永久保存）；感官性心像（知覺的體驗，可以增強心像記憶，接近大自然）；情境性心像（在交會的時空、離別的氣氛中，可以豐富心像記憶）。

2. **結構性心像**：在學習的過程中，師生可以共同找出各種意義、關聯、邏輯、案例，使學生加強其「學習動機」，每一個成功的創作家、建築師、領導者的產生，均是先建立結構式的心像，再逐步實現其夢想。

3. **創造性心像**：它來自一種自發、自創及非結構性的思維經驗，這些心像常發生在「白日夢」、「夜夢」等夢境中，許多科學家（如愛因斯坦、諾貝爾）的思維均有創造性心像的天賦，而造就出舉世無雙的傑出成就。心像在創造歷程扮演著極重要的角色，一旦人們成功的探索心像，將體會到更多愉悅及洞察人的潛力。

4. **夢境心像**：每一個人均會出現夢境，心理學家認爲每一個夢都不是偶然的，必然潛藏或透露某些信息。因此，夢境被視爲最重要的「心像」，夢中的心像內容與多樣性最無法自主，也最爲眞實。

綜合言之，心像的產生來自眞實的經驗，也來自結構性的思考，更有來自不可捉摸的白日夢、創意性心像，這些心像均有助於人的學習及潛能的開發。注意特定圖形時，心靈運作未減緩，而創造力會變得更活

躍。常用心像法，可以使心像如同捲軸，可以快慢停止，而檢查其細節，遂產生新的想法及透視情感、動機及未來遠景。

㈢善用心智地圖

Buzan 指出，人類的左腦用不同的方式吸收資訊，左腦擅長於編目錄、線條、邏輯、數學、決策、語言；右腦則擅長於想像力、空間思考、顏色、綜觀全局、節奏、白日夢等。心智地圖即是應用圖形、感覺、情境、線條、邏輯、順序、符號及關鍵字等工具，將人類的獲取資訊「視覺化」及「圖像化」，以強化「學習效果」、「記憶能力」及「創新智慧」的一種學習方法。

以組織行為而言，組織的推動力以「領導力」為核心，領導力架構如圖 10-3 所示。

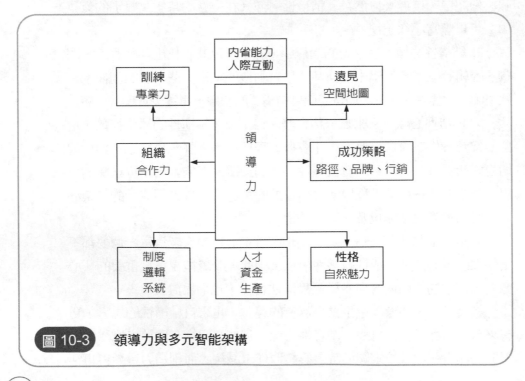

圖 10-3 領導力與多元智能架構

領導者需要具備「多元智能」的「左腦邏輯」、「右腦圖像」遠見預測力。左腦的邏輯是否可行？經由前腦的「人際溝通技巧」獲得和諧，個體行為是否太快、太偏，需由後腦的「內省智慧區」去做修訂。經常重視「左腦的研發訓練」，及右腦的「品質形象」，則可產生「微笑曲線」（請參見第九章）。

綜合言之，偉大的領導者多數具備優勢的「預測能力」，譬如：

1. **愛因斯坦**：1930 年代於山丘上發現「宇宙互動」均相對吸引的圖形而發明「相對論」。

2. **高行健**：以《八月雪》等著作贏得諾貝爾獎，仍是一種歷史圖像，文學的想像記載。文學家、戲劇家沒有「圖像想像」是無法成功的。

3. **馬友友**：沉浸在優美的樂章中，經常有沉醉、喜悅的圖像展現，將音樂與情境融合的圖像。

4. **鄭照順**：於1995年就預測教改的可能失敗，果然十年後，在2005年證明這些非專業的教育改革錯誤百出。例如2004年監察院糾正：師資培育及九年一貫課程的決策有錯誤，因此李遠哲也於2005年10月公開承認教育改革是失敗的，而表示致歉。

六、領導者需具備「了解人際與社會關係」的EQ：要能滿足雙方的需求

曾燦燈（2001）在《知識經濟時代的成功方法》一書中指出：

1. **把人搞定，就搞定了全世界**：2001 年《管理雜誌》調查企業最需要的訓練課程，統計結果為：第一名「團體運作」；第二名「績效管理」；第三名「領導統御」；第四名「情緒管理」；第五名「人際溝通」；第六名「顧客滿意」；第七名「學習型組織」；第八名「壓力管理」；第九名「目標管理」；第十名「策略管理」。

這些主題幾乎三分之二與「人」的問題有關，所以把人搞定，就搞定了全世界。

2. **領導需要了解「識人的 EQ」**：所有的人際關係均以個人需要為

主軸。第一原則：滿足別人的需求。第二原則：與他人勤於連繫，能夠改善彼此的關係。第三原則：人與人的關係，時刻都在改變中。第四原則：滿足雙方的需要，就能建立良好人際關係。第五原則：無法滿足對方的需求，則會腐蝕彼此的關係。

歸納言之，人際關係的四個模式為：第一個模式，為「合作模式」：我配合你的需要，才能合作。第二個模式，是「報復模式」：這是以牙還牙的模式。第三個模式，是「支配關係模式」：這是權利操縱模式。第四個模式，是「孤立自大模式」：互不來往、不理會、自大的行徑。

3. 領導者更應有了解「人際與社會關係」的 EQ：(1)重視人與社會關係的和諧：非禮勿視，在求「心安」。(2)重視別人的意見及批評：個別的需求，努力配合，有批評則深入檢討。(3)常能反求諸己，常有內疚感：改變別人較難，改變自己較容易。(4)了解社會性格：包含市場取向、功利取向、個人主義、競爭性格、多變性格、表面功夫等。領導者了解社會的「虛實關係」，故能領導社會群眾。(5)領導者常用「實力」去考驗表面的虛偽關係。

4. 領導人物需具備的魅力：第一是「個人魅力」，外在的親和力；第二是「社會形象的魅力」，服務迅速，智識豐富；第三是「圓熟的人際關係和溝通技巧」，舉凡人際協商均留有適當的空間、時間給對方，而達到彼此滿意的氣氛。

七、魅力領導與多元能力、溝通能力：肯定別人，就是肯定自己

Benton（2004）在《領袖魅力》（*Executive Charisma*）一書中提到，他認為魅力的領導人和他的「多元卓越能力」有重要相關：

1. 具備自信能力：自信能夠超越障礙，他具備專業知識經驗及好的溝通、求助技巧，常微笑、幽默，不怕遭遇問題。

2. 主動的特質：主動願意嘗試，站在風浪上「承受風險」，而不是

被動「等待事情發生」。

3. 重視別人的尊嚴：把別人的尊嚴看得與自己的尊嚴一樣重要，所做的決策「獲得多數人的認同」。

4. 我能勝任：面對新資訊的「思考力」，對問題的「行動力」以及人際互動的「交際能力」。在要求受挫時，先自我反省，不與人爭辯，那會把你的水平下拉。

5. 真誠的對待部屬，說出「感謝」、「讚美」及「協助」，對方會覺得你很有智慧，「肯定別人，就是肯定自己」。

6. 當別人用消極對付你時，你用你的「有成效」、「有建設」、「有正面意義」，來因應消極的批評。

7. 領導者採用「提問技巧」比「命令方式」來得高明：提問是尊重對方的意思。溝通的技巧是「先提問」、「先詢問」理由，如果有做與不做哪一個效果好？詢問是最好的溝通技巧。

8. 想交好朋友，先請其幫忙：我們常會想念曾經幫助過的人、接受幫助的人。

9. 身體要「散發出能量」比外表重要得多：身體散發出能量是在「抬頭挺胸」之刻。

10.有愉快的事件多數人「會微笑」面對，抱持樂觀想法，如果興致缺乏時「也會微笑」面對，抱持樂觀想法，就可發出「腦內嗎啡」幫助健康。如何微笑？「放鬆下巴，雙唇張開，拉開嘴巴，善用眼神」。

11.己所欲，施於人，以人之立場來思考。

12.能以幽默的態度來看待每一件事情：幽默可化解壓力，紓解心情，幫助化解每一件衝突。練習幽默技巧：「說出幽默的故事」、「做出幽默的想像」，直達「幽默的核心」──找出雙關性的趣味。

13.放慢腳步，避免說太多聽太少：我認為有必要做職務輪調，「聽聽所有人的意見」，總之，聽的太少，做出「錯誤的決定」會自我毀滅。

14.先助別人去「了解你說什麼」，譴責詞要簡單，身段要放軟，及配合表情，可幫助事情順利進展。

領導才能培育與多元智能的實證研究

　　我國領導人才培育課程，尚未列入正式課程，政府從 2002 年開始於寒暑假辦理「新世紀領導人才培育營」，至 2006 年已辦理四期，課程以目標設定、企劃能力、創造力、溝通能力等為主（羅東高中，2005）。鄭照順（2003a）指出：目前高中尚未有較完善的「領導課程設計」，及充沛「有領導經驗的師資」擔任領導課程，尚是一件缺憾，欲設計良好的「領導課程設計與教學」，可以參考以下六個相關研究與成果。

一、實證研究的類型一

　　鄭照順於 2002 至 2003 年之研究，進行領導課程設計，領導課程分為八種課程：1.領導的基礎課程理論；2.團康才能的培育；3.人際溝通的技巧；4.EQ 管理；5.社會關懷；6.計畫任務與組織；7.創意領導；8.衝突與問題解決。

二、實證研究的類型二

　　鄭聖敏於 2003 至 2005 年之研究，進行「領導能力之內涵因素分析」領導能力包含：

　　1. **個人特質**：精力、品格、自信、親和力、以身作則、獨立、冒險、堅毅、負責、熱忱、幽默感、樂觀、領導動機、樂於表現、成就動機、情緒管理、時間管理。

　　2. **人際技巧**：同理心、人際敏感、尊重、信任、溝通技巧、交友技

巧、促進合作、知人善任、教練技巧、衝突處理。

　　3. **領導技巧**：分析力、設定目標、組織能力、計畫能力、評估能力、創造力、批判力、決策能力、應變力。

實證研究一：國中資優生領導才能課程實驗研究

題目-1	國中資優生領導才能課程實驗研究【90 年教育部獎助研究】			
研究者	鄭照順	**研究對象**	國中資優生 30 人	**年代** 2001
領導才能課程設計內容			**多元智能之關聯**	
1. 領導的本質。 2. 人際溝通。 3. 社會關懷。 4. 領導知識。 5. 領導創意。 6. 預測能力。			1. 人際智能：人際溝通能力、社會關懷、同理心、衝突與解決、領導的興趣。 2. 內省智能：對問題解決、善於計畫及策略，具有預測能力。	
研究發現	1. 男女在領導特質上有互補之處。 2. 領導課程教學，對領導知能、預測能力有幫助。 3. 個性對領導的行為表現有影響，「通溝型」人際能力較優；「理性型」在預測能力上較優。			

實證研究二：中小資優生領導才能課程實驗研究。

題目-2	中小學資優生領導才能課程與教學之研究【國科會專題研究】			
研究者	鄭照順、蔡典謨	研究對象	國中、國小資優生 60 人	年代 2003

領導才能課程設計內容	多元智能之關聯
1. 領導的基礎課程理論。 2. 團康才能的培育。 3. 人際溝通的技巧。 4. EQ 管理。 5. 社會關懷。 6. 計畫任務與組織。 7. 創意領導。 8. 衝突與問題解決。	1. 人際智能：團體動力、人際溝通、EQ 管理、社會關懷。 2. 內省智能：衝突與問題解決。 3. 統整性智能：創意領導、計畫與組織、過程思考、策略發展、預測能力。

研究發現	1. 中學生比小學生有較好的組織與規劃能力。 2. 小學生比中學生有較好的創意。 3. 領導課程需長期研究實驗，才能完善。 4. 領導課程對資優生與普通生均有幫助。 5. 個性開放、熱心的學生，在領導行為表現優於自我中心、孤立者。 6. 普通生在「人際溝通技巧」上較優，資優生在「計畫與組織」上較優。

實證研究三：領導才能優異學生的發掘與培育

題目-3	領導才能優異學生的發掘與培育				
研究者	王振德	研究對象	一般生88人、資優生36人	年代	2002

領導才能課程設計內容	多元智能之關聯
1. 個人特質。 2. 同理心。 3. 人際關係。 4. 溝通技巧。 5. 團體動力。 6. 作決定與計畫。 7. 問題解決。	1. 人際智能：同理心、人際關係、團體動力、溝通技巧。 2. 內省智能：問題、衝突之解決、個人特質。 3. 統整性智能：作計畫與決定、參與後的經驗成長、興趣提升。

研究發現	1. 領導才能融入教學，可以「增進人際關係」、「提升溝通能力」。 2. 領導課程對如何成為優秀的領導人有幫助。如何帶領小組。如何說服他人。 3. 經分組討論、分組比賽，產生團體動力，無意中可以培養領導能力，同時增廣認知。 4. 主題式教學，對老師的課程設計發展有幫助，教師也邊教邊成長。

實證研究四：國小人際智能訓練課程之教學成效研究

題目-4	國小人際智能訓練課程之教學成效研究				
研究者	簡維君	研究對象	國小六年級 30 人	年代	2001
人際課程內容			多元智能之關聯		
1. 情緒表達。 2. 觀察。 3. 傾聽。 4. 溝通方式。 5. 同理心。 6. 合作學習。 7. 多元智能。 8. 回顧與展望。			1. 人際智能：情緒表達、溝通方式、同理心、合作學習。 2. 內省智能：回顧與展望。 3. 轉移智能：經由人際智能的提升，可以幫助語文、音樂、肢體、人際能力的提升。		
研究發現	1. 實驗組在「傾聽」、「溝通方式」、「同理心」、「合作學習」方面優於對照組。 2. 實驗組在「語文」、「音樂」、「肢體動作」和「人際交往」方面優於對照組。（人際智能可以提升其他智能的學習）				

實證研究五：中學生領導能力之內涵因素分析

題目-5	中學生領導能力之內涵因素分析				
研究者	鄭聖敏	**研究對象**	國中、高中生	**年代**	2005
領導能力之內涵			**多元智能之關聯**		
1. 個人特質：精力、品格、自信、親和力、以身作則、獨立、冒險、堅毅、負責、熱忱、幽默感、樂觀、領導動機、樂於表現、成就動機、情緒管理、時間管理。 2. 人際技巧：同理心、人際敏感、尊重、信任、溝通技巧、交友技巧、促進合作、知人善任、教練技巧、衝突處理。 3. 領導技巧：分析力、設定目標、組織能力、計畫能力、評估能力、創造力、批判力、決策能力、應變力。			1. 人際智能：同理心、人際敏感、促進合作、知人善任、情緒管理。 2. 內省智能：衝突處理、評估能力、批判力、應變力。 3. 統合智能：計畫能力、目標設定、決策能力、預測能力、時間管理。 4. 領導特質智能：品格、熱忱、堅忍、毅力、樂觀、成就動機、幽默、負責。		
研究發現	1. 領導才能確定是一種「獨特的才能」。 2. 領導才能可經由教育長期培育而提升其能力。 3. 領導才能主要有四種：「人際智能」、「內省智能」、「統合智能」、「特質智能」。				

實證研究六：國立玉里高中多元智能教學實驗成果

題目-6	國立玉里高中多元智能教學實驗成果 【國科會專題研究】		
研究者	吳武典、鄭照順	研究對象	一般生 250 人、資優生 25 人	年代	2005

領導才能課程設計內容	多元智能之關聯
1. 團隊合作學習。 2. 人際溝通技巧。 3. 問題解決。 4. 創新發展課程。	1. 人際智能：人際關係、團體動力、溝通技巧。 2. 內省智能：問題與衝突之解決。 3. 統整性智能：以優勢智能扶助弱勢智能提升學習興趣。

研究發現

多元智能的教育實驗成果：

　玉里高中從 2003 至 2005 年間，從事「高中多元智能的教學與學校經營實驗」，獲得許多可貴的實驗成果，包括：

1. 以多元智能教育方法「發展學生潛能」：譬如登山訓練、自然探索、才藝選修、戲劇表演、體育、音樂、學科的試探，可以了解與開發自己的潛能。

2. 由試探中「發現自己的優勢智能」：經由試探，合作學習，各種成果發表，品格教育，逐漸了解自己的「優勢智能」，有了優勢智能使自己在學習上「更有信心」與「成就感」。

3. 以「好的嗜好」取代「不好的嗜好」：學生常有不良的嗜好，學校介紹好的休閒嗜好，如登山、游泳、自然探索、舞蹈、才藝等的探索，學生發現自己有「好的嗜好」、「好的才能」，不好的嗜好與缺點逐漸消失。

4. 發展融入式「多元智能課程」，提升學習效果，並可充實「空白課程」內容：多元智能的課程，以第二種、第三種智慧的學習方式加入另一個學程，如體育課加入音樂、打字課加入音樂，英語課加入歌唱、國文課加入戲劇，可以提升學習效果，實驗成功的課程加入「多元智能課程選修」。

5. 營造多元智能的「校園文化」：學校以多元智能為主題，建設「智慧亭」、「藝術大道」、「圖書館前休閒草坪」、「藝術展示館」、「多元智能電子報」，及營造「勤學奉獻」的校風，使學校具有多元智能的文化氣氛。

實證研究六：（續）

研究發現	6. 發展「多元評量」取代「單一評量」：本校實驗採用報告、問題解決、主題研究、背誦、觀察、表演來取代紙筆測驗。
	7. 使學習、教學更加趣味化：經由多元整合的學習方式，將優勢智能的學習方法，融入各科學習，學生更有興趣學習，教師教學更加活潑與提升教學成就感。
	8. 多元智能的教學可以「改善人際關係」、「增加溝通能力」：多元智能的教學方法，常用「分享學習」、「合作學習」，同學的感情增進不少，溝通能力也不斷提升。
	9. 教學的場地由教室擴充至「原野」、「高山」及「森林」：玉里高中位於玉山旁、秀姑巒溪畔，把自然的原野作為上課的教室，物理課不再那麼枯燥，把學生帶到山谷去做物理實驗，如何來求生，學生獲益良多且驚嘆不已。
	10. 採用「統整教學」、「融入教學」、「表演教學」，使教學與學習更精彩：以主題式戲劇，由學生參與劇本，表演音樂之設計，可以發現有許多的新體驗與新的學習成果。一齣戲可以融入語文、文學、音樂、舞蹈、藝術、人際智能等，可以培育許多潛能。
	11. 多元教學可以經由戲劇發表，培育領導才能及藝術智能：整合戲劇、文學、舞蹈、歌唱、創意能力、劇本撰寫、責任感、工作毅力等，來發掘領導人才。

第八節
具備多元智能特質的領導者

一、邱吉爾

　　邱吉爾（Winston Churchill，1874-1965）讀英國公學時，數學科目分數常是個位數，語言又表達不清，被老師視爲頭痛人物。他驍勇熱忱，老師建議他去讀軍校，邱吉爾對數學、拉丁文課厭惡，常蹺課浸淫在歷史、詩歌、學術名著中，如達爾文的《物種起源》、Adam Smith的《國富論》，他能依照自己的興趣，追求深遠的學識基礎，更重要的是他常加入「機智」與「幽默」的詞彙彈藥。邱吉爾幽默的智慧如：「失去的，永遠不會比你手上握的多」、「失敗是成功的階梯」、「應該用信心與智慧來面對未來的困境」等。

　　邱吉爾一生的成功來自於他爲自己設計「智慧成長的大學」。別人休息的時刻，他把「讀書、研究當娛樂」，一次看好幾本書「以免乏味」。有了豐富的學識及領導經驗，使他的「領導魅力」不斷提升。他遇到一位美國政治家科奇藍（Bourke Cochran）問他學習演講的技巧，之後寫了《雄辯支架》一書，中心主旨要簡單，即找出「最堅強的理由」，隨後舉出「支持的事實」。邱吉爾迅速成爲演講高手，他自我的教育設計，使自己不矯揉造作，是同儕所學不到的。他的演講中「沒有謬誤、誇張或造假」，那是天然的風格，他的演講有「歷史感」、「掌握時機」，最後的「停頓點」，讓人留下永恆的印象。

　　邱吉爾對寫作的用心，他以文章可以打響名號，敲開政治之門，他對於文章、演說、備忘錄、著作都極用心，以達到「特定目的」。他的

著作《我的早年生活》（*My Early Life*）渾然天成，在被罷官之年亦維持正面的公共形象。他的演講常從爭議焦點中獲益。其演講先冷靜大腦，再牽引心弦；先說理，再作結論；並且與歷史史實作對比，讓人甦醒。他不斷磨練自己的「記憶力」，並培養出對「文字的韻律感」。他的演講即使是「口誤」，也是事先精心策劃。他著有《第二次世界大戰回憶錄》（*The Second World War*），共分六冊，第一冊《風實緊急》（*Lathing Storm*）、第二冊《最光輝時刻》（*Their Finest Hour*）、第三冊《偉大的同盟》（*Grand Alliance*）、第四冊《命運的關鍵》（*Hinge of Fate*）、第五冊《緊縮包圍圈》（*Closing the Ring*）、第六冊《勝利與悲劇》（*Triumph and Tragedy*），這本著作使他在 1953 年榮獲「諾貝爾文學獎」。

　　邱吉爾的「多元智能領導特質」分析如下，他具備：

㈠語言與演講才能

　　語言智能、演講智能從興趣的科目出發，學習歷史、詩歌、英文、演講、寫作，把自己的思想與「歷史觀」、「社會議題」、「民生問題」相結合，語言的表達呈現韻律、節奏、表情、動作、幽默，常能嘗試「自我摔了一跤」來振奮人生。「成功經驗」足以振奮人心，「失敗經驗」更可扣人心弦。生活與人生何妨有晦暗的日子，端看你如何「努力度過難關」，即可重見陽光與喜悅。

㈡領導智慧

　　關於領導智能、文學智能及內省智能，政治的參與可以學習的地方很多，如：

　　1. 領導的機會：如何影響別人的意志、情感及行動，實現個人目標及理想。

　　2. 領導的智能：包含計畫、組織、決策、評量、自省、人際等能力，記錄於《第二次世界大戰回憶錄》，書中記載著領導者的統合智能。

3. 領導的本質：邱吉爾常展現「睿智」、「主動服務」、「主動關懷」、「投入時間」及「與人分享」的成功領導特質。

4. 找出歷史的智慧：「失敗是邁向成功的台階」、「激勵部屬不斷精進」、「有勇氣才能到達光明」。

5. 同理心：給予「對方尊嚴」，讓對方「無攻擊力」。給予同理心，更可以解除其武裝。

6. 提拔有效率的主管：表達欣賞與感謝，可以贏得忠心。

7. 對部屬表示忠心，可以提升彼此的信任。

8. 獎勵有創意的部屬：可以提升競爭力。

9. 優秀的領導重視「長遠的成功」，不是眼前的優勢或占到便宜。

㈢肢體智能、空間藝術智能及創造智能

邱吉爾很重視生活中的休閒娛樂，以提升創造力、幽默感及消除壓力，面對重大的任務，他的休閒生活興趣很多元，包含繪畫、旅遊、拓展心胸及視野、看幽默電影、砌磚、飛行、寫作，他不只是一位政治家，更是歷史學家、記者、飛行員、磚匠、幽默的演說家。邱吉爾之所以有這麼多成就，歸功於他知道「如何放鬆」，知道選對「時間體力」，最佳時刻專注去做「研究」，他說：「如果沒有放鬆、沒有嗜好、沒有對美食美酒的熱愛，就沒有啟迪創意的靈感與動力。」其創造智慧可自我的放鬆、消除壓力及充沛的體能（張慧英譯，2004）。

二、具備多元智能特質的領導典範——證嚴法師

證嚴法師（1937-）已70歲，天天勤奮修行、賑災、上大愛電視台傳播濟世事蹟，善領導、能組織、又能以身作則，推動合心、互愛、協力的領導理念，最重要的是她把修行智慧寫成《靜思語》與人分享，可稱為當代偉大的宗教家，也是具有大慈、大悲、多元智慧的領袖。

㈠生平簡介

　　證嚴法師本名王錦雲，出生於台中清水鎮，出生時家境貧困，父親把她送給二叔父王天送養育。王錦雲五個月長牙，十個月會走路，一兩歲時就很聰明了。爸媽口裡的「雲仔」，從小總是安靜的看、細心聽，父母再怎麼心煩氣躁，只要面對這個女兒，「心情就會平順下來」。一次她出麻疹，發燒到 40 度，卻依然不哭不鬧，「雲仔」漸漸長大，很會幫媽媽做事及照顧弟妹。她 20 歲那年母親胃穿孔需開刀，她向神祈禱而奇蹟似地好起來，24 歲那一年父親腦溢血突然撒手西歸，錦雲悲慟至深，感覺人生「何等無常」。24 歲那一年與兩位共同割稻的尼姑相談間，認為「天機已到」，就搭火車輾轉到台東鹿野掛單修行。因緣際會拜見「印順長老」，印順看到這個自己落髮的單薄女孩，心生歡喜，竟然應允收為徒弟，為伊寫了法名「證嚴」，匆忙開示道：「為佛教、為眾生。」重烙在她的心裡。證嚴正式出家，移單到花蓮，伊帶領弟子潛心禮佛，一不趕經懺；二不做法會；三不化緣。自立更生，做加工，以堅苦的方式維持生活。1966 年當時花蓮的貧病均得不到良好的照顧，二位修女來向她傳教，證嚴反省：「佛教缺乏對社會具體的表現，但求獨善其身，缺乏兼善天下；為何基督教蓋學校、設醫院，很少看到佛教徒有所行動，對社會有助益。」佛教徒潛發善願，因淡薄觀念無法彰顯，若能「集合眾善心與力量，清貧救難」，人生悲劇可能減少，善願未能實現如同「寒冬中，看眾生熬寒；夏日裡，看眾生焦燙」。於是在 1966 年 3 月發願，成立「慈濟功德會」，她與信徒六人每天多做一雙嬰兒鞋可賣四元，每天存五毛，「每天發一次愛心」，四十年來從沒間斷。證嚴說：「願有多大，力就有多大：發多大的願，就有多大的福；佛心即人心；人心即佛心。」她認為：「佛法不是高不可攀，啟發良知、發揮良能，人人可做菩薩。」證嚴說：「能幫助別人的人就是菩薩。」這些參與者，不但濟貧、教富拔苦，而且與樂，顯現出「悲智雙運，柔和忍辱，歡喜做，甘願受的菩薩步履」。

　　在家居士的捐款是不夠的，還需要為慈濟找到活水源頭，於是決定辦一所醫院。1984 年 2 月動土，只募得 3 千萬，總工程費需 8 億元，工

程中有時由於募款困難而面臨停工。1986 年 8 月「佛教慈濟綜合醫院」終於落成。她首開不收保證金制，並在義工微笑、親切的關懷，使病人來到醫院，覺得如沐春風，平和恬靜。

㈡證嚴法師的「修持與人生觀」

證嚴的自我修持方法：

1. **願力有多大，福就有多大，力就有多大**：無船舟能運載，就「以己為舟車」，欲成為菩薩，需依法實踐，故其修行方法「以己為舟，以法為舟」。

2. **說一丈，不如做一尺**：證嚴慈悲大願，做每日發善心，存五毛，一天做起，祈求能解決別人的貧、病、災難，實踐觀世音菩薩的「聞聲救苦」志業，精神感動世人，做事的態度更是「以苦為樂」，常自我勉勵「歡喜做，甘願受」。

3. **修身、修心、修口三業並進**：「口說好話」、「心存善念」、「身做好事」，進修自我全人格的教育、修持、精進，她說幸福人生很簡單：「安心睡、快樂吃、歡喜笑、健康做」。

4. **對生、老、病、死的看法**：證嚴引用佛陀對阿難的對話：「人的生、老、病、死是很自然的事，你為何這麼悲痛呢？」阿難說：「舍利佛可以代你教化眾生，他走了，你的教化重任會更重，而心痛。」佛說：「人的生命長短，要看與世間的因緣而定。」佛與弟子一樣的經歷少年、青年、中年，乃至寂滅。少年為學法，中年為弘法，老年時要分秒精進，所以我們要好好把握時間，付出良能，發揮生命的價值。

5. **現在就是修道的好時機**：證嚴說：「每一天都是做人的開始，每一刻都是自己的警惕。」又說：「時間可以造就人格，可以成就事業，也可以成就功德。」「一個人在世間做了多少事，就等於壽命有多長。」命在呼吸間，無人能擋得住死期，「無常的生命」，我們要「愛惜它、充實它、利用它」，讓「無常的寶貴生命，散發出真善美的光輝」。人的心如一畦田，土地沒有播下好種子，是不會長出好的果實

來。不必刻意在佛前點燈，重要的是點燃自己的心燈，來照亮別人。證嚴法師行菩薩道，推行四大志業：即慈善、醫療、教育人文，及國際賑災等。曾榮獲多國的榮譽獎，其名列美國的世界名人牆之列。

㈡證嚴法師的「多元智能領導特質」

1. **優異的情緒智能與內省智能**：證嚴說：「人情、色、名、權、利」之誘惑，能躲得過；「能懺悔」，才能洗去污染；「認錯」，才能走正確的路。證嚴法師說：「為別人的過錯發脾氣，就是在懲罰自己。」「能尊重自己的人，才能勇於縮小自己，縮到對方的眼睛、耳朵，並留在對方的心頭能讓對方感念。」「修行的目就是無我，包容一切，尊重別人，別人也會尊重你，接受你。」「真正的智慧人生，是能分辨善惡、邪正，能謙虛才能建立美滿人生。」「有人對你惡言相向，那是他的修行不夠，你還是行你的善道，以禮相待。」「常受到挫折，有人扯後腿，要感恩天意的磨練，接受天下人、事、物的磨練，才能成為堅強的人。」四神湯──知足、感恩、包容、善解，是其內省智慧的精華所在。

2. **人際智能**：處事，感情能蘊藏在理智中；與人相處，要把感情表現在理智上，如此才能「事圓、理圓、人也圓」。做人以誠正信實，不能自欺欺人、心懷不軌；並能淨化自己的身、口、意，才能感化他人，以達到莊嚴自己、尊敬他人之境。證嚴法師的「精舍精神」，把人際的情感融合成一體。「佛心即己心，師志為己志」，證嚴領導團隊的理念，即「合心、和氣、互愛、協力」精神，可以把人際間的情感交流成為一股大愛清流。(1)合心：願力一致相成，心念明朗清透。(2)和氣：合心不易看到，要用和氣來表現，一團和氣就會萬物興榮。(3)互愛：才能植福結善緣。(4)協力：同心協力，就不怕人、事無法完成。證嚴法師追求的「人際智能」是「人圓、事圓、理才圓」的道理，使人間有愛，使短暫生命轉為「永恆的慧命」。

3. **自然的智慧**：證嚴法師善於體驗「時間的功能」，時間可以成長

學業、道德事業、累積功德、造就人格，「慈濟精舍」，更以「自然的情境」花、草、石、建築以探索宇宙的道理。

(1)把握時辰、機緣：農夫播種看節氣，修行之道看機緣。機會來到要把握。機緣來到可完成智慧的使命。

(2)落葉知秋：警惕生命的無常，了解人生，就可去煩惱，學正法、負起人生責任，幫助他人。

(3)石頭籬笆：安住心思，學習定心，磨練定力，定則慧生，不致造成惡業。

(4)生命之泉：「生命有水，才能生存；人生有美，才會幸福。」「無所求地為世間付出大愛；則人生的價值無限擴展。」

(5)如庭園之老牛：證嚴領導慈濟事業，儘管走得很辛苦，卻覺得很溫馨，小牛也長大，載著四大志業向前行。

(6)榕樹之寬容：能讓鳥兒遮風避雨，體驗事理必須圓融，才能廣結善緣，要懂得與人合和，常能覺悟；有智慧的人，能擴大心胸容納一切的人、事、物。

綜合言之，證嚴之「多元領導智慧」包含境教、行教、慧孝，品格、EQ、自律於一身，證嚴法師的領導智慧包含：

1.境教著手：身之環境，均有教化善道之精義。

2.身教出發：一日不作、一日不食，自力更生，勤儉生活，引導人「人能助人就是菩薩」，引導人間菩薩處處生，使生命成為一個善的循環。

3.品格教育傳道融入生活：簡而易行，「內能自律，外能禮讓」，以四神湯「知足、感恩、包容、善解」來提升人的情緒智慧，以四合心「合心、和氣、互愛、協力」來增進人際智慧。以「慈悲喜捨」來增進人的善心、大愛的胸懷。

4.以四大志業來培育人才：陶冶性情、救助苦難。

5.注重「愛的領導」：有「政治領導智慧」的人除要用愛去化解對立、衝突，愛有其「承載的力量」，愛的力量最大、多看別人的優點；

我們的心包太虛，量同沙界，以佛心爲己心，最好的領導智慧，國家領導人能「以愛心領導」整個社會，一定充滿祥和；領袖的言行，就是民衆的身教。

三、具備多元智能的領導典範——比爾蓋茲

㈠生平簡介

比爾蓋茲 1955 年 10 月 28 日出生於美國西雅圖，有一位姊姊，一位妹妹，父親是西雅圖的名律師，母親爲教師，社交關係良好。求學過程時的他可以左右手寫字，經常給自己小小的挑戰。小學六年級時表現不佳，常與母親爭執，父母決定帶他去看心理醫生，接受輔導。心理醫師與比爾蓋茲相處一年後，告訴他的父母說：「強迫比爾遵循傳統的行爲模式、或變得更聽話，其實是徒勞無功的。」他 7 歲時就閱讀百科全書，對名人傳記、科學覺得非常有趣。父母鼓勵他廣泛閱讀，並且獨立思考。比爾在高中時參加過戲劇比賽，他能把每一個句子用「影像烙印」在自己的腦中。

比爾七年級時於母親的俱樂部第一次接觸「電腦」，開始著迷電腦，經常幫別人設計電腦程式，他與 12 位湖畔中學的同學，成爲電腦軟體的先驅。比爾只追求自己有興趣的學科，不在乎沒興趣學科的成績。

湖畔中學的數學老師 Fred Wigne 發現比爾有一種天賦：「他有發現電腦程式捷徑的能力，與計畫管理的天分。」他在湖畔中學是出名的「電腦軟體設計奇才」，他的數學運算速度比他的師長還快，他設計一套排課系統獲得 5,000 美元，這套排課程式，可爲學校解決排課問題。

1973 年比爾以全國資優生的身分，獲得普林斯頓、耶魯、哈佛大學的入學許可，最後他選擇進入哈佛大學。上了大學的比爾被新的要求和激烈的競爭弄得步調大亂，他蹺課，一連好幾天在實驗室做自己的計畫，他喜歡在所愛的科目表現優異，不理會那些無法引起他興趣的科目。巴莫（Steve Ballmer）是他經濟研究所的學長，擅長於外交及行

銷。比爾蓋茲大學時去修研究所的「經濟學理論課程」時與他成為好友。大學的各項工作都那麼吸引人，但你只能挑選一種。

比爾說：「我珍惜我的大學時代，但為何想離開學校，因為我有一個理想，想創立第一家電腦軟體公司，那種時機不能耽擱。」1975 年《通俗機械雜誌》報導：「革命性的新個人電腦設備」（Altair）。比爾與中學同學艾倫（Paul Allen）決定為新個人電腦發展出一種「程式語言」。它的售價不高，吸引數以百計的訂單，比爾也認為個人電腦將成為主流。他為 MITS 公司寫出程式獲得 3,000 美元及權利金，也計畫為業界發展「標準程式」。比爾父母聽到兒子想輟學，出去創辦一家公司，父母不是那麼興奮，他父母一直非常支持。1980 年美國電腦工業之王 IBM 登門拜訪這位程式設計天才，IBM 主管問比爾蓋茲說公司的路怎麼走？他們不知道他就是董事長。

比爾蓋茲的生活哲學是：「保持焦點，了解你的能力範圍，把時間與精力投注其中，這是成功之鑰。」他把經商當作一種解決問題的挑戰，以有創意的方法去對待生活中的挑戰，會使生活變得更有趣。

㈡比爾蓋茲多元智能的領導能力

比爾蓋茲有「創意的頭腦」、「傑出的管理能力」，更有「多元的領導智能」，其才能集合創造力、領導能力、管理能力於一身，《時代雜誌》（Time）五次以他為封面，稱他為「電腦王子」，個人資產達 750 億美元。他的多元領導才能分析如下：

1. **善用自己的優勢智能**：中學時代比爾蓋茲就有優異的數學成績，及對電腦程式設計感興趣，他以幫他人解決電腦程式問題為最快樂的事；至於他不感興趣的科目，他並不在乎其成績，是一位頂尖的數理資優生。

2. **具有預測的內省智能**：他進入哈佛大學，發現幫個人電腦設計合適的程式，時機已經來臨，個人具備頂尖的能力，因此機會不可失，繼而輟學成立「微軟公司」。

3. **善於運用人際合作智能**：比爾蓋茲與中學同學艾倫及大學同學也是好友巴莫因興趣專長上的互補，而於 1975 年成立微軟公司，也為Al-tair研發出Basic程式語言，比爾和艾倫善於程式設計，鮑姆則善於行銷管理，因此發展出世界一流的軟體資訊產業。

4. **善於結合多元智能並整合應用**：善於規劃，把握時機，蒐集資訊，建立關係，設計行銷策略。領導者均有高超的腦力，能把(1)長期規劃；(2)創新設計；(3)建立關係；(4)服務人群；(5)發展行銷策略等幾項多元智能加以系統地結合應用。

5. **把握致勝的關鍵在於速度**：以速度為衡量成就的指標，「速度思考」、「掌握資訊」、「有效管理」，資訊發展的速度能捷足先登，就擁有服務天下的機會。其著作《邁向未來》、《數位神經系統》，正描述了他對資訊時代的夢想與工作計畫。

6. **如何領導團隊**？領導團隊的祕訣就是聘請「天下英才」、「平起平坐」、「適才適用」、「互相挑戰」以減少錯誤。

7. **企業如何成功**？應該「創新」，並滿足「顧客的需要」，倘若無法幫助顧客，帶來更方便的生活，不算是有貢獻的企業。比爾蓋茲的Windows平台、通訊平台帶來全球性網路的革命，其重要的貢獻有：(1)對工作方式：改善傳統的文書作業方式。(2)對商業經營：產生網路行銷的契機。(3)對學習環境：形成網路學習資訊網，帶來終身學習的好環境。(4)對通訊的影響：形成全球無遠弗屆的通訊網，改變傳統由郵局投遞為主的通訊方式。(5)在生活方式上：人類的生活更多采多姿，可以透過網路去找尋休閒、資訊與網路立即溝通。

8. **建立學習組織，增加能力，才能創造未來，提升團隊能力**：比爾蓋茲認為「個人與公司的成就」是服務他人贏得的，天下並沒有白吃的午餐，組織要有學習能力才有競爭力。向成功的領袖學習，可以使自己更成功。比爾蓋茲每年休假二週去看數十篇最新的博士論文研究以充實新知，不斷為自己的大腦充實新知，他從不讓大腦輕鬆過日子。

9. **重視「工作環境」**：整潔、樸素、寬敞，有助於思考力的提升；

更重視「勞逸結合」，有好的休閒習慣，有助於提升創造力，微軟公司環境優美猶如一所大學。

10.企業要追求「品質」、「再造」、「速度」，才能生存與永續經營：比爾蓋茲稱資訊革命的目標為，帶來最快、最廣、最有效、最人性的明日世界。因此企業要追求品質、再造、速度，才能生存與永續經營。

11.公司的 IQ 高低，也決定了整個企業的競爭力：數位神經系統的時代，公司的 IQ 高低，來自資訊連結、資訊分享、資訊組織的強弱，整合個人 IQ 的高低，就形成公司的 IQ，公司的 IQ 高低，也決定了這個企業的競爭力。

12.多元智能的領導者之特質，資訊的世界，重視資訊創新、資訊分享、資訊合作：「知識的學習」，可以轉為「能力」，「能力」再轉為「行動」。有了優勢的資訊，才能提出「優勢的戰略」，優秀的領導，在制定「好的策略」與提供「好的努力方向」。

綜合言之，比爾蓋茲從小數理能力過人，善於把握自己的優勢智能，發揮專長的機會，其領導才能展現於：1.預測能力：善於規劃與管理，為遠景做出最有效努力。2.人際合作能力：善於結合專才，實現個人的夢想，將利益與伙伴分享。3.掌握競爭的關鍵：譬如「速度」、「創新」、「企業IQ」、「資訊分享」等。4.能為人類帶來福祉，其生存賺錢才有意義：企業為人類帶來幸福、對人類社會提供服務、教育品質的提升、個人有理想、有創新能力，學校才會帶來發展，教師要專注提升專業，學生才會帶來進步。比爾蓋茲個人對人類資訊的革命帶來極大的貢獻，也對多元領導能力帶來新的啟示。他的數學能力、人際能力、創造力、管理能力、團體IQ、工作環境、管理行銷效率、速度的競爭力等，為領導人帶來許多新的啟示。

國家科學委員會專題研究獎助

中小學資優生領導才能課程教學之研究

計畫主持人：鄭照順、蔡典謨
計 畫 類 別：個別型計畫
計 畫 編 號：NSC91-2413-H-017-016
執 行 期 間：91 年 8 月 1 日至 92 年 7 月 31 日

執行單位：實踐大學師資培育中心
　　　　　高雄師大特殊教育學系

中 華 民 國 九 十 二 年 十 月 三 十 日

摘　要

　　我國在 1997 年公布特殊教育法，把「領導才能」列為資賦優異的領域之一，因此對於如何研發設計領導才能培育課程，進行有效的領導才能培育的教學，及發展適當的領導知能量表等，是當今為培育優秀領導人才的重要基礎。本研究的主旨：1.發展一套領導才能培育課程及教材；2.發展出有效的領導才能培育的教學方法；3.探討領導才能教學的實施成效。

　　本研究以國中小資優生 64 人，普通生 410 人為實施教學的對象。進行兩週，八個領導才能的課程教學；以自編量表及訪談進行資料蒐集，採用變異數分析、次數分配進行分析，本研究主要發現：

（一）領導課程的設計與教學需要採用「小組合作設計」及「長期發展」，才能逐漸成熟與完善。

（二）領導才能的實施方式，可以採多元實施方式：例如可以採用週末、暑假充實方式，平時融入課程、社團活動，及學術專題研究等方式，以提升領導潛能。

（三）領導才能的課程與教學，應兼顧理論、實務經驗，及互動技巧的培養。

（四）領導才能的教學，對中小學的資優生與普通生，均有助於提升其領導潛能。

（五）男女生在領導才能的特質、專業發展及領導行為上雖有差異，但可以互補彼此的不足。

（六）有「開朗、活潑、關懷他人」的個性，以及對「領導有興趣者」、「想學習領導者」等，均有助於在領導才能上，形成較傑出的表現。

（七）資優生與普通生在領導才能的特質、專業發展及領導行為上雖有差異，但可以互補彼此的不足。

關鍵字：資優教育，領導才能，課程與教學

Abstract

The study explores 410 students of junior high schools and elementary schools, including 64 gifted students and 346 students in regular classes. During four experimental weeks, we proceeded eight units of leadership teaching. The research tools include: leadership scales and interviews. The data collected were analyzed by descriptive statistics, frequencies and one-way ANOVA. The main findings were:

1. To develop a good leadership program, teachers need to work together with long term commitment.

2. Teachers may implement leadership program in multiple ways including enrichment curriculum and extra curriculum in various times.

3. The leadership program promotes leadership potential of all students.

4. The male and female students have significant differences in character and behavior of leadership. They both have their advantages in leadership characteristics combining both advantages makes better leadership.

5. The students with character of broad-mind, vivacious, considerate, being interested in leadership and wanting to learn to be leaders have significant profits on leadership learning.

6. The gifted students and students in regular classes both have their advantages in leaderships characteristics, combining both advantages makes better leadership.

Key words: gifted education, leadership, curriculum instruction

第一章　研究緣起與目的

壹、研究的背景與目的

　　各國政府為有效的推動國家經濟、文化、教育、社會、科技、國防等建設，企業界為提升生產力、工作效率及服務的品質等，以維繫國家進步與發展，並增進企業的生存發展等，均需要各種優秀「領導人才」、「管理人才」及「基層勞力」相互的配合、密切的合作才能竟其功。這三種人才中，以領導人才的培育最為困難。目前的各國政府或企業界，均希望有一套系統的領導人才培育計畫。Roberts（1997）指出，常見到的領導人才的培育計畫，都是在成人的職業世界中才開始，很少由青少年階段開始去培育。我國的社會選才系統，目前由兩個管道來培育領導人才：其一，是經由各種「成就測驗」、「學科能力測驗」等方式的大學入學考試，以及國家文官考試來選拔公職的領導人才。以這樣的方式來培育與選拔人才，似乎缺乏有系統的領導人才「培育計畫」、領導人才「培育課程及教學」，而且，匆促地塑造成為「領導人」，已經錯過了青少年「領導人格塑造期」的時機。其二，是經由民意的選舉，來決定各級政府的領導人，這樣的舉才方式，領導人的專業知識與專業能力往往被忽略，而偏重票源的施政取向，堪稱是民主選舉的憾事。

　　Meyer（1996）指出，社會只重視成人的領導力的培育，而忽略青少年領導潛能的培育。因此，許多教育學者如Roberts（1997）、Meyer（1996）及Carpenter（1996）等提出，如果能夠從小學階段、國中階段或高中階段來發展「領導的課程」及提供「領導的教學」，去培育「領導的基本概念」（fundamentals of leadership）、「領導技巧」（leadership skill），將可及早激發青少年的領導潛能，以及培育出較有領導特

質、領導能力的未來領導人。在今日考試主義的學校教育中，少有社會的關懷行動，人際關係的練習，及溝通協調的練習，因此不利於領導人才的培育。Carpenter（1996）提出，到目前為止，國外資優教育的博士論文，涉及領導才能的研究文獻很少，只占了 5%；而在中學的課程與教學，也很少去關心「青少年領導能力」的培育問題。青少年領導才能的教育還有許許多多的阻礙，譬如Roberts（1997）、Meyer（1996）、Magoon（1990）等所言：

1. 因為老師在領導領域的知識，未有整體的概念。（Roberts, 1997）

2. 教師不知如何以有效的方法去培育青少年的「領導技巧」及開發青少年的領導才能。（Roberts, 1997）

3. 教育工作者在思考，如果增加「領導才能」的課程，會不會增進「個人的益處」及「社會的益處」？（Meyer, 1996）

4. 是否能確定「領導課程與教學」能夠增進青少年的「領導認知能力」與「領導技巧」？（Meyer, 1996）

5. 在資訊與科技時代，有能力的「領導者」或「管理者」至少應具備哪些能力？譬如「協調能力」、「激勵能力」、「指導能力」、「問題解決能力」等。（Magoon, 1990）

6. 領導者做決定時，需不需要正規的，或非正式的領導訓練。

7. 而領導課程，所追求的「領導認知與技巧」應包含下列範圍，如(1)「領導的本質與原理」；(2)「問題與危機的解決」；(3)「如何做決策」；(4)「團體動力」；(5)「活動的計畫企劃」；(6)「價值的澄清與判斷」；(7)「溝通與協調能力」；(8)「情緒的管理」；(9)「創意的領導」等單元，是否足夠？（Meyer, 1996）

8. 其他遭遇的困難，尚有：(1)什麼是領導的意義與本質？(2)領導能力是學生的重要目標嗎？(3)什麼是領導技巧？(4)學生如何去學領導技巧比較有效？(5)老師以什麼方法去教比較有效？(6)如何培育全球的領導人？（Roberts, 1997）

9. 領導教學上阻礙如何預防？（Roberts, 1997）

10.領導才能如何發展有效的評量方法及工具？學校校園中是否能夠建立優質培育領導人才的互動環境？

雖然各國政府及企業界均重視優秀領導人才，但是只對成人的領導人做些短期的培訓，而缺乏從青少年階段開始培育未來社會領導人的計畫。到目前為止，領導課程的設計尚在發展中，如何有效進行領導課程的教學，亦需經由實驗教學去建立「教學模式」。因此可以說明，在青少年階段領導課程的設計與領導教學的實驗研究，有其發展的必要性。

資優生被認為具有較高的智力、創造力、擴散思考力及問題解決能力（Sisk, 1993），美國聯邦政府於 1972 年把資優生的才能區分為六個領域：一般的智慧能力（intellectual ability）；創造力（creativity）；特殊學術性向（specific academic aptitude）；領導能力（leadership ability）；視覺及表演藝術（visual and performing arts）；以及心理動作能力（psychomotor ability）等。我國政府於1997年公布「特殊教育法」，亦規定資賦優異者，包含下列六大領域：1.一般智能者；2.學術性向者；3.創造能力者；4.領導能力者；5.藝術才能者；6.其他特殊才能。在上述六大領域的資優才能中，「領導才能」是一直較被忽略的研究領域，一般的資優生如Sisk（1993）等所言，一般的資優生已具備較高的智力、創造力、擴散思考力及問題解決能力，因此被認為較容易培養成為未來優秀社會領導人，只不過這一類的研究在我國尚未進行。

領導能力，是一種個人特質的能力，它來自先天的、能夠幫助他人，且能夠引導別人更進步（Stogdill, 1957）。領導能力是指個人具有超能力及遠見且能夠影響組織與個人心意的改變，而領導的型態與個人特質有關（Bennis, 1989）。Sisk（1993）指出領導的定義，指導個人或團體去做最佳的決定與行動的能力。王振德（2001）提出，領導人的行為特質包含幽默感、責任感、冒險力、創造力、感性、中上的智力、好的判斷力以及自信心。王振德（2001）認為領導技巧包含：好的溝通與協調能力、恰當的做決定之能力、問題解決能力、計畫的企劃與組織能

力等。

　　由於資優生具有較佳的心智發展潛能，如果能夠及早透過「領導才能」課程與教學的陶冶、培訓，將可及早幫助他們進入領導的專業人才領域，去扮演較佳的領導角色（Karnes & Chauvin, 1985）。Willings（1983）建議，如果讓資優生獲得一些協助，去探索他個人特質的角色，再增強他的「人際關係」，增進他對「團體的影響力」，增加其對領導者角色的認知能力，將有可能培育成為一個優秀的領導者。領導的方法會隨社會變遷，而產生一些明顯的變化。譬如在 1940 年代以前注重「個人特質的表現」；在 1940 到 1960 年代間，重視領導行為與被領導者的「滿意感」及「行為表現」；在 1960 到 1980 年代間，注重管理技巧，如何計畫、組織、指導及溝通；在 1980 年代之後，進入轉型領導階段，也被稱為「情境模式」（situational model），Bass（1985）提出「轉型領導模式」（transformation and transactional models）：領導行為導向，以共同的目標任務去進行「和解協議」（transaction），以增加機構的競爭優勢與益處。這階段的領導角色在整合「團體動力」及增強「個人的功能」。

貳、研究的目的

　　綜合上述這些領導方法與角色的變遷，可以了解領導的意義不易掌握，領導的課程設計也不是很容易。但我們可以肯定「領導人才」的培育是很重要的。基於上述的研究背景分析及研究的動機，為及早發掘及培育有領導潛能的人才，本研究計畫於國小、國中階段，進行領導才能的課程設計，及實施領導才能的教育實驗，以驗證領導及才能課程與教學實施的效果，本研究的主要目的：

　　1. 探討領導學的理論基礎。
　　2. 探討領導課程的主要內涵。
　　3. 分析青少年領導才能培育的模式及設計出領導才能的培育課程。
　　4. 進行領導才能的教學，並分析實施效果。

5. 提出領導人才培育的相關建議。

參、研究的重要性

1997 年政府公布之「特殊教育法」正式把「領導才能」列爲資賦優異的一種，又於 1999 年教育部公布「身心障礙及資賦優異學生鑑定原則鑑定基準」第十八條規定：「所稱領導才能優異，指具有優異之計畫、組織、溝通、協調、預測、決策、評鑑等能力，而在處理團體事務上有傑出表現者；其鑑定基準爲：(1)領導才能、特質測驗百分等級在 93 以上。(2)專家、教師、家長或同儕共同推薦具有領導特質與表現者。」我國特殊教育法公布以來，在「領導才能」的鑑定工具之編訂，有台灣師大王振德教授（2001）發展三種領導才能的鑑定工具包含：一、人際經驗量表；二、學生領導能力特質量表；三、頒獎活動提名量表等。在「培育領導才能」的課程設計內容，正在起步當中，鄭照順（2001）提出「國中資優生領導才能的課程與教學實驗」於 2001 年世界資優會議發表，爲國內資優生領導才能課程設計與教學實證研究的開始，爲進一步將「領導才能的課程與活動」做更有系統的發展，以作爲我國發展青少年領導潛能的課程基礎，故須進行本項「中小學生領導才能課程設計」的研究。本研究分爲二個階段，第一階段進行領導才能課程的設計；第二階段把「領導才能課程」落實於實際的教學之中，並進一步研究領導才能培育較有效的教學模式，以爲未來實施領導才能教學的參考。因此本研究的重要性，在設計一套有系統的領導才能培育課程及發展領導才能的教學模式。

晚近更重要的教育發展趨勢，是需要建立「全球化」的教育觀，各國的教育文化、經濟建設、貿易、政策上的縱貫與連橫、社會關懷等，已跨出自己的國界，尤其 2002 年 1 月起台灣正式成爲 WTO 的會員國，使台灣的社會更加國際化，形成一股國際人才的大競賽，如何提早發掘有潛能的領導人才，政府當務之急應是採用各種課程與教學模式加以培育。Clark（1992）提出透過一些資優教育課程，充實課程的實施，可以

幫助資優生發展出更高的潛能，這些特殊才能的發展一方面可以幫助自
我實現，一方面也可以帶動社會的進步與發展。Clark（1992）等進一步
提出資優生有優異的表達溝通能力、抽象思考能力、問題解決邏輯力、
系統能力、創造力、預測能力及綜合統整能力，如果能給予適當的「領
導課程訓練」較易培育出優秀的未來社會領導人。因此本研究乃著重以
國中小學生爲實驗對象，來驗證領導課程對資優生與普通生的教學效
果，以爲培育領導人才的參考。如此可以提供我國中小學在培育領導才
能的課程設計及教學實施方式的參考。

肆、名詞解釋

一、領導的知識與技巧

本研究所稱領導的知識與技巧包含領導的基本概念，領導的目的，
領導的動力，計畫與組織能力，溝通與協調能力，決策與預測能力，情
緒管理能力，危機的因應能力，團體動力與號召，創意的領導能力，社
會關懷實踐與承諾，領導情境的衝突、壓力與問題解決，及人際關係的
技巧等（鄭照順，2001；Roberts, 1997）。

二、領導技巧自評量表

包含領導的認知，個人特質，團體動力技巧，問題解決技巧，創意
領導力，社會關懷行爲，人際溝通技巧，情緒管理技巧及組織企劃能力
等九個分量表。（王振德，2001；鄭照順，2001）。

三、領導潛能的教師觀察量表

包含個人創見的能力，溝通表達的能力，組織與團體動力活力，人
緣，企劃能力等（王振德，2001；鄭照順，2001）。

第二章 文獻探討

壹、資優生與領導才能淵源

　　資優教育的發展史，起源於古典希臘時期。蘇格拉底指出，不同的成就來自不同的認知層次的發展，他對資優教育的概念，來自他對個體學習速度及學習成就的觀察。資優人才常能自我反省、沉思，去發現新的智慧。蘇格拉底也鼓勵應及早培育資優生（Carpenter, 1996）。柏拉圖也建議應及早去鑑定與培育國家級的領導人才，如此可以將國家做有效的領導。蘇格拉底與柏拉圖主張資優生的認知發展，可以經由加速的培育而達到高層次的學習成就（Sisk, 1987）。生物學家 Darwin 指出，智力變化是經由生物基因、社會、文化環境、健康等競爭因素，而引發個體的改變。Binet（1905）發現智力測驗（intelligence tests）的方法，採用手指操作能力、記憶力、判斷力、推論能力、理解力去測定人的綜合智慧能力。Thurstone（1938）描述人類基本的心智能力包含語文能力、空間關係、記憶力、推理能力、工作靈巧度、知覺的速度等。Guilford（1959）提出智力包含三個層面：運思方法、運思內容及運思的成果等。Piaget 提出認知思考的發展階段論，認知能力受身心的成熟度所影響，他的認知發展理論包含感覺動作智力期（0-2 歲），具體思考前期（2-7 歲），具體思考期（7-11 歲），抽象思考期（11 歲以後）（引自張春興，1994）。Passow（1988）提出，如果給資優生教育發展的機會，將可提升其心智潛能、心智結構、基模及思考系統。Renzulli（1977）指出，資優生的三項重要特質，包含一般的心智能力，創造力以及任務的承諾（task commitment），任務承諾即是一種強烈的動機因素，持續不斷努力的意志力。Gardner（1983）提出多元智慧理論，經由大腦神經心理學的實證研究發現，人類的智慧應該包含語文智能、邏輯

數學智能、音樂智能、空間智能、身體動覺智能、人際關係智能、自省智能及自然智能等。

　　1988年，美國聯邦國會通過100-297法案，USOE對資優生的定義：「資優生心智能力、創造力、藝術能力、領導能力及特別的學術領導有較優異的能力與成就，學校需要提供一些特別的服務，經由充實活動去充分發展他的潛能。」Clark（1992）提出天才兒童不是依靠其遺傳的基因與生理結構因素的優勢而永遠獲得優勢，更重要的是要提供一些適合發展心智的環境與機會，其資優潛能才能不斷再發展。Renzulli（1992）亦提出要發展資優學生的才能，需要提供較廣的教育及服務機會，譬如應為資優生設計一些充實課程，其領導才能、創造才能、藝術表演才能，才能充分被發展出來。Clark（1992）對Gardner的多元智力論中，「腦力單一運作」提出論辯，她認為大腦的單一功能的運作，經常是相互作用與互動的，大腦的聯合本質是值得重視的，資優生有許多大腦的優勢區，所以在領導才能的培育上可能占有優勢。

貳、領導的理論與發展取向

　　「領導」是一個大家都熟識的名詞，但很難去做定義，因為每一個定義都會關聯到不同的領導特質與能力，以及各種情境中領導的取向。Perino（1988）對領導的定義如下：「領導是一種能力，它能在一個情境中影響團體建立一致的共識與行動，朝向共同的目標。」Perino（1988）進一步指出，領導者應有一些共同的特質，包含渴望去領導別人，有能力去了解自己及關懷別人，有指導別人的技巧與能力，有領導別人的專業知識，以及好的溝通、協調能力等。Passow（1988）也同意領導是非常難以定義的，但又必須對領導有清楚的概念，他認為：「領導是一個團體的歷程，經由團體互動，建立團體的願景，幫助團體及個人達成目標。」Lamb 和 Busse 進行領導行為的科學研究，發現領導者的任務重點，首先在提升整體的工作士氣，即增進工作的愉快；其次幫助部屬在工作上獲得成就感（引自謝文全，2007）。

領導的研究，以 20 世紀以來領導的研究取向，大約可以分為四個時期：一、特質導向研究（trait approach）時期：約從 1900 年到 1945 年之間，其研究特色乃針對領導人物的個人屬性、人格特質做科學性的調查分析。二、行為導向研究（behavior approach）時期：約自二次世界大戰 1930 到 1960 年代，其研究重點在探討領導者所表現的外在行為，做科學的觀察記錄。三、情境領導研究（situational approach）時期：1960 年代時期，開始將領導的情境變項列入研究的重點，此種情境因素，包含領導者與被領導者的特徵、價值觀、認知差距、任務性質，以及群體結構特性等。四、轉型領導（transformational leadership approach）時期：此時期較重視強化個人、組織的優點。重視集體的期望，以建構共同發展的藍圖，增加個體的潛能發展及功能，重視人際的支持，以提升團體的競爭力。對於 20 世紀的領導理論與發展取向，綜合各家學者整理如表 1。

表 1　20 世紀領導理論與研究發展趨勢

時　期 （代表人物）	領導理論、研究發展途徑（學術基礎）	研究重點
1940 年代以前，Stogdill 等	特質論：受古典哲學影響。	領導能力是天生的，人的智慧是天生的、有不同的發展層次。
1940 至 1960 年間，Hemphill 等	行為領導理論：受行為心理學影響。	領導行為與領導效率、效能有關聯。行為是可觀察、統計、分析的。
1960 至 1980 年間，Fiedler 等	權變領導理論：溝通理論、心理互動。	領導者需了解工作結構、人際關係、決定權力的大小、心理取向、環境因素、互動途徑等。
1980 年以後，Bass 等	轉型領導論：受科際整合、人本心理學、學習型組織理論的影響。	增強個人功能、組織優點、人際支持性、個人與組織目標兼顧、資源整合、成熟度，提升整體競爭力等。

資料來源：鄭照順整理（2003a）。

參、資優生與領導課程的內涵

　　Roets（1988）主張領導是一種技巧及藝術，他認為每一個人均有領導的潛能，因此領導能力可以經由教育課程設計的途徑加以培育及應用。Roets（1988）找到一些領導技巧的學習證據，領導技巧可經由參與學校、教堂、青年組織的社團活動去獲取一部分，但假如他是被動的追隨者，比較不易表現出領導的行為。Roberts（1997）提出領導的四個重要步驟是：1.協調：商量大家的共識去訂定計畫；2.建立制度：以制度來領導，有制度則機構不會混亂；3.凝聚力：有互助合作的組織，樂意為這個團體去付出努力；4.成立支援中心：包含經驗、智慧、人力、物力的分享與支援。在計畫與制度擬好之後，領導者就成為一個「制度的追隨者」，此制度可以把被動追隨者，轉化成為制度領導的角色，使一團體成員承諾他們的信念、價值及理想，使這些追隨者靠著「道德的權威」而不是依靠「階層權威」或「心理權威」來做事。Chauvin 和 Karnes（1983）提出成為一位好的領導者，應具備下列九種領導技巧：1.了解領導的本質與原則；2.溝通與協調的技巧；3.專門的知識能力；4.價值澄清的技巧；5.做決策的技巧；6.團體動力的技巧；7.問題解決的技巧；8.個人人格魅力的技巧；9.組織企劃的能力等。這些領導的能力與技巧，如果能夠設計成為「領導才能」的活動課程，將可幫助培育青少年的領導能力。Chauvin 和 Karnes（1983）把上述九項領導技巧編成「領導技巧評量表」（Leadership Skills Inventory），此項自我評量表，也可應用於評量及了解領導課程的教學效果。

　　有關學生領導課程的實證性研究，在 1983 年於美國匹茲堡大學研發一套「領導才能訓練課程」，實施的對象為八到九年級的學生。這一項結構性的領導練習與活動有助於幫助學生了解他們的領導知識、領導態度及領導技巧。學生也應用領導的知識與技巧，做出一份中學階段個人的人生領導計畫。對這個研究的後設回饋評鑑，學生提出他們獲得豐富的領導知識與領導態度（Roberts, 1997）。Meyer（1996）對一個資優

中學生的團體，進行一週的領導才能課程訓練，採用任務性的結構課程，學生可獲得參與感與成功的滿足感，此項研究也發現領導任務也會影響領導的型態，會產生「參與式」、「活潑式」、「權威式」、「被動式」、「敵對式」、「成果式」、「歷程式」的領導，這些領導型態將會影響領導的結果。這一研究亦發現，一個團體常出現「參與式的領導」將會使每一個人感到成功感。DeHaan（1962）進行小學及中學生的領導課程教學的研究，發現小學生不容易即刻察覺領導的意義及具體的影響力，但中學生對領導知識的了解，已具有較抽象與理想主義的色彩，譬如服務與關懷他人，受人尊敬，保持較高的理想等。

Karnes 和 Meriweather（1989）調查 7 至 12 歲的青少年對領導課程的觀點，他們認為下述七項是必要的能力：1.好的溝通協調技巧；2.做決定的技巧；3.自我的信心；4.智慧；5.責任感；6.熱心與關懷；以及 7.創造力。在學生的調查報告中，學生認為「領導才能」的課程訓練是必要的，且需要於學校課程中優先實施。學生的心理需求，認為領導課程可以去準備擔任領導者的角色，他們也可幫助計畫去獲得好的教育、工作中領導的地位、社會中自願服務的義工及相關活動。學生的報告中也提出健康問題、壓力導致的問題、時間與活動過多負荷的問題，都會影響領導者的行為。鄭照順（2001）對高雄市國中二年級 32 位資優生及 32 位普通生進行 8 週的領導課程教學，每週 4 小時，研究發現：1.領導教學使所有參加學生的領導知識、領導興趣、人際關係技巧及溝通技巧等均有明顯的進步；2.資優生在領導的知識、抽象思考及預測層面表現較優；3.普通生在領導興趣、社會關懷等層面表現較優；4.資優生與普通生、男生與女生均可以培養成為不同層面的領導者，且有互補作用。

Roberts（1997）提出三種美國對青少年領導才能的課程設計模式，可分為：

一、傳統領導課程模式（traditional leadership program models）

此項領導才能的課程設計，認為如果提供適當的領導訓練，將可以

使學生參與組織領導表現更有效益。學校要培育學生的領導才能，應提供實際的領導經驗、統整課程的教學、學生參與公民的課程等，可以提供學生領導的機會，並教他們如何面對做決策的後果。上述這些經驗可以幫助學生發展實際的領導技巧。此一課程亦指出應提供學生自治的經驗，依據學生的需要去設計活動課程，並融入當代的政治議題，及對政府組織與功能的了解，這一項課程訓練的時間可規劃為一到三週。

二、學術性社團的領導課程模式（academic leadership program models）

此種領導才能的課程設計，是經由學生主動的參與領導課程，去了解自己的優勢與弱點，學生可以選擇自己需要的活動去增強他的特殊需要，並可進而使用「領導技巧評量表」去評估個人領導才能的優缺點。這一項領導課程的特點，是較有學術性質的計畫，學生可以選他需要的知識、技巧去影響他的社區、班級、教會或未來的生涯計畫。

這些領導課程的計畫包含確定努力的目標、明確客觀的資源、適時的活動及回饋評鑑等。這一項領導課程，從六個方向去評估成效：1.學生的自信心；2.責任感；3.參加領導活動的動機；4.溝通的技巧；5.人際關係；以及 6.時間管理技巧等方面的進步情形，去評估領導課程的成效。課程的設計以五週為原則，每週有半天的時間參與學術性社團。這一項基礎課程包含城市歷史的研究，透過個人及團體去解決問題，目標在增加學生領導的信心，並了解他們面對整個社會發展潛能的規劃能力。

三、專業的領導課程模式（professional leadership program models）

Meyer（1996）提出一項實際的領導課程，使參與者開始服務他人，經由領導服務的參與，可以幫助學生去分析他們的技巧，學習如何處理團體的動力學、同儕的壓力與領導角色的發揮。這一項課程著重在參與領導，如何與人協調及加入一個服務的委員會去做事與成長經驗。接受這一專業領導課程的必要堅持與知覺下列信念：1.堅持值得做的事；

2.慈悲的胸懷；3.人道主義的世界觀；4.領導學生親自參與社區健康活動計畫的事務或捐血等。這一項專業領導課程模式亦強調「領導的概念、知能」、「領導技巧」、「領導工具」、「領導資源」及「領導風格」的學習。專業領導課程模式更強調去學習領導者的角色、團體動力、溝通技巧、領導被批評的層面、透過自我評估表去了解自己的優勢與弱點，如此才能不斷發展自己的領導潛能。

綜合言之，正如Passow（1988）所言，教育家們也認為領導才能需要被訓練，需要去實際體驗，這些訓練、體驗可透過課程發展、課程研究及行政的支持去實施，我們要進一步去了解領導能力與資優生之間是有相關聯的，因為資優生有較好的抽象思考能力、推理能力、創造力、記憶力等。Passow（1988）建議學校應提供領導課程給予學生有機會去發展他的領導潛能。Karnes 和 Meriweather（1989）提出，早期有領導經驗的青少年與成人階段擔任領導者有重要的相關。多數的教育家也確認領導能力的發展，應在青少年階段開始培育較佳，然而卻很少提供系統的領導課程與教學給青少年，此為本研究重要的研究要旨。

第三章　研究方法及實施步驟

壹、領導課程設計的內涵

本研究包含「領導課程的設計」及「領導教學的實施」，故分為二個階段來進行。第一階段依據領導理論的主要內容，包含領導的本質、預測能力、危機因應、領導技巧、團隊的組織與號召力，情境中的衝突解決能力、問題解決能力、情緒管理能力、組織企劃能力、溫情激勵與社會關懷能力，領導人的組織溝通技巧，以及領導者的創意能力等。如何將這些領導能力的重要內涵，設計成為教學的活動單元，是本研究的重點之一。第二階段，進行國中、國小資優生領導才能教學實驗，這階

段的活動內容，包含各項領導活動單元的教學；本研究領導才能的教學實驗，包含下列單元：

一、領導的本質、預測能力及領導技巧。

二、團康領導人的活動技巧。

三、領導情境中的衝突、壓力與問題解決。

四、創意的領導人與創意活動。

五、領導者社會關懷、實踐與承諾。

六、領導者的人際關係與溝通技巧。

七、領導者的情緒管理練習。

八、領導者的組織及企劃能力練習。

貳、研究假設

本研究旨在探討是否可以經由「領導課程」的設計與「領導教學」的實施，來增進中、小學資優生領導認知、領導態度、領導行為表現，以提早培育其領導的潛能。本研究係以國中、國小的資優生、普通生為實驗對象，並安排一組控制組，作為本研究參照的依據，並進行實驗組的前後測，以了解實驗教學的成效，因此本研究提出下列研究假設：

一、國中小實驗組（資優生）與國中小實驗組（普通生）在領導課程實施後之比較

假設 1：國中、小資優生與國中、小普通生在領導認知態度上有差異。

假設 2：國中資優生與國小資優生在領導認知態度上有差異。

假設 3：不同性別的學生在領導認知態度上有差異。

假設 4：不同個性的學生在領導認知態度上有差異。

假設 5：不同的領導興趣的學生在領導認知態度上有差異。

二、實驗組與控制組在領導認知態度量表之比較

假設 6：實驗組的學生在領導的「認知、態度」、「人際關係與溝通」、「情緒管理」、「壓力與危機處理」、「組織及企劃」、「活動的倡導表達能力」等層面均優於控制組的學生。

參、研究對象及實驗設計

經由 Roberts（1997）、Meyer（1996）等學者的研究，欲培養未來社會的優秀領導人才，在青少年階段加以培育，可以幫助領導潛能的開發；如果能夠向下延伸到國小階段，作為資優生的充實課程，是否能對國小資優生的領導能力有幫助，此為本研究的重點之一，因此本研究以高雄市國中、國小資優生為對象，從國中 35 所，國小 70 所中抽樣選取高雄市立龍華國中分散式資優班及高雄市十全國小集中式資優班作為領導才能課程實驗的對象，主要研究設計詳如表 2。

表 2 國中、國小資優生領導才能教學實驗設計

組　別	前　測	實驗處理	後　測
國中、國小實驗組（A1 組，B1 組）	64 人（A1 組，B1 組）	×	64 人（A2 組，B2 組）
國中、國小控制組（C1 組）	410 人（C1 組）		

肆、研究工具

依據研究的目的、研究設計的需要，本研究參考 Roberts（1997）所編「領導技巧評量表」（LSI）、Meyer（1996）所編「溝通技巧、團體動力、領導基本概念、情緒管理量表」（Communication Skill, Group Dynamic Skill, Leadership Fundamentals and Emotional Clarification Scale,

CGLE），以及鄭照順（2001）所編製之「青少年領導行為問卷」等編製而成。經由研究主持人鄭照順、協同主持人劉德生，及參與領導課程設計的小組張靜月、林映秀、林淑茹、許育誠、郭乃禎、林靜宜、吳宜寰、龔惠美、洪佳盟、林芝瑤等有領導實務經驗的教育工作者，經過二個月八次的研討修正，而編出「中小學領導認知與態度量表」作為本研究的測量工具。以下將研究問卷的主要內容分析如下：

一、基本資料

包含「性別」分為男、女；「階段」分為國中、國小；「個性」分為開放、保守、有愛心、自我中心；「領導興趣」包含很有興趣、普通、沒興趣。

二、領導認知與態度量表的向度

包含領導的理論基礎、領導的團體動力學、領導者的社會關懷、領導者人際關係與溝通技巧、領導者的情緒管理、衝突解決與壓力紓解、創造力與領導、領導者的企劃能力等八個向度。

三、回饋量表

每一向度的教學，均採取開放式的問答，以進一步了解學生給老師的回饋意見，作為領導課程設計與教學修正的參考。

四、資料之處理與分析

本研究針對實驗組採取前後測所得之資料打入電腦資料庫，再利用SPSS for Window（8.0版）套裝軟體，進行統計分析處理。茲將依據研究的各項研究假設及研究需要，所使用的統計方法說明如下：

1. T考驗：以T考驗來進行性別、國中國小、實驗組與控制組等二因子，在領導認知態度量表得分上的差異考驗。

2. F考驗：以F考驗來進行個性、領導興趣等因子在領導認知、態

度量表得分上的差異考驗。

3. 將教學歷程中的學生回饋單、建議表及觀察記錄、訪問記錄，依實際需要進行資料整理分析，或製成表格，以進行較多元角度的分析，或作為領導課程設計修訂的重要參考。

第四章　研究發現

壹、國中、小學生在「領導認知、態度及行為」上的比較

一、國小實驗組與控制組學生在「領導認知、態度及行為」上的差異顯著優於國中學生，國小學生更具可塑性與可教育性。但在領導的計畫與組織、領導創意二個層面，則國中、小二組學生沒有顯著的差異。

二、國中實驗組資優學生在「領導認知、態度及行為」上的差異顯著優於國中非資優學生；但是，國小則適反，非資優生顯著優於資優生。

三、國中、小實驗組資優學生在「領導認知、態度及行為」的偏好有顯著差異分析如下：

1. **國小課程實驗成果**：國小實驗組資優學生在性別上有顯著差異，女生在領導的「情緒智能、領導的社會關懷、領導創意、問題解決」等四個層面都顯著優於男生。

2. **國中課程實驗成果**：國中實驗組資優學生的顯著差異，在與對擔任領導的興趣層面，在團體動力與領導魅力、領導的人際關係與溝通技巧等層面，有些興趣與嘗試學習的學生都顯著優於沒有興趣者。另外，在個性類型方面，國中實驗組資優學生在「團體動力與領導魅力、領導的人際關係與溝通技巧、領導的社會關懷、領導的計畫與組織、領導創意」等五個層面，活潑開放型與熱心關懷型顯著優於自我中心型與獨處孤立型。

　　四、國中、小實驗組非資優學生在「領導認知、態度及行為」的偏好有顯著差異分析如下：

　　1. **國小**：國小實驗組非資優學生的顯著差異在性別方面，女生在「領導的社會關懷」、「領導的計畫與組織」、「領導的問題解決」等三個層面都顯著優於男生。另外，在對擔任領導者的興趣上，有興趣與嘗試學習的學生在團體動力與領導魅力層面上都顯著優於沒有興趣者。

　　2. **國中**：國中實驗組非資優學生在各層面都沒有顯著差異。

　　五、國小實驗組資優學生在「領導認知、態度及行為」上的差異顯著優於國中學生，分析如下：

　　1. **個人身分與性別**：國小學生在領導理論、團體動力與領導魅力、領導的人際關係與溝通技巧、領導的情緒智能、領導的社會關懷、領導的問題解決等六個層面，都顯著優於國中學生，但在領導的計畫與組織、領導創意二個層面，則國中、小二組學生沒有顯著的差異。

　　2. **個人身分與學業平均**：國小學生在領導的情緒智能層面顯著優於國中學生，但在「領導理論、團體動力與領導魅力、領導的人際關係與溝通技巧、領導的社會關懷、領導的計畫與組織、領導創意、領導的問題解決」等七個層面，則國中、小二組學生沒有顯著的差異。

　　3. **個人身分與對擔任領導的興趣**：國小學生在「團體動力與領導魅力、領導的人際關係與溝通技巧、領導的情緒智能」等三個層面顯著優於國中學生，但在「領導理論、領導的社會關懷、領導的計畫與組織、領導創意、領導的問題解決」等五個層面，則國中、小二組學生沒有顯著的差異。

　　4. **個人身分與個性類別**：國小學生在「團體動力與領導魅力、領導的情緒智能、領導的社會關懷」等三個層面都顯著優於國中學生，但在「領導理論、領導的人際關係與溝通技巧領導的計畫組織、領導創意、領導的問題解決」等五個層面，則國中、小二組學生沒有顯著的差異。

　　六、國中實驗組資優學生在「領導認知、態度及行為」上的差異顯著優於國中非資優學生，但是，國小則適反，非資優生顯著優於資優

生，分析如下：

1. 個人身分與性別在領導理論層面，國中資優生顯著優於非資優生。另外，在領導的「人際關係與溝通技巧」層面，國小非資優生顯著優於資優生。

2. 個人身分與個性類別在領導的「人際關係與溝通技巧」層面，國小非資優生顯著優於資優生。

七、國中、小實驗組資優學生在「領導認知、態度及行為」的偏好有顯著差異，分析如下：

1. 國小實驗組資優學生的顯著差異在性別方面，女生在「領導的情緒智能、領導的社會關懷、領導創意、領導的問題解決」等四個層面都顯著優於男生。

2. 國中實驗組資優學生的顯著差異在與對擔任領導的興趣層面，在「團體動力與領導魅力、領導的人際關係與溝通技巧」二個層面，有些興趣與嘗試學習的學生都顯著優於沒有興趣者。另外，在個性類型，國中實驗組資優學生在「團體動力與領導魅力、領導的人際關係與溝通技巧、領導的社會關懷、領導的計畫與組織、領導創意」等五個層面，活潑開放型與熱心關懷型顯著優於自我中心型與獨處孤立型。

八、國中、小實驗組非資優學生在「領導認知、態度及行為」的偏好有顯著差異，分析如下：

1. 國小實驗組非資優學生的顯著差異在性別，女生在「領導的社會關懷、領導的計畫與組織、領導的問題解決」等三個層面都顯著優於男生。另外，在對擔任領導者的興趣上，沒有興趣與嘗試學習的學生在團體動力與領導魅力層面上都顯著優於有些興趣者。

2. 國中實驗組非資優學生在各層面都沒有顯著差異。

貳、研究發現

「國中、小非實驗組非資優生前測、實驗組資優生前測、實驗組資優生後測、實驗組非資優生前測、實驗組非資優生後測」等五組學生與

性別等四個特質變項在「對領導認知、態度及行為」上的雙因子變異數分析結果：

一、國中領導課程實驗成果

1. 國中學生「個人身分」與「性別」二個因子在「對領導認知、態度及行為」上沒有顯著的交互作用；「學生個人身分」變項在「領導理論、團體動力與領導魅力、領導的情緒智能、領導的社會關懷、領導的計畫與組織、領導創意、領導的問題解決」達到顯著的差異。實驗組資優後測與實驗組非資優後測，都顯著優於非實驗組前測。

2. 國中學生「個人身分」與「學業平均」二個因子在「對領導的了解與行為上」沒有顯著的交互作用；唯「學生個人身分」變項在「領導理論、團體動力與領導魅力、領導的社會關懷、領導的計畫與組織、領導創意、領導的問題解決」等方面都達到顯著的差異。實驗組資優後測與實驗組非資優後測，顯著優於非實驗組非資優前測。

3. 國中學生「個人身分」與對擔任領導的興趣二個因子「對領導認知、態度及行為上」，沒有顯著的交互作用；唯學生「個人身分變項」在「領導理論、團體動力與領導魅力、領導的社會關懷、領導的計畫與組織、領導創意、領導的問題解決」等，都達到顯著的差異。實驗組資優後測與實驗組非資優後測，都顯著優於非實驗組前測。

4. 國中學生「個人身分」與「個性類型」二個因子在「對領導認知、態度及行為上」，沒有顯著的交互作用；唯「學生個人身分」變項在「領導理論、團體動力與領導魅力、領導的人際關係與溝通技巧、領導的情緒智能、領導的社會關懷、領導的計畫與組織、領導創意、領導的問題解決」等，都達到顯著的差異。實驗組資優後測與實驗組非資優後測，都顯著優於非實驗組非資優前測。

二、國小領導課程實驗成果

1. 國小學生「個人身分」與「個性類型」二個因子在「對領導認

知、態度及行為上」，沒有顯著的交互作用；唯「學生個人身分」變項在「領導理論、團體動力與領導魅力、領導的人際關係與溝通技巧、領導的情緒智能、領導的社會關懷、領導的計畫與組織、領導創意、領導的問題解決」等，都達到顯著的差異。實驗組資優後測與實驗組非資優後測，都顯著優於非實驗組前測。

2. 國小學生「個人身分」與「學業平均」二個因子在「對領導認知、態度及行為上」沒有顯著的交互作用；唯「學生個人身分」變項在「領導理論、領導的人際關係與溝通技巧、領導的社會關懷、領導的計畫與組織、領導創意、領導的問題解決」等方面都達到顯著的差異。實驗組資優後測與實驗組非資優後測，都顯著優於非實驗組前測。

3. 國小學生「個人身分」與對「擔任領導的興趣」二個因子「對領導了解與行為上」，沒有顯著的交互作用；唯「學生個人身分」變項在「領導理論、團體動力與領導魅力、領導的人際關係與溝通技巧、領導的情緒智能、領導的社會關懷、領導的計畫與組織、領導創意、領導的問題解決」等，都達到顯著的差異。實驗組資優後測與實驗組非資優後測，都顯著優於非實驗組前測。

4. 國小學生「個人身分」與「個性類型」二個因子在「對領導認知、態度及行為上」，沒有顯著的交互作用；唯「學生個人身分」變項在「領導理論、領導的人際關係與溝通技巧、領導的情緒智能、領導的社會關懷、領導的計畫與組織、領導創意、領導的問題解決」等，都達到顯著的差異。實驗組資優後測與實驗組非資優後測，都顯著優於非實驗組前測。

參、國中實驗組資優及非資優學生與性別等四個特質變項在「對領導的了解與行為」上的雙因子變異數分析結果

一、國中實驗組資優及非資優學生與性別二個因子在「對領導認知、態度及行為」上，沒有顯著的交互作用；資優學生在「領導理論」達到顯著的差異，優於非資優學生。

二、國中實驗組「資優」與「非資優學生」，對擔任「領導者的興趣」二個因子，在本研究探討的向度皆未達顯著的差異；但是對擔任「領導者不同興趣的學生」，在團體動力與領導魅力上，達到顯著的差異。有顯著優於沒興趣者。

三、國中實驗組資優與非資優學生與「個性類型」二個因子在「對領導認知、態度及行為」上，沒有顯著的交互作用；資優及非資優學生在本研究探討的向度皆無顯著差異。但是不同「個性類型的學生」，在團體動力與領導魅力、領導的人際關係與溝通技巧、領導的社會關懷上，達到顯著的差異，活潑開放型與熱心關懷型，都顯著優於自我中心與獨處孤立型。

肆、國小實驗組資優及非資優學生與性別等四個特質變項在「對領導的了解與行為」上的雙因子變異數分析結果

一、國小實驗組資優及非資優學生與「性別」二個因子，在「對領導認知、態度及行為」上，沒有顯著的交互作用；資優學生及非資優學生在領導的人際關係與溝通技巧上，達到顯著的差異。資優學生顯著優於非資優學生，另外，不同性別的學生在領導的情緒智能、領導的社會關懷、領導的計畫與組織、領導創意、領導的問題解決上，亦達到顯著的差異水準，女生都顯著優於男生。

二、國小實驗組資優與非資優學生與「個性類型」二個因子在「對領導認知、態度及行為」上，沒有顯著的交互作用；唯資優及非資優學生在領導的人際關係與溝通技巧上，達到顯著的差異。資優學生顯著優於非資優學生。

伍、國中實驗組學生在性別等四個特質變項在「對領導認知、態度及行為」上的雙因子變異數分析結果

一、國中實驗組資優學生

1. 不同性別學生在本研究探討的向度，都沒有顯著的差異。

2. 不同課業平均的學生在本研究探討的向度，皆沒有顯著的差異。

3. 對擔任領導的不同興趣的學生在「對領導認知、態度及行為」的團體動力與領導魅力、領導的人際關係與溝通技巧上有顯著的差異；有些興趣與嘗試學習的學生，都顯著優於沒興趣者。

4. 不同個性類型的學生在「對領導認知、態度及行為」的團體動力與領導魅力、領導的人際關係與溝通技巧、領導的社會關懷、領導的計畫與組織、領導創意上有顯著的差異；活潑開放型與熱心關懷型，都顯著優於自我中心與獨處孤立型。

二、國中實驗組非資優學生

1. 不同性別學生在團體動力與領導魅力有顯著差異；其他向度則無顯著的差異。

2. 不同課業平均的學生在本研究探討的向度，皆沒有顯著的差異。

3. 對擔任領導的不同興趣的學生，在本研究探討的向度，皆沒有顯著的差異。

4. 不同個性類型的學生在本研究探討的向度，皆沒有顯著的差異。

陸、國小實驗組學生在性別等四個特質變項在「對領導的了解與行為」上的雙因子變異數分析結果

一、國小實驗組資優學生

1. 不同性別學生在「對領導認知、態度及行為」的領導的情緒智

能、領導的社會關懷、領導創意、領導的問題解決上，有顯著的差異；女生都顯著優於男生。

2. 不同課業平均的學生，在本研究探討的向度，皆沒有顯著的差異。

3. 對擔任領導的不同興趣的學生，在本研究探討的向度，皆沒有顯著的差異。

4. 不同個性類型的學生，在本研究探討的向度，皆沒有顯著的差異。

二、國小實驗組非資優學生

1. 不同性別學生在「對領導認知、態度及行為」的領導的社會關懷、領導的計畫與組織、領導的問題解決上，都有顯著的差異；女生都顯著優於男生。

2. 不同課業平均的學生，在本研究探討的向度，皆沒有顯著的差異。

3. 對擔任領導的不同興趣的學生，在團體動力與領導魅力上有顯著的差異；有些興趣與嘗試學習的學生，都顯著優於沒有興趣者。

4. 不同個性類型的學生，在本研究探討的向度，皆沒有顯著的差異。

第五章　結論與建議

本研究就領導的理論、資優課程設計及經歷八個領導才能的單元教學，研究工具採用「領導行為量表」蒐集整個領導才能課程實驗，做出綜合性的結論，並依據研究結果，提出相關建議，以提供國家未來培育優秀領導人才，其針對課程、教學及教育政策等方面的規劃作為參考。

壹、結論

一、領導才能的課程設計，應長期的實驗研究才能完善

領導才能的課程，需要進行長期的教學實驗，並進行實驗效果的追蹤，我國在領導課程方面正在逐步發展中，尚有許多發展的空間，目前正式的「領導才能」培育課程設計尚未成熟，以及能擔任領導才能培育的師資，尚未有計畫的培育。

二、領導才能的教學方式，具多種方式

可採用充實式的「週末領導專題教學」、「夏令營式的領導專題教學」、「融入各學科教學方式」、「課外社團活動的領導人培育方式」、「各科學術專業領域的專業養成方式」，以及大學、研究所「領導理論與實務的研究方式」。目前國中、小學以「領導才能的專題充實課程」較受歡迎，且具有效果。

三、中小學領導才能課程的教學，對於資優生或普通生均有明顯的教學成效

經由八個領導才能的單元教學活動，發現實驗組資優生與普通生，均優於控制組的學生，表現較優的層面包含領導理論、團體動力、領導魅力、人際關係、溝通技巧、情緒智能、領導計畫、創意領導、問題解決等。

四、以性別而言，男女的領導行為表現各有優劣處

國中、小學的女生在「人際關係、社會關懷、問題解決、情緒智能」方面都優於男生；而男生在「領導計畫、領導創意」方面優於女生。

五、學生的個性方面

具有「活潑開放型」及「熱心關懷型」的國中、小學生，在領導態度與行為的表現，均優於「自我中心型」、「孤立獨處型」的學生。

六、學習領導的興趣方面

以想學習者居多，依次為沒興趣者、有些興趣者。經由實驗結果，發現對「領導有興趣」的學生，其領導的行為與態度也表現得較優異；「沒興趣學者」其領導態度進步最多，其次為「想學習者」。領導才能教學是一種啟發，引起動機，可以引發許多有潛在能力者，爆發出一種強烈的學習動機，因此其進步也特別明顯，尤其「魅力領導」的吸引力，使人終生想去追隨。

七、普通生在「人際關係」、「溝通技巧」等二個層面，均優於資優生；而資優生在「領導計畫與組織」、「領導理論」方面優於普通生

由此可見資優生與普通生在「優勢智能的領域」各有所長，二者合作可以達成互補功能。

貳、建議

依據研究的目標、課程發展的歷程，及教學實驗師生互動的情境，經由研究工具蒐集的相關資料及研究發現，提出建議如下：

1.各界應重視領導人才的培育，領導課程理論與實務應兼備：領導人才需要進行理論與實務的培育，各界的領導人才需重視「專業知能」、「溝通與問題解決」、「領導知能」等之長期培育。

2.教育學術單位應加強「領導課程」、「教學方法」、「領導評量方法」的研究：我國領導才能的課程設計、領導才能的教學實施還未普及，政府應獎勵領導才能的相關研究，並籌備領導人才培育中心。

3.領導的人格特質要在青少年階段就開始培育，較容易成功：青少年階段是「領導人格」的形成期，要培養「社會關懷」、「主動服務他人」、「善於溝通協調」、「親和力」、「吃苦耐勞」、「挫折容忍力」等，需在人格形成期來培養較能成功。

4.本研究結果顯示，資優生與普通生、男生與女生的「領導特質」有互補作用，可以發揮共治效果：應設計彼此所需的領導課程，以培育其領導潛能，發揮「共治及合作領導」的效果。本研究結果顯示資優生善於抽象思考、計畫組織、創造力及預測能力，應可運用資優生的優勢，培育資優生成為計畫決策人才；普通生擅於人際溝通、社會關懷，易於培育成為「外交人才」。「計畫決策人才」及「外交人才」均為社會的需求，未來領導人才培育應調查有興趣者，及早培育。女生擅長於關懷他人及樂於與人溝通；而男生擅長於創造與決策，男女在家庭中可以互為領導。

5.宜於國小六年級、國中及高中階段，開設領導才能「選修課程」：學校可於週末、寒暑假辦理「領導專題研究營」，以提早培育各類領導人才。在學校階段，學生領導人才的培育方式，可應用社會關懷、社會服務、學術研究等社團，去培育未來社會的領導人才。

6.培養能擔任「領導才能」課程的師資：沒有優秀的「領導才能」的師資養成，不易發展完善的「領導才能」教學，因此於國內各師範院校特殊教育系，應設「領導才能」師資培育組，經由長期研究發展，才能建立一套領導才能培育的理論與實務技術等，如此才能建立領導才能培育的體制及永續的發展。

7.優秀的領導人才需要長期有計畫的培育，才能成功：領導才能可

經由完整的領導課程、領導實務經驗來培養，對於領導的理論基礎，如
品格領導、社會關懷、創意領導、溝通及問題解決、情緒管理、計畫與
決策、預測能力、專業評鑑能力等，均需長期培育才能發展其「領導才
能」。

【參考文獻】

中文部分

MBA 核心課程編譯組（2002）。談判與溝通。台北：讀品文化。

大島清（2006）。如何善用右腦培育 **EQ**。東京：北樹。

丁志達（編著）（2003）。**績效管理**。台北：揚智文化。

大學生吸收中輟生販毒（2004，11 月 16 日）。聯合報，3 版。

天下雜誌（2003）。家長與老師品格教育大調查。天下雜誌，2003 年 11 月號，22-29。

天下雜誌（2006）。台灣目前的痛苦指數不斷攀升。天下雜誌，2006 年 3 月號，20-25。

方木森（譯）（2005）。守谷雄司著。高效率員工訓練手冊。北京：北京大學。

毛連塭（1999）。**資優教育課程與教學**。台北：五南。

毛連塭（2000）。激發組織創造力，提升國家競爭力。創造思考教育。台北：台北市立師範學院創造思考中心。

王文科（1999）。**資優課程設計**。台北：心理。

王如哲（1998）。**教育行政學**。台北：五南。

王如哲（2000）。**知識管理的理論與應用**。台北：五南。

王如哲（2002）。**知識經濟與教育**。台北：五南。

王如哲、黃月純（譯）（2004）。E. Sallis, & G. Jones 著。**教育知識管理**。台北：五南。

王迅、徐鳴春（譯）（2005）。S. Cannavo 著。**贏家的邏輯思維**。台北：究竟。

王振德（1997）。領導才能教育之課程發展。**資優教育季刊**，**65**，8-15。

王振德（2001）。領導才能優異學生鑑定工具編製初探。**資優教育研究**，1(1)，29-40。

王雲良（譯）（2004）。G. Chapman 著。愛之語：兩性溝通的雙贏策略。台北：

中國主日學協會。

王嘉源（譯）（2003）。P. F. Drucker 著。杜拉克談未來管理。台北：時報文化。

王繼華（2005）。校長職業化釋要。北京：北京大學。

司恩魯（1998）。心靈投手。台北：水晶文化。

司徒達賢（2003）。策略管理案例解析：觀念與實例。台北：智勝。

田培林（1960）。教育學理論基礎。台北：文京。

任金剛（1996）。組織文化、組織氣候及員工效能。國立台灣大學商學研究所博士論文。

朱延智（2000）。危機處理的理論與實務。台北：幼獅文化。

朱長超（2004）。創意思維。台北：倚天。

朱廣興（譯）（1994）。江口克彥著。經營祕傳：松下幸之助的經營心錄。台北：洪建全基金會。

江文雄（1998）。走過領導的關卡：學校行政領導技巧。台北：五原圖書。

江嘉杰（1997）。國小校長領導行為與教師衝突反應方式關係之研究。國立台中師範學院國民教育研究所碩士論文。

行政院研究發展考核委員會（編）（1986）。長中程計畫作業要領。台北：行政院。

呂美女（譯）（2006）。大前研一著。專業：你的唯一生存之道。台北：天下文化。

何金針（2003）。學校行政理論與實務。台北：幼獅文化。

何瑞薇（譯）（2002）。E. Sallis 著。全面品質教育。台北：高等教育。

吳百祿（2005）。學校領導：願景、領導與管理。高雄：麗文文化。

吳佩玲（譯）（2003）。N. R. Augustine 等著。危機管理。台北：天下文化。

吳昆壽（1998）。資優生領導才能教育之探討。特殊教育與復健學報，**6**，1-14。

吳松齡（2002）。企業談判理論與實務。台北：滄海。

吳武典（1991a）如何發揮資優兒童的潛能。載於中華民國特殊教育學會（主

編），資優教育課程與教學。台北：心理。

吳武典（1999b）。透過人事智能達到成功人生。載於資優教育教師專業知能研討會集刊。台北：中華資優教育學會。

吳武典（2001）。以人事智能為核心的多元智能課程對國小學生個人成長與因應行為的影響。資優教育研究，1（1），1-28。

吳武典（2003，7月26日）。優質的教育策略。聯合報，3版。

吳武典（2005a）。溝通與多元智能。載於全國高中多元智能研討會專輯。花蓮：玉里高中。

吳武典（2005b）。多元智能理論在高中的教育實驗成果，載於全國高中多元智能成果集輯（頁1-10）。花蓮：玉里高中。

吳武典（2006，7月26日）。教育改革回歸教育專業。民生報，3版。

吳武典、簡茂發（2001）。以人事智能為核心的多元智能課程對國小學生個人成長與因應行為的影響。資優教育研究，1（1），1-28。

吳武典、鄭照順（2005）。多元智能高中的學校經營與教學。台北：國科會專題計畫。

吳明隆（2003）。班級經營與教學新趨勢（第二版）。台北：五南。

吳俊德（1994）。如何成為人際高手。台北：絲路。

吳清山（1992）。學校效能研究。台北：五南。

吳清山（2000）。學校行政（第五版）。台北：心理。

吳清山（2002）。知識經濟與教育發展。台北：師大書苑。

吳清山（2004）。學校行政研究。台北：高等教育。

吳清山、黃美芳、徐緯平（2002）。教育績效責任研究。台北：高等教育。

吳清基（1989）。教育與行政。台北：師大書苑。

吳清基（1990）。精緻教育的理念。台北：師大書苑。

吳清基（2001）。學校行政新論。台北：師大書苑。

吳煥烘（2006）。學校行政領導理論與實務。台北：五南。

李文雄（2004）。協調與談判、商機與價值創造。台北：新文京。

李成嶽（譯）（2001）。C. Roebuck 著。有效領導。台北：智庫文化。

李志敏（2005）。習慣決定成敗。台北：全品圖書。

李東雲（2004，11 月 11 日）。懷念師範的品德養成。聯合報，A15 版。

李東實（2004，11 月 13 日）。師資培育不能粗製濫造。國語日報，2 版。

李青芬等（譯）（2002）。S. Robbins 著。組織行為學。台北：華泰。

李振昌（譯）（2003）。C. K. Prahalad 著。顧客關係管理。台北：天下文化。

李美枝（編著）（1980）。社會心理學。台北：大洋。

李　津（2006）。世界最偉大的勵志書。台北：德威。

李紹廷（譯）（2005）。J. C. Hunter 著。僕人修練與實踐。台北：商周。

李瑞玲（譯）（1996）。D. Goleman 著。工作 EQ。台北：時報文化。

李樸良（譯）（2005）。G. S. Day 著。動態競爭策略。台北：商周。

李樹田（譯）（2006）。G. M. Weiberg 著。領導的技術。台北：經濟新潮社。

汪秀縈（2003）。危機管理。台北：讀品文化。

汪明生（1999）。衝突管理。台北：五南。

杜宏毅、林大萌（譯）（2004）。A. Stanley 著。N 世代領導 5C。台北：中國主
　　日協會。

杜伯森（2003）。領導的研究實務與技巧。花蓮：東華大學。

林文達（1980）。教育行政學。台北：三民。

林天祐等（2003）。教育行政學。台北：心理。

林合懋（1994）。學校主管與企業主管轉型領導之比較研究。國立政治大學教育
　　研究所碩士論文。

林有田（2003）。領袖風格。台北：匡邦文化。

林行宜（1993）。企業高階主管之親信關係暨親信角色之研究。國立台灣大學商
　　學研究所碩士論文。

林秀津（譯）（2005）。D. Dearlove 著。管理思想如何改變世界。台北：商周。

林明地（2002）。學校領導：理念與校長專業生涯。台北：高等教育。

林明地等（譯）（2003）。W. K. Hoy, & C. G. Miskel 著。教育行政學：理論、研究與實際。台北：麥格羅・希爾。

林金源（2006）。百略醫學。載於朱博湧等（2006），藍海策略臺灣版：15 個開創新市場的成功故事。台北：天下文化。

林信昌、鄭秋霜（2004）。施振榮薪傳：一手都不留的經營智慧。台北：聯經。

林建煌（2003）。策略管理。台北：智勝。

林思伶（2004）。教育領導人的培育與發展。台北：梅霖文化。

林冠汾（譯）（2006）。細野晴義、里田實彥著。企畫是什麼？。台北：臉譜。

林振春（1992）。人文領導理論研究。台北：師大書苑。

林鎮坤（2001）。學校行政決策模式。載於吳清基（主編），學校行政新論。台北：師大書苑。

周文霞（2004）。激勵員工，決定成功。台北：百善。

卓火土（2006）。品格領導。載於玉中思潮。花蓮：國立玉里高級中學。

法律系學生持美工刀搶劫（1998，10 月 1 日）。聯合報，3 版。

邱如美（譯）（2002）。J. P. Kotter 著。領導人的變革法則：組織轉型成功八步驟。台北：天下文化。

邱如美（譯）（2004）。N. M. Tichy 著。領導引擎：誰是企業下一個接班人。台北：天下文化。

邱浩志（2003）。贏在溝通。台北：咖啡田文化。

邱連治（2005）。溝通百分百。載於玉中思潮，2。花蓮：國立玉里高中。

邱　強（口述）、張慧英（編著）（2001）。危機處理聖經。台北：天下文化。

洪懿妍（譯）（2003）。D. A. Benton 著。領袖魅力。台北：麥格羅・希爾。

姚仁祿（2005）。漫談慈濟書軒。台北：靜思文化。

孫曉卿（譯）（1999）。D. M. Smith 著。領導魔法書。台北：正文書局。

施振榮（2004a）。宏碁的世紀變革：淡出製造，成就品牌。台北：天下文化。

施振榮（2004b）。再造宏碁：開創、成長與挑戰。台北：天下文化。

施振榮（2005）。全球品牌大戰略：品牌先生施振榮觀點。台北：天下文化。

柯雅澤（譯）（2004）。F. Hesselbein 著。無疆界領導。台北：致富館。

美國管理學會（主編）（1998）。領導者的溝通技巧。台北：國際村文庫。

星雲法師（2002，3 月 1 日）。人際關懷。人間福報，1 版。

苗延威譯（1998）。M. Argyle, M. Henderson 著。人際關係剖析。台北：巨流圖
　　書。

侯書照（2005）。**PMA**成功者的心理法寶：史蒂芬・柯維的成功金律。台北：百
　　善書房。

席西民、井潤田（1998）。領導的科學與藝術。台北：華泰。

徐炳勳（譯）（2005）。S. R. Covey 著。與領導有約。台北：天下文化。

徐愛婷（譯）（2006）。J. C. Maxwell 著。培育領導 **101**。台北：智庫文化。

秦夢群（1999）。教育行政（二版）。台北：五南。

袁　鳳（1999）。混沌管理：中國的管理智慧。台中：生智文化。

高子梅（譯）（2004）。J. M. Kouzes, & B. Z. Posner 著。模範領導。台北：臉譜。

高子梅、何霖（譯）（2006）。R. S. Kaplan, & D. P. Norton 著。策略校準。台北：
　　臉譜。

高希均（2002）。知識經濟之路。台北：天下文化。

高希均（2004）。八個觀念改善台灣。台北：天下文化。

高明薇、王祿旺（2004）。生涯規劃：建構全方位的全程人生藍圖。台北：新文
　　京。

高紅敏（2005）。比爾蓋茲給青年的 **9** 個忠告。台北：鴻海文化。

高強華（主編）（2000）。快樂與希望：創造新生世代。台北：台灣師大。

高強華（2005）。高級中學評鑑檢討報告。台北：教育部。

培基文教基金會（編）（2001）。邁向真成功：全家如何一起培養品格。台北：
　　培基文教基金會。

康自立（1999）。中國式領導模式之建構及在技職教育之應用研究**III**。行政院國家科學委員會專題計畫。台北：行政院國家科學委員會。

張旭力（1989）。企業策略、企業文化及企業績效關係之研究。淡江大學管理科學研究所碩士論文。

張沛文（譯）（2002）。J. C. Hunter 著。僕人：修道院的領導啟示錄。台北：商周。

張明輝（2002）。學校經營與管理研究。台北：學富。

張定綺（譯）（2005）。S. Hagwood 著。記憶力。台北：商智。

張金鑑（1990）。行政學。台北：三民。

張春興（1994）。教育心理學。台北：東華書局。

張逸安（譯）（2002）。D. Goleman, R. Boyatzis, & A. McKee 著。打造新領導人。台北：聯經。

張國忠（2006）。談判原理與實務。台北：前程企業文化。

張添洲（2003）。學校經營與行政。台北：五南。

張新仁等（2001）。班級經營。台北：五南。

張淑萱（1990）。我國專科學校領導行為量表之建構及其應用之研究。國立彰化師範大學工業教育系博士論文。

張慧英（譯）（2004）。C. Sandys, & J. Littman 著。邱吉爾的領導智慧。台北：天下文化。

張篤群（譯）（1999）。E. C. Murphy 著。領導智商。台北：智庫文化。

張錦貴（2003a）。比阿信窮也能成功。台北：方智。

張錦貴（2003b）。換個腦袋，出路無限。台北：方智。

張曉明（2006）。領導人才培訓遊戲。台北：麥可文化。

張駿瑩（譯）（2005）。N. Qubein 著。如何成為溝通大師。台北：智庫文化。

莊柏年（1997）。多元架構型領導及其應用之研究——以台灣地區機械工業為例。國立彰化師範大學工業教育系博士論文。

許士軍（1984）。從比較觀點探討中國式管理理論之發展。載於工商時報經營叢書小組（主編），中國式管理研討會實錄（頁 75-100）。台北：時報文化。

許士軍（2004）。許士軍談管理。台北：天下文化。

許　芳（2003）。如何進行危機管理。北京：北京大學。

許素甘（2005）。曼陀羅思考法。台北：士東國小。

許晉福（譯）（2003）。J. Baldoni 著。向領導大師學溝通。台北：麥格羅・希爾。

許晉福（譯）（2004）。D. J. Misino 著。贏在談判。台北：麥格羅・希爾。

許慧如（2000）。人際溝通自我調整訓練課程對國小資優生人際溝通能力之成效研究。台北：台灣師大特殊教育系碩士論文。

許龍君（2006）。台灣世界級企業家領導風範。台北：智庫。

曹立人（2005）。學習時間與效率之研究。載於高中多元智能研討會論文集。花蓮：國立玉里高級中學。

曹俊漢（1990）。公共政策。台北：三民。

執政方式爭論（2006，1 月 15 日）。民生報，2 版。

郭爲藩（2000）。二十一世紀我國文化與教育發展的展望。載於中國教育學會、國立中正大學成人教育中心（主編），文化變遷與教育發展。嘉義：中正大學成人教育中心。

郭　泰（2005a）。王永慶給年輕人的 8 堂課。台北：遠流。

郭　泰（2005b）。王永慶奮鬥傳奇。台北：遠流。

陳木金（2002）。從混沌理論研究彩繪學校經營的天空。台北：高等教育。

陳正平（譯）（2004）。R. S. Kaplan, & D. P. Norton 著。策略地圖。台北：臉譜。

陳李綢（1997）。教育心理學。台北：五南。

陳明璋（1988）。家族文化與企業管理。載於楊國樞、曾仕強（編），中國人的管理觀。台北：桂冠圖書。

陳柏誠（譯）（2005）。大前研一著。OFF 學——會玩，才會成功。台北：天下

雜誌。

陳重亨（譯）（2006）。A. Barker 著。決策一本通：聰明做決策的 **6** 大密技。台北：臉譜。

陳美岑（譯）（2000）。D. Tjosvold, & M. Mary 著。**領導心理學**。台北：商周。

陳美雲（1998）。國小資優生生涯教育課程初探。資優教育二十五週年專輯第 1 期，頁 30-35。台北：台灣師範大學。

陳恩茂（2003）。**魅力領導成功溝通案例**。花蓮：東華大學教育研究所。

陳皎眉（2004）。**人際關係與人際溝通**。台北：雙葉書廊。

陳琇玲（譯）（2001）。P. F. Drucker 著。**成效管理**。台北：天下文化。

陳國清（2006）。**中山工商的學校經營策略**。高雄：中山工商。

陳進德（2003）。**魅力領導案例**。花蓮：東華大學教育研究所。

陳惠民等（2001）。**高效率團隊**。台北：科技圖書。

陳景蔚、鄭新嘉（譯）（2004）。P. S. Cohan 著。**價值領導**。台北：天下文化。

陳照雄（2007）。**瑞典、丹麥、挪威、芬蘭的教育輔導制度與啓示**。高雄：高苑科技大學。

陳義明（2005）。**學校經營管理與領導**。台北：心理。

陳德松（2006）。**高英工商的學校經營特色**。高雄：高英工商。

陳慶瑞（1989）。**費德勒權變領導理論之研究**。台北：五南。

陳慶瑞（1991）。國民小學校長領導效能之分析與評鑑──以闡述模式爲例。國教天地，**90**，37-44。

陳慶瑞（1995）。**權變領導行為研究**。台北：師大書苑。

陳龍安（2003）。**創造力的武林秘笈**。高雄：清涼音。

陳鐵民（1991）。**領導行為心理分析**。台北：博遠。

教育部（2005）。**國立高級中學校務評鑑手冊**。台北：教育部。

彭蒙惠（2004）。**如何自我激勵**。台北：空中英語教室社。

彭懷眞（1989）。台灣企業業主的關係及轉變──一個社會學的分析。東海大學

社會學研究所博士論文。

彭懷眞（1997a）。溝通無障礙。台北：希代。

彭懷眞（1997b）。領導有策略。台北：希代。

彭懷眞（1999）。團隊高績效。台北：希代。

彭懷眞（2000）。激勵與輔導。台北：希代。

彭懷眞（2004，4月2日）。愈重要的事情愈糊塗，愈重要的職位愈沒品質。聯合報。

曾文昌（1995）。資優生的領導才能訓練。特教園丁，**9**（3），頁5-10。

曾仕強（1992）。**21世紀的易經管理法**。台北：方智。

曾仕強（2001a）。中國人的管理行為。台北：百順文化。

曾仕強（2001b）。中國式管理。台北：百順文化。

曾仕強（2002）。人際關係與溝通。台北：百順文化。

曾仕強（2003）。總裁魅力學。台北：百順文化。

曾仕強（2004）。領導與激勵。台北：百順文化。

曾仕強、劉君政（2002）。領導與激勵。台北：百順文化。

曾志朗（2006）。從基因到文化：在語言的普遍性相異性尋求平衡點。載於第九屆亞太資優會議論文集。台北：國立台灣師範大學。

曾淑惠（2004）。教育評鑑模式。台北：心理。

曾燦燈（2001）。知識經濟時代的成功方法。高雄：清涼音文化。

曾燦燈（2006）。贏家的溝通智慧。台北：方智。

黃文華、李雪瑩（2006）。登山與多元智慧。高苑科大**2006品格教育專輯（1）**，頁10-20。高雄：高苑科技大學諮商輔導中心。

黃光國（1988）。中國人的權力遊戲。台北：巨流。

黃秀媛（譯）（2005）。W. C. Kim, & R. Mauborgne著。**藍海策略**。台北：天下文化。

黃敏次（譯）（2004）。C. Morel著。**關鍵決策**。台北：時報文化。

黃佳慧（譯）（1988）。W. Bennis 著。領導新論：他們是如何成功的。台北：天下文化。

黃昆輝（1987）。教育行政學。台北：東華書局。

黃英忠（1985）。現代人力資源管理。台北：華泰。

黃英忠（1991）。現代管理學。台北：華泰。

黃夏成（2006）。學校的品格教育。載於玉中思潮。花蓮：國立玉里高級中學。

詹宏志（2000）。創意人：創意思考的自我訓練。台北：臉譜。

詹麗茹（譯）（1994）。卡內基管理群著。優質的領導。台北：龍齡。

葛立書（譯）（2003）。Sample S. B.著。領導人的逆思考。台北：臉譜。

黑幼龍（1994）。優質的領導。台北：龍齡。

黑幼龍（2001）。創造自己的機運。台北：天下文化。

黑幼龍（2003）。贏在影響力：卡內基人際關係九大法則。台北：天下文化。

黑幼龍（2004）。聰明擁有說服力。台北：天下文化。

黑幼龍、李桂芬（2001）。破局而出：黑幼龍的 30 個人生智慧。台北：天下文化。

楊幼蘭（譯）（2004）。R. Luecke 著。如何做好創新管理。台北：天下文化。

楊幼蘭（譯）（2005）。R. Luecke 著。變革管理。台北：天下文化。

楊孟華、鄒雲華（譯）（2004）。F. Hesselbein 著。創新力。台北：寶鼎。

楊志祥（2003）。魅力領導優質溝通案例。花蓮：東華大學教育研究所。

楊明杰（2004）。國際危機管理概論。北京：時事。

楊振富（譯）（2002）。P. Senge 著。學習型學校。台北：天下文化。

楊振富（譯）（2006）。T. Friedman 著。世界是平的。台北：雅言文化。

楊政學（2004）。知識管理：理論、實務與個案。台北：新文京。

楊素芬（2006）。品質管理（第二版）。台北：華泰。

楊慕慈（2002）。人際關係與溝通。台北：禾風書局。

楊麗華（1999）。資優生 EQ 成長活動設計。國小特殊教育，**26**，51-55。

楊　艷（編著）（2006）。卡內基成功經典全集。台北：新潮社文化。

葉微微（2003）。魅力領導：開發高效能領導完整策略。台北：生智文化。

雷久南（2001）。回歸身的喜稅。台北：琉璃光。

雷　池（譯）（2003）。Benis 著。怎樣提高領導能力。北京：中國致公。

慈濟教師聯誼會（編）（2002）。希望的引航師（一）、（二）。台北：靜思文化。

廖春文（1994）。溝通理性取向領導整合模式及其在國民小學行政之應用。台北：五南。

廖春文（1995）。二十一世紀教育行政領導理念。台北：師大書苑。

廖春文（1999）。成功的 EQ 藝術。台北：幼獅文化。

趙建銘等涉及台開內線交易（2006，5 月 1 日）。聯合報，2 版。

黎　冷（2003）。比爾蓋茲：給經理人的 80 個忠告。台北：咖啡田文化。

齊思賢（譯）（2000）。L. Thurow 著。知識經濟時代。台北：時報文化。

齊若蘭（譯）（2002）。J. Collins 著。從 A 到 A+。台北：遠流。

劉必榮（2006）。學會談判。台北：文經社。

劉兆岩、郭進隆（譯）（2005）。D. Hutchens 著。五項修練的故事。台北：天下文化。

劉志遠（譯）（2005）。P. F. Drucker 著。杜拉克談五維管理。台北：百善書房。

劉定廣（2003，12 月 20 日）。教改請重視德育。聯合報，B8 版。

劉京偉（譯）（2000）。勤業管理顧問公司著。知識管理的第一本書。台北：商周。

劉思華、李潔（2003）。OL 魅力領導書。台北：希代。

劉　眞（1970）。教育行政。台北：正中書局。

劉錦秀、謝育容（譯）（2005）。大前研一著。思考的技術。台北：商周。

樂爲良（譯）（1999）。Bill Gates 著。數位神經系統。台北：商周。

熊超群（2004）。目標管理與績效考核實務。廣東：廣東經濟。

蔣明珊（1999）。台北市國小資優資源班課程實施狀況之調查分析。台灣師大特殊教育研究所碩士論文。

蔣湘蘭（2000）。做自己的魅力大師。台北：正向。

蔡文標（1999）。資優生領導才能課程與教學之探討。教育研究資訊，8，91-113。

蔡典謨（1996）。協助孩子出類拔萃。台北：心理。

蔡典謨（2002）。創新思考法。編於玉中思潮，1，5-6。花蓮：玉里高中。

蔡典謨（2003）。協助孩子反敗為勝。台北：心理。

蔡培村（2000）。人際關係。高雄：復文書局。

蔡培村（2001）。人際關係的策略。高雄：麗文。

蔡培村、武文瑛（2004）。領導學：理論、實務與研究。高雄：麗文文化。

蔡清田、黃光雄（1999）。課程設計：理論與實際。台北：五南。

蔡進雄（2000）。轉型領導與學校效能。台北：師大書苑。

蔡進雄（2001）。學校行政領導。台北：師大書苑。

蔡璧如（譯）（2005）。J. C. Maxwell 著。人際關係 101。台北：智庫文化。

鄭雅云（譯）（2005）。西村克己著。圖解思考法。台北：商周。

鄭彩鳳（1996）。競值途徑應用在高中職校長領導角色、學校組織文化與組織效能關係之研究。國立高雄師範大學教育學系博士論文。

鄭彩鳳（1999）。學校行政：理論與實務。高雄：麗文文化。

鄭照順（2001）。國中資優生領導才能的課程與教學實驗。台北：實踐大學師資培育中心。

鄭照順（2002）。學校經營與管理。高雄：復文書局。

鄭照順（2003a）。中小學資優生領導才能課程教學之研究。行政院國家科學委員會專題研究計畫（NSC-91-2313-H017016）。台北：行政院國家科學委員會。

鄭照順（2003b）。教育行政領導：優質溝通案例。花蓮：東華大學教育研究所。

鄭照順（2005a）人際關係與溝通講義。花蓮：花蓮教育大學。

鄭照順（2005b）。優質領導的特徵。載於玉中思潮。花蓮：國立玉里高級中學。

鄭照順（2005c）。優質的學校領導。載於玉中思潮。花蓮：國立玉里高級中學。

鄭照順（2005d）。優質有效的學校領導。載於玉中思潮。花蓮：國立玉里高級中學。

鄭照順（2005e）。多元智能的理論與實驗研究。編於全國高中多元智能研討會專輯。花蓮：國立玉里高級高中。

鄭照順（2006a）。績效管理。花蓮：大漢技術學院企管系。

鄭照順（2006b）。溝通與談判的理論與實務講義。花蓮：大漢技術學院企管系。

鄭照順（2006c）。人際衝突的歷程與因應方法講義。花蓮：花蓮教育大學初教系。

鄭照順（2006d）。國立玉里高級中學學校經營績效報告。花蓮：國立玉里高級中學。

鄭照順（2006e）。高中品格教育的課程與教學實驗。花蓮：國立玉里高級中學。

鄭照順（2006f）。人際衝突的發展與因應講義。花蓮：大漢技術學院企管系。

鄭照順（2007）。高苑科技大學諮商輔導計畫。高雄：高苑科技大學。

鄭照順、蘇振泰（2003）。品格領袖成長營課程教學與實務，品格領導研習手冊。花蓮。

鄭照順、蘇振泰（2006）。高中生品格課程與教學實驗。花蓮：國立玉里高級中學。

鄭燕祥（2001）。學校效能及校本管理發展的機制。台北：心理。

鄭燕祥（2003）。教育領導與改革：新範式。台北：高等教育。

鄭瀛川（2004）。績效管理練兵術。台北：泛亞人力。

德國高中校園發生槍殺報復（2002，4月27日）。聯合報，3版。

曉　曉（譯）（2004）。T. Lickona 著。人格培養白皮書。台北：高富文化。

盧台華（1984）。如何訓練資優生的領導才能。資優教育季刊，14，8-11。

盧台華（1987）。從認知領域談資優課程之設計。載於中華民國特殊教育學會（主

編），資優教育課程與教學。台北：心理。

盧台華（譯）（1999）。有效的教學。特殊教育季刊，**71**，19-24。

賴冠伶（2004）。招生之行銷策略。載於玉中思潮（頁50-51）。花蓮：國立玉里高級中學。

賴淑惠（2001）。用魅力活化心靈。台北：水晶圖書。

駱秉容（譯）（2004）。R. E. Lefton著。從心領導：人際關係技巧篇。台北：麥格羅·希爾。

戴晨志（2006a）。不要生氣，要爭氣。台北：時報文化。

戴晨志（2006b）。靠志氣，別靠運氣。台北：時報文化。

戴維揚（2003）。多元智慧與英語文教學。台北：師大書苑。

謝文全（2003）。學校行政學。台北：五南。

謝文全（2007）。教育行政——理論與實務。台北：文景。

謝明淑（2003）。玉里高中圖書館經營計畫。花蓮：國立玉里高級中學。

謝育容（譯）（2006）。大前研一著。創新者的思考：看見生意與創意的源頭。台北：商周。

鍾思嘉（1996）。人際關係。台北：幼獅文化。

鍾漢清（譯）（1999）。P. R. Scholtes著。戴明領導手冊。台北：麥格羅·希爾。

龍　婧（編譯）（2005）。J. D. Rockefeller著。洛克菲勒不告訴你的商戰智慧。台北：智言館。

萬芸芸（2003）。魅力領導、優質溝通案例。花蓮：東華大學教育研究所。

簡維君（2000）。國小人際智能訓練課程之教學成效研究。國立台灣師範大學特殊教育系碩士論文。

豐佳燕（1998）。主題研究教學的嘗試。資優教育二十五週年專輯，頁40-50。

羅玉蓓（譯）（2000）。P. M. Smith著。領導的24堂必修課。台北：臉譜。

羅東高中（2005）。高中生領導才能營成果報告。羅東：羅東高級中學。

羅耀宗等（譯）（2004）。F. J. Richter著。企業全面品德管理：看見亞洲新利基。

　　台北：天下文化。

蘇芳柳（譯）（2006）。H. Gardner 著。人類潛能的探索。編於第 **9** 屆亞太資優
　　會議手冊。台北：台灣師範大學特殊教育系。

蘇振泰（2006）。品格教育如何融入班級經營。高雄：高苑科大諮商輔導中心。

蘇國楨（2000）。我國服務業領導模式之發展及其應用之研究。國立彰化師範大
　　學工業教育系博士論文。

鐘長生（1992）。校長領導型態與教師工作窘境、工作滿足、組織承諾之關係研
　　究。國立中山大學企業管理研究所碩士論文。

釋證嚴（2000a）。有朋自遠方來。台北：天下文化。

釋證嚴（2000b）。人有二十難。台北：靜思文化。

釋證嚴（2003）。衲履足跡。台北：靜思文化。

英文部分

Adams, R. G. (1987). Patterns of network change：A longitudinal study of friendship of elderly women. *The Gerontologist, 27*, 222-227.

Anderson, R. (1997). The competitive advantage of environment management. *Quality Process, 30,* 129-130.

Anderson, S. M. (1998). *Service learning: A national strategy for youth development.* Washington University.

Ashbaugh, C. R., & Kasten, K. L. (1999). *Educational leadership: Case studies for reflective practice.* Toronto, Canada: Clark Pitman.

Ayman, R., & Fiedler, F. E. (1995). The contingency model of leadership effectiveness: Its level of analysis. *Leadership Quarterly , 6*(2), 147-167.

Barth, R. S. (2005). *Improving school from within.* NY: Jose-Bass.

Bass, B. M. (1985). *Leadership and performance beyond expectations.* NY: Free Press.

Bass, B. M., & Avolio, B. J. (1993). Transformational leadership: A response to critiques. In M. M. Chemers & R. Ayman (eds.), *Leadership theory and research: Perspectives & directions*. Sandiego. CA: Academic Press.

Bennett, W. J. (1993). *The de-valuing of America: The fight for our culture and our children*. NY: Summits.

Bennis, W. G. (1992). *Leaders on leadership*. Boston, MA: Harvard Business Review Book.

Bennis, W. G. (1999). *On becoming a leader*. MA: Addison-Wesley.

Benson, G. D., & Hunter, W. J. (1992). Chao theory: No stranger attactor in teach education. *Action in Teacher Education, 14*(4), 61-67.

Binet, A. (1905). *Classics psychology*. NY: Arnor Press.

Boccia, J. A. (2000). *Students taking the lead: The challenges and rewards of empowering youth in schools*. CA: Jossey Bass.

Broadbent, M. (1998). The phenomenon of knowledge management. *Information Outlook*, May, 23-36.

Brownell, J. E. (2002). *Introduction of a developmental model of leadership: A new approach for student leadership development on college campuses*. NY: Teachers College, Columbia University.

Bryman, A. (1992). *Charisma and leadership in organizations*. London: Sage.

Burns, J. M. (1978). *Leadership*. NY: Harper and Row.

Buzan, T. (2001). *Get ahead: Mind map your way to success*. Austrial: Book Dorset.

Cahn, D. D. (1990). *Intimates in conflict: A research review*. NJ: Lawrence Erlbaum.

Calori, R., & Sarnin, P. (1991). Corporate culture and economic performance: French student. *Organization Studies, 12,* 49-74.

Carcia, V. C. (2003). *Ethical relational leadership: a case study of a holistic model for the professional development of school administrators*. University of New Mexico.

Carnegie, D. (1995). *Managing through people*. NY: Simon & Schuster.

Carpenter, B. O. (1996). *A study of ladership characteristic and skills of gifted and talented secondary students*. The University of Texas at Austin.

Caudle, M. (1994). When crisis strikes. Executive *Educatior, 16*(11), 18-23.

Chauvin, J. C. (1988). Mentoring: A powerful force in leadership characteristics by gifted elementary students. *Report Review. 6* (4), 238-239.

Chauvin, J. C., & Karnes, F. A. (1983). A leadership profile of gifted students. *Psychological Reports, 53*, 1259-1262.

Cheng, C. S. (鄭照順) (2001). *The theory of leadership and decision*. Kaohsiung, Taiwan: Kao-Yan Technology College.

Cheng, C. S. (鄭照順) (2003). *The design and implement of a leadership program for gifted student*. Australia: The 15th WCGTC at Adelaide .

Christion, S. (1987). Corporate culture and strategy: The problem of strategic fit. *Long Range Planning, 20* (4), 25-40.

Clark, B. (1992). *Growing up gifted: Developing the potential of children at home and at school*. NY: MacMillan Publishing Company.

Clark, B. (2003). *Leadership development：Continuous improvement through character assessment*. University of San Diego.

Cocke, A. (1992). *The essence of leadership*. NY: Doubleday.

Cohen, M. S. (1993). *Three paradigms of viewing decision biases*. Norwood: Ablex.

Coley, T. A. (1997). *Leadership: Create your own training program*. NY: Mcgraw-Hill.

Coley, T. A. (2003). *Student affairs' efforts to promote character among college students*. Georgia State University.

Craven, R. G. (2000). Gifted, streamed and mixed-ability program for gifted students: Impact on self-concept, motivation, and achievement. *Australian Journal of Education, 44*, 51-75.

Curtis, R. K. (1990). Complexity and predictablity: The application of chao theory to economic forecasting. *Futures Research Quarterly, 6*(4), 57-70.

Davies, B., & Ellison, L. (2001). School leadership for the 21th century. London：Routledge.

De Graffenreid, J. G. (2004). *The relationship between character education implementation and the middle-level administrators' perceptions of character education*. Saint Louis University.

DeHaan, R. F. (1962). *A study of leadership in school age children*. Holland, MI: Hope College.

Davila, T., Epstein, M. J., & Shelton, R. (2006). *Making innovation work: How to manage it, measure it, and profit from it*. NY: Wharton publishing.

DeVito, J. A. (2003). *The interpersonal communication book (10th ed.)*. NY: Allyn & Bacon.

Dimmock, C. (2000). Leadership dilemmas of principals: Source, perception and outcomes. *Australian Journal of Education, 44*, 5-25.

Drago-Severson, E. (2004). *Helping teachers learn*. CA: Corwin Press.

DuBrin (2003). *Leadership: Research, findings, practice and skills*. NY: Houghton Mifflin.

Dunham, R. B. (1989). *Management, Glenview, 2*, Scott: Foresman.

Erikson, E. H. (1968). *Identity and the life cycle (2nd,ed.)*. NY: Norton.

Ertel, D. (2000). *Turning negotiation into a corporate capability, negotiation and conflict resolution*. Boston: Harvard Business School.

Evans, J. R. (2004). *Total Quality: Management, organization and strategy*. NY: South-Western College.

Eyre, D. (1999). *Able children in ordinary schools*. London：David Fulton.

Fahey, L. (1983). The micro-politics of strategy formulation. *Academy of Management*

Review, 7, 25-34.

Fiedler, F. E. (1975). *A theory of leadership effectiveness*. NY: McGraw-Hill.

Field, L., & Ford, B. (1999). *Managing organizational learning*. Australia: Longman.

Finney, D. L. (2002). *Character education through student leadership development, citizenship education, and service learning curricula*. Seattle University.

Frey, R. (1993). Empowerment or else. *Harvard Business, September-October*, 80-94.

Fullan, M. (2000). *Educational leadership*. NY: Jossey-Bass.

Fertman, C. I. (1999). Character education: An essential ingredient for youth leadership development. *Secondary Schools Principals, 83* (9), 9-20.

French, J. R., & Raven (1960) . *Group dynamics*. Evanston: Row & Peterson.

Friedrich, P. (1988). Eerie chao and eerier order. *Journal of Anthropological Research, 44,* 435-444.

Galagher, J. J., & Gallagher S. A. (1996). *Teaching the gifted child* . MA: Needham Heights.

Gamage, D. T. (2003). *Leadership and management in education*. Hong Kong: The Chinese University Press.

Gardner, H. (1993). *The Unschooled mind: How children think and how schools should teach*. NY: Basic books.

Gardner, H. (1999). *The disciplined mind*. NY: Penguin.

Gellat, H. B. (1990). *Decision and outcome: A leader's guide*. NY: College Enerance Boad.

Gerring, J. (2001). *Social science methodology: A criteria framework*. UK: The University of Cambridge.

Gerring, J. (2004). *Introducing character animation with blender*. NY: Sybex.

Gimas, P. C. (2004). *Ethical dimension for educational leadership: A qualitative study examining graduate educational leadership program*. University of Hartford.

Girard, K., & Koch, S. J. (1999). *Conflict resolution in the school: A manual for education*. San Francisco: Bass Publishers.

Goldberg, J. C. (2003). *The effects of a Character education Program on teachers and students perceptions of classroom climate and pro-social development*. University of Denver.

Goleman, D. (1995). *Emotional intelligence*. NY: Bantam Book.

Goleman, D. (1996). *Vital lies, simple truths: The psychology of self-deception*. NY: A Touchstone Book.

Goleman, D. (2002). *Destructive emotions: How can we overcome them*. NY: Bantam Book.

Goleman, H. (2000). *The Disciplined Mind*. NY: Penguin.

Gonsalves, W. G., & Grimm, J. (1981). Leadership training: A lesson in living. *Report Review, 3*(3).

Gooding, T. F. (2004). *Character education: Perception of social skills acquisition in two elementary schools*. Arizona State University.

Griffiths, D. E. (1991). Still another approach to administration: Chao theory. *Educational Administration Quarterly, 27*(3), 430-451.

Guilford, J. P. (1959). Three faces of intellect. *American Psychologist, 14*, 469-479.

Harvard Business Essentials (2003). *Negotiation*. Boston：Harvard Business School.

Hayles, N. K. (1990). *Chao bound: Orderly disorder in contemporary literatue and science*. NY: Cornell University Press.

Herzberg, F. (1960). *Work and the nature of man*. NY : World Publishing.

House, R. J. (1971). A path-goal theory of leader effectiveness. *Administrative Science Quarterly, 16,* 321-339.

Hoy, W. K., & Miskel, C. G. (2003). *Educational administration: Theory, research and practice*. NY: McGraw-Hill.

Kalantan, A. N. (1991). *The effects of in-service training on Bahraini teachers' perceptions of giftedness*. University of Connecticut.

Kaplan, R. S., & Norton, D. P. (2004). *Strategy maps*. Boston: Harvard Business School.

Karnes, F. A., & Chauvin, J. C. (1985). A leadership profile of gifted students. *Psychological Report, 53*, 1259-1262.

Karnes, F. A & Meriweather, S. (1989). Developing and implementing a plan for leadership. *Roper Review*, 11(4), 214-217.

Katz, P. (1978). *The social psychology of organizations*. NY: Wiley.

Kuchinke, K. P. (1997). *Leadership and culture: Work related and perceived leadership styles*. Ph. D. Dissertation, University of Minnesota.

Lafferty, D. (1998). *Investigation of a leadership development program: an empirical investigation of a leadership program*. Washington University.

Lamb, R. A. (1983). Leadership beyond lip service. *Roper Review, 5*(3), 21-23.

Lerbinger, O. (1997). *The crisis manager: Facing risk and responsibility*. NJ: Lawrence Erlbaum.

Lewin G. (2004). *Critical communication*. Australia: Prentice Hall.

Lewin, K. (1944). The dynamics of group action. *Educational Leadership , January, 1944*(1), 195-200.

Lickona, T. (2005). *Educating for character how our school can teach respect and responsibility*. NY: Bantam Books.

Loftus, G. (1997). Ultimate pay for performance. *Across The Board, 34,* 9-15.

Locke, J. (1990). *An essay concerning human understanding*. NY: Dover.

Lu, Tai-Hwa. (1999). *Effects of the environmental factors for gifted learners*, Paper Presented at 13th World Conference of WCGF, Istanbul, Turkey.

Magoon, R. A. (1990). Developing leadership skills in the gifted, creative and talented. *Gifted Child Today, 12*, 40-43.

Maslow, A. (1962). *Toward a psychology of being*. NY: Van Nostand.

McClelland, D. C. (1965). Toward a theory of motive acquisition. *American Psychologist, 20*, 321-333.

Meyer, E. D. (1996). *Leadership academy: effectiveness of leadership skills development in eighth grade students*. Drake University.

Murphy, M. (1998). *Character education in American blue ribbon schools*. Lancaster, PA: Technical Publishing.

Nahavandi, A. (1993). Leader style in strategy and organizational performance: An integrative work. *Journal of Management Studies, 30* (30), 405-425.

Nahavandi, A. (1994). *The effect of environmental uncertain on the link between transformational leadership and strategic chance*. NY: Harper Business.

Nahavandi, A. (2003). *The art and science of leadership*. NJ: Prentice Hall.

Neil, B. (2000). Crisis management and the internet. *Ivey Business Journal, 64*(3), 13-17.

Nichole, P. (2005). *The for sale by owner handbook*. NY: Free Press.

Northouse, P. G. (1997). *Leadership: Theory and practice*. London: Sage.

Passow, A. H. (1988). Styles of leadership training: And some more thoughts. *Gifted Child Today, 11* (6), 34-38.

Passow, A. H., & Schiff, J. H. (1989). Educating gifted persons who are caring and concerned. *Gifted Education International, 6*, 5-7.

Perino, J. (1988). Styles of leadership training. *Gifted Child Today, 11*, 14-20.

Perino, J., & Perino, S. (1988). Dear Drs. Perino. *Gifted Child Today, 11*, 14.

Peter, P. C. (1990). *Strategic management: A focus on process*. NY: McGraw-Hill.

Pilcher, C. F. (2003). *A study of implementation of character education, learning environment, and school performance scores in selected parishes in Louisiana*. Louisiana Tec University.

Prosser, R. J. (1983). Leadership training for tomorrow's statesmen. *American Education,*

19 (4), 23-24, 31.

Quinn, R. E. (1988). *Beyond rational management: Mastering the paradoxes and competing demands of performance*. San Francisco: Jose-Bass.

Renzulli, J. S. (1977). *The enrichment triad model: A guide for developing defensible programs for the gifted and talented*. Mansfield, CT: Creative Learning Press.

Renzulli, J. S. (1992). *Setting an agenda : Research priority for the gifted and talented through the year 2000.* CT: University of Connecticut.

Richter, F. J. (2004). *Asia's new crisis-renewal through total ethical management*. CA: Corwin Press.

Robbins, S. P. (2005). *Organizational behavior (10th ed.)*. CA: San Diego University.

Robert L. (1994). *A briefing for leaders-communication as the ultimate exercise of power*. NY: Commonwealth Publishing.

Roberts, J. B. (1997). *The impact leadership training on ninth grade students' academic achievement, disciplinary referrals, extra-curricular activities participation, and leadership skills*. University of Florida.

Roethlisberger, F. J. (1979). *Manage and worker.* Boston: Harvard University Press.

Roets, L. F. (1988). Lead yourself: Lead others. *Gifted Child Today, 11*, 39-41.

Rogers, C. R. (1962). *Counseling and psychology*. Boston: Houghton Mifflin.

Rogers, C. W. (1990). *A study of the relationship between participation in student activities and scholastic achievement in selected Oklahoma high schools*. Ph. D. dissertation, University of Oklahoma, Norman.

Rudnitski, R. A. (1991). *A generation of leaders in gifted education: A retropectiove study*. Columbia University Teachers College.

Rue, L. W., & Yars, L. L. (1997). *Management skill and leadership (8th Ed.),* London: McGraw-Hill.

Ryan, K. & Bohlin, K. E. (2003). *Building character in schools*. NY: Jossey Bass.

Sana, J. A. (1999). *Intellectual capital and knowledge creation: Towards and alternative framework*. NY: CRC Press.

Schneider, B. (1990). *Organizational climate and culture*. San Francisco: Jossey-Bass.

Schutz, W. (1995). *Joy: Expanding human awareness*. NY: Grove.

Senge, P. (2004). *Schools that learn*. NY: Doubleday.

Sergiovanni, T. J. (1992). *Moral leadership: Getting to the heart of school improvement*. NY: Jossey-Bass.

Simon, H. A. (1950). *Public administration*. NY: Knoof.

Simon, H. A. (1960). *New science of management decision*. NY: Harper and Row.

Sisk, D. A. (1985). Leadership development: Its importance in programs for gifted youth. *NASSP Bulletin, 69* , 48-54.

Sisck, D. A., & Rosselli, H. (1987). *Leadership: A special type of giftedness, monroe*. NY: Trillium Press.

Sisk, D. A. (1990). *Leadership: Making things happen*. Tampa, FL: University of South Florida. (ERIC Document Reproduction Service No. ED323 689)

Sisk, D. A. (1993). *Leadership education for the gifted*. International handbook of research and development of giftedness and talent. Oxford: Pergamon.

Sisk, D. A. (2001). *Spiritual intelligence*. NY: Creative Education Press.

Skinner, B. F. (1938). *The behavior of organism*. NY: Appleton Century.

Smircich, L., & Class, M. B. (1987). *Organizational culture: A critical assessment, handbook of organizational communication*, Beverly Hills, CA: Sage Publication.

Smith, O. K. (1993). *The wisdom of teams*. NY: Harper Business.

Sohn S. C. (2003). *A method for untroducung Gardner's theory of multiple intelligences to middle school students*. Boston College.

Stogdill, R. M. (1957). *Leader behavior: It's description and measurement*. Ohio: Ohio State University.

Stogdill, R. M. (1974). *Handbook of leadership: A survey of theory and research*. NY: Free Press.

Stonich, Paul J. (1984). The performance measurement at reward systems: Critical to strategic management. *Organizational Dynamic, 12(Winter)*, 45-57.

Strernberg, R. (1996). *Beyond IQ: A tri-archaic theory of intelligence*. NY: Cambridge University Press.

Stufflebeam, D. L. (1985). *Systemic evaluation*. Boston: Kluwer.

Stufflebeam, D. L. (2000). *Foundational model for 21ˢᵗ century program evaluation*. San Francisco: San Jose Bass.

Su, K. J. (2000) . *The Development of Chinese leadership model and its application in service industry*. National Chang-hua University.

Tannenbaum, A. J. (1999). *Programs for the gifted: To be or not to be , connection the gifted community worldwide*. University of Connecticut.

Thomas, K. W. (1992). *Conflict and negotiation process in organizations*. CA: Consulting Psychologists Press.

Thomas, K. W. (1977). Toward multi-dimensional values in teaching: The example of conflict behavior. *Academy of Management Review, 2*, 487-510.

Thomsen, E. (2003). *Multiple intelligences theory in practice : A case study of two teachers taking ownership of theory*. Canada: University of Alberta.

Thomson, A. D. (2005). *Democratic realism and American grand strategy*. NovaScotia: Dalhousie University.

Thorum, C. W. (1994). *Leadership and culture: A participant leader perspective*. Ph. D. Dissertation. The University of Utah.

Thurstone, E. L. (1938). *Primary mental abilities*. Chicago: University Press.

Tjosvalid, D. (1999). *Psychology for leaders*. NY: Kohn Wiley & Sons, Inc.

Torimoto, I. (1987). *The relationship between leadership behavior and the awareness of* organization culture in American and Japanese corporations. Ph. D. Dissertation of Western Michigan University.

Ubben, G. C. (1992). *The principal: Creative leadership for effective schools*. Boston: Allyn and Bacon.

Vantassel-Baska, J. (2000). *Comprehensive curriculum for gifted learners*. Boston: Allyn and Bacon.

Villiers, P. (1993). *18 training workshops for leadership development*. NY: McGraw-Hill.

Vroom, G. (2005). Strategic incentive system : A investigation of managerial incentives and competitive interaction. *Business Administrator, 454.* 5-10.

Walker, A. & Dimmock, C. (2003). *School leadership and administration*. London: Routledge.

Wheatley, M. J. (1994). *Leadership and the new science: Learning about organization from an orderly universe*. San Francisco: Koehler Publishers.

Wilks, J. H. (2003). *Character education: A conceptual model for teacher candudate training*. Capella University.

Williams, M. M. (1993). Action speak louder than words: What students think. *Educational Leadership, 22,* 22-25.

Williams, M. M. (2000). Models of character education: Perspectives and developmental issues. *Education And Developments, 39*(1), 32-50.

Willings, D. (1983). Training for leadership: Group roles and the gifted child. *Roper Review, 5,* 18-23.

Woods, D. (1999). *How to improve your school*. NY: Routledge.

Yukl, G. A. (1998). *Leadership in organization (4th Ed.)*, N.J: Prentice-Hall.